本书由
郑州中华之源与嵩山文明研究会
郑州嵩山文明研究院
资助出版

中华之源与嵩山文明研究系列丛书

周公营洛邑与周代文明

蔡运章 著

科学出版社
北 京

内 容 简 介

西周和春秋战国是中华文明走向成熟的重要时期。本书采取历史文献与考古发现相结合的科学方法，不但对西周成周城和东周王城的地理位置、形制规模、结构布局、兴废年代以及东周王陵的分区和沿革进行深入探索，取得全新的研究成果，而且还对周穆王西征、禹铸九鼎、嫦娥奔月、圭表测景、王子乔升仙、王子朝奔楚和苏秦事迹等重要问题进行现代阐释。特别是对构成中华民族“文化根脉”性质的周公礼乐制度、《河图》、《洛书》、《周易》哲学、《老子》哲学和儒家思想等传统文化，所蕴含的“人文精神、道德规范”进行提炼解读，从而把周代历史文化研究提高到新的水平。

本书适合考古学、历史学、哲学、天文学、民俗学和古都学及其相关学科的研究者、爱好者参考、阅读。

图书在版编目（CIP）数据

周公营洛邑与周代文明 / 蔡运章著. —北京：科学出版社，2023.11
（中华之源与嵩山文明研究系列丛书）
ISBN 978-7-03-076783-7

Ⅰ.①周… Ⅱ.①蔡… Ⅲ.①文化史—研究—中国—周代 Ⅳ.①K224.03

中国国家版本馆CIP数据核字（2023）第202823号

责任编辑：郝莎莎 / 责任校对：邹慧卿
责任印制：吴兆东 / 封面设计：北京美光制版有限公司

科学出版社出版
北京东黄城根北街 16 号
邮政编码：100717
http://www.sciencep.com
北京厚诚则铭印刷科技有限公司印刷
科学出版社发行　各地新华书店经销
*
2023年11月第　一　版　开本：787×1092　1/16
2024年 8 月第二次印刷　印张：21 1/4
字数：550 000
定价：208.00元
（如有印装质量问题，我社负责调换）

“中华之源与嵩山文明研究系列丛书”

编纂委员会

《周公营洛邑与周代文明》

作　者： 蔡运章

前　言

没有高度的文化自信，没有文化的繁荣兴盛，就没有中华民族伟大复兴。中华优秀传统文化是中华民族的文化根脉。习近平总书记在党的二十大《报告》里指出：要“增强中华文明传播力影响力。坚守中华文化立场，提炼展示中华文明的精神标识和文化精髓，加快构建中国话语和中国叙事体系，讲好中国故事、传播好中国声音，展现可信、可爱、可敬的中国形象”。这说明中华民族的伟大复兴，不仅要实现经济复兴、科技复兴和军事复兴，最根本的还要实现中华民族优秀文化的伟大复兴。

那么，中华民族的“文化根脉”及其蕴藏的思想观念、人文精神和道德规范是什么时候、在什么地方形成的？它们都体现在哪些文化经典和民族信仰里？这些文化经典和民族信仰的“当代价值、世界意义”是什么？这些都是中华民族实现“文化自信”和文化“繁荣兴盛”过程中，必须澄清的重要问题。

中华民族的文化史，可从距今约1万年的浙江浦江上山文化遗址折射出的第一缕文明曙光算起。到距今5300年的良渚文化时期，我国已进入地域文明阶段。夏商时期是中华文明形成的重要阶段。西周特别是春秋战国时期，则是中华文明走向成熟的黄金时代。西周成周城和东周王城既是周代的两座重要都城，也是中华文明走向成熟的文化圣地。

一、西周成周城及其历史地位

周族本是居住在今陕西境内的西方小国。公元前1046年，武王兴兵伐纣，灭掉商纣，建立西周王朝。为了巩固周王朝在东方的统治，武王决定建都洛邑。

西周初年的何尊铭文（《集成》06014）说：

> 唯王初迁宅于成周，复禀武王礼福自天。……唯武王既克大邑商，则廷告于天，曰：“余其宅兹中国，自兹乂民。”……唯王五祀。

这则铭文的大意是说，周成王开始迁都成周时，还是用武王的典礼，从天室开始举行福祭。武王战胜了大国商，就向上天祈告说：“我要居住在国家的中央地区，从这里来治理民众。”这是成王即位第五年发生的事。

西周初年营建成周城，是西周王朝的重大事件。《史记·周本纪》载：武王克商后“营周居于雒邑而后去”。武王死后，成王继承武王的遗志，命周公、召公继续营建洛邑。《尚书·召诰》载："惟太保先周公相宅。越若来三月，惟丙午朏。越三日戊申，太保朝至于洛，卜宅。厥既得卜，则经营。越三日庚戌，太保乃以庶殷攻位于洛汭。越五日甲寅，位成。若翼日乙卯，周公朝至于洛，则达观于新邑营。"《左传·昭公三十三年》也说："昔成王合诸侯，城成周，以为东都，崇文德焉。"就在成王即位的第五年，洛邑建成，定名成周。于是，成王"迁宅于成周""定鼎于郏鄏"。从此，西周王朝就有了两座都城，西方的丰镐（在今陕西省西安市西南）为西都，东方的成周为东都。

西周时期的东都成周城，具有极为重要的历史地位。这里建有象征国都的"成周太庙"，安放有象征王权的"九鼎"，设有西周王朝的最高官署"卿事寮"。西周诸王经常居住"在成周"，朝会群臣、处理政务。这里位于"天下之中，四方入贡道里均"，是四方朝纳贡赋的中心。这里驻有"成周八师"，周公征东夷、昭王征荆楚、穆王征淮夷、厉王伐南淮夷等重大军事活动，都是以成周为大本营。《韩诗外传》卷二说："当成周之时，阴阳调，寒暑平，群生遂，万物宁。"这里以"成周"来喻示西周王朝的太平盛世。因此，杨宽先生指出："东都成周大规模的营建，是西周初年政治上的一件大事。同时分设东西两个都城以加强对东西两部的统治，是我国古代政治史上的创举……实际上由于地理位置的关系，成周的重要性超过了宗周。"[1]西周之世的东西两都，并存并重，邦畿千里，紧密相连，成为全国政治、经济、军事和文化的中心。

西周初年，周公营建东都成周城是周代历史上的重大事件。但是这座都城的具体位置、形制规模、结构布局和使用年代等问题，学术界长期认识不清。本书第一章利用文献资料、甲骨金文和考古发现相结合的科学方法，指出该城位于今洛阳市瀍河两岸的邙山与洛河之间，宫城每边长三里，面积为"方千七百二十"平方丈。郭城为东西长"九里"，南北宽"八里"，总面积为"方七十二里"。结构布局为"坐西朝东"，"宫城"位于"郭城"的西南隅。郭城的西北部是贵族墓地和铸铜作坊，东北部是"殷民"居住区和商业区，东南部是贵族百姓居住区，宗庙和社坛位于东西大道的左右两侧。全城按"里坊"的规划来安置城内居民。因周厉王时期的"淮夷侵洛"事件，导致西周成周城急剧衰落。但是，西周晚期成周城的都城地位，并未改变。直到春秋初年，该城才被废弃。这些问题的澄清对研究西周历史和我国古代都城发展史等问题，都具有重要意义。

二、东周王朝及其历史沿革

西周末年，我国西北地区的犬戎兴起，不断向周王朝发动进攻。周幽王因嬖爱褒姒，戏谑诸侯，引起国人怨恨。申侯联合犬戎，攻杀幽王于骊山下。公元前770年，周平王在晋、郑、秦等诸侯国的拥护下，东迁洛邑，史称“东周”。春秋战国时期，自周平王至赧王，共历25王（前770～前256年），均建都洛邑。这时，周王畿内先后建有王城和成周两座都城，成为全国政治、经济和文化的中心地区。

东周王城是春秋战国时期周王朝的都城。《周礼·考工记》关于王城“方九里，旁三门，国中九经九纬”的规划思想，除“左祖右社，面朝后市”沿袭古制外，多与考古发现不相符合。本书第二章依据考古发掘资料，指出王城实为“内城外郭”“坐西朝东、王宫位于全城西南隅”的结构布局。宫城本为“方三里”的方形结构，到西周君作为都城时，收缩为个一较小的内城。郭城里建有商业市场、手工业作坊、王陵墓地、宗庙社坛、储粮仓窖以及贵族和平民的居住区域。这座“储粮仓窖”当是秦国灭掉西周国后到西汉初年兴建和使用的大型地下储粮设施。王城宫城和郭城的城墙，均建于春秋早期。城墙从战国到秦汉之际曾多次修补，到西汉以后就逐渐荒废了。

考古发现说明，东周王室共有25位帝王，分别葬于王城、周山和成周三个陵区。这三个陵区的周王陵墓，都得到历史文献和考古调查、发掘的证明。位于洛阳市区西南周山上的周灵王陵和周三王陵，既是中国古代陵墓从城内走向城外、实行“城墓分离”制度的标志，也是目前所知年代最早的帝王陵墓。

春秋战国时期，洛邑交通便利，商业繁荣。周景王“铸大钱”，实行“子母相权”的货币制度（《国语·周语下》），促进了商业经济的发展。据《史记·货殖列传》记载，“洛阳街居在秦、齐、楚、赵之中”，“东贾齐、鲁，南贾梁、楚”，是“商遍天下、富冠海内”的天子之都。当时，洛阳的居民“贫人学事富家，相矜以久贾，数过邑不入门，设任此等”。故“周人之俗，治产业，力工商，喜为商贾，不好仕宦”。白圭“乐观时变”，采取“人弃我取，人取我与”的经商谋略，被后世尊为商业鼻祖。由此可见，周人崇尚商业经营的社会习俗。

自平王东迁以降，东周王室，日渐衰落。春秋五霸，称雄诸侯。齐桓公、晋文公均“挟天子以命诸侯”，楚庄王“问鼎”中原，说明春秋时期周王的余威尚存。战国之世，七雄争霸，周王室沦为一般的诸侯小国。公元前367年，在韩、赵两国的武力干涉下，东周王室已分裂为东、西周两个小公国。据《史记·赵世家》记载：赵成侯“七年（前368年）……与韩攻周。八年（前367年），与韩分周以为两”。“东、西周分治”是战国时期的重大事件。《史记·周本纪》载：“王赧时东西周分治。王赧徙都西周。”西周国在河南（在今洛阳市西工区王城公园一带），东周国居巩邑（在今河南巩义市西南）。

公元前344年，魏惠王“驱十二诸侯以朝天子于孟津”（《战国策·秦策五》）。公元前307年，秦武王拔宜阳（在今宜阳县西），窥周室，“与孟说举鼎，绝膑”而死（《史记·秦本纪》）。公元前256年，（周赧王五十九年）秦昭王“使将军摎攻西周。西周君奔秦，顿首受罪，尽献其邑三十六，口三万。秦受其献，归其君于周”（《史记·周本纪》）。秦国灭掉西周国，使自武王克商以来，享国七百九十年的周王朝，宣告灭亡。

三、周公制礼作乐与周代思想文化

周公姓姬名旦，是中国古代伟大的政治家和思想家。西周初年，周公居住在东都成周“制礼作乐”时，提出了“敬德”“保民”“明德慎罚”的民本主义思想，建立了以宗法等级制度为基础的礼乐思想，奠定了中华文明的政治基础。诚如《盐铁论·非鞅篇》所说：“周道之成，周公之力也。”这对中国古代的政治思想，都产生了深远的影响。这就是我国古代把周公尊为“圣人”的根本原因。

周穆王“西征”是西周时期的重大事件。这个故事被战国早期成书的《穆天子传》流传下来。我们通过对《穆天子传》的初步考察，可以认为周穆王“西征”的故事，当属信史。周穆王从宗周成周城出发，向北越太行、出雁门，西经内蒙古草原到达“西王母之邦”的故事，不但见于先秦两汉文献的记载，而且跟随穆王“西征”的“毛班”“井利”两位重臣，都能在西周金文里得到印证。周穆王“西征”的路线，恰与商周时期新疆“和田玉”以及古埃及人发明的蜻蜓眼玻璃珠和帕提亚双翼神兽的东传路线相吻合。由此可见，这条在商周“玉石之路”基础上形成的“丝绸”贸易通道，至迟在西周春秋时期就已开通。它的东方起点，正是西周时期的东都成周城。

《河图》《洛书》被誉为中华民族文化史上的千古之谜。然而，当我们撩开《河图》《洛书》的神秘面纱，就不难发现它们蕴含的深邃哲理，有着重要的历史意义和深远的现实意义。《河图》《洛书》以“天地之数”的奇妙组合来涵盖“阴阳和合”辩证法则和“天人合一”宇宙观念的而形成的两部哲学图典，便成为中华民族文化的精神标识。“周易”哲学的思想观念则是塑造中华文明的理论基础。《河图》《洛书》和《周易》哲学所体现的宇宙生成的“太极”学说、“阴阳和合”的辩证法则、“天人合一”的宇宙观念、“自强不息”“厚德载物”的民族精神和“保合太和”“天下和平”的崇高境界，至今仍闪耀着熠熠光辉。而其中“天人合一”的宇宙观念，则是人类可持续发展的指导原则，也是中华先民为人类文明作出的巨大贡献。我们研究和弘扬《河图》《洛书》和《周易》哲学的基本思想，对继承和发展中华民族的优秀传统文化具有重要价值。特别是中华民族为实现伟大复兴，在寻求构建“人类命运共同体”的今天，这些基本精神和崇高境界，仍具有重要的现实意义。

鼎本是中华先民烹饪食物的炊具。黄帝“铸鼎”升仙的故事，说明早在原始社会末期，陶鼎已由一般的炊具演变为象征和沟通天地、人神的宗教礼器。夏禹“画九州”“铸九鼎”的重大政治举措，使“九鼎”成为“九州”和“王权”的基本象征。因此，“九鼎”就逐渐演变为夏、商、周、秦诸代“王朝”更替的传国重器。这就是“铸鼎”“迁鼎”“定鼎”“问鼎”“求鼎”“举鼎”和“捞鼎”等有趣故事不断发生的重要原因。夏禹“铸九鼎”相关问题的澄清，对研究华夏文明的形成以及夏商至秦汉时期的宗教信仰和“王权”传承等问题，都具有重要的价值。

春秋战国时期，洛阳处于全国思想文化中心的显著地位。老子通古博今，长期担任东周王朝的柱下史，在这时撰著《道德经》并创立以“道”为宇宙万物本原，以“阴阳对立统一”辩证法则为基础的道家学派。孔子适周问礼，“访礼于老聃”，“学乐于苌弘”，创立以“仁”为核心，以“三纲五常”为基础的儒家学派，开启了中华文明史上“百家争鸣”的黄金时代，奠定了华夏文明的思想基础，因此具有重要意义。

“嫦娥奔月”是我国古代富有传奇色彩的神话传说，千百年来广为流传。从秦简与古本《归藏》的人物故事和思想内容来看，“嫦娥奔月”的神话，当是战国早中期的作品。它源于殷墟卜辞的月神“西母”，是由《山海经》“帝俊妻常羲生月十有二”的月母“常羲”演变而来的。须要指出的是，这个神话故事，并未涉及天神“后羿”。所谓“羿请不死之药于西王母”和“嫦娥，羿妻也”的说法，都是后人附会上去的内容。嫦娥所窃的“不死之药”，就是“可令人飞行长生”“升为天神”的“蟾蜍”。她“奔月”的真正目的以及使自身变为“蟾蜍”的根本原因，就是能使月亮不断地“死而复生”。而“玉兔捣药”和“吴刚伐桂”的传说，则是利用白兔“一月一胎”的生育特征、月桂“一月一开花”的自然习性与月亮每月“死而复生”的规律相合。这样，“蟾蜍”“玉兔”和“月桂”就成为能使月光永驻的“月中三宝”。秦简《归妹》记载的“嫦娥奔月”神话，具有原始神话所表现的质朴和神奇的鲜明特征。当是中华先民以原始思维的方式，来探索宇宙奥秘的产物。

中国古代文明属于农业文明。华夏先民为了准确掌握一年四季的气候变化，促进农业生产的发展，早在春秋战国时期就创造了著名的“二十四节气”。古都洛阳不但是西周初年周公“土圭测景”的具体地点，而且也是“二十四节气”的发源和形成地域。特别是西方的“儒略历”，只测定出冬至、夏至、春分、秋分四节，而没有“八节”和“二十四节气”的基本概念。我国的“二十四节气”，比“儒略历”划分得更科学、更精细、更实用，所以具有更为重要的科学意义。两千多年来，它为我国农业经济的发展，起到了巨大的促进作用。今后，这种科学、实用的历法节令，仍将发挥其重要的实用价值。

王子晋（字子乔），是周灵王的太子，幼有成德，聪明博达，深受诸侯各国的尊重。因其与灵王的政见不合，遂被贬为“庶人”。其后“三年，而太子晋死。孔子闻之，曰：‘惜夫，杀吾君也’”。相传，王子乔得道升仙，今洛阳市偃师区东南的缑山上，保存有武则天撰文的《升仙太子碑》，是纪念王子乔升仙的文物遗迹。王子乔升仙故事是最早由真实人物升化为仙人的具体范例，对秦汉以来的升仙文化产生了深刻的影响。

“王子朝奔楚”是春秋时期的重大事件。春秋晚期，晋、楚两国争霸诸侯，这个事件正是晋、楚争霸的产物。公元前527年，周景王的太子寿和穆后相继去世。景王没有嫡子，依照礼制，他准备立庶长子王子朝为太子。然而，因为王子朝是楚国的外甥，具有楚国的血统。在晋国的支持下，王室世卿单旗和刘蚠欲立子朝异母弟王子猛为太子。公元前520年四月，景王驾崩。五月，单旗、刘蚠发动政变，拥立王子猛为“王”，攻杀王子朝之傅宾起。六月，王子朝率众反击。十一月，王子猛卒，其弟子匄继位，是为敬王。最终，王子朝被晋师击败，“奉周之典籍奔楚”。直至公元前502年，这场王室内乱，方告平息。“王子朝奔楚”事件，加速了周王室的衰落，却促进了中原文化向南方的迁移和传播。这个事件真相的澄清，对研究春秋时期的历史文化有重要意义。

苏秦是战国纵横家的代表人物。他一生的主要事迹是作为燕昭王的亲信出使齐国，执行“以弱燕并强齐”的战略使命。先是合纵五国攻秦，后又“恶齐、赵之交”，策划由乐毅统率五国联军攻入齐都临淄。这时，他被齐闵王以“阴与燕谋齐”的罪名车裂处死，被誉为“燕之尾生”。苏秦合纵五国伐齐，使齐国从此走向衰落，客观上促进了六国的统一，有其重要的进步意义。苏秦及其学派撰有《苏子》一书，是研究战国历史和纵横家的珍贵资料。

四、结　语

西周初年，周公“制礼作乐”，奠定了中华文明的政治基础，是华夏文明初步成熟的重要标志。春秋战国时期，《河图》《洛书》和《周易》哲学臻于成熟，奠定了中华文明的思想基础。在周公礼乐思想和《周易》哲学熏陶下形成的道家、儒家学派，拉开了中华文化“百家争鸣”的序幕。因此，春秋战国时期是华夏文明走向成熟的黄金时代。

值得注意的是，约当中国的春秋战国时期（即公元前500年前后），古希腊的思想学派、以色列的犹太教、印度的佛教，也都走向成熟，并对人类文明的发展产生了深远的影响。这个时期当称之为人类文明的成熟时代。

然而，德国哲学家雅斯贝尔斯提出的“轴心时代”说认为：“人类一直靠轴心时代所产生的思考和创造的一切而生存，每一次新的飞越都回顾这一时期，并被它重新燃起火焰。自那以后，情况就是这样。轴心期潜力的苏醒和对轴心期潜力的回忆或曰复兴，总是提供了精神力量。”[2]雅斯贝尔斯的这些论述，有其独到见解。但他将人类文明的成熟时代称为“轴心时代”（或“轴心期”），实不敢苟同。因为人类文明的发展犹如大河奔流，不断向前。而“轴”却是旋转的，“轴”在旋转时“轴心”的位置大体不变。所以用这种称谓来称述“人类文明的成熟时代”，似不够确切。外国学者的一些说法，我们本可不予评说。奇怪的是，中国的一些知名学者不仅轻易地跟风称道，而且还借题发挥，提出中国的“新轴心时代”“前轴心时代”等似是而非的说法，真可谓匪夷所思。

“历史文化是城市的灵魂。”[3]本书用十五章的篇幅，将周代在洛阳地区形成、并在中华民族发展史上具有“文化根脉”性质的一些重大问题，及“其蕴藏的思想观念、人文精神、道德规范”整理出来。这对研究周代洛阳的历史面貌，继承和发扬中华民族的优秀传统文化，实现中华民族伟大复兴的中国梦，促进人类文明的进步，都具有重要的现实意义。

注　释

［1］　杨宽：《西周史》第173页，上海人民出版社，1999年。

［2］　卡尔·雅尔贝斯著，魏楚雄、俞新天译：《历史的起源与目标》第14页，华夏出版社，1989年。

［3］　《习近平在北京市考察工作时的讲话》，《中国文物报》2016年6月10日第5版。

目　录

第一章　周公营洛邑与西周成周城

西周时期的成周城是西周王朝的东都，在西周历史和中国古代都城发展史上，都占有极为重要的地位。然而，关于西周成周城的具体位置、形制规模、结构布局和使用年代等问题，至今仍存在着许多模糊认识和不同看法。我们依据文献记载、甲骨金文和考古发现的新资料，试对西周成周城的相关问题，略作考述。

一、西周成周城的营建及其重要地位

周族本是居住在今陕西境内的西方小国。公元前1046年，武王克商，建立周朝。为了巩固周王朝在东方的统治，武王决定建都洛邑。武王死后，周公继承武王的遗志，继续营建洛邑。洛邑建成，名曰成周。

（一）西周成周城的营建

西周初年营建成周城，是西周王朝的重大事件。何尊铭文（图1-1）说：

图 1-1　何尊铭文拓本

> 唯王初迁宅于成周，复禀武王礼福自天。……唯武王既克大邑商，则廷告于天，曰："余其宅兹中国，自兹乂民"。……唯王五祀[1]。

这则铭文的大意是说，周成王开始迁都成周时，还是用武王的典礼，从天室开始举行福祭。武王战胜了大国商，就向上天祈告说："我要居住在国家的中央地区，由这里来治理民众。"这是成王即位第五年发生的事情。据《史记·周本纪》，武王克商后"营周居于雒邑而后去"。讲的就是周武王营建洛邑的事情。

武王死后，成王继承武王的遗志，命周公、召公继续营建洛邑。据《尚书·召诰》载："惟太保先周公相宅。越若来三月，惟丙午朏。越三日戊申，太保朝至于洛，卜宅。厥既得卜，则经营。越三日庚戌，太保乃以庶殷攻位于洛汭。越五日甲寅，位成。若翼日乙卯，周公朝至于洛，则达观于新邑营。"《左传·昭公三十二年》载："昔成王合诸侯，城成周，以为东都，崇文德焉。"《左传·宣公三年》说："成王定鼎于郏鄏。"《春秋繁露·三代改制质文》也说："周公辅成王受命，作宫邑于洛阳。"这说明西周初年，洛邑建成，取名"成周"，成王定鼎，以为东都。从此，西周王朝就有了两座都城，西方的丰镐（在今陕西西安市西南）为西都，东方的成周为东都。

（二）西周成周城的重要地位

依据古代文献和西周金文资料，西周时期的东都成周城，具有极为重要的历史地位。

一是从政治地位看：这里建有象征国都的"成周太庙"[2]，安放有象征王权的"九鼎"[3]，设有西周王朝的最高官署"卿事寮"[4]。西周诸王经常居住"在成周"，朝会群臣、处理政务[5]。二是从经济地位看：这里位于"天下之中，四方入贡道里均"[6]，是四方朝纳贡赋的中心。三是从军事地位看：这里驻有"成周八师"[7]，周公征东夷[8]、昭王征荆楚[9]、穆王征淮夷[10]和厉王伐南淮夷[11]等重大军事活动，都是以成周为大本营。四是从文化地位看：周公居成周"制礼作乐"，制定了一整套治理国家的典章制度，奠定了中华文明的政治基础。

难怪乎后世学者对"周成隆平之制"的不断赞颂。《韩诗外传》卷二载："当成周之时，阴阳调，寒暑平，群生遂，万物宁。"春秋时政治家范蠡说："周雒威折万里，德致八极。"（"周雒"即洛邑成周城。《吴越春秋》卷八引）扬雄《羽猎赋》说："崇哉乎德，虽有唐虞、大夏、成周之隆，何以侈兹。"[12]班固《两都赋》也说：东汉都洛阳"即土之中，有周成隆平之制焉"（《文选》卷一）。他们都以"成周"来喻示西周王朝的太平盛世。

因此，杨宽先生指出："东都成周大规模的营建，是西周初年政治上的一件大事。同时分设东西两个都城以加强对东西两部的统治，是我国古代政治史上的创举。”实际上由于地理位置的关系，“成周的重要性超过了宗周”[13]。西周之世的东西两都，并存并重，邦畿千里，紧密相连，成为全国政治、经济、军事和文化的中心[14]。由此可见西周成周城的重要历史地位。

但是，以往有不少学者，却对西周成周的都城地位，存在着错误的认识。司马迁在《史记·周本纪赞》里说：“学者皆称‘周伐纣，居洛邑。’综其实不然。武王营之，成王使召公卜居，居九鼎焉，而周复都丰、镐。至犬戎败幽王，周乃东徙于洛邑。”郑玄《诗·王城谱》也说：“成王居洛邑，迁殷顽民于成周，复还归处西都。”产生这种看法的主要原因，是由于他们对西周王朝设置的两都制度，未能理解和领会的缘故。

（三）西周成周城的历史纠葛

据《尚书·洛诰》记载，周公在营建成周城时说：“我乃卜涧水东、瀍水西，惟洛食；我又卜瀍水东，亦惟洛食。”“涧水”今名涧河，发源于河南渑池县东北的白石山，至洛阳市区瞿家屯西南流入洛水。“瀍水”即今瀍河，发源于今河南孟津区西北的谷城山，至洛阳老城东流入洛水。因此，自汉代以来，学者多认为西周初年周公在洛邑营建了东、西两座城池。《公羊传》昭公二十二年说：“王城者何？西周也。”二十六年又说：“成周者何？东周也。”受其影响，班固在《汉书·地理志》河南郡下自注说：

> 河南，故郏鄏地。周武王迁九鼎，周公致太平，营以为都，是为王城，至平王居之。
>
> 雒阳，周公迁殷民，是为成周。《春秋》昭公二十一［三十二］年，晋合诸侯于狄泉，以其地大成周之城，居敬王。

郑玄《诗·王城谱》也说：

> 周公摄政五年，成王在丰，欲宅洛邑，使召公先相宅。既成，谓之王城，是为东都，今河南是也。
>
> 召公既相宅，周公往营成周，今洛阳是也。

这是说周平王居住的“王城”，战国秦汉时期名为“河南”（在今洛阳市王城公园一带），就是周公营建的“东都”城。春秋末年周敬王所居的“成周”城，战国秦汉时期名为“雒阳”（在今洛阳市白马寺东），是“殷顽民”居住的地方。这两位东汉大儒的说法，对后世产生了巨大的影响，当今学者多从之。

必须指出的是，东周“王城”和周敬王所居的“成周”城，并非西周初年周公营建的成周城。从考古发掘资料得知，位于今洛阳市区涧河两岸的东周王城，是公元前770年周平王迁都洛邑后营建的[15]。因在王城遗址内没有发现西周时期的重要文化遗存，说明它不可能是西周初年营建的东都成周城。而洛阳汉魏故城中部的西周城遗址，则是西周中晚期才营建的[16]。它既不是周初营建的“成周”城，也不是当初“周公迁殷民”的地方。因此可以断定，西周初年周公营建的成周城，既不是东周时期的王城，也不是周敬王居住的“成周”城。周敬王所居的“成周”城，只是沿用西周成周城的名称罢了。

（四）西周成周城的艰难探索

自20世纪60年代以来，考古工作者按照传统都城考古的基本思路，在洛阳市区西自涧河、东到瀍河两岸的广袤地区内，苦苦寻找西周成周的城墙和宫殿基址，至今仍然没有明显的收获。

但是，我们却在瀍河两岸配合洛阳市基本建设的过程中，陆续发现大量西周时期的贵族墓葬、铸铜作坊、车马坑、祭祀遗址、大型建筑基址和“殷顽民”墓葬等文物遗迹。这些重要发现，逐渐引起学术界的高度关注。遂使我们逐步认识到，西周初年周公、召公营建的成周城只有一座，它就位于瀍河两岸的邙山与洛河之间。因此，杨宽先生指出：“整个成周的营建地区范围，从涧水东一直到瀍水东”，横跨“瀍水东西两岸”[17]。叶万松、余扶危等先生认为，西周成周城“大略西起今洛阳老城西北的史家沟以东，东至瀍河东岸的焦枝铁路两侧并延至塔湾村，北起陇海铁路以北的北窑村，南达洛水之畔的洛阳老城南关，东西长约3公里，南北宽约2公里”[18]。《洛阳北窑西周墓》也指出：“西周洛邑成周城址的位置，最大的可能性是在洛水北瀍河的两岸。”[19]这些重要发现和推测，对于深入研究西周成周城的具体位置、形制规模、结构布局及其使用年代等问题，具有重要的启示意义。

二、西周成周城的形制规模与结构布局

从20世纪50年代以来，洛阳考古发现西周时期的文物遗迹得知，西周成周城大体坐落在今洛阳市瀍河两岸邙山与洛河之间（图1-2）。它如同陕西的周原遗址和丰、镐城一样，四周均未发现古代都城常见的城墙遗迹。因此，我们只能依据文献记载和考古发现的文物遗存，对西周成周城的形制规模、结构布局和里坊制度等问题，做出大致的推测。

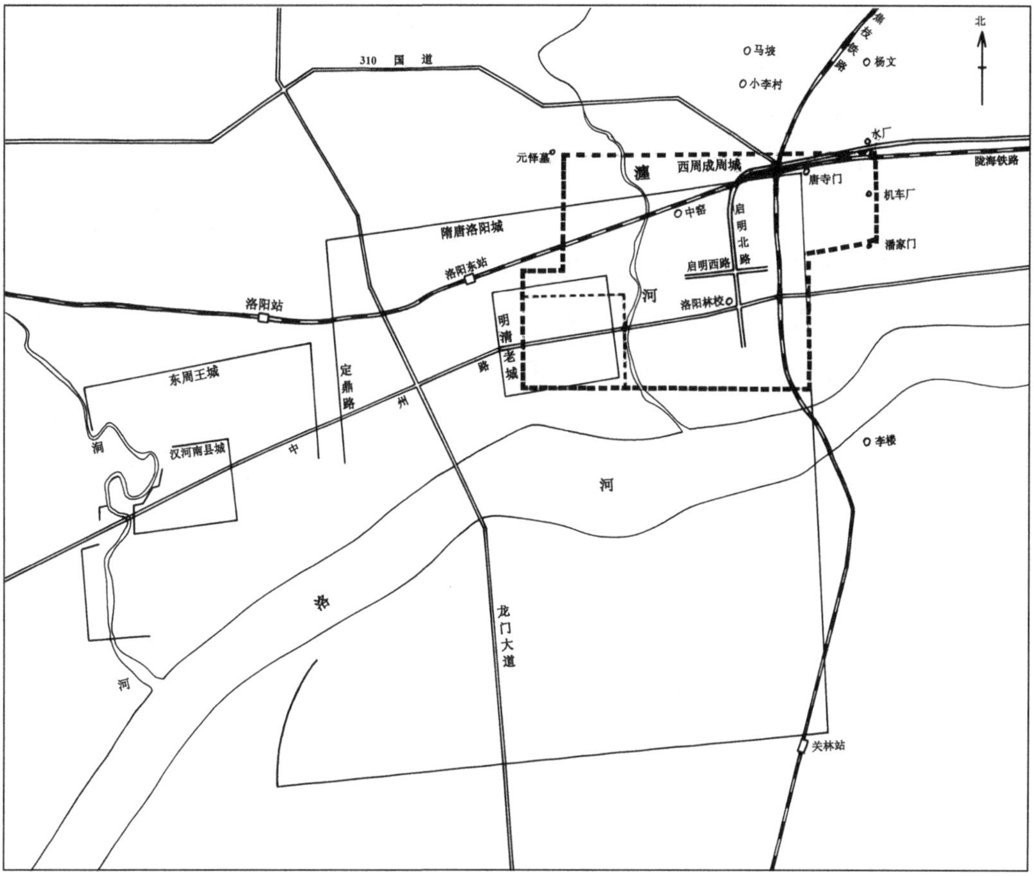

图 1-2　西周成周城位置示意图

（一）西周成周城的形制规模

西周成周城的形制规模，在《逸周书·作雒解》中有明确记载：

周公敬念于后，曰："予畏周室克追，俾中天下。"及将致政，乃作大邑成周于土中。城方千七百二十丈，郛方七十［二］里，南系于洛水，北因于郏山，以为天下之大凑。

这里所说的"大邑成周"是指西周东都成周城，当是沿用商代"大邑商"的都城称谓。据《尚书·召诰》，"王来绍上帝，自服于土中"。《史记·周本纪》记载周公的话说：洛邑位于"天下之中，四方入贡道里均"。"土中"就是"天下之中"，也是洛邑的通称。"城"是指内城，也就是宫城；"郛"是指外城，也就是郭城。《吴越春秋》载："鲧筑城以卫君，造郭以守民，此城郭之始也。"[20]《管子·度地篇》说："内谓之城，外谓之郭。"宫城是国王处理朝政和居住的场所，郭城是百姓居住和从事手工业生产的地方。“郏山”是邙山的别名。“大凑”，大会聚处。这说明西周成周的宫城，每边长三里（约合今1247.4米），面积为“方千七百二十”平方丈（约合今1.56平方千米）。郭城为东西长“九里”（约合今3742.2米），南北宽“八里”（合今3326.4米），总面积为“七十二”平方里（约合今12.45平方千米）。它的南边连着洛水，北边靠着邙山，使其成为天下的大都会。这则记载是研究西周成周城地理位置和形制规模极为珍贵的文献资料。

西周成周城“郛方七十二里”的规划，符合中华先民“以阴行阳”的天地之道。《管子·五行》说：“天道以九制，地道以八制，人道以六制。以天为父，以地为母，以开乎万物，以总一统。”西汉严君平《老子指归·序》也说：“阴道八，阳道九，以阴行阳，故七十有二首。”因此，西周成周城东西长九里、南北宽八里的规模，完全符合我国古代“阴阳和合”的思想观念。也就是说，西周成周的“郭城”当为东西长九里、南北宽八里，总面积为“七十二”平方里[21]。

（二）西周成周城的坐向和宫城位置

周代王都的结构布局，据《周礼·考工记》记载：

匠人营国，方九里，旁三门。国中九经九纬，经涂九轨，左祖右社，面朝后市，市朝一夫。

孙诒让《正义》说：“‘匠人营国，方九里’者，谓营王都也。”虽然《周礼》中保存有许多西周时期的原始资料，它是战国晚期经儒家重新编定的理想化政典。故其所说周代王都“坐北朝南”、以“宫城为中心”的主体结构，与考古发现周秦西汉时期都城的结构布局，多不相合。因此，要澄清西周成周城的结构布局、里坊制度以及城内的重要建筑，只能从文献记载和考古发现的实际出发，才能做出较为合理的判断。

西周成周城的坐向，史书未见明确记载。我国古代盛行“尊西”的思想观念。据《诗·大雅·公刘》记载，周族先祖公刘营建豳邑时“度其夕阳，豳居允荒”。“夕阳”是指落日照射的西部地区。这是说公刘丈量了“豳”地（在今陕西彬州市东北）宽广的西部地区，那里可以营建宽敞的宫室来居住[22]。《诗·大雅·緜》记载古公亶父从邠迁岐时：“自西徂东，周爰执事。”这是说古公从西到东巡行城郭内外的土地，勉励人们好好地生产。可见岐邑也是坐西向东的。因为我国地处北半球，大型建筑多南向朝阳，故帝王常“南面而听天下，向明而治”[23]。《论衡·四讳篇》说：“夫西方，长老之地，尊者之位也。尊长在西，卑幼在东。尊长，主也。”这就是“尊西”习俗形成的思想根源。可见西方是“尊长”居住的地方。据《周易·坤》

卦："利西南，得朋。"《周易·蹇》卦载："利西南，不利东北。"《尔雅·释宫》说："西南隅谓之隩，尊长之处也。"这说明"尊长"居住在"西南隅"最为有利。因此，东周、秦代、西汉时期的都城，大都形成"坐西朝东"，西"城"东"郭"，"宫城"多居"郭城"西南隅的结构布局。

东周秦西汉时期都城的坐向，可以从考古发现得到证明。洛阳偃师商城的结构布局，已开我国古代都城"宫城"位于"郭城"西南隅之先河[24]。山东曲阜鲁国故城（在今山东曲阜市）为"坐西朝东"的布局，齐国临淄故城（在今山东淄博市）是"宫城"位于"郭城"的西南部。秦国早期都城"雍城"以西南作为君主和贵族的居住区，赵国都城邯郸"宫城"在大郭西南，直到西汉长安城仍采用西南"宫城"和东北"郭城"区的结构布局[25]。

特别重要的是，洛阳东周王城遗址南临洛水、西依涧河。《国语·周语下》载：周灵王"二十二年，谷、洛斗，将毁王宫"。"谷"即涧河，"洛"即洛河。这是说公元前550年，因涧河与洛水暴涨，将冲"毁王宫"。1959年，在位于涧河与洛水交汇处的瞿家屯村东北（即王城遗址的西南隅），发现两组南北毗邻的大型建筑基址及其四周的夯土围墙[26]。足见东周王城的"王宫"，也位于郭城的西南隅。因此，西周成周城也当为"坐西朝东""宫城"位于"郭城"西南隅的结构布局。

西周成周宫城的具体位置。据《穆天子传》卷四，周穆王西征"自宗周瀍水以西，至于河宗之邦"。"宗周"即西周成周城。可见周穆王西征时，是从成周王宫出发东渡瀍水后，再北渡黄河，翻越太行，经长途跋涉，经"河宗之邦"而到达"西王母之邦"的。这说明周穆王居住的王宫，应位于"瀍水"的西岸。由此推测，西周成周宫城的位置，当在今洛阳老城的东南部。

（三）西周成周城的重要建筑

西周成周城的重要建筑，有著名的"五宫"。《逸周书·作雒解》载：

> 乃位五宫：大庙、宗宫、考宫、路寝、明堂。

这里所说的"五宫"，大体可分为宗庙、路寝和明堂三大类。与此相关的，还有城门、道路等问题。兹略作说明。

1. 宗庙建筑

"大庙"即"太庙"，是祭祀周族始祖后稷的祖庙。"宗宫"指文王庙，"考宫"指武王庙。这些"庙""宫"均属周王室宗庙的范畴（详后），就是《穆天子传》卷四所说的“宗周之庙”。

成周城里的宫庙建筑，在西周金文里有明确记载。令方彝铭：“甲申，明公用牲于京宫。乙酉，用牲于康宫。咸既，用牲于王。明公归自王。”[27]“明公”即周公子君陈[28]，是主管东都事务的最高行政长官。“京宫”是指周王室的宗庙。“康宫”是祭祀康王的神庙。“王”指成周城里的王宫，“明公归自王”是说君陈从王宫回到自己的寓所。

2. 路寝建筑

“路寝”是周王居住和听政的场所。据《元河南志》卷二，东周王城的王“宫有六寝，前曰路寝，余五居后”。《诗·鲁颂·閟宫》载：“松角有舄，路寝孔硕。”毛传：“路寝，正寝也。”《左传·庄公三十二年》说：“八月癸亥，公薨于路寝。路寝，正寝也。”郑玄《礼记·杂记下》注：“言路寝者，生人所居。”《文选·张衡〈西京赋〉》：“正殿路寝，用朝群辟。”薛综注：“周曰路寝，汉曰正殿。群辟，谓王侯公卿大夫士也。”《礼记·玉藻》说：“君日出而视之，退适路寝听政。”《白虎通义·嫁娶》也说：“路寝本所以听政处。”可见“路寝”当是周王居住和朝会群臣的王宫。

西周时期成周和丰镐都设有中央政权的最高官署“卿事寮”。这两处最高官署分别由周公、召公掌管，即《史记·燕召公世家》所说：“自陕以西，召公主之；自陕以东，周公主之”。夨令方彝铭说：“王令周公子明保尹三事四方，授卿事寮。”这里的“卿事寮”是管理东都王畿和四方诸侯的行政机构，理应设在成周的宫城之内。因此，西周成周的“宫城”里，当有“路寝”和中央最高官署“卿事寮”组成的庞大宏伟的建筑群。

3. 明堂建筑

“明堂”是祭祀天帝的场所。据《尚书·召诰》，周公营建成周时“越三日丁巳，用牲于郊，牛二”。所谓“用牲于郊”就是在西周成周郊外“明堂”里，举行隆重的祭天典礼。《逸周书·作雒解》载：“乃设丘兆于南郊，以上帝，配□后稷。日月星辰、先王皆与食。”“丘兆”就是明堂，位于成周的南郊，是祭祀天帝和日月星辰的殿堂，并以始祖后稷相配。《汉书·郊祀志》说：“昔者周文武郊于丰鄗，成王郊于雒邑。由此观之，天随王者所居而飨之，可见也。”这说明西周成周有周王祭天的“明堂”建筑。

据《大戴礼记·明堂》载：“明堂者，古有之也。……其宫方三百步。在近郊，近郊三十里。”《礼记·明堂位》说：“武王崩，成王幼弱，周公践天子之位以治天下。六年，朝诸侯于明堂，制礼作乐，颁度量，而天下大服。”《淮南子·泰族训》：“昔者五帝三王之莅政施教，……立明堂之朝。”《白虎通义·辟雍》也说：“明堂，上圆下方，八窗四闼，布政之宫，在国之阳。”明堂的宫室“方三百步”即方一里，建在南郊三十里的地方。

4. 城门与东西大道

西周成周的城门与东西大道。据《诗·大雅·緜》：“乃立皋门，皋门有伉。乃立应门，应门将将。”毛传：“王之郭门曰皋门，正门曰应门。”“郭门”即郭城的正门。“正门”即中门，也就是宫城的正门。这说明周太王营建的岐都，郭门曰皋门，宫城的正门曰应门。《尚书·顾命》载：“王出，在应门之内，太保率西方诸侯入应门左，毕公率东方诸侯入应门右。”足见西周西都丰镐宫城的正门亦名应门。《逸周书·作雒解》说：“应门、库台玄阈。”这说明西周成周宫城的正门和库台都是黑色门槛。东汉大儒郑司农说：周代“王有五门：外曰皋门，二曰雉门，三曰库门，四曰应门，五曰路门”[29]。这是说西周王都有皋、雉、库、应、路五门。

然而，郝懿行《尔雅·释宫》义疏：则依戴震“《考工记补注》，据《明堂位》及《诗·緜传》，断以‘天子之门不闻有库、雉，诸侯之门不闻有皋、应’。又云：‘天子、诸侯皆三朝、三门’。其说甚的，可以匡郑之失矣！”这说明西周成周城是否有“库、雉”两门，目前尚有疑问。由此推测，西周成周郭城的城门当名皋门，宫城有应门和路门。而在应门与皋门之间，当有一条贯穿郭城的东西大道。

20世纪80年代初，在瀍河西岸曾发现大型夯土建筑基址，可能属于宫殿基址的夯土遗存[30]。1985年，在洛阳老城中州东路北、临近北大街的地方，发掘4座西周早期的车马坑。坑内多葬一车二马，保存较好，发现大量青铜车饰和青铜马饰。车箱后未见殉狗现象，出土器物、车制与西周贵族墓出土的基本相同[31]。这些车马坑位于西周成周城西南边沿地带，当在宫城的西北部，可能属于宫城内的祭祀坑。

（四）西周成周的里坊制度

里坊是我国古代都城的基层单位，在我国古代城市建设规划和行政管理中占有重要地位。我国古代都城的里坊制度始于何时？这是研究中国城市发展史的重要问题。

1. 成周的里坊设置

我国古代文献有关里坊的记载，最早见于《尚书·酒诰》：“百姓里居。”《酒诰》是西周初年周公旦告诫“殷顽民”的文诰，成书年代可信。《说文·里部》：

“里，居也。”《诗 · 郑风 · 将仲子》：“无逾我里。”毛传：“里，居也。”孔颖达疏：“里者，人所居之名。”《周礼 · 地官 · 载师》：“以廛里任国中之地。”《礼记 · 礼运》：“以立田里。”孔颖达疏：“里，居宅之地。”《尚书序》说：“周公既没，命君陈分正东郊成周，作《君陈》。”郑玄《礼记 · 坊记》注：“君陈，盖周公之子，伯禽弟也。”所谓“东郊成周”是指成周东部“国人”的居住区。“里”，后世亦名坊。《后汉书 · 杨震传》：“连里竞街”。李贤注：“里即坊也”。可见我国古代的里坊制度，早在西周初年就已出现。

“里坊制度”是以一平方里为单位，来安置城内居民的规划制度。《尔雅 · 释言》说：“里，邑也。”《释名 · 释州国》说：“五邻为里，居方一里之中也。”《谷梁传 · 宣公十五年》：“古者三百步为里。”《韩诗外传》卷四说：“广三百步、长三百步为一里。”这里的“一里”就是长、宽各“三百步”的面积。

每个里坊住有多少户居民，史书记载不同。《庄子 · 则阳》说：“何谓丘里之言？”成玄英注：“古者二十家为里。”《诗 · 郑风 · 将仲子》毛传：“二十五家为里。”郑玄《礼记 · 郊特牲》注：“二十五家为里。”《国语 · 齐语》《管子 · 小匡》都说：“五家为轨，十轨为里。”是一里为五十家。何休《公羊传 · 宣公十五年》注：“一里，八十户。”《管子 · 地度》说：“百家为里。”《旧唐书 · 食货志》说：“百户为里。”大概因西周初年人烟稀少，里坊居住的人口密度较小，后世随着全国人口的增多，居住的人口也逐渐多了起来。

2. 成周的里坊管理

西周成周城贵族和“殷民”聚居的“里”坊，都设有管理居民日常事务的“里君”。西周初年的令方彝铭：“明公朝至于成周，造令：舍三事令、眔卿事寮、眔诸尹、眔里君、眔百工、眔诸侯、侯、田、男；舍四方令。”史颂鼎、簋铭：“王在宗周，令史颂省苏，法友里君、百姓，帅堣报于成周。”[32]“里君”是主管里坊事务的低级职官。“百姓”指贵族。《尚书 · 酒诰》载：“越在内服，百僚庶尹惟亚惟服宗工越百姓里居［君］。”[33]“内服”指王朝内部官员，“百僚”指百官，“庶尹”是说众多的官员，“惟亚”是指次等的副官，“惟服”指一般官吏。《逸周书 · 商誓篇》载：告尔“及百官、里居［君］、献民”。“献民”指一般平民。《逸周书 · 尝麦解》：“闾率、里君［受其葳］以为资。”《史记 · 周本纪》载：“康王命作策毕公分居里，成周郊，作《毕命》。”《集解》引孔安国曰：“分别民之居里，异其善恶也。成定东周郊境，使有保护也。”《管子 · 小匡》载：“择其贤民，使为里君。”这些金文和文献资料相互参证，说明西周成周设有“里君”的基层官职。《礼记·杂记下》："则里尹主之"。郑玄注："里尹，闾胥里宰之属。"《汉书·食货志》："里胥平旦坐于右塾。"颜师古注："里胥，如今里吏也。""里尹""里胥"均为一里之长官。因此，"里君"犹如后世的"里尹"和"里胥"，就是管理西周成周各个里坊的基层官吏[34]。

西周金文还见有"里人"的职官。西周𪓰簋铭："王曰：𪓰，命汝司成周里人众诸侯大亚。"[35]《国语·鲁语上》载："唯里人所命次。"韦昭注："里人，里宰也。"《左传·襄公九年》载有"使伯氏司里"的记录。这则簋铭是说周王命𪓰管理成周的里君和居住在里坊的诸侯及其属官。

由此可见，西周成周城的里坊设置和管理，实开我国都市里坊制度之先河，在中国城市发展史上具有划时代的意义。

三、西周成周郭城的重要设施及其布局

据文献记载和考古发现，可以知道西周成周的郭城里，建有贵族墓地、铸铜作坊、商业里坊和宗庙社坛，还居住着贵族百姓、"殷民"及大量军队。《逸周书·作雒解》载："凡工贾、胥士、臣仆，州里俾无交为。""工贾"指工匠和商贾，"胥士"（读如庶士）指一般百姓，"臣仆"指奴仆，"州里"指城郭及四郊的居民里坊。这是说凡是成周及四郊的居民，应按其身份和职业的不同，分别居住在各自的里坊内，不得相互混杂。《逸周书·程典解》说："士大夫不杂于工商。"也有按等级分别居住的意思。《管子·小匡》所说："定民之居，成民之事。"《管子·大匡》及《国语·齐语》倡导按居民职业划定居住区域的原则，实始于西周成周。可见西周成周的居民，按其身份地位的不同，居住在不同的区划里。因此，我们试对西周成周郭城里各项重要设施的大体布局，略作推测。

（一）贵族墓地区

西周成周郭城内建有贵族墓地。自20世纪50年代以来，在洛阳老城东北瀍河两岸共发现西周贵族墓600余座。特别是1963～1972年，我们在洛阳北窑村西东西约500米、南北约350米、总面积约17万平方米的范围内，共探出西周贵族墓葬478座，已发掘355座，出土大量青铜器、陶瓷器、玉石器、骨蚌器等1万多件。其中，青铜器有礼器、兵器、车马器和生产工具，青铜礼器大都铸造精美、典雅庄重。瓷器有罍、瓮、豆、盘、尊、簋等珍品。特别是在青铜器铭文中，有王妊（图1-3）、太保、康伯、丰伯、毛伯、师隻等西周

图 1-3　洛阳北窑西周墓出土的王妊铜簋（M37∶3）

高级贵族铸做的器物。可见这里当是西周王室重要的大型贵族墓地[36]。

周代的贵族墓地，多设在郭城北方的高陵地带。据《礼记·檀弓下》："葬于北方，北首，三代之达礼也，之幽之故也。"郑玄注："北方，国北也。"孔颖达疏："言葬于国北及北首者，鬼神尚幽暗，往诣幽冥故也。"又说："望返诸幽，求诸鬼神之道也。北面，求诸幽之义也。""北首"，头朝北。《白虎通义·崩薨》载："所以于北方者何？就阴也。"北方是幽冥阴暗的地方。《左传·襄公十八年》说："天道多在西北。"《吕氏春秋·节丧》也说："葬必于高陵之上，以避狐狸之患、水泉之湿。"洛阳北窑西周贵族墓地，正位于瀍河两岸大量西周文物遗存的西北隅。这里背靠邙山，面对洛河，东临瀍水，西至洛孟公路，地势北高南低，符合商周时期选择墓地的思想观念。

多年来，在陕西西安市沣河西岸张家坡村发掘的400多座西周贵族墓葬，显然就是西都丰镐的贵族墓地[37]。春秋时期的鲁国曲阜、齐都临淄、郑都新郑和东周王城等古城址的考古发现，表明贵族墓地和冶铜遗址大多设在郭城之内[38]。这些发现说明，贵族墓地作为都城的重要组成部分，早在都城营建之初就被列入总体规划中的。这就是我们将洛阳北窑西周贵族墓地，列在西周成周郭城内的主要原因。

（二）铸铜作坊区

西周成周郭城内建有大规模的手工业作坊。1974～1979年，我们在位于洛阳北窑西周墓地西南方的台地上，发现一座西周早中期的大型铸铜遗址。这处遗址与西周贵族墓地南边，仅相隔一条宽约20米、深约4米的东西向壕沟。它东临瀍水，西距洛孟公路约800米，东西长700米，南北宽300米，总面积约20万平方米。在此范围内，发现有房基、地下水管道、烘范窑、炼铜炉残块及大量铸造铜器的陶范等，文化堆积丰厚，时代为西周早中期。出土遗物丰富，有铜器、石器、骨器、蚌器、卜骨、卜甲、陶范、熔铜炉残壁、木炭渣、坩埚残块等。其中陶范多达2万多块，分外范、内范和范芯等，能辨出器形的有方鼎、圆鼎、甗、簋、盉、尊、觚、爵、卣、觯、钟等青铜容器和乐器，还有少量的车马器、兵器及生产工具等文物。

这些发现说明，这里是一座以铸造青铜容器为主，兼铸铜车马器、兵器和生产工具的铸铜作坊遗址。从炉壁残段观察，当时的熔铜方法是以木炭为燃料，采用内加热的大型竖式熔炉，炉内留有鼓风眼。这种炉子的温度一般可达1200～1250℃。当时鼓风设施的使用，提高了熔铜的能力，是我国古代冶金技术进步的重要标志。在铸铜作坊遗址附近，还发现有房屋遗址、祭祀坑、陶窑遗址、殷人墓葬[39]和南北大道[40]等，以及与铸铜作坊密切相关的文物遗迹[41]。

西周成周的手工业生产，在西周金文和古文献里都有明确记载。《尚书·酒诰》所载“百僚”中的“宗工”，就是主管百工的长官。据令方彝铭，在成周听从明公政令的有“百工、眔诸侯”。可见“百工”是东都成周手工业的重要力量。史兽鼎铭说：“尹令（命）史兽立工于成周。十又（有）一月癸未，史兽献工（功）于尹。”这里的“尹”，亦称“皇尹”，当是西周王室的最高执政长官，唐兰先生以为“应该是召公”[42]。“立工”是指组织工匠从事各种手工业生产之义。“献工”，读如献功。《诗·泮水》：“在泮献功。”《周礼·小行人》说：“令诸侯春入贡，秋献功。”《左传·僖公三十一年》：“以献其功。”《左传·襄公十四年》：“百工献艺。”“献功”“献艺”就是呈献功绩的意思。这是说史兽受命在成周建立各种生产作坊，到十二月癸未向皇尹奉献手工业产品。

因此，这座规模宏大、使用时间长久的铸铜作坊，当是西周王朝最重要的手工业生产基地。我国已发现大量西周早中期的青铜器，很可能都是这里铸造的。因其位于西周贵族墓地之南，也就是位于成周城的西北部，所以它也应属于西周成周城的重要组成部分。

（三）宗庙祭祀区

宗庙和社稷是西周成周的重要建筑。这是因为祭祀天地和祖先神灵，在我国古代被看作是“国之大节”的重要事务[43]。据《左传·成公十三年》，“国之大事，在祀与戎”。祭祀神灵与兴兵征伐，都是国家的头等大事。《墨子·明鬼下》载：“三代之圣王，其始建国营都日，必择国之正坛置以为宗庙；必择木之修茂者立以为菆位。……是故赏必于祖，而僇必于社。”《礼记·曲礼下》说：“君子将营宫室，宗庙为先，厩库为次，居室为后。”大凡如帝王加冕、兴师命将、布政告朔、赏赐功臣等军国大事，都要在宗庙里举行隆重的仪式。可见宗庙在都城建筑中的重要地位。《逸周书·作雒解》所说“五宫”中的“大庙、宗宫、考宫”，就是西周成周的宗庙建筑。

值得注意的是，近年来在瀍河东岸发现一处西周时期的大型祭祀遗址，为探讨西周成周的宗庙遗址等问题，提供了重要线索。

1. 祭祀遗址的重要发现

2009年以来，洛阳市文物工作队在配合洛阳林校实训楼的基建工程中，发现一处西周时期的大型祭祀遗址（图1-4）。该遗址位于洛阳中州东路北侧，在东西长48米、南北宽30米、总面积约1500平方米的范围内，发现西周灰坑41座、墓葬13座。灰坑形状多为近椭圆形、长方形或不规则形，口径0.9～7.6米，底径0.8～7.5米，深0.1～2.9米，出土的器物主要为陶鬲、陶簋、陶罐、陶拍等陶器碎片。特别是在18座灰坑内，均埋有较为完整的兽骨，在3座灰坑里还殉葬有人骨。依照这些灰坑埋葬牺牲的不同，可分为马坑、狗坑、牛坑、人马坑、人猪坑（图1-5）、猪牛坑等6种类型。其中，有马坑7座，牛坑1座，人马坑3座，人猪坑1座，人猪牛坑1座，人骨坑3座，狗坑2座。值得注意的是，坑内牺牲多为东西向摆放。

这里还发现西周墓葬13座，均为中小型长方形竖穴土坑墓。墓坑较小，仅能容身。随葬品均较简陋，只有4座有陶鬲、陶簋、陶罐、铜镞、铅戈和玉石片等少量器物。这些墓葬除2座为南北向外，均为东西方向[44]。

这是目前所知西周早期规模最大、用牲最多、内涵最为丰富的祭祀遗址。因此，这座祭祀坑绝非一般祭祀者所能有。尽管目前尚未找到它的边界以及相关的大型建筑基址，但我们仍可以联想到西周成周城的宗庙和社坛。因为只有宗庙、社稷的隆重祭典，才能拥有如此丰富的祭祀牺牲。

2. 西周宗庙、社稷的形制

宗庙是西周成周最为庄严神圣的宗教场所。《尚书·洛诰》载："王宾杀禋咸格，王入太室，祼。"这是说周成王到成周宗庙的太室里，用圭瓒酌酒祭祀神灵。令方彝铭："甲申，明公用牲于京宫。乙酉，用牲于康宫。咸既，用牲于王。明公归自王。"[45]"明公"即周公子君陈，是主管东都事务的最高行政长官[46]。"京宫"是指周王室的宗庙。"康宫"是祭祀康王的神庙。"王"即王宫。《礼记·王制》载："天子七庙：三昭、三穆与大祖之庙而七。"西周成周"七庙"都设在"京宫"里。《礼记·王制》载："天子、诸侯宗庙之祭，春曰礿，夏曰禘，秋曰尝，冬曰烝。"《白虎通·社稷》说："宗庙俱太牢。"天子、诸侯一年四时都要举行宗庙祭典，重大祭典要用牛、羊、豕三牲的"太牢"之礼来祭祀。因此，西周成周的宗庙当是一个有门有垣，自成一区，规模宏伟的建筑群。

西周成周建有祭祀社稷神的社坛。据《逸周书·作雒解》："诸［侯］受命

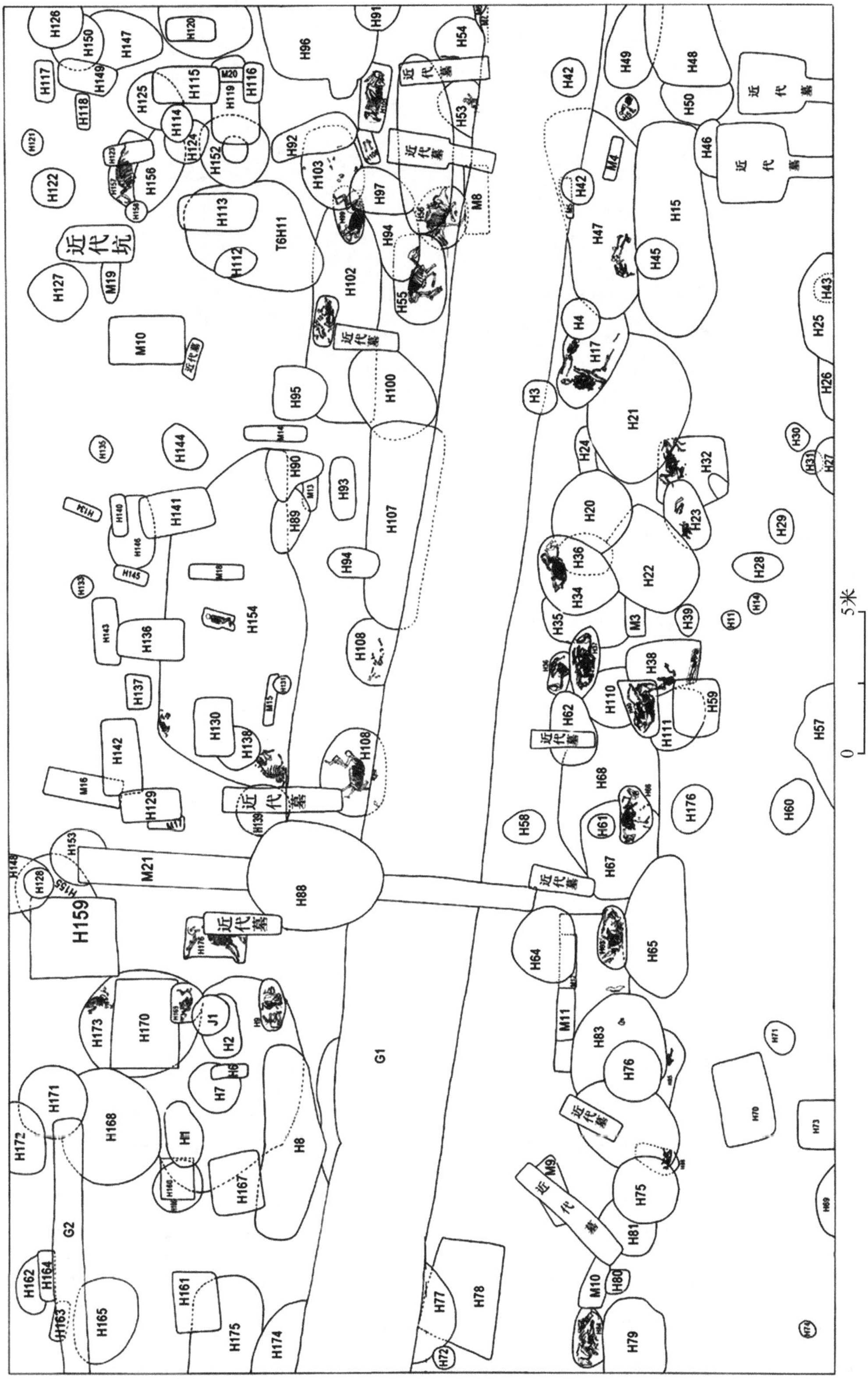

图 1-4　洛阳林校祭祀遗址平面图

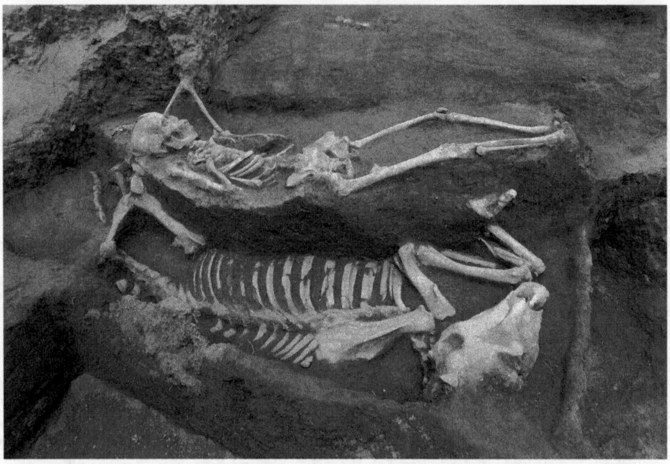

图 1-5　洛阳林校西周祭祀遗址殉马、殉人坑

于周，乃建大社于国中。其壝东青土、南赤土、西白土、北骊土，中央叠以黄土。”“大社”即“太社”，是祭祀土地神的场所。“国中”即都城内的中心位置。“壝”是用五色土筑起的高坛。社稷设坛而祭，四周有矮墙，是天下土地的象征。《尚书·召诰》载：周公“越翼日戊午，乃社于新邑，牛一，羊一，豕一”。孔安国传：“告立社稷，用太牢也。”“新邑”是成周城营建初期的名称。《礼记·王制》说：“天子社稷”的祭祀，皆用牛、羊、豕的“大牢”之礼。祭祀社稷既是君王对土地五谷养育人民的报答，也是表达人们祈求风调雨顺、五谷丰登的愿望。《韩诗外传》说：“天子社广五丈。”（孔颖达《尚书禹贡》“厥贡惟土五色”疏引）这是说天子的社坛每边长“五丈”（约合今11.55米）。但是，社坛没有房屋建筑，只是个露天的土坛，这是为了能够通“达天地之气”的缘故。为了使百姓对社神尊敬仰慕，在社坛周围种植大片松树。

3. 宗庙、社稷的位置

西周成周宗庙和社坛的具体位置。据《礼记·祭义》：“建国之神位，右社稷而左宗庙也。”可见宗庙、社稷位于王宫前方的左、右两侧，当是周代都城的通行制度。至于宗庙、社稷的具体位置，《白虎通·社稷》载：“社稷在中门之外、外门之内何？尊而亲之，与先祖同也。”郑玄《周礼·小宗伯》注说：“库门内、雉门外之左右。”北宋聂崇义《新定三礼图》王城图（图1-6）、《永乐大典》卷九五六《周王城图》等，都将周代的宗庙、社稷置于宫内路寝前的左右两侧。这种看法显然是受《周礼·考工记》王城“坐北朝南”和“宫城居王城中心”影响的结果。因其与考古发现周秦西汉都城的布局结构不相符合，故不可取。因此，要弄清西周成周宗庙和社坛遗址的具体位置，必须到西周秦汉时期的都城考古里去寻找线索。

在陕西岐山凤雏村的周原遗址里，发现一座西周早期坐北朝南的大型宗庙建筑遗址。近年在其西南部百余米处发现一座西周早期的社坛遗址，社坛中心树有圭形石碑遗存，上部残失[47]。陕西凤翔秦国雍城的宫殿和宗庙建筑遗址，都位于城内偏西南的中部地区。在宫殿遗址以东约500米处，发现先秦时期最为完整的宗庙遗址以及在其南部“中庭”里发现牛、羊、人、牛羊、人羊合坑等七类祭祀坑181个[48]。河南新郑市郑韩故城的“宫城”位于郭城的西北部，在“宫殿区”东北约300米的“郭城”里，发现郑国的宗庙遗址及其西、南部的牛、马、猪等祭祀坑7个。在“宫殿区”东南约300米的“郭城”里，还发现郑国的社坛遗址及其所属的礼乐器坑、殉马坑63座[49]。据张衡《西京赋》说：西汉长安城“乃览秦制，跨周法”营建而成的[50]。西汉的“高祖庙”，正位于未央宫前殿东北方安门大街的东侧。因而这条贯穿长安南北的中央大道，就被汉儒叔孙通称为“宗庙道”[51]。

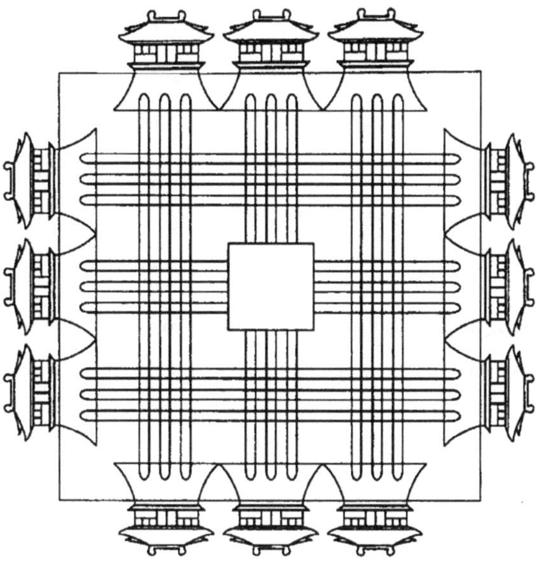

图 1-6　（宋）聂崇义《新定三礼图·王城》（四库全书本）

由此可见，这些周秦西汉时期的宗庙遗址，具有许多共同的基本特征：一是它们都是坐北朝南、结构复杂的大型建筑。二是它们多位于宫城左前（东北）方，大体在郭城的南北中轴线上。三是它们的南部多有规模宏大、牺牲丰富的祭祀坑。四是它们与社稷坛南北相应，共同形成“左祖右社”的格局。这些考古发现，为我们判定洛阳林校西周大型祭祀坑的性质提供了重要依据。

4. 祭祀遗址的性质

洛阳林校发现的西周大型祭祀坑，正位于西周成周宫城的左前方，大体位于郭城的南北中轴线上。这些祭祀坑里的牺牲，经鉴定动物均为雄性，人多为男性。这与周代大凡祭祀天地宗庙“只用牡不用牝”的习俗相符合[52]。西周春秋时期宗庙、社稷祭祀用人的现象，颇为普遍。据《左传·成公三年》，“（荀）首其请于寡君而以戮于宗”。陕西凤翔秦国雍都宗庙遗址，发现人牲祭祀坑八个。《左传·昭公十年》载：鲁国“伐莒，取郠，献俘，始用人于亳社”。《左传·僖公十九年》说：“宋公使邾文公用鄫子于次睢之社。”秦国雍都宗庙遗址用牲为人、牛、羊，郑国宗庙遗址用牲为马、牛、猪，洛阳林校西周祭祀遗址用牲则为人、马、牛、猪、狗。这些重要发现，虽然与《尚书》《礼记》中周代宗庙、社稷祭祀多用“太牢”的记载略有差别，但却与秦都雍城和郑国宗庙祭祀遗址的用牲制度基本相同。它们都大量用“人”和“马”来作牺牲，因而极大地丰富了我们对周代祭祀用牲制度的认识。

由上所述，我们可以大胆地推测，洛阳林校祭祀遗址当属西周成周宗庙遗址的重要组成部分。在这些祭祀坑的北部不远的地方，当分布有大型宗庙建筑基址。而在这些祭祀坑的南边，也就是在西周成周宫城的右前方，当分布有社坛遗址及其所属的祭祀坑。

5. 祭祀遗址旁的大型墓地

1983年以来，在洛阳林校祭祀坑西北约250米的安龙熙春花园里，发掘了4座西周早中期的“甲”字形大墓[53]。在这些大墓南约60米、位于洛阳林校祭祀坑西约200米的地方，还发现有西周早中期的车马坑4座[54]。这些车马坑大多保存完好，随葬器物也较丰富。可见它们当是其北部4座“甲”字形西周大墓的殉葬坑。这些高规格的西周大墓和车马坑，出现在洛阳林校大型祭祀坑的西部不远的地方，绝非偶然之事。我们推测，这些大墓的主人当与大型祭祀坑旁的宗庙祭祀密切相关。他们可能就是掌管邦国“天神、人鬼、地示”祭祀的“大宗伯”[55]一类的神职人员。

（四）殷民居住区

西周初年，周公平定武庚、三监叛乱后，为了防止商朝贵族继续反抗，就把他们大批迁到成周来就近管束。《逸周书·作雒解》载：周公东征“俘殷献民，迁于九里”。《尚书·多士序》说：“成周既成，迁殷顽民。”班固《汉书·地理志》“雒阳县”注说：“周公迁殷民，是为成周。”“殷献民”“殷民”或“殷顽民”，都是对商朝旧贵族的统称。由此推测，当年这些商朝旧贵族就居住在西周成周的“郭”城里。

“殷民”的居住区主要分布在瀍河东岸下窑村至洛阳机车厂区东门一带。考古发现表明，“殷顽民”的墓葬大都埋葬在他们的居住区内。1952年，在下窑村、东大寺和摆驾路口一带，发掘“殷顽民”墓葬20多座[56]。1972年，在洛阳机车厂托儿所发掘“殷顽民”墓1座[57]。1983年，在洛阳东花坛发掘“殷顽民”墓5座[58]。1990年，在塔东村东北洛阳机车厂的生活区，发掘小型“殷顽民”墓葬20座，墓底多有长方形腰坑，出土铜器铭文有“子父己”[59]。1991年，在洛阳林校北发掘一座小型“殷民”

墓，墓底中央有长方形腰坑[60]。多年来，洛阳市文物工作队在这一带还发掘墓葬60多座，资料尚待发表。这些“殷民”的墓葬，不但随葬的陶器、蚌器等都保存有殷人遗风，而且墓葬多有腰坑，埋有殉狗。而同时期的洛阳北窑西周贵族墓葬，出土陶器多与西安张家坡西周贵族墓地出土陶器的风格相类[61]。因此，瀍河以东的下窑村到洛阳机车厂区东门一带，与瀍河西岸的西周贵族墓地及铸铜作坊遗址隔河相对，这里当是“殷顽民”集中居住的地方。

1952年，在洛阳林校东南泰山庙一带发掘西周灰坑2个，出土器物多带有殷人作风。这里还发现有占卜用的龟甲及铜觚陶范[62]。1986～1989年，在洛阳泰山庙一带还发掘西周早期“殷顽民”墓3座[63]。因为这里位于宗庙祭祀遗址的东南方，可能是“殷顽民”居住区的南部边沿。

由此可见，周公“迁殷顽民”时，把他们集中安置在瀍河东岸与西周贵族墓地及铸铜作坊遗址隔河相望的地区。这里正位于成周郭城的东北部。

（五）商业贾肆区

西周东都成周城是全国贡赋和经济的中心，商业经济繁荣。因此，在这里的“郭”城里，设有专门从事商业经营的里坊和商业管理机构。

1. 商贾里坊区

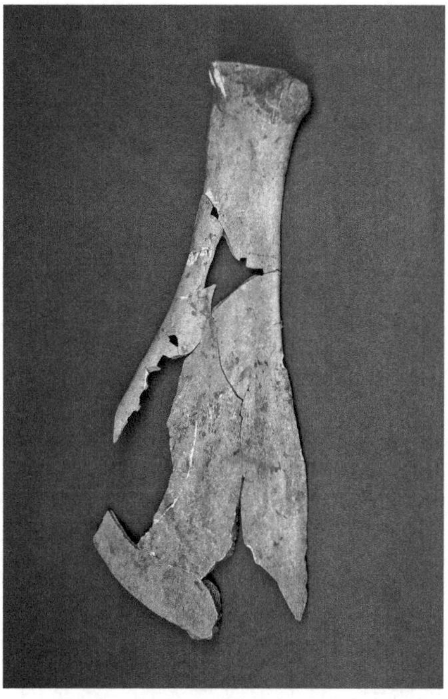

图1-7　洛阳东郊出土的西周卜骨

2008年初，洛阳市东郊出土一块西周早期由牛右肩胛骨整治而成的有字卜骨。其正面残留有三组刻辞：上部右侧为“卲曰其巳”4字，左侧为“□贝用买车”4字；下部左侧为“白皃车，由克买”6字，共计14字（图1-7）。这组卜辞的大意为：卜问使用贝币到伯貌那购买车辆，能够买到吗？“贝”是商周时期常用的实物货币，“车”则是西周贵族最重要的交通工具。这件卜骨刻辞是西周早期居住在东都成周诸侯大夫们贞卜的遗物[64]。它说明当时东都成周城存在经营车辆的商家以及用贝币去购买车辆的商品交易。

西周晚期的颂鼎诸器铭文，记载有东都成周商业管理的珍贵资料[65]。颂鼎铭说：“命汝官司成周贾廿家，监司新造贾，用宫御。”这是记载周王册命史颂管理“成周贾”和“监司新造贾”的史料。“官司”即管理，“成周”即东都成周城。“贾二十家”，《周礼·地官·司市》载：“以商贾阜货而行布。”郑玄注：“通物曰商，居卖物曰贾。”“贾”是指摆摊设店卖货的商人。《论语·子张》说：“百工居肆。”郝懿行《尔雅·释言》疏：“市廛货物所居亦为肆。”“肆”本指市场上陈放货物的行列，可引申为商贾百工的居舍。一肆由若干家商户组成，设“肆长”来管理日常事务。《周礼·地官·序官》说：每“二十肆”设一贾师来管理市场物价。《说文·宀部》：“家，居也。”因“家”“肆”都有居义，故“贾二十家”当与“二十肆”的含义相近。

必须指出的是，史颂管理成周“贾二十家”和《周礼·地官》贾师管理“二十肆”的数量，绝非偶然的巧合，个中必定有其深层原因。因为我国古代都市的商贾，多集中在规定的里坊内从事经营活动。《国语·鲁语下》载：“赋里以入。”韦昭注：“里，廛也，谓商贾所居之区域也。”这则铭文的大意是说：周王任命颂来管理东都成周的二十家商贾，并监督管理新来经营的商贾的事务，以便供给宫廷中使用的货物。由此推测，西周成周城里可能设有专事商业经营的里坊和商业管理机构[66]。

“商人”的由来与西周成周城的商业里坊。据《尚书·酒诰》记载，西周初年周公告诫居住在成周的“殷顽民”时说：你们要“肇牵车牛，远服贾用，孝养厥父母”。这说明成周城里从事商业经营的多为商族后裔“殷顽民”，“商人”一语即由此而来。这些“商人”多集中居住在商业经营的里坊里。直到汉魏时期，洛阳城里仍保留有“商里”“上商里”的地名。《后汉书·鲍永传》载：“赐永洛阳商里宅。”李贤注引《东观汉记》作“上商里”，并引陆机《洛阳记》曰：“上商里在洛阳东北，本殷顽人所居。”因汉魏洛阳城的地势为北高南低，“商里”位于洛阳城的东北隅，故称“上商里”。上述颂簋铭中周王任命颂管理“成周贾二十家”，当是任命他管理成周“商里”内的商业经营事务。他的职官可能与春秋战国时期的“贾师”“贾正”大体相同[67]。

2. 制陶作坊区

在商业贾肆区内发现有西周时期的陶窑遗址。1986年，在洛阳市瀍河东岸的原洛阳地区供销学校院内发现西周陶窑遗址1座，窑长4.56米，由操作坑、火门、火膛、窑箅、窑室等部分组成。操作坑呈马蹄形，窑室、窑箅、火膛上下相连，呈扁圆形，窑箅居中，有七个圆形火孔。窑室内遗留的簋、鬲、罐等残器的形制特征，都与洛阳北窑铸铜遗址出土的陶器极为相似。这处陶窑的形制较原始，仍沿袭商代晚期的陶窑形制[68]。可见当时在商业贾肆内建有制作陶器的作坊。

3. 商贾居室与墓葬区

在商业贾肆区内发现有大量房屋遗址和墓葬。据赵振华先生回忆，20世纪80年代初修建东花坛铁路立交桥时，在那里发现20多座直径约2.3米、深约0.8米的圆形半地穴式房屋遗址。在这里的灰坑中，还采集到西周早期的卜骨[69]。同时，这一带分布的大量“殷顽民”墓葬，与洛阳北窑铸铜作坊遗址附近的“殷顽民”墓葬类同，这里可能是从事商业经营的“殷顽民”死后埋葬的场所。颇为有趣的是，东汉洛阳的“上商里”，位于汉魏洛阳城的东北部。当是西周初年在成周东北部从事商业活动的“殷民”后代，迁徙到东周成周城后继续从事商业经营的结果。这就是东汉洛阳城“上商里”名称的由来。

这些考古发现说明，在今瀍河东岸的下窑村到洛阳机车厂生活区一带，既是“殷顽民”的居住区，也可能是西周成周城的商业贾肆区。因为从事商贾贸易的主要是那些“殷顽民”，所以两者就交织在一起，无法截然分开。所以我们推测，西周成周的商业贾肆区，当位于郭城的东北部。

4. 商业管理机构区

1999年，在启明东路银辉黄金首饰公司院内发现的西周大型夯土遗址，东西长约70米，南北宽约60米，厚3～3.2米，圆夯构筑，推测为高台建筑的地下基础部分[70]。这里位于郭城东北部的商业贾肆区，可能就是西周成周城商业管理机构的大型建筑遗存。

（六）百姓居住区

在西周成周“郭”城内居住的贵族百官，被称为“百姓”。《尚书·酒诰》载：“越在内服，百僚、庶尹、惟亚、惟服，宗工越百姓里居〈君〉，罔敢湎于酒。”“内服”指王朝内部官员，“百僚”指百官，“庶尹”是说众多的官员，“惟亚”是指次等的副官，“惟服”指一般官吏，“宗工”指官员们的宗室成员，“里居”当是里君之误[71]。这说明东都成周居住着数量众多的贵族百官。洛阳北窑西周贵族墓出土铜器铭文中有康伯、丰伯、毛伯、王姙、荣仲、师隻、太保冓、中播父等人物[72]，他们有可能就是居住在成周的贵族官员。

西周成周贵族居住的宫室及其位置。周孝王时的十三年兴壶、鲜钟铭说：“王在成周司徒淲宫。”[73]厉王时的晋侯苏编钟铭：“王惟返归，在成周公族整师宫。”[74]“司徒淲宫”“公族整师宫”都是王室大臣在成周营建的宫馆。2003年在中窑村还发掘一座小型贵族墓葬，出土的铜器、陶器及玉器等与西安张家坡和洛阳北窑西周贵族墓出土的同类器物相似，当是西周早期的周人墓葬[75]。1952年秋，在瀍河东岸的下窑村发掘6座西周晚期周人墓。从残存器物的特征看，与洛阳北窑西周贵族墓地及浚县辛村西周卫国墓出土器物相一致，应是西周晚期的周人墓葬[76]。这说明在瀍河东岸成周郭城的中部偏北地区，也住有少量的周室贵族。这些周人墓葬可能就是从事商业管理的贵族墓葬。

然而，西周成周贵族和平民的居住分布，有着严格的等级区别。中华先民信奉“天道尚左，地道尊右”的方位观念。据《淮南子·天文训》：“紫宫执斗而左旋，日行一度，以周于天。”张衡《灵宪》载：“阳道左回，故天运左行。”《礼记·王制》说：“执左道以乱政。”孔颖达疏：“左道，谓邪道。地道尊右，右为贵。……故正道为右，不正道为左。”所谓“天道”就是神道，尊崇左侧。所谓“地道”就是人道，尊崇右侧。因此，西周成周“殷民”居住在郭城的东北部，也就是郭城的左侧；而贵族百姓则居住在郭城的东南部，也就是郭城的右侧。这完全符合我国古代“地道尊右”的思想观念。

因为居住在西周成周城里的贵族们死后，大都集中埋葬在北窑西周贵族墓地里，也就是埋葬在当时的贵族“公墓”里。而当时贵族居住的房屋，基本上仍是茅草木构建筑，如果没有大面积深厚的夯土基址，在一般的文物勘探中是很难发现的。这就是目前在西周成周城的百姓居住区里，发现文物遗迹相对较少的缘故。

（七）八师驻扎区

西周成周的“郭”城里，驻有重兵“成周八师”。小克鼎铭：“王命膳夫克舍命于成周，遹正八师之年。”[77]曶壶盖铭：“更乃祖考作冢司徒于成周八师。”[78]“师”是军队的编制单位，周代每师2500人。“成周八师”是居住在东都成周的王室军队，“八师”共2万人。小臣謎簋铭：“白懋父以殷八师征东夷。”[79]禹鼎铭：周厉王率“西六师、殷八师伐噩（鄂）侯驭方”[80]。“西六师”就是宿卫宗周丰镐的王室禁军。“殷八师”就是成周八师，因驻守成周以威慑“殷顽民”而得名。这支王室精锐，担负着卫戍东都治安和镇慑“殷顽民”的重要责任。

“成周八师”驻扎在王宫及其他重要设施周围。据《礼记·曲礼下》记载，“厩库”与宫室、宗庙和居室等，都是都城建筑的重要组成部分。《逸周书·作雒解》

说：西周成周王宫门外有名为“库台”的地方。“库”是兵府的所在地。《汉书·魏相传》说：“武库精兵所聚。”武库是精锐兵器的储藏所，西汉长安城武库建在长安、未央两宫之间，就是为了便于皇帝亲自控制[81]。因此，“成周八师”的指挥机关和主力，当布署在王宫周围及其他重要设施附近。

四、西周成周城具体位置和规模范围

50多年来，洛阳考古发现西周时期重要的文物遗存，大都集中分布在今洛阳市瀍河两岸的邙山南麓与洛河之间。这些重要文物遗存分布的范围，与《作雒解》所说西周成周“郭方七十二里”的规模基本相符。因此，我们试对西周成周城的具体位置及其各项设施的大体分布，略作初步推测。

（一）郭城西北隅坐标

洛阳北窑西周贵族墓地的北部边沿，已踏上邙山南麓。这个墓地的西北隅，位于北魏元怿墓东南约210米，西距洛孟公路约100米，墓地的南边距西周铸铜遗址约450米。北窑西周贵族墓地和铸铜遗址都是西周成周城的重要组成部分，均应包括在成周郭城的范围之内。因为在北窑贵族墓地西、北两面相当远的距离内，均未见有西周墓葬和文化遗存。所以我们认为，这个墓地当位于西周成周城的西北隅。也就是说，洛阳北窑西周贵族墓地的西北角，也当是西周成周郭城的西北角。这个地点当在元怿墓东南约200米、洛孟公路东约100米处。这应是我们推测西周成周郭城范围时，能够基本确定的最重要的坐标点。

（二）郭城北部边沿与东北隅

我们注意到，2008年在北窑村东洛阳东郊热源厂发掘的3座马坑，2011年在唐寺门以西的下窑村村民安置小区发掘的1座车马坑和2座祭祀坑[82]。这些车马坑和祭祀坑的位置，与洛阳北窑西周墓的北边大体处在同一东西线上，故应属于郭城内的遗物。洛阳机车厂生活区发现的大型夯土建筑基址和“殷民”墓葬，亦应包括在郭城区内。这说明西周成周郭城的东北隅可能会在这一带。因此，由元怿墓东南约200米处向东，越过瀍河经洛阳东郊热源厂北，延伸至水厂东南约200米处的207国道南侧，全长4050米，约合当时9.7里。这个数值略大于西周成周城东西“九里”（合今3742.2米）的记载。当是西周成周郭城的东北隅，较建城之初略向外扩展的缘故。

（三）郭城西部边沿与西南隅

因在西周成周郭城的西北隅有洛阳北窑西周贵族墓地，其南有西周铸铜遗址。这样，西周成周的宫城当位于瀍河西岸西周铸铜遗址的南边，即今洛阳老城的东南部。因其正好压在今洛阳老城的下面，所以目前考古发现的遗迹较少。因此，以元怿墓东南200米处为起点，即在洛孟公路东侧约150米处，向南延伸的直线距离应是大约“八里”（合今3326.4米）。但考虑到1985年在瀍河西岸老城中州路北、北大街西侧发掘的4座西周早期车马祭祀坑，应包括在西周成周的宫城里。故郭城西边应在老城北环城路处折向西约520米处，然后再向南直线延伸到老城南关西约420米处。也就是说，老城南关西约420米处，可能就是西周成周城的西南隅。

（四）郭城南部边沿东南隅

由老城南关西约420米处向东“九里”，经八路军驻洛办事处、洛阳日用化工厂，再向东延伸至洛河岸边。我们推测，西周成周郭城的东南隅，可能已被洛水冲毁。

（五）郭城东部边沿

西周成周城东部边沿的南北直线亦应为“八里”。但从多年的考古发现来看，在瀍河回族区塔湾村以东，已很少见有西周时期的文物遗存。故西周成周城的东部边沿，应从水厂东南约200米处的207国道南侧，向南经洛阳机车厂东门延伸约1300米到潘家门东，折向西南到塔湾村东，再折向南延伸到洛河北岸。由此可以看出，西周成周郭城除西南和东北部略向外部凸出外，其余部分基本整齐规范。这与我国古代都城大都是不规则的方形或长方形的状况相符合。因此，我们可以绘制出西周成周城形制规模及其布局的示意图如下（图1-8）。

五、“淮夷侵洛”与西周成周城的衰落

长期以来，西周成周城衰落、废弃的时间及其原因，一直是困惑学术界的重大问题。多年来的考古发现，特别是西周金文资料的大量问世，为解决这些问题提供了重要线索。

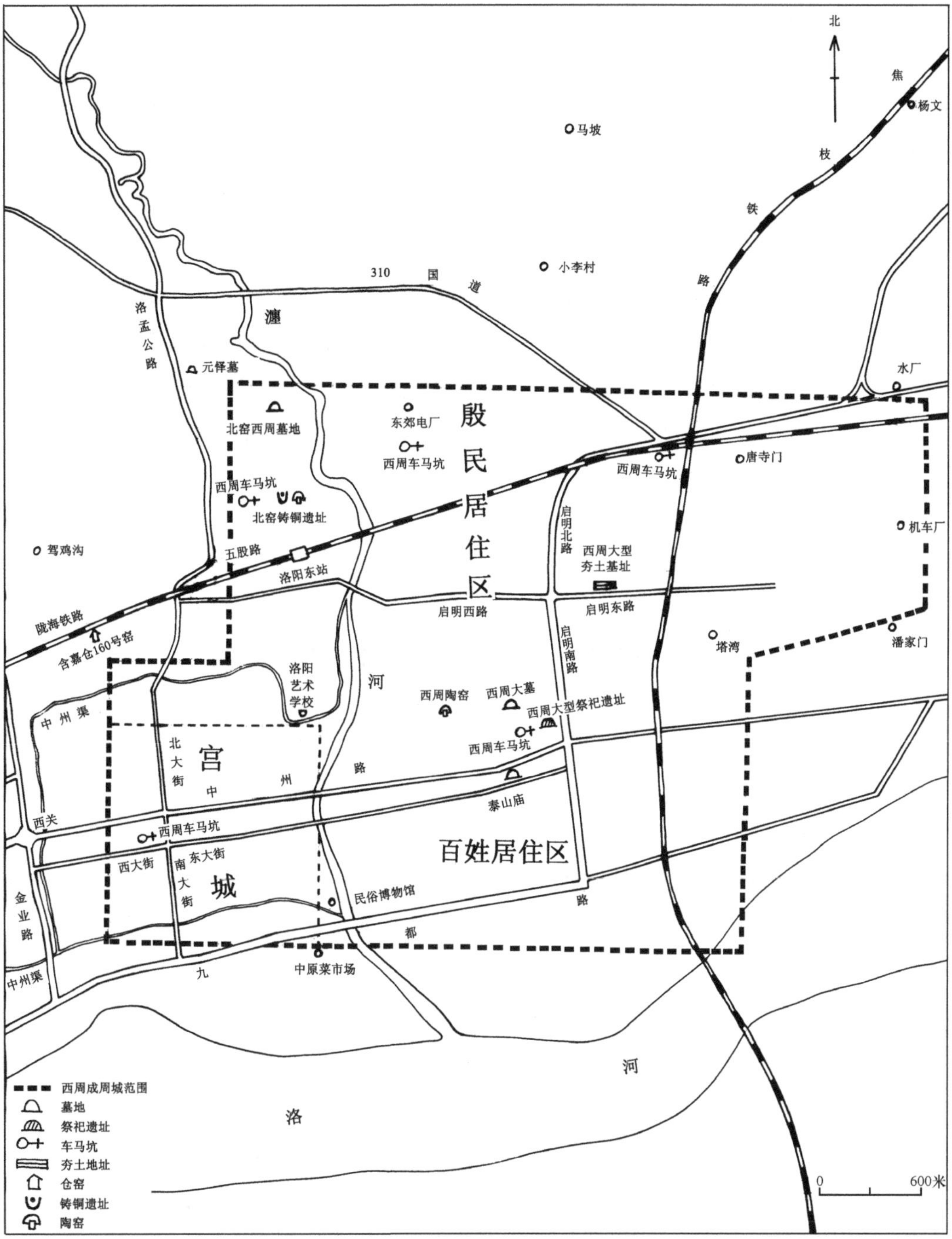

图 1-8　西周成周城规模布局示意图

（一）西周成周城衰落的考古学发现

我们注意到，在西周成周城内发现的文物遗迹，大多都是西周早中期的遗物。这主要表现在洛阳北窑西周贵族墓地埋葬的大多是西周早中期的墓葬，在有明显时代特征的207座墓葬中，属于西周晚期的墓葬只有34座。而且这个墓地有重要铭文的青铜器，也大都出土于西周早中期的墓葬里。在郭城内发现的祭祀遗址和“殷民”墓葬的年代，也多属于西周早中期。

特别是规模宏大、地位重要的洛阳北窑西周铸铜遗址，在西周中期晚段时突然被废弃。而陕西宝鸡周原庄李西周铸铜遗址的年代“大致相当于西周中期偏晚到晚期”[83]，足见这个铸铜作坊是在洛阳北窑西周铸铜作坊废弃西迁后才发展起来的。这些现象充分说明，位于瀍河两岸的东都成周城，在西周中晚期一定是受到某个重大事件的巨大冲击和破坏，才使其呈现急剧衰落的境地。

令人颇费心思的是，几乎就在西周成周城衰落的同时，却在今洛阳白马寺东汉魏洛阳故城的中部，出现了一座“大致合当时的东西六里，南北五里”、筑有夯土城墙的城堡（图1-9）[84]。因此，澄清这座西周中晚期城堡出现的历史背景和直接原因，也是十分必要的。

（二）“淮夷侵洛”与西周成周城的衰落

西周成周城的衰落以及白马寺东西周中晚期城堡的出现，使我们联想到西周中晚期之际“淮夷侵洛”的重大事件。

这个事件在古文献，特别是厉王时期的金文资料里，都有大量记录。今本《竹书纪年》载：周厉王“三年，淮夷侵洛，王命虢公长父伐之，不克”。《后汉书·东夷传》说：“厉王无道，淮夷入寇，王命虢仲征之，不克。”“虢公长父”即虢仲[85]，是周厉王时期的执政大臣。这说明周厉王三年（前875年）居住在淮水流域的部族，不堪西周王朝的沉重压迫，毅然发动大规模武装叛乱，锋芒直指东都成周城。周厉王命卿士虢仲兴兵讨伐，却没有取得胜利。可见在这场战争的开始阶段，西周王朝处于被动挨打的不利局面。

周厉王坐镇东都成周城，指挥讨伐南淮夷的战争。虢仲盨盖铭：

> 虢中（仲）以（与）王南征，伐南淮夷，在成周，乍（作）旅盨[86]。

这是说虢仲与周厉王坐镇成周，指挥军队开展征伐南淮夷的艰苦战争。敔簋铭曰：

> 惟王十月，王在成周。南淮夷迁殳内伐溓昂、参泉、裕敏、阴阳洛，王命敔追御于上洛、折谷，至于伊班。长榜载首百，执讯四十，夺俘人四百，禀于荣伯之所。……惟王十又一月，王格于成周大庙，武公入右敔告禽馘百、讯四十。王蔑敔历[87]。

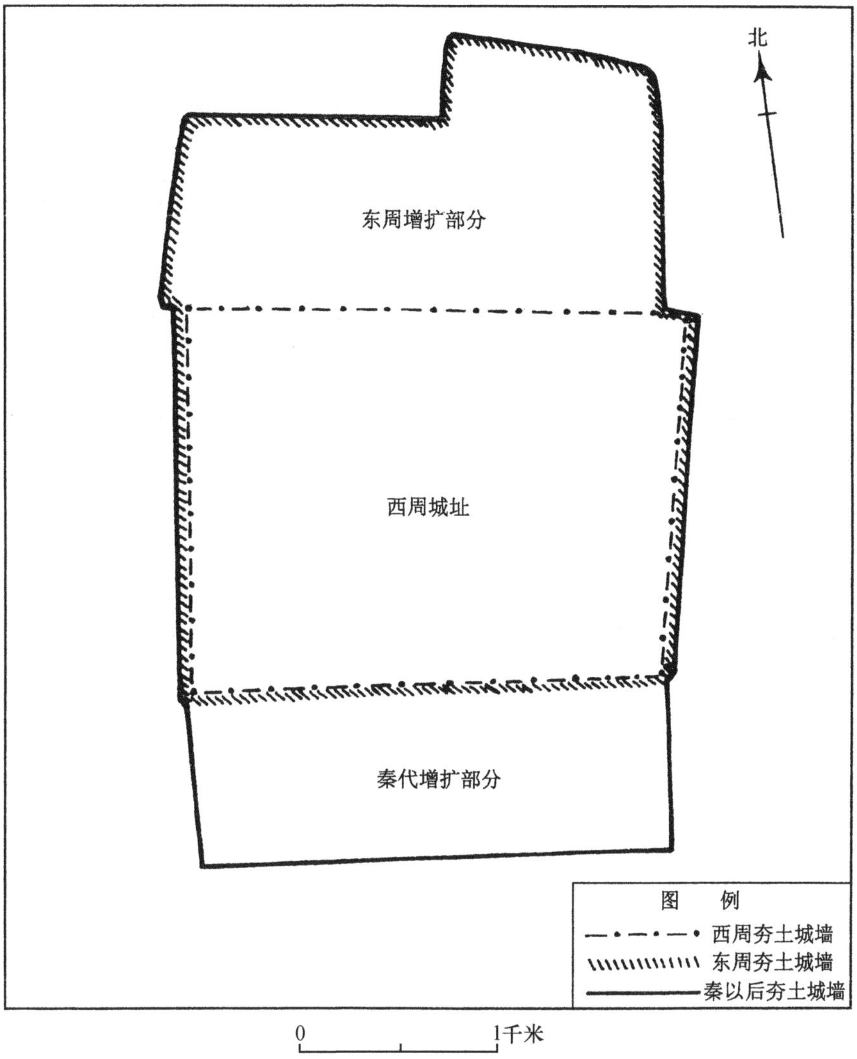

图 1-9　汉魏洛阳故城早期城址沿革示意图

这里的“阴阳洛”指成周南边的洛水两岸，“上洛”指洛水的发源地（在今陕西洛南县），“伊班”是到达伊水沿岸后班师回朝之义，“荣伯”即周厉王时的卿士荣夷公。“成周大庙”指设在成周城里的王室宗庙。

由此可知，南淮夷“内伐”的大军已打到洛水的上游，敔奉命追御敌人，从洛水上游追杀到伊水沿岸，取得胜利，班师回朝，向荣夷公进行汇报，并在成周太庙里举行了献俘的礼仪。然而，这只是一次局部胜利，并没有彻底粉碎淮夷入侵对成周造成的严重威胁。这说明周厉王在虢公长父、荣夷公的协助下，坐镇成周抗击淮夷的入侵，从此展开了一场旷日持久的东都成周城保卫战。这应是这场战争的第二阶段。

周厉王率领大军从东都成周出发，乘胜追击，征伐淮夷。无曩簋铭曰：

唯十又三年正月初吉壬寅，王征南夷，王赐无曩马四匹[88]。

“十又三年”即周厉王十三年（前865年）。这时，周王朝经过整整十年的艰苦战争，击退淮夷对成周城的直接威胁，已进入乘胜追击的决胜阶段。禹鼎铭曰：

惟噩（鄂）侯驭方率南淮夷、东夷广伐南国、东国，至于历汭。王迺命西六师、殷八师曰：“扑伐噩（鄂）侯驭方，勿遗寿幼！”肆以弥守匌匡，弗克伐噩（鄂）。肆武公迺遣禹率武公戎车百乘，斯驭二百、徒千，曰：“于将朕肃慕，惠西六师、殷八师伐噩（鄂）侯驭方，勿遗寿幼！”雩禹以武公徒驭至于噩（鄂），敦伐噩（鄂），休获厥君驭方[89]。

“噩”即鄂，指西鄂（在今河南南召县境）。“历汭”当指历水沿岸，在今安徽和县西[90]。噩侯驭方率南淮夷、东夷反叛，在“南国、东国”作乱，至历水沿岸。周厉王率“西六师、殷八师”全部主力征伐噩侯时，武公率禹攻入噩境，俘获噩侯驭方，取得征伐南淮夷决定性胜利。伯𢦚父簋铭曰：

惟王九月初吉庚午，王出自成周南征，伐服子角、桐潏。伯𢦚父从王伐，亲执讯十夫，馘廿，得俘金五十钧，用作宝簋[91]。

翏生盨铭曰：

王征南淮夷，伐角津，伐桐潏，翏生从。执讯折首，俘戎器，俘金。

这里的“角”“角津”在今江苏宿迁市东南，“桐潏”在今安徽桐城市北[92]。可见周厉王讨伐噩侯取得决定性的胜利后，便折师东南，攻伐“角津”“桐潏”，继续取得胜利。噩侯鼎铭曰：

王南征，伐角、遹（潏），惟还自征，在坏。噩（鄂）侯驭方纳醴于王，乃祼之。驭方侑王，王休宴，乃射[93]。

“坏”读如伓，在今河南汜水县西北。噩侯驭方被武公俘获后归顺周王室，待周厉王南征归来到达“坏”地时，他便向厉王“纳醴”，奉献“醴酒”祭祀天神，并陪同厉王举行射箭的演习[94]。周厉王这次率大军南征，取得了重大胜利。据晋侯苏钟和柞伯鼎铭文记载，周厉王征伐南淮夷的战争，直到厉王三十三年（前845年）才告尾声[95]。这应是征伐淮夷的第三阶段。

这些记载说明，周厉王初年淮夷入侵到西周腹地的洛水两岸，直达洛水上游地区，严重威胁着东都成周城的安全。致使设在这里的最高行政官署“卿士僚”以及王室高级贵族大都迁往西都丰镐居住。西周成周的铸铜作坊本是西周王室最重要的手工业部门，也就随着迁到了宗周岐邑来经营。这时，居住在成周城内的“殷顽民”，为了摆脱周王室的严密控制，便乘机迁往今白马寺东边来居住，并在周围构筑城垣以便防卫。这由在汉魏洛阳故城西发现大量西周晚期“殷顽民”的墓葬和东汉洛阳城的东北隅仍保留有“上商里”的名称[96]，可以得到旁证。《水经注·谷水》所说“昔周迁殷民于洛邑，城隍偪狭，卑陋之所耳。晋故城成周，以居敬王”。指的就是这座城池。因此，在今洛阳白马寺东出现那座西周晚期的城垣，当是周厉王初年“淮夷侵洛”时由“殷顽民”营建的城堡[97]。

（三）西周晚期成周城的历史地位

从大量的金文和文献资料可以看出，直到西周末年西周成周城的都城地位并未改变。这主要表现在三个方面：

一是从政治上看，成周仍是全国的政治中心。不仅象征王权的九鼎仍然陈放在这里，而且直到西周晚期，成周城里象征都城的“大庙”仍然存在。据敔簋铭记载：“惟王十又一月，王格于成周大庙。”“大庙”即太庙。晋侯苏钟铭文说：厉王三十三年征伐东夷，班师回到成周，六月戊寅在“太室”赏给晋侯苏马四匹[98]。这说明直到西周晚期，西周成周的“太庙”仍然存在。

据《国语·郑语》记载，周幽王时（前781～前771年）史伯为郑桓公分析当时的政治形势说：“当成周者，南有荆蛮、申、吕、应、邓、陈、蔡、随、唐，北有卫、燕、狄、鲜虞、潞、洛、泉、徐、蒲，西有虞、虢、晋、隗、霍、杨、魏、芮，东有齐、鲁、曹、宋、滕、薛、邹、莒，是非王之支子母弟甥舅也，则皆蛮、荆、戎、狄之人也。非亲则顽，不可入也。”这说明直到西周末年，东都成周城在全国政治中心的重要地位仍未改变。

二是从经济上看，成周仍是“四方”贡赋的中心。兮甲盘铭说：周宣“王令甲征司成周四方积，至于南淮夷”[99]。“兮甲”就是周宣王的辅政大臣尹吉甫[100]。这是说周宣王命尹吉甫主管征收成周四方的贡赋，他因此到达南淮夷。这说明直到周宣王时期，东都成周仍是全国收缴贡赋的中心。

三是从军事上看，成周仍是全国的军事中心。周厉王长期以成周为大本营，指挥讨伐淮夷及东夷的战争。周宣王时期的小克鼎铭说：“王命善夫克舍令于成周遹正八师之年。”这说明周宣王时期“成周八师”仍然驻扎在这里。《诗·车攻序》说：周宣王“复会诸侯于东都，因田猎而选车徒焉”。《墨子·明鬼下》载：“周宣王合诸侯而田于蒲，田车数百乘，从数千，人满野。”“蒲”即圃田，在今河南中牟县境。这说明直到西周晚期成周的军事地位仍未改变。

由此可见，自周成王初年直到周幽王末年，东都成周城作为全国政治、经济、军事和文化中心的重要地位，始终未曾改变。

（四）西周成周城废弃的原因和时间

公元前770年，西周灭亡，周平王迁都洛邑。《清华大学藏战国竹简·系年》第二章载：周平王立“三年，乃东徙止于成周”[101]。从此，西都丰镐失去了周朝都城的地位。当时，因时间太过仓促，周平王及西周王朝的众多官署属臣，只能临时居住在西周成周城里。

然因这座都城曾遭到西周末年战争的破坏，已不太适合东周王朝发展的实际需要。因此，周平王迁都洛邑后不久，就筹划营建了东周王城，来作为东周王朝的都城。考古发掘证明，东周王城“大约建于春秋中叶以前”[102]。这座王城营建的确切时间，史书未见记载。这可能是因为，从周平王东迁到鲁隐公元年（周平王四十九年，前722年）《春秋左传》纪事前的大约50年间，我国史书记载缺失的缘故。由此推测，东周王城可能是在这个时期营建的。也就是说，西周成周城当是在春秋初年营建王城后，才被逐渐废弃的。

注　释

[1] 中国社会科学院考古研究所编：《殷周金文集成》（修订增补本，以下简称《集成》）06014，中华书局，2007年。

[2] 敔簋（《集成》04166）诸器。

[3] 《左传·宣公三年》。

[4] 令方彝，《集成》09901。

[5] 德方鼎（《集成》02661）、叔夨方鼎（《文物》2001年第8期，第9页）、格伯簋（《集成》03952）诸器。

[6] 《史记·周本纪》。

[7] 盠方彝（《集成》09899、09900）、曶壶（《集成》09728）、小克鼎（《集成》02796～02802）诸器。

[8] 小臣单觯（《集成》06512）、臣卿簋（《集成》03948）诸器。

[9] 启卣（《集成》05410）、鸿叔鼎（《集成》02615）诸器。

[10] 录或卣（《集成》05419、05420）、競卣（《集成》05425）诸器。

[11] 敔簋（《集成》04166）诸器。

[12] 《文选》卷八，中华书局，1990年。

[13]　杨宽：《西周史》第173页，上海人民出版社，1999年；杨宽：《中国古代都城制度史》第39页，上海人民出版社，2006年。

[14]　蔡运章：《周初金文与武王定都洛邑——兼论武王伐纣的往返日程问题》，《中原文物》1987年第3期；梁晓景：《西周建都洛邑浅论》，《中国古都研究》第四辑，浙江人民出版社，1989年。

[15]　中国科学院考古研究所洛阳发掘队：《洛阳涧滨东周城址发掘报告》，《考古学报》1959年第2期。

[16]　中国社会科学院考古研究所洛阳汉魏城队：《汉魏洛阳故城城垣试掘》，《考古学报》1998年第3期；蔡运章：《洛阳汉魏故城早期城址的营建及其数理意义》，《河洛文化与闽台文化》，河南人民出版社，2008年。

[17]　杨宽：《中国古代都城制度史》第44页，上海人民出版社，2006年。

[18]　叶万松、余扶危：《关于西周洛邑城址的探索》，《西周史研究》（人文杂志丛刊第二辑），1984年；叶万松等：《西周洛邑城址考》，《华夏考古》1991年第2期。

[19]　洛阳市文物工作队：《洛阳北窑西周墓》第369页，文物出版社，1999年。

[20]　《初学记》卷二十四、《太平御览》卷一九三引。

[21]　蔡运章、余良亘、蔡梦珂：《西周成周城形制规模考辨》，《洛阳考古》2014年第4期。

[22]　杨宽：《中国古代都城制度史》第36页，上海人民出版社，2006年。

[23]　《周易·说卦传》。

[24]　中国社会科学院考古研究所河南第二工作队：《河南偃师商城小城发掘简报》，《考古》1999年第2期。

[25]　杨宽：《中国古代都城制度史》第35～108页，上海人民出版社，2006年。

[26]　中国社会科学院考古研究所：《洛阳发掘报告》第138～140、193页，北京燕山出版社，1989年。

[27]　令方彝，《集成》09901。

[28]　陈梦家：《西周铜器断代》第38页，中华书局，2004年。

[29]　郑玄：《周礼·天官·阍人》注引。

[30]　叶万松、余扶危：《关于西周洛邑城址的探索》，《西周史研究》（人文杂志丛刊第二辑），1984年。

[31]　中国社会科学院考古研究所洛阳唐城队：《洛阳老城发现四座西周车马坑》，《考古》1988年第1期。

[32]　颂鼎，《集成》02827～02829；颂簋，《集成》04332～04339。

［33］ “里居”从王国维、郭沫若、杨宽说，当“是‘里君’之误”。见杨宽：《中国古代都城制度史》第228页，上海人民出版社，2006年。

［34］ 陈梦家：《西周铜器断代》第39页，中华书局，2004年。

［35］ 《集成》04215。

［36］ 洛阳市文物工作队：《洛阳北窑西周墓》，文物出版社，1999年。

［37］ 中国科学院考古研究所：《沣西发掘报告——1955—1957年陕西长安县沣西乡考古发掘资料》，文物出版社，1963年。

［38］ 杨宽：《中国古代都城制度史》第45页，上海人民出版社，2006年。

［39］ 河南省文化局文物工作队二队：《洛阳的两个西周墓》，《考古通讯》1956年第1期；洛阳博物馆：《洛阳北窑村西周遗址1974年度发掘简报》，《文物》1981年第7期；洛阳市文物工作队：《洛阳市唐城花园C3M417西周墓发掘简报》，《文物》2004年第7期。

［40］ 叶万松、余扶危：《关于西周洛邑城址的探索》，《西周史研究》（人文杂志丛刊第二辑），1984年。

［41］ 洛阳博物馆：《洛阳北窑村西周遗址1974年度发掘简报》，《文物》1981年第7期；洛阳市文物工作队：《1975～1979年洛阳北窑西周铸铜遗址的发掘》，《考古》1983年第5期；赵振华：《洛阳两周卜用甲骨的初步考察》，《考古》1985年第4期。

［42］ 唐兰：《西周青铜器铭文分代史征》第140页，中华书局，1986年。

［43］ 《国语·周语》。

［44］ 洛阳市文物工作队：《洛阳西周早期大规模祭祀遗存的发掘》，《中国文物报》2011年6月17日第4版；洛阳市文物工作队：《历程——洛阳市文物工作队三十年》第45页，文物出版社，2011年。

［45］ 令方彝，《集成》09901。

［46］ 陈梦家：《西周铜器断代》第38页，中华书局，2004年。

［47］ 陕西周原考古队：《陕西岐山凤雏村西周建筑基址发掘简报》，《文物》1979年第10期。2015年7月25日，陕西省考古研究院张天恩先生在“西周金文与西周史学术研讨会暨中国先秦史学会第十届年会”上介绍近年来陕西省重大考古发现时说：在周原宗庙遗址的东南部发现有“社坛”遗址，遗址的中央有圭形石碑遗存。我们由此推测，周原遗址当是坐西向东的布局。

［48］ 陕西省雍城考古队：《秦都雍城钻探试掘简报》，《考古与文物》1985年第2期；陕西省雍城考古队：《凤翔马家庄一号建筑群遗址发掘简报》，《文物》1985年第2期。

［49］ 河南省博物馆新郑工作站、新郑县文化馆：《河南新郑郑韩故城的钻探和试掘》，《文物资

料丛刊》（3），文物出版社，1980年；杨宽：《中国古代都城制度史》第62页，上海人民出版社，2006年；河南省文物考古研究所：《新郑郑国祭祀遗址》第915、917、922页，大象出版社，2006年。

［50］《文选》卷二，中华书局，1990年。

［51］《汉书·叔孙通传》。何清谷：《三辅黄图校注》第292页，三秦出版社，1998年。

［52］詹鄞鑫：《神灵与祭祀》第229页，江苏古籍出版社，2000年。

［53］洛阳市文物考古研究院考古资料。

［54］叶万松、余扶危：《洛阳市瀍河西周车马坑》，《中国考古学年鉴·1984》，文物出版社，1985年；洛阳市文物工作队：《洛阳林校西周车马坑》，《文物》1999年第3期。

［55］《周礼·春官·大宗伯》。

［56］郭宝钧、林寿晋：《一九五二年秋洛阳东郊发掘报告》，《考古学报》第九册，科学出版社，1955年。

［57］张剑、蔡运章：《洛阳东郊13号西周墓的发掘》，《文物》1998年第10期。

［58］洛阳市文物工作队：《洛阳东关五座西周墓的发掘》，《中原文物》1984年第3期。

［59］赵振华：《洛阳市东郊西周墓》，《中国考古学年鉴·1991》，文物出版社，1992年。

［60］洛阳市文物工作队：《洛阳市东郊发现的两座西周墓》，《文物》1992年第3期。

［61］刘富良：《洛阳西周陶器墓研究》，《考古与文物》1989年第3期。

［62］郭宝钧、林寿晋：《一九五二年秋季洛阳东郊发掘报告》，《考古学报》第九册，科学出版社，1955年。

［63］叶万松、赵振华：《洛阳市东郊西周墓》，《中国考古学年鉴·1987》，文物出版社，1988年；叶万松、朱亮：《洛阳东关两座西周墓》，《中国考古学年鉴·1991》，文物出版社，1992年。

［64］蔡运章：《洛阳新获西周卜骨文字略论》，《文物》2008年第11期。

［65］颂鼎（《集成》02827～02829）、颂簋（《集成》04332～04339）、颂壶（《集成》09731～09732）。

［66］蔡运章：《西周甲骨金文所见东都成周的商业史料》，《中国文物报》2008年12月19日第7版。

［67］《左传·昭公二十五年》。

［68］杨洪钧：《洛阳瀍河东岸西周窑址清理简报》，《中原文物》1988年第2期。

［69］赵振华：《洛阳两周卜用甲骨的初步考察》，《考古》1985年第4期。

［70］刘富良：《洛阳市西周夯土基址》，《中国考古学年鉴·2000》，文物出版社，2002年；洛

阳市文物工作队：《历程——洛阳市文物工作队三十年》第43页，文物出版社，2011年。

［71］ 杨宽：《中国古代都城制度史》第228页，上海人民出版社，2006年。

［72］ 洛阳市文物工作队：《洛阳北窑西周墓》，文物出版社，1999年。

［73］ 鲜钟（《集成》00143）、十三年瘐壶（《集成》9723～09724）。

［74］ 《上海博物馆馆刊》第7期第42页，图七；吴镇烽：《金文人名汇编》（修订本）第255页，中华书局，2006年。

［75］ 洛阳市文物工作队：《洛阳瀍河东岸西周墓的发掘》，《文物》2006年第3期。

［76］ 郭宝均、林寿晋：《一九五二年秋季洛阳东郊发掘报告》，《考古学报》第九册，科学出版社，1955年。

［77］ 《集成》02796～02802。

［78］ 《集成》09728。

［79］ 《集成》04238、04239。

［80］ 《集成》02833、02834。

［81］ 杨宽：《中国古代都城制度史》第102页，上海人民出版社，2006年。

［82］ 洛阳市文物考古研究院考古资料。

［83］ 周原考古队：《周原庄李西周铸铜遗址2003与2004年春季发掘报告》，《考古学报》2011年第2期。

［84］ 中国社会科学院考古研究所洛阳汉魏城队：《汉魏洛阳故城城垣试掘》，《考古学报》1998年第3期。

［85］ 蔡运章：《论虢仲其人》，《中原文物》1994年第2期。

［86］ 《集成》04435。

［87］ 敔簋（《集成》04166）诸器。

［88］ 《集成》042225～04228。

［89］ 《集成》02833。

［90］ 蔡运章：《鬲爰考》，《甲骨金文与古史研究》，中州古籍出版社，1993年。

［91］ 朱凤瀚：《由伯𢦏父簋铭再论周厉王征淮夷》，《古文字研究》第二十七辑，中华书局，2008年。

［92］ 翏生盨，《集成》04459～04461；马承源：《关于翏生盨和者减钟的几点意见》，《考古》1979年第1期；黄盛璋：《淮夷新考》，《文物研究》第五辑，黄山书社，1989年。

［93］ 《集成》02810。

［94］ 郭沫若：《两周金文辞大系图录考释》第107、108页，科学出版社，1957年。

[95] 王世民等：《晋侯苏钟笔谈》，《文物》1997年第3期；朱凤瀚：《柞伯鼎与周公南征》，《文物》2006年第5期。

[96] 张剑、蔡运章：《洛阳白马寺三座西周晚期墓》，《文物》1998年第10期；陈国梁等：《汉魏洛阳故城两周时期墓葬发掘取得新收获》，《中国文物报》2007年12月5日第2版。

[97] 蔡运章：《汉魏洛阳故城早期城址的营建及其数理意义》，《河洛文化与闽南文化》，河南人民出版社，2008年。

[98] 《上海博物馆馆刊》第7期第42页，图七；吴镇烽：《金文人名汇编》（修订本）第255页，中华书局，2006年。

[99] 《集成》10174。

[100] 吴镇烽：《金文人名汇编》（修订本）第55、56页，中华书局，2006年。

[101] 李学勤主编：《清华大学藏战国竹简》（贰），中西书局，2011年。

[102] 中国科学院考古研究所洛阳发掘队：《洛阳涧滨东周城址发掘报告》，《考古学报》1959年第2期。

第二章　平王东迁与东周王城

洛阳东周王城是春秋战国时期周王朝的都城，也是当时全国政治、经济和文化的中心，在中国都城发展史上占有重要的地位。自1954年以来，考古工作者对东周王城遗址相继进行勘探发掘，取得了丰硕成果。然而，关于这座城址的形制规模、结构布局及其始建年代等问题，学术界尚存在着不同的看法。本文依据历史文献和考古发现，谨对这些问题略作考述。

一、东周王城与西周成周城的纠结

从公元前770年周平王自镐京迁都洛邑，直到周景王二十五年（前770～前520年），共有12位周王以王城为国都。周敬王（前519～前476年）因王室内乱，徙都东周成周城。周赧王（前314～前256年）时，复都王城。这说明春秋战国时期，共有13位周王居住在王城里，历时长达300余年。

西周和春秋战国时期，周王朝在洛阳营建了西周成周城、东周王城和东周成周城三座都城。自汉代以来，史学界对这三座都城的名称、位置及其相互关系等问题，一直纠缠不清。

（一）西周成周城

西周初年，周公营建东都成周城。据《逸周书·作雒解》，周公“将致政，乃作大邑成周于土中。城方千七百二十丈，郛方七十［二］里，南系于洛水，北因于郏山，以为天下之大凑”。这里所说的“大邑成周”是指西周成周城而言。《尚书·洛诰》载：“我乃卜涧水东、瀍水西，惟洛食；我又卜瀍水东，亦惟洛食。”“涧水”今名涧河，发源于河南渑池县东北的白石山，至洛阳市区瞿家屯西南流入洛水。“瀍水”即今瀍河，发源于今洛阳市孟津区西北的谷城山，至今洛阳老城东南流入洛水。

据《尚书·召诰》：“惟太保先周公相宅。越若来三月，惟丙午朏。越三日戊申，太保朝至于洛，卜宅。厥既得卜，则经营。越三日庚戌，太保乃以庶殷攻位于洛汭。越五日甲寅，位成。若翼日乙卯，周公朝至于洛，则达观于新邑营。”《左传·昭公三十二年》载：“昔成王合诸侯，城成周，以为东都，崇文德焉。”从此，西周王朝就有了两座都城，西方的丰镐（在今陕西西安市西南）为西都，东方的成周为东都。

（二）东周王城与成周城

“王城”一名最早见于《左传·庄公二十一年》（前673年）：“夏，同伐王城。郑伯将王自圉门入，虢叔自北门入，杀王子颓及五大夫。”杨伯峻注：“自平王东迁至景王，十一世皆居此。敬王迁成周，王城废，至王赧复居之。详顾栋高《春秋大事表》。”时在公元前673年。所谓“十一世皆居此”，当为“十二世”皆居此。

东周王城亦名“成周”城。《左传·僖公二十五年》载：“夏四月丁丑，王入于王城。”《国语·晋语四》记作“王入于成周”。公元前520年，周景王崩，王子猛为争夺王位，在单穆公的支持下发动叛乱。《春秋·昭公二十三年》载：“天王居于狄泉。尹氏立王子朝。”杜预注：“敬王辟子朝也。狄泉，今洛阳城内大仓西南池水也，时在城外。”《左传·昭公二十三年》载：六月甲午“王子朝入于王城，次于左巷。秋七月戊申，鄩罗纳诸庄宫”。公元前519年，周敬王因王室内乱，移居狄泉。当时，王子朝居王城，时称“西王”；敬王居狄泉，故曰“东王”。

《左传·昭公二十四年》载：“王子朝用成周之宝珪沈于河。”因王子朝占居王城，这里的“成周”当是指王城而言。《左传·昭公二十六年》（前516年）载：“癸酉，王入于成周。甲戌，盟于襄宫。晋师使成公般戍周而还。十二月癸未，王入于庄宫。”杜预注：“襄宫，襄王之庙。庄宫在王城。”公元前516年十一月，王子朝战败，逃奔楚国。周敬王回到“成周”城，到“襄宫”“庄宫”里举行盟誓祭典。这里的“成周”也是指王城讲的。

由此可见，春秋时期新建的东周“王城”，仍时常沿用西周成周城的名称。

（三）东周成周城与王城的分离

周敬王居住的“狄泉”，亦名“成周”城。《春秋·昭公二十三年》载：“天王居于狄泉。尹氏立王子朝。”周敬王元年（前519年）七月，王子朝攻入王城，敬王避居狄泉，在今洛阳市东北翟泉村旁。《左传·昭公三十二年》载：“秋八月，王使富辛与石张如晋，请城成周。”“冬十一月，晋魏舒、韩不信如京师，合诸侯之大夫于狄泉，寻盟，且令城成周。”杜预注：“子朝之乱，其余党多在王城，敬王畏之，徙都成周。成周狭小，故请城之。”《国语·周语下》也说：“敬王十年，刘文公与苌弘欲城周，为之告晋。魏献子为政，说苌弘而与之。”这说明公元前519

年周敬王因王室内乱徙居狄泉，到前510年敬王请晋国率领诸侯将其扩建，亦名为“成周”城。因此，自周敬王到慎靓王（前519～前315年），共有九位周王以东周成周城为都城。

正是由于西周成周城与东周王城、东周成周城均可称为“成周城”，致使汉代以来学者，多认为西周初年周公在洛邑营建了东、西两座城池。《公羊传·昭公二十二年》说：“王城者何？西周也。”同书《二十六年》又说：“成周者何？东周也。”受《公羊传》的影响，班固在《汉书·地理志》河南郡注中说：

河南，故郏鄏地。周武王迁九鼎，周公致太平，营以为都，是为王城，至平王居之。

雒阳，周公迁殷民，是为成周。《春秋》昭公二十一〈三十二〉年，晋合诸侯于狄泉，以其地大成周之城，居敬王。

郑玄《诗·王城谱》也说：

周公摄政五年，成王在丰，欲宅洛邑，使召公先相宅。既成，谓之王城，是为东都，今河南是也。

召公既相宅，周公往营成周，今洛阳是也。

这些记载是说，周平王东迁后居住的“王城”，战国秦汉时期名为“河南”（在今洛阳市王城公园一带），就是周公营建的“东都”城。春秋末年，周敬王所居的“成周”城，战国秦汉时期名为“雒阳”（在今洛阳市东北），就是“殷顽民”居住的地方。这两位东汉大儒的说法，对后世产生了巨大的影响，当今学者多从之。

然而，从考古发掘资料来看，因位于今洛阳市区涧河两岸的东周王城遗址内，没有发现西周时期的重要文化遗存，说明它不可能是西周初年营建的东都成周城，而是公元前770年周平王迁都洛邑后营建的都城。而洛阳汉魏故城中部的西周城遗址，则是西周中晚期才营建的。它既不是周初营建的“成周”城，也不是周初“周公迁殷民”的地方。因此，西周初年周公营建的成周城，既不是东周时期的“王城”，也不是周敬王居住的“成周”城。

依据文献记载和考古发掘资料得知，西周时期的成周城位于洛阳市瀍河两岸的邙山与洛河之间。它的规模当如《逸周书·作雒解》所载：宫城每边长“三里”（约合今1247米），面积为“方千七百二十”平方丈。郭城为东西长“九里”（约合今3742米）、南北宽“八里”（合今3326米），总面积为“方七十二里”（约合今12.45平方公里）[1]。由此可见，东周“王城”和周敬王所居的“成周城”，只是沿用西周成周城的名称罢了。

二、东周王城的形制规模和城门

东周王城的形制规模和城门数量，文献记载与考古发现的实际情况，存在着明显的差异，必须予以梳理辨正。

（一）《周礼》记载东周王城的形制规模

谈到东周王城的形制规模，大家很容易想到《周礼·考工记》的记载：

匠人营国，方九里，旁三门。国中九经九纬，经涂九轨。左祖右社，面朝后市，市朝一夫。……内有九室，九嫔居之；外有九室，九卿朝焉。九分其国，以为九分，九卿治之。

孙诒让《正义》说：“‘匠人营国，方九里’者，谓营王都也。”“匠人营国”是讲王都建设的规划制度。这是说王都的形制规模，应为每边长“九里”的正方形，每面各开三个城门，城内有南北和东西道路各九条，路宽九轨（每轨宽八尺），城墙周长为三十六里，面积达八十一平方里。王室宫寝居于王城的中央，左边设祖庙，右边置社坛，朝廷在前，市井位后，市和朝的面积都是一百亩（约合今60亩）。朝廷路门里面有九室，供九嫔居住。路门外面有九室，是九卿处理政务的地方。

这种以整齐的道路系统，按功能不同将王城划分为九个相等方块的正方形主体结构，当是受战国时期广泛流行的“洛书九宫图”深刻影响的产物[2]。北宋聂崇义《三礼图·王城》、《永乐大典》卷九五六《周王城图》、清戴震《考工记图》王城图，都是按照这种规划思想绘制的。这是中国最早的都城规划学说。但是，根据目前的考古资料，尚未发现我国有哪一座都城是完全按照这种模式营建的。

（二）考古发现东周王城的形制规模

1954～1958年，考古工作者在配合洛阳市城市基本建设时，对东周王城遗址进行勘查和发掘工作，发现这座古城位于今洛阳市西工区的王城公园一带。城址除东南角被洛河冲毁以外，其余部分保存基本完好。整体略呈长方形，北垣保存最为完整（图2-1）。

1. 北墙

从东干沟村东北的“土冢”（实为王城西北的“城隅”遗址）起（图2-2），向东

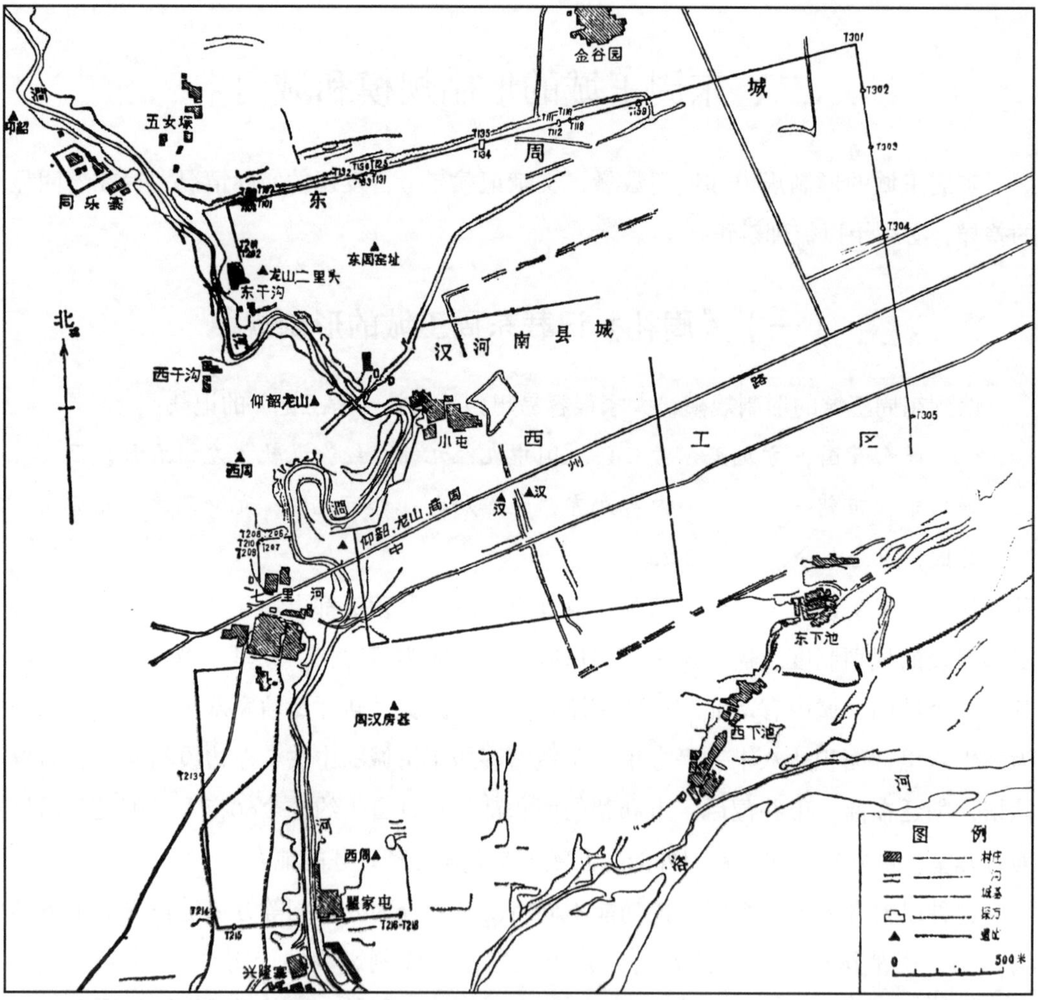

图 2-1　东周王城遗址实测图

采自《洛阳考古报告》

经沙厂南、春晴路北侧，到光华路北端西侧801仓库院内。这条城墙保存得最为完整。一般宽度为8～10米，残高0.8～1.65米，全长2890米，方向为87度。北墙外还发现有与城墙几乎平行的干枯河道，深约5米，可能是原城墙的护城壕。

2. 西墙

从“土冢”向南进入东干沟村，城墙走向为346度。沿涧河东岸蜿蜒南行，在今王城公园河图洛书碑东北跨涧河向西。这段墙体较窄，一般宽5米左右。在七里河村北转向南，至七里河村西南折向西100余米，再折向南行（图2-3），至洛阳理工学院北院经兴隆寨村西北向东直拐。西墙跨涧河两岸，南北蜿蜒曲折，全长直线约3200米。

图 2-2　洛阳东干沟村东北的“土冢”遗址

图 2-3　洛阳东周王城西墙遗址（瞿家屯村西）

3. 南墙

从洛阳理工学院北院经兴隆寨村西北向东，跨涧河经瞿家屯村南。南墙西段残长850米，宽14米左右。20世纪60年代初，这段城墙在地面尚残存高1米多。往东因地势低下，墙基已被洛水冲毁，当在今聂湾村西与东墙交汇。全长约3300米。

4. 东墙

从洛阳801仓库院内北墙东端起转弯南行，经光华路、省建三公司、市邮电局大楼、市农行大楼东、洛阳014中心高层住宅楼至中州大渠北岸，残存长约1800米，南端被洛河冲毁。一般宽度15米，残高0.8～1.65米。东墙全长约3500米[3]。

5. 城墙和城隅的高度

据《周礼·考工记·匠人》："王宫门阿之制五雉，宫隅之制七雉，城隅之制九雉。"郑玄注："雉，长三丈，高一丈。"许慎《五经异义》说："天子之城高七雉。""城隅"即城角，其上有角楼建筑。由此可知，东周王城城墙"高七雉"，合今14.17米。城隅"高九雉"，合今20.79米。东干沟村东北的"土冢"即王城西北"城隅"的遗存。

（三）东周王城形制规模的重新认识

考古发现东周王城实测的里数，与《周礼·考工记》所谓城"方九里"的记载，有着明显的出入。按周制"三百步为一里"，六尺为步，每尺长约合今0.231米，推算当时的一里合今415.8米[4]。依王城城垣考古实测的数据推算，这座都城的规模则为：

东西宽：（3300＋2890）÷2÷415.8＝7.44（里）

南北长：（3500＋3200）÷2÷415.8＝8.05（里）

这说明东周王城经考古实测，东西宽约7.44里，南北长约8.05里。若取其整数，则为东西宽约7里，南北长约8里。这与隋代庾信《周祀圜丘歌》所说"王城七里通天台"的里数（《乐府诗集》卷四），正相符合。由此可见，王城内道路设施的规划布局，并不像《考工记》所说的那样整齐划一[5]。

从目前的考古发现来看，我国古代都城从偃师二里头夏都遗址到明清北京城的形制规模，没有一座都城是按照《考工记》城"方九里""国中九经九纬"的规划思想来营建的。虽然《周礼》中保存有许多西周时期的原始资料，但它并非周代典章制度的实录，而是在战国秦汉之际由儒家学派编定的"整齐划一的理想国鸿纲大典"[6]。这就是该书有关东周王城的规划思想，除"左祖右社，面朝后市"沿袭古制外，多与考古发现不相符合的根本原因。因此，东周王城的形制规模、结构布局等问题，大有重新审视的必要。

（四）东周王城的城门考略

据《考工记》的记载，王城四面各有三个城门，共十二座城门。《后汉书·郡国志》河南尹“河南”县载：“周公时所城洛邑也，春秋时谓之王城，东城门名鼎门，北城门名乾祭。”《元河南志》卷二说：王城“面有三门，凡十二门。南城门曰圉门，东城门曰鼎门，北城门曰乾祭，余名不传”。这些记载都说王城每面“三门”，共有“十二”座城门。但是，这种“理想化”的城门布局与实际情况，并不完全一致。据史书记载，王城的东面有“鼎门”、西面有“梁门”、南面有“圉门”、北面有“乾祭门”。兹略述如下。

1. 王城东南的鼎门

王城东南有鼎门。据《左传·僖公年十一年》：“夏，杨拒、泉皋、伊洛之戎同伐京师，入王城，焚东门。”《后汉书·郡国志》河南县载：王城“东城门名鼎门”。刘昭注补引《帝王世纪》曰：“东南门九鼎所从入。”《水经注·谷水》说：王城“东南，名曰鼎门，盖九鼎所从入也，故谓是地为鼎中”。这说明王城东南隅的城门，因迁移九鼎时经由此门进入王城太庙，故谓之“鼎门”。这座城门与王宫的东门相对应，当是王城的正门。

2. 王城西面的梁门

王城西面有梁门。据《水经注·谷水》，周“灵王时，谷水盛出于王城西，而南流合于洛，两水相格，有似于斗，而毁王城西南也。颖客〈容〉之著《春秋条〈释〉例》，言西城梁门枯水处，世谓之死谷是也”[7]。1988年，在今涧河西岸七里河村北建设路与中州路交汇处的北侧发掘清理一段王城西墙时，发现一处城墙缺口。这个缺口的底部为路土，呈东高西低的斜坡状，南北宽约8米，被汉代夯土所封堵。路面上覆盖着黄褐色的淤土层，北侧的战国墓打破路土而被淤土所覆盖。因此判断这里应是王城的一座城门遗址。该遗址的发掘者方孝廉先生指出：“这个缺口的时代下限不会晚于战国。”依据《水经·谷水注》记载，这里“应当为东周王城西面的梁门故址”[8]。这是目前王城遗址唯一发现的城门遗址。

“梁门”得名的缘由。《说文·木部》：“梁，水桥也。”《论语·乡党》：“山梁雌雉。”皇侃义疏：“梁者以木架水上，可践渡水之处也。”《尔雅·释宫》说：“隄谓之梁。”郭璞注：“石绝水者为梁。”因王城的西南部已跨越涧河西岸，在梁门的东岸便是王城西北隅的市场作坊区。为便于百姓出入，在这里修建横跨涧河的桥梁，是很自然的事。因此门靠近横渡涧河的桥梁，故谓之“梁门”。

3. 王城南面的圉门

王城西南有圉门。据《左传·庄公二十一年》（前673年），“夏，同伐王城。郑伯将王自圉门入，……杀王子颓及五大夫”。杨伯峻注：“圉门，王城南门。”韦昭《国语·周语上》注：“圉门，南门也。”这说明王城的南面有“圉门”。

“圉门”得名的缘由。杨伯峻《左传·庄公二十一年》注说：“据昭二十二年及二十六年《传》，周有东圉及圉泽，圉门恐以此得名。说本高士奇《地名考略》。”这种看法，有待商榷。杨伯峻《左传·昭公二十二年》注：“东圉，在成周东，今偃师县西南。”《左传·昭公二十三年》：“王师在泽邑。”杨伯峻注：“《史记·周本纪》谓‘敬王居泽’，即此泽邑，亦即狄泉，王师随敬王也。”《左传·昭公二十六年》：王师“遂军圉泽”。杨伯峻注：“据《彙纂》，圉泽即东圉之泽，今洛阳市东境。”由此看来，“圉门”的得名，恐与“东圉及圉泽”没有直接的联系。

“圉”，通作御。《诗·大雅·桑柔》载：“孔棘我圉。”郑玄注：“圉当作禦。”“禦”同御。《尔雅·释言》说：“圉，禁也。”郝懿行义疏：“圉，又通作御。”《左传·昭公二十九年》载：“有御龙氏。”洪亮吉诂：“御、圉同。”可以为证。是“圉门”即御门。《荀子·大略》载：“天子御珽，诸侯御荼。”杨倞注：“御、服皆器用之名，尊者谓之御。”蔡沈《尚书·顾命》集传引苏氏云：“凡王所临、所服用皆曰御。”故“圉门”即周王出入的禁门，当是王城的西南门。

4. 王城北面的乾祭门

王城北面有“北门”。据《国语·周语上》：“郑伯将王自圉门入，虢叔自北门入，杀子颓及三大夫，王乃入也。”韦昭注：“二门，王城门也。”同书《周语中》载：周襄王“二十四年（前628年），秦师将袭郑，过周北门”。韦昭注：“周北门，王城北门也。”这说明“周北门”是王城北面的重要门户。

王城北门名“乾祭门”。《左传·昭公二十四年》载：“晋侯使士景伯莅问周故。士伯立于乾祭，而问于介众。”杜预注：“乾祭，王城北门。”“介众”即大众。这是晋国大夫士景伯到周王室后，选择在乾祭门向民众询问王子朝、周敬王之间的是非曲直。《后汉书·郡国志》载：王城“北城门名乾祭”。《水经·谷水》载：“谷水又东，流经乾祭门北。”可见“乾祭门”临近谷水（涧河），当在王城的西北部。王城西北隅为市场作坊区，北面开设大门，便于民众出入。

因为在《周易》的“后天八卦”里，《乾》卦位于西北方。故“乾祭门”应是王城的西北门。刘昭补注：“《皇览》曰：城西南柏亭西周山上周灵王冢，民祠之不绝。”《左传·成公十三年》：“国之大事，在祀与戎。”《谷梁传·昭公三十二年》：“天子之在者，惟祭与号。”范宁集解：“祭谓郊上帝。”到南郊明堂去祭祀天帝，乃是天子的大事。“乾祭门”为天子到郊外祭天时出入的城门，故名。

从文献记载和考古发掘的情况来看，王城的东北部为东周王陵区，所在方位不宜开设城门。王城的西墙，北段西临近谷水，南段为王宫西墙，也不宜开设过多城门。因“梁门”需要通过桥梁出城，估计这里只能算是方便百姓出入的一座便门。又因当时在王城北门外有通向东西方的大道，大凡出城一般都要走北门。王城南临洛水，所以王城南面除“圉门”外，在其东部再开设城门，就没有多大意义了。

由此推测，东周王城可能只有上面所说的四座城门。其中，尤以东南的“鼎门”和西北的“乾祭门”，最为重要。

（五）王城北门外的东西大道

据《国语·周语中》，周襄王“二十四年（前627年），秦师将袭郑，过周北门，左右皆免胄而下拜，超乘者三百乘。王孙满观之”。韦昭注：“周北门，王城北门也。”《左传·僖公三十三年》（前627年）也有同样的记载。这说明当时由秦国（在今陕西凤翔县城南）通向郑国（在今河南新郑市）的东西大道，正是从王城的北门外通过的。这条自西周以来的东西大通道，从汉函谷关（在今新安县城东）沿涧河北岸向东，在今西工区红山乡杨冢村西北渡金水河，向东南路过王城北门，正与今天陇海铁路的位置和走向大体一致。由此可见，两千多年来，这条东西交通大动脉的位置，基本上没有多大变化。

三、东周王城宫城的位置及其演变

东周王城的坐向和王宫的具体位置，是决定王城结构布局的关键因素。有学者认为，“目前在东周王城遗址只发现一个大城圈”里，有些地方“出土过农具，表明城内还有大片农田。城乡分化不明显。只有一个城圈，很难说有宫城或郭城，其可概括为‘有大城而无内城的非城郭制形态’”[9]。事实上，王城“内城外郭”的都邑形态，在文献记载和考古发现里都有线索可寻。因此，所谓王城“无内城”的说法，不足为据。

（一）宫城的位置和王城的坐向

据《国语·周语下》记载："灵王二十二年（前550年），谷、洛斗，将毁王宫。"韦昭注："谷、洛，二水名也。洛在王城之南。""谷"即涧河，"洛"即洛河。《水经注·谷水》也说："史传周灵王之时，谷、洛二水斗，毁王宫，王将堨之。太子晋谏，王不听，遗堰三堤尚存。"这是说公元前550年，因涧河与洛水暴涨，将冲"毁王宫"。这说明东周王城王宫的位置，当在涧河与洛河的交汇处。

1960年，考古工作者在位于涧河与洛河交汇处的瞿家屯村东北，发现两组南北毗邻的大型建筑基址及其四周的夯土围墙。可以断定，这里应是东周王城的"王宫"区。从考古发现王城遗址的范围看，这里正处于王城遗址的西南隅[10]。也就是说，东周王城的宫城，应位于全城的西南隅。

东周王城坐西朝东、王宫位于全城的西南隅。洛阳偃师商城的结构布局，已开我国古代都城"宫城"位于"郭城"西南隅之先河[11]。山东曲阜鲁国故城（在今山东曲阜市）为"坐西朝东"的布局，齐国临淄故城（在今山东淄博市）是"宫城"位于"郭城"的西南部。秦国早期都城"雍城"以西南作为君主和贵族的居住区，赵国都城邯郸"宫城"在大郭西南，直到西汉长安城仍采用西南宫"城"和东北"郭"城区的结构布局[12]。

我国古代盛行"尊西"的思想观念。据《仪礼·士丧礼》，"立于户西，西上。"这是说站在室户的西边，以西首为尊。《论衡·四讳篇》载："夫西方，长老之地，尊者之位也。尊长在西，卑幼在东。尊长，主也。"这就是"尊西"习俗形成的思想根源。《周易·坤》卦说："利西南，得朋。"《周易·蹇》卦也说："利西南，不利东北。"《尔雅·释宫》谓"西南隅谓之隩，尊长之处也"。这说明"尊长"居住在"西南隅"最为有利。因此，东周至西汉时期的都城，大都形成"坐西朝东"、西"城"东"郭"、"宫城"多居"郭城"西南隅的结构布局。

由此可见，从文献记载和考古发现的实际来看，东周王城应是"坐西朝东"、"宫城"位于"郭城"西南隅的结构布局。

（二）王城宫城的形制规模

有学者认为"春秋时期，宫城的范围大致北起今行署路南一线，南至瞿家屯村东周王城南城墙一带，东起王城大道以西、东周王城仓窖区东侧的河道，西至古涧河"[13]。

这里所说王城宫城的具体位置，大体正确。但认为当时的宫城“大致北起今行置路南一线”，“西至古涧河”，则不尽确切。

1. 王城宫城的形制规模

东周王城宫城的形制规模和结构布局，至今尚未澄清。据《逸周书·作雒解》记载：西周成周“城方千七百二十丈，郛方七十［二］里”。这里的“城”是指内城，也就是宫城；“郛”是指外城，也就是郭城。所谓“城方千七百二十丈”，是说宫城的面积为“千七百二十”平方丈，正合九平方里。也就是说，西周成周宫城的规模，当为每边长“三里”的方形结构[14]。这个数值与《尚书大传》卷三所说，王都为“九里之城，三里之宫”以及《孟子·公孙丑下》诸侯有“三里之城，七里之郭”的记载，正相符合。由此推测，王城宫城的规模，也当是每边长“三里”（约合今1247米）的方形结构，总面积约155.5万平方米。

2. 王城宫城西墙的重要发现

值得注意的是，王城遗址的西城墙，自七里河村西北折而向西100余米处，呈直角折向南行直至兴隆寨村西北，再呈直角拐向东行。从《东周王城遗址实测图》的比例推算，这段城墙南北两直角间的距离为1200多米，与当时“三里”的长度大体相合。这不应是偶然的巧合！

由此推测，东周王城宫城的规模，也当是每边长“三里”（约合今1247米）的方形结构。因此，这段南北走向的城墙，既是王城外郭城的西南城墙，也是王城宫城的西城墙。这个发现为我们判定王城宫城的位置和形制规模，提供了极为重要的考古学依据。

3. 王城宫城南、北城墙的位置

因为王城宫城应为每边长“三里”的方形结构，故其北墙应该在从王城西墙自七里河村西北转角处，向东延伸“三里”（约合今1247米）的位置。而宫城的南墙则是利用王城的南墙，由兴隆寨西南转角处，向东延伸“三里”的这段城墙。

4.王城宫城东城垣与护城壕

依据宫城南、北墙应为东西长“三里”的推测，王城宫城东墙的具体位置，当在距宫城西墙东约1247米处，即今洛阳市区王城大道西侧的地方。今南北走向的王城大道，正处在一条南北走向的凹沟里。这条低于西侧地平面约5米深的凹沟，可能就是当年王城宫城东侧护城壕造成的结果。

（三）王城宫城内的小城

自20世纪50年代以来，在王城的宫城里相继发现有独立的小城及相关设施。澄清这座小城与宫城的关系及其相关问题，颇为重要。

1. 王城宫城“内城”的发现

1959～1960年，在王城遗址的西南隅，西起涧河东岸200～800米、北至河南县城西南角、南至王城南城墙约500米的范围内，发现东周时期四周有夯土围墙的南、北两组大型夯土建筑基址。在两组建筑基址的范围内，出土大量板瓦和饕餮纹、卷云纹瓦当，表明这里应是东周王城内的一处重要建筑群。这两组建筑实为一个整体，构成王城宫城的内城，总面积约11万平方米。这些建筑全部被压在汉代文化层的下面，打破东周早期文化层，建于生土层的上面，局部夯土建筑上面还叠压有战国文化层（图2-4）[15]。

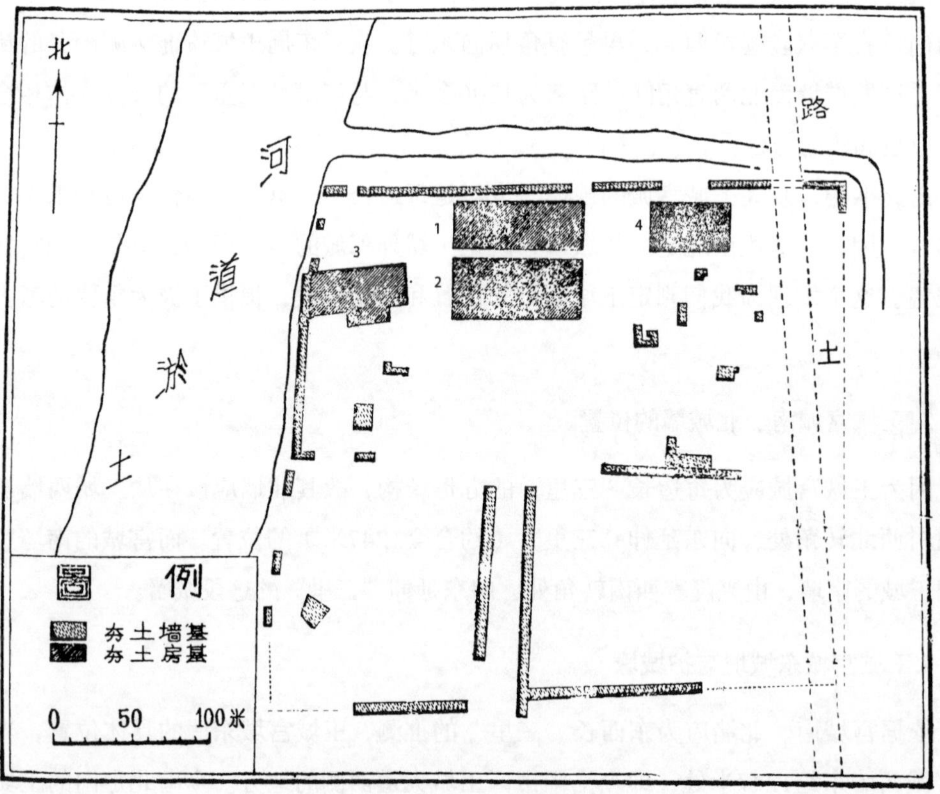

图 2-4　王城宫城内城平面图

据《洛阳发掘报告》（北京燕山出版社，1989 年）改绘在这座内城的中部有条东西向的隔墙，将内城分为南北两座院落。北院围墙的平面大体呈长方形，东西宽173～187米，南北长330～346米，总面积约6万平方米，方向近正南北。在围墙的北面与西面，有沟渠和河道相绕。在围墙内的西北隅，有三处大型长方形夯土基址。中间的两座南北并排，相距约6米。北边的一座东西长80米，南北宽30米，编为1号房基。南边的一座东西长80米，南北宽40米，编为2号房基。它们的西南面另有一座东西长60米、南北宽28米的大型夯土基址，西部与围墙相连，西南面有一突出的台阶类建筑，编为3号房基。北院这三处大型夯土基址，应是王城宫城内城的主体建筑基址。

1999年，在洛阳市行署路与临涧路交叉路口西南，西距涧河约250米、北距汉河南县城南城墙约150米（王城宫城内城北墙约25米）处，发现一座大面积的夯土建筑基址。该建筑基址平面呈长方形，东西长55米，南北宽30米，厚1.5～2.3米。夯土坚硬，夯层厚5～8厘米，夯窝直径10厘米。发现有柱洞、柱础石、大量的建筑构件和排水管道等文物遗存，时代为东周时期。在基址的北部、东部各发掘出一条陶质圆形排水管道[16]。从这处夯土建筑基址的位置判断，它应是位于宫城内城北组东北部的一处大型建筑遗址，编为4号房基。

内城南院建筑紧靠北院，西墙依河道向西南倾斜，大体也是长方形。东西长约346米，南北宽约144米。在南院建筑的中部，有南北两道南北并行的夯土墙基，中间相距约20米。北面对着北院建筑的中部夯土基址，东道墙基东行，西道墙基西行，形成两段南墙，正好把南院建筑分成东西两个部分。在故河道的东侧，顺延北院建筑西墙的南面又发现几段南北向的墙基，估计是南院建筑的西墙。这两个围墙形成的院落，总面积约5万平方米，里面没有发现较大面积的夯土基址，它可能是北院建筑的附属建筑。

从小城内的南北两组建筑基址来判断，北院建筑四周有围墙，相对独立。北院中间的1、2号建筑基址，规模较为宏大，前排的一座当为朝堂，后面的一座当为寝殿。西边的3号建筑基址当为侧殿，东北的4号建筑基址当为庖厨类建筑。

2. 王城宫城内城的城墙和护城河

1999年，在涧河东岸今行署路南侧，发现有一条东西流向、深达7米的沟渠遗址，在今三门峡驻洛办事处院内仍有遗存。同时，在沟渠遗址南侧、距宫城大型建筑基址北25米处，还发现有一道宽3.5米、东西长达数百米的城墙[17]。这处渠沟和东西走向的城墙遗址，与1959年发现的王城宫城内城北墙及护城壕的位置相符合，应是王城宫城内城北城垣及其护城壕的遗迹。

2007年，在涧东路东约100米处的洛阳市第十三中学院内，发现一条战国时期南北走向，宽约35米、深约6.5米的大壕沟。在距大壕沟西约3米处，还发现一道与之平行的夯土墙，墙宽约3米，残高约1米[18]。这处南北走向的大壕沟和夯土墙，应是王城宫城内城的东城墙及其护城壕的遗迹。

3. 王城宫城缩小原因与内城的性质

据《史记·周本纪》，周“考王封其弟于河南，是为桓公，以续周公之官职”，是在公元前440年。同书还说：周“王赧时东、西周分治。王赧徙都西周”。《索隐》说：“西周，河南也。东周，巩也。王赧微弱，西周与东分主政理，各居一都，故曰东、西周。”《史记·赵世家》说：赵成侯“七年（前368年），与韩攻周。八年（前367年），与韩分周以为两”。这说明公元前367年，因韩、赵两国的武力干涉，东周王室便分裂为东、西两个小公国。西周国在“河南”（今洛阳市西工区王城公园一带），东周国居巩邑（今河南巩义市西南）。

东周王城的宫城，依周代王都规制本为每面“三里”的方形结构，可谓规整宏大。但是，到了战国时期，这座宫城已缩小为面积不足一平方里的小城，且不规整，亦较简陋。这是因为从公元前519年，周敬王因王室内乱，从王城迁都东周成周城（在今洛阳市瀍河区白马寺东北）。到公元前440年周考王封其弟为西周公时，原来宫城内“茅茨土阶”的宫殿建筑，经过近80年的风吹雨淋，早已倾毁破败。当西周恒公来到东周王城立国时，因其国小财匮，已无力恢复当年宫城内的殿堂设施，只得在原来的位置上，重新营建一座小城来居住罢了。因此，有学者指出：“王城宫城的收缩”应该在王城成为西周君的“领地和都城”时期，应是正确的判断[19]。

由此可见，东周王城西南隅原来的“三里之宫”，应是春秋时期周王室的宫城。这座宫城内面积不足一平方里的小城，当是战国时期西周国的宫城。

四、东周王城的结构布局

东周王城的结构布局，与《周礼·考工记》的记载和汉代以来学者的传统看法，都明显不合。依据文献记载和考古发现，可知东周王城的郭城里，建有商业市场、作坊遗址、王陵墓地、宗庙社坛，还居住着贵族和平民。因此，我们试对东周王城“郭”城的大体布局，略作说明（图2-5）。

（一）市场作坊区

商品交易市场和手工业作坊是古代城市的重要组成部分。据《周礼·考工记》，

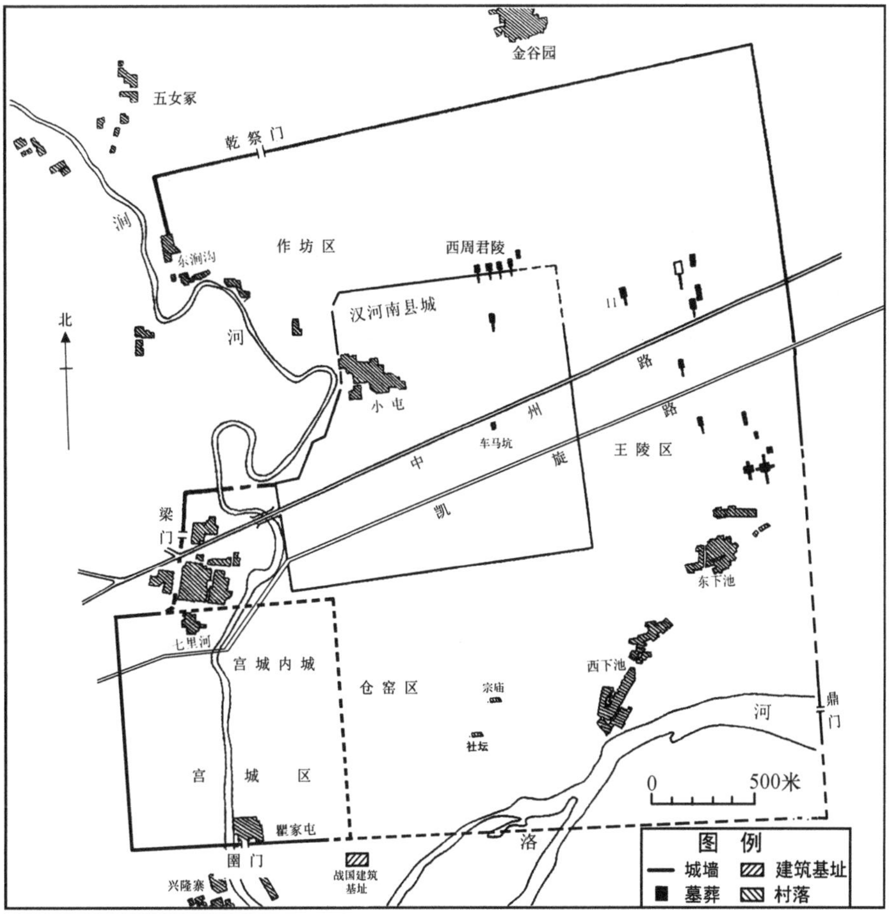

图 2-5 东周王城结构布局平面图

据《洛阳大遗址航空摄影考古·东周王城遗址地形图》（文物出版社，2017 年）改绘

王城的布局是“左祖右社，面朝后市”。“朝”指王宫，“市”指商品交易市场和手工业作坊分布的区域。这说明市场作坊区当在宫城的北边。考古发现表明，王城内的商品市场和手工业作坊，主要集中在今王城公园和小屯村附近。

1. 商业市场

春秋战国时期，因洛阳“位于天下之中”，交通便利，商业繁荣。据《史记·货殖列传》，“洛阳街居在齐、秦、楚、赵之中”，“东贾齐、鲁，南贾梁、楚”，是“商遍天下，富冠海内”的工商业大都市。《左传·昭公十二年》载：周王室的成、景之族“杀瑕辛于市”。《昭公二十二年》说：“鄩肸伐皇。大败，获鄩肸。壬辰，焚诸王城之市。”这是说“王子朝奔楚事件”时，单旗将王子朝的支持者鄩肸“焚诸王城之市”。所谓“王城之市”，就是指王城内的商业市场而言。依“面朝后市”的制度，王城商业区应该在宫殿区北边的乾祭门内，也就是在今王城公园和小屯村附近。

2. 制陶作坊

陶器是商周时期的主要日常生活器具和建筑材料。20世纪50年代以来，在王城遗址内已发现多处春秋战国到西汉时期大规模的烧窑遗址。

1955～1960年，在小屯村北共发掘战国时期的陶窑遗址15座和房屋遗址一座。陶窑一般都建在生土上，由操作坑、窑门、窑室和烟道组成。在烧窑附近发现有房屋和灰坑，出土有拍打、刮磨、印纹和垫置等制陶工具。在窑场的西南面，还发现有铸造铜器的陶范[20]。

1974年，在金谷园路中段两侧发现一处烧制陶器和砖瓦的窑址。在东西长约500米、南北宽约200米的范围内发掘陶窑22座，时代属战国到西汉时期。同年，在涧东路南头西侧发掘汉代陶窑3座[21]。

1998年，在东乾沟村东北距东周王城北城墙约200米、距王城西城墙约400米处，发现一座战国时期的大型陶窑遗址。在东西长50米、南北宽22米的范围内，发现陶窑18座（编号为Y1～Y18），除Y9外已清理17座。窑址的时代，从战国早期延续到战国晚期。说明这里的烧陶业持续时间很长，200多年间几乎没有间断[22]。

1999年，在洛阳市西工区芳林路小学院内北部，发掘多座战国晚期至西汉早期的陶窑遗址。窑室平面呈梨形，底部出土有绳纹板瓦、筒瓦残片等遗物。这里应是烧造砖瓦等建筑材料的窑场（图2-6）[23]。

图 2-6　芳林路小学战国西汉陶窑遗址

2002年，在九都路南侧原洛阳电视台院内，发现一处战国至西汉时的陶窑遗址。在东西长58米、南北宽46米的范围内发掘清理了8座陶窑遗扯（编号为Y1～Y8）[24]。

2009年，在西工区解放路东、健康路北侧发掘东周窑址12座，烧窑形制与同时期的烧窑相同[25]。

在这些窑址内出土大量罐、盆、瓮、壶、豆等生活用具和砖、板瓦、筒瓦、瓦当、瓦钉等建筑材料。在有的陶器上，还嵌有“河亭”“河市”等印戳。这些重要发现，说明王城北部特别是西北部地区，是当时的制陶作坊区。

3. 制骨石作坊

1955～1960年，在小屯村北制陶作坊遗址的东南方，发现很多战国时期经过锉磨的骨料以及石环、石片等半成品，形状与洛阳东周墓出土的玉石器非常相似。这里应是一处制作骨器和玉石器的作坊遗址[26]。

4. 冶铸作坊

春秋战国时期，周王室的冶铸业非常发达。在王城遗址内发现多处铸铜和冶铁作坊遗址。

1955年，在小屯村西南发现有铸造铜器的陶范，范上还附有炼铜渣。在今王城公园内，还发现有战国晚期的“文信钱”石范[27]。“文信钱”是吕不韦铸造的钱币。

1976年，在东周王城遗址发掘的62号战国仓窖的填土里，发现有铜料、铅料、铜范芯和混杂在内的炼渣、木炭等，说明粮窖附近曾设有铸造作坊[28]。

1992年，在王城公园东南部发掘一座战国时期烧制冶炼工具的烧窑遗址，出土27件未经使用过且完整的坩埚以及鼓风口、炉壁、铁渣等遗物。表明这座窑址的附近当有一座冶铁作坊[29]。

1995年，在王城公园东南约1千米的市政府西家属院内，出土战国早中期的小型平肩“安臧”空首布陶范一合（图2-7）[30]。可见这里有铸造钱币的作坊遗址。

这些铸铜和冶铁作坊遗址多分布在王城遗址的西北部。说明这里是春秋战国时期周王城内重要冶铸工业基地。

我国先秦两汉时期的都城，大多属于政治军事城堡，经济职能并不显著。这就使王城的分区规划，首先要突出它的政治功能。商业市场作为王室贵族生活的服务设施，只是处于从属地位而已。同时，王城的商业市场因其属公共场所，也兼具刑场功能，平时人来人往，喧闹混杂，必须远离宫禁。因此，王城的商业市场，就安置在城区西北隅的乾祭门内和梁门之东。这样，既便于百姓的出入，也能保持城区的整齐和严肃性[31]。

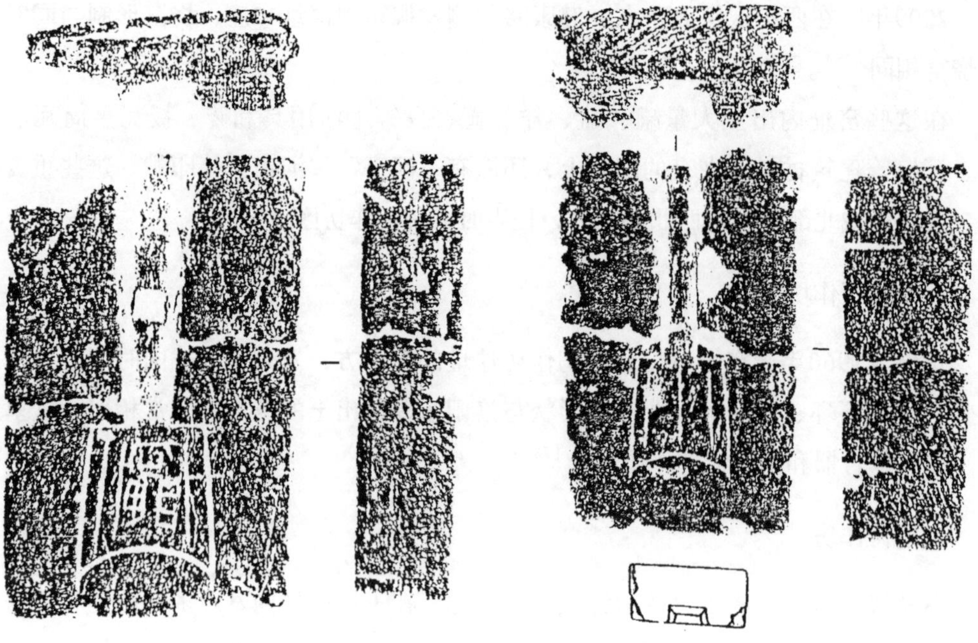

图 2-7　战国小型平肩“安臧”空首布陶范

1. 面范　2. 背范

（二）王陵墓葬区

东周自平王东迁洛邑，历经平、桓、庄、禧、惠、襄、顷、匡、定、简、灵、景、悼、敬、元、贞定、哀、思、考、威烈、安、烈、显、慎靓、赧诸王。这25位周王的埋葬地点，可分为三个陵区，即王城陵区、周山陵区、成周陵区[32]。其中，自周平王至周简王以及周赧王，有11位周王的陵墓，都埋葬在王城里面。

自20世纪50年代以来，考古工作者在东周王城内发掘春秋战国时期的墓葬6000多座。其中，在东起洛阳玻璃厂、西至涧河、南临东下池村、北抵金谷园火车站南的范围内，发现清理了10余座大型高级贵族墓葬和20多座陪葬的车马坑。这些墓葬和陪葬坑，依其时代早晚，大体可分为春秋王陵区和战国西周君陵区两大部分。

1. 春秋王陵区

2001年，在东周王城遗址的东部，北自周王城广场南至洛阳市二十七中学院内，发现春秋早中期的“甲”字形大墓5座，发掘“中”字形大墓2座、“亞”字形特大墓1座（CIM1022），陪葬坑2座。特别重要的是，在“亞”字形特大墓葬里，出土有“王作鼎彝”铭文的铜鼎（图2-8）、铜鬲各1件。这是迄今发现春秋早期级别最高的墓

图 2-8　王城陵区 CIM10122 出土“王作鼎彝”铜鼎

葬。有学者认为，这座“亞”字形大墓有可能是春秋初年周平王的陵墓[33]。

同时，还在洛阳王城广场发现春秋早中期的陪葬车马坑18座。特别是在一座被编为5号的长42.6米、宽7.4米、深2.2～2.7米的车马坑内，陪葬车25辆、马70多匹。其中，一辆车由六匹马驾驭。这个重要发现说明，《逸礼·王度记》所说“天子驾六马”的制度，是信而有征的。因此，这座陪葬坑被称为“天子驾六”车马坑。在这座车马坑的东南边，有一座“甲”字形大墓，有可能就是周王的陵墓。

由此可见，春秋早中期周王的陵墓，集中埋葬在解放路以东周王城的东偏北部地区[34]。因此，这里应是春秋早中期周王室的王陵墓葬区。

2. 西周君陵区

战国时期，周王室日益衰落。周天子不但失去了天下共主的地位，而且自公元前441年周“考王封其弟于河南”之后，公元前367年周王畿内又分裂为东周、西周两个小公国。东周国先都巩（在今河南巩义市西南），后都洛阳（在今洛阳市东北）。

据《史记·周本纪》，战国时期的王城，被称为“河南”。西周国的君统，共历桓公、威公、惠公、武公和公子咎五代。公元前256年秦灭西周国时，“迁西周公于惮狐”。这位“西周公”即公子咎。因其在位时亡国，死后未有赐号。“惮狐”在今河南汝州市西北。这说明末代西周君，当埋葬在今汝州市西北地区。因为在西周国亡国前的桓公、威公、惠公、武公4位国君都居住在王城里。所以他们死后均应埋葬在这里。也就是说，应有4位西周君埋葬在王城里。

1957年，在洛阳市西工区小屯村东北，位于纱厂路与解放路之间的汉屯路北侧，钻探出东西毗邻的4座“甲”字形积石积炭墓。墓葬的规模宏大，北部是略呈方形的墓室，椁室周围填充河卵石和木炭，南部均有长达数十米的斜坡形墓道。从已经发掘M1、M4号墓看，虽曾多次被盗掘，但仍出土大量制作精美的青铜器、铁器、玉石器和陶器。M1出土的一件石圭上墨书“天子”二字，说明这是周天子“赙赠”的随葬品。在M1号大墓的东北部，还发现有大型陪葬坑和多座贵族墓葬[35]。在这4座大墓南约800米处，发现有战国中晚期的车马坑。这些墓葬、陪葬坑和车马坑的年代，均属于战国时期。由此推测，这里的4座“甲”字形大墓，都应是西周君的陵墓（图2-9）[36]。

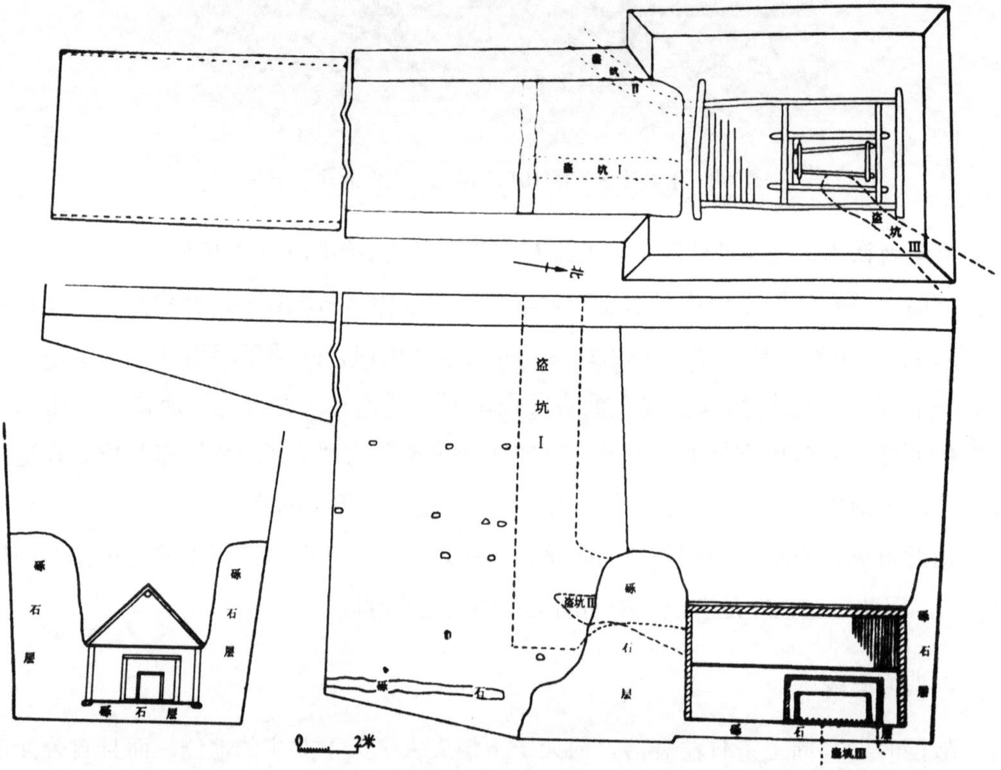

图 2-9　东周陵区四号墓平、剖面图

采自《洛阳西郊四号墓发掘简报》，《文物资料丛刊》（9），文物出版社，1985 年

（三）平民、贵族居住区

王城内居住有大量的贵族和平民。据《逸周书·作雒解》：“凡工贾、胥士、臣仆，州里俾无交为。”“工贾”指工匠和商贾，“胥士”（读如庶士）指一般的贵族百姓，“臣仆”指奴仆，“州里”指城郭及四郊的居民里坊。同书《程典解》载：“士大夫不杂于工商。”这是说贵族与平民应按其身份等级，分别居住在不同的里坊里。《管子·小匡》说：“定民之居，成民之事。”《管子·大匡》及《国语·齐

语》都倡导按居民职业划定居住区域的原则。这说明王城内的居民，应按其身份和职业的不同，分别居住在不同的区域，不得相互混杂。

因王城内的商业作坊区，位于郭城的西北部属，所以这里应当是工商和平民的居住区。由此推测，那时的贵族群体当居住在郭城的东南部。

（四）宗庙、社稷区

宗庙和社坛是东周王城内的重要宗教设施。这两处建筑的具体位置在哪里？这是个必须澄清的重要问题。

宗庙制度是祖先崇拜的产物。《墨子·明鬼下》载："昔者虞夏商周三代之圣王，其始建国营都日，必择国之正坛，置以为宗庙；必择木之修茂者，立以为菆位。……是以赏于祖而僇于社。""菆位"即社坛。《礼记·曲礼下》说："君子将营宫室，宗庙为先，厩库为次，居室为后。"大凡如帝王加冕、兴师命将、布政告朔、赏赐功臣等军国大事，都要在宗庙里举行隆重的仪式。可见宗庙在都城建筑中的重要地位。

据《左传·昭公二十二年》（前520年），"单子逆悼王于庄宫以归。……单子使王子处守于王城。盟百工于平宫"。杜预注："平宫，平王庙。""庄宫"，庄王庙。《左传·昭公二十三年》载：六月甲午"王子朝入于王城，次于左巷。秋七月戊申，鄩罗纳诸庄宫"。《左传·昭公二十六年》说：十一月"癸酉，王入于成周。甲戌，盟于襄宫。晋师使成公般戍周而还。十二月癸未，王入于庄宫"。杜预注："襄宫，襄王之庙。庄宫在王城。"这说明东周王城内有周先王的宗庙建筑。

东周王城建有祭祀社稷神的社坛。《逸周书·作雒解》载："诸〔侯〕受命于周，乃建大社于国中。其壝东青土、南赤土、西白土、北骊土，中央叠以黄土。""大社"即"太社"，是祭祀土地神的场所。"国中"即都城内的中心位置。"壝"是用五色土筑起的高坛。社稷设坛而祭，四周有矮墙，是天下土地的象征。为了能够通"达天地之气"，社坛内没有房屋建筑，只是个露天的土坛。为了使百姓对社神尊敬仰慕，还在社坛周围种植有大片松树（《白虎通·社稷》）。

东周王城宗庙和社坛的具体位置。《礼记·祭义》载："建国之神位，右社稷而左宗庙也。"《周礼·春官·小宗伯》说："建国之神位，右社稷，左宗庙。"可见宗庙、社稷位于王宫前方的左、右两侧，当是周代都城的通行制度。因为东周王城应是"坐西朝东"、"宫城"位于"郭城"西南隅的结构布局，王城东南的鼎门应是王城的正门，宫城东门与鼎门之间应有一条贯穿郭城的东西大道。这条大道当是王城内东西交通的主干道。依据周代“左祖右社”的制度，东周王城宗庙和社坛，应坐落在宫城东方东西大道的左（北）右（南）两侧，大体位于王城郭城的南北中轴线上。

东周王城宗庙和社坛位置的推测，可以从东周秦汉都城的考古发现和文献记载里得到证明。因为东周秦西汉时期的都城，大都是“坐西朝东”、西“城”东“郭”的结构布局。因此，宗庙和社坛多位于宫城东方的左右两侧。例如：陕西凤翔秦国雍城的宫殿位于城内偏西南的中部地区。在宫殿遗址以东约500米处，发现先秦时期最为完整的宗庙遗址以及在其南部“中庭”里发现牛、羊、人、牛羊、人羊合坑等七类祭祀坎181个[37]。河南新郑市郑韩故城的“宫城”位于郭城的西北部，在“宫殿区”东北约300米的“郭城”里，发现郑国的宗庙遗址及其西、南部的牛、马、猪等祭祀坑7个。在“宫殿区”东南约300米的“郭城”里，还发现郑国的社坛遗址及其所属的礼乐器坎、殉马坎63座[38]。据张衡《西京赋》说：西汉长安城“乃览秦制，跨周法”营建而成的（《文选》卷二）。西汉的“高祖庙”，位于未央宫前殿东北方安门大街的东侧。因而这条贯穿长安南北的中央大道，被汉儒叔孙通称为“宗庙道”[39]。由此可见，这些文献记载和考古发现，为我们推定东周王城宗庙、社坛的具体位置，提供了重要佐证。

（五）王城仓窖区

1970～1994年，我们在洛阳瞿家屯村东发现一座大型地下储粮仓窖群。这里位于东周王城宫殿区的东南方，地势较高，土质坚实，缓坡东倾，雨水易泄，南近洛河，便于漕运，是建立仓窖群的理想位置。在南北长400米、东西宽300米的范围内，已探出排列整齐的地下储粮仓窖74座。1971～1994年，对其中的6座进行了考古发掘（图2-10）。

1. 粮窖的结构特征

从已发掘的粮窖来看，粮窖的平面均为圆形，口大底小，纵剖面呈倒置的等边梯形，一般口径在10米左右，深约10米。例如其中的62号窖，口部略呈椭圆形，口径南北11米、东西10.5米，底径南北6.9米、东西6.85米，深10米（图2-11）。

这些粮窖营建筑窖的程序，大体是先清除杂物，平整地表，填土夯实。再按照原先的设计，向下挖掘窖体，整修窖壁，铺设防潮设施。防潮设施自下而上铺设，先在窖底和四周的生土上，涂抹一层铁锈色物质，形成异常坚硬的隔水层，并在其上敷施青膏泥。在青膏泥上铺设木板，木板上撒铺谷糠。谷糠内侧铺苇席或竹箔，将禾谷与谷糠隔离。窖底的木板紧密平铺。窖壁的木板则横向排列，逐层向上筑砌。在62号窖口西部还发现有一长2.2米、宽1.5米、深1.95米的土槽，可能与粮窖

图 2-10 王城仓窖分布平面图

密封后的进出口有关。据粮窖内出土的大量砖瓦、圆木痕迹推测，窖顶可能是一种高出地面、顶上覆瓦的圆锥形土木建筑，同战国和西汉墓葬中出土陶仓顶部的形制相类似[40]。

2. 粮窖的储粮数量

这些粮窖的形状，大体皆呈圆锥体。据张家山汉简《算数书·旋粟》载：“旋粟，二尺七寸而一石。”“旋粟”是指粟米堆积呈正圆锥体形状。这说明长、宽、高各“二尺七寸”的积粟重量为一石重。《九章算术》卷五“委粟术”说：“程：粟一

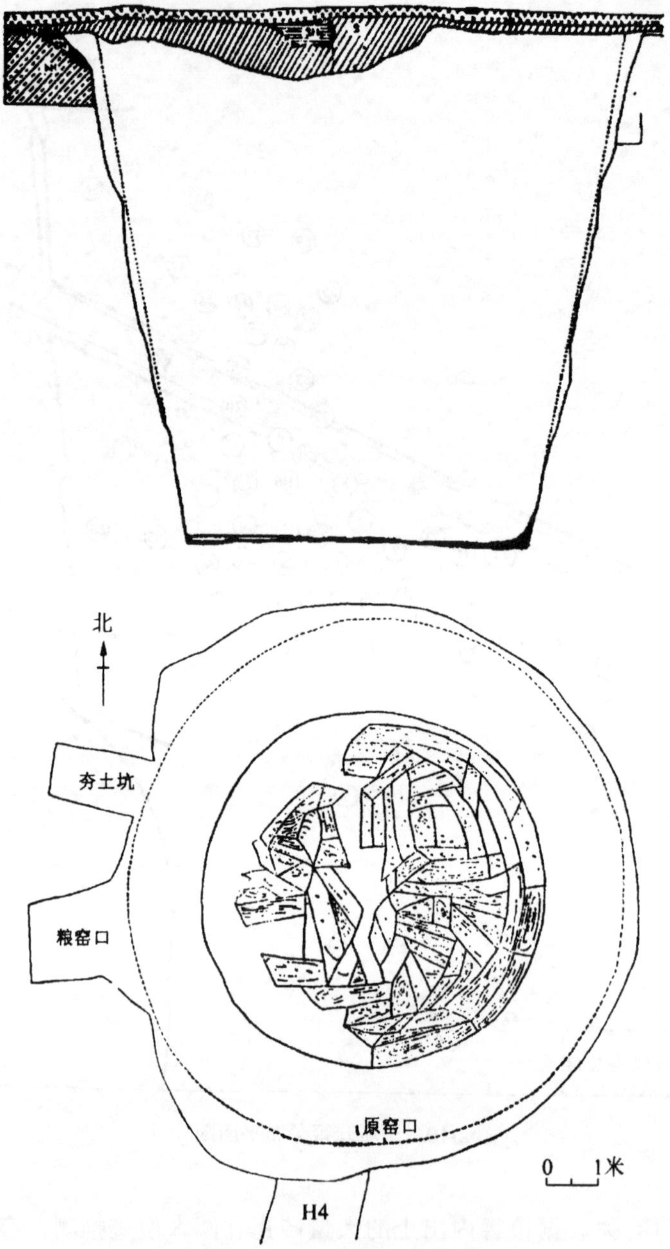

图 2-11　62 号仓窖平、剖面图

斛，积二尺七寸。”刘徽注：“二尺七寸者，谓方一尺，深二尺七寸。”“斛”，《说文 · 斗部》谓“十斗也”。“十斗”即一石。战国秦汉每“石”粟为120斤，合今30公斤。赵晓军博士以62号窖为例推算，一座粮窖可容粟米约34万公斤，则一窖粮食约合1.132万石。目前发现的74座粮窖，大约可容纳粮食83.8万石[41]，约合今2500万公斤。这是我国目前发现年代最早的大型地下贮粮仓窖群遗址。

3. 粮窖区发现的砖刻、朱书文字

特别重要的是，据赵振华先生的考古发掘记录，1987年1月在仓窖区探方T5发掘的古井（井7）填土里，出土篆刻和朱书砖铭6件（残4件），年号有“廿六年”“卅年”2种。其中一件完整的长方形青砖，长36.5厘米，宽13厘米，厚5厘米，正面刻有篆书文字2行14字。其文隶定为：

廿六年，大夫筊（筊）恷、士

单衸，二人圄（窖）之。

“廿六年”当即秦始皇二十六年（前221年）。“大夫”是官职名，“筊恷”是其姓名。“士”为低级官职，“单衸”是其姓名。《玉篇·衣部》：“衸，衫也。”“圄”字从囗、告声，当是窖字的异体。《周礼·地官·司徒》：“廪人：下大夫二人，上士四，中士八人，下士十有六人。”“廪人”是掌管粟谷储藏和管理的官职。这件砖铭的大意是说：秦始皇二十六年，大夫筊恷与士单衸二人，共同完成这窖粟谷的储存工作。

4. 粮窖的年代与国别

从已发掘的四座仓窖的地层关系和填土包含物来看，这座仓窖群兴建的年代当在“战国晚期”，而其废弃的年代当在“西汉初年”[42]。因为该仓窖群位于东周王城和西周国的都城里，使人很容易认为它应是“东周王朝在东都城内”设置的“大型粮仓”[43]，或认为是“西周”国“为储备粮食而建”造的[44]。然而，从这个时期东周王室和西周国的经济实力来看，他们根本无力兴建规模如此宏大的储粮设施。

粮食储备是国家的经济命脉。据《周礼·考工记·匠人》，春秋战国时期，各国都设有“囷窖仓城”。每年仲秋都要“穿窦窖、修囷仓”，秋末还要“藏帝籍之收于神仓，祗敬必饬”（《礼记·月令》）。《墨子·七患》载：“凡五谷者，民之所仰也，君之所以为养也。……故仓无备粟不可以待凶饥。”《管子·轻重乙》说：“五谷粟米者，民之司命也。……天下有兵，则积藏之粟足以备其粮；天下无兵，则以赐贫氓。”由此可见，粮食储备在国家发展战略中的重要地位。

据《史记·周本纪》，公元前256年，秦灭西周国时，“西周君奔秦，顿首受罪，尽献其邑三十六，口三万”。公元前249年，秦灭东周国，并“使蒙骜伐韩，韩献成皋、巩。秦界至大梁，初置三川郡”（《史记·秦本纪、蒙恬列传》），郡治洛阳（在今洛阳市东北）。《史记·高祖本纪》载：“汉王军荥阳南，筑甬道属之河，以取敖仓。”

《正义》："孟康云：'敖，地名，在荥阳西北，山上临河有大仓。'《太康地理志》云：'秦建敖仓于成皋。'"《史记·郦生陆贾列传》说："夫敖仓，天下转输久矣。"这说明秦国"初置三川郡"后，便在这里修建大型的储粮仓窖。

由上所述，我们推断，东周王城内的这座储粮仓窖与"秦建敖仓"一样，都是秦国灭掉西周国后兴建的大型储粮设施。也就是说，这座储粮仓窖当是秦国灭掉西周国到西汉初年（前256～前205年）的五十余年间，秦国和秦王朝兴建与使用的储粮仓窖[45]。它的发现对研究战国秦代农业经济和我国古代的储粮历史，都具有重要意义。

（六）周赧王的宫城区

2004年11月，在瞿家屯村南东周王城郭城南墙外，涧河东岸、洛河北岸两河交汇的台地上，发现一处战国中晚期的特大型宫殿基址（图2-12）。这处宫殿基址由一条南北残长约200米的西墙和东西残长约30米的南墙围成。院落内发现有成组的大型夯土基址，墙基，散水、排水、给水设施（图2-13），还有池苑、暗渠、陶窑等遗迹[46]。

图2-12　洛阳瞿家屯战国中晚期宫殿遗址全景图

图 2-13　洛阳瞿家屯战国宫殿遗址地下排水管道

据《史记·周本纪》："王赧徙都西周。"《索隐》："西周，河南也。"公元前367年，周赧王（前314～前256年）为了躲避韩国的侵扰，徙居西周国。据研究，这处大型宫殿院落基址可能就是周赧王居住的王宫遗址[47]。

五、东周王城的营建与使用年代

东周王城的营建和使用年代，史书没有明确记载。关于这两个问题，目前考古学界存在着不同的认识，需要进行分析探索。

（一）东周王城城墙营建年代的不同认识

关于东周王城的营建年代，特别是王城垣墙的修建年代，学术界存在着明显的争议。主要有两种不同的看法：

一是"春秋中叶"前后说。《洛阳涧滨东周城址发掘报告》指出："城墙大约建于春秋中叶以前；从战国时代以至于秦、汉之际均曾迭加修补，到了西汉后期以后，就逐渐荒废了。代之而起的是大城圈里的小城圈（汉河南县城）。"[48]《新中国的考古发现与研究》认为，通过全面钻探和重点发掘得知，王城"筑城的年代不晚于春秋中叶，最早的夯土城垣宽5米左右，夯层一般不足10厘米，后来经过多次修补、增筑，墙体加厚至10米以上，西汉后期开始废弃”[49]。《洛阳发掘报告》认为，王城原筑城墙的年代“约当在春秋中叶或者稍晚”[50]。李学勤先生指出：《洛阳涧滨东周城址发掘报告》关于城墙始建年代的分析，“与文献所载王城的兴废情况相吻合”[51]。梁云博士也认为：“东周王城应始建于春秋早期。”[52]这些看法大体一致，认为东周王城包括四周的城墙，都营建于“春秋中叶”前后。

二是“战国早中期”说。有学者认为“东周王城郭城东墙始筑于战国早中期，在战国中晚期又进行了修补、增筑。而与郭城东墙一体的其余三面城墙的始筑年代也应与此同，则东周王城郭城城墙的始筑年代应在战国早中期”。并指出“东周王城在西周公建立并以王城为其都城前，周王室仅建宫城而无郭城”，即所谓东周王城“春秋时期无郭城”[53]。

（二）东周王城“郭城”为西周国“建造”说质疑

有关东周王城郭城营建年代的两种看法，前者是依据大量的考古勘探和探方中出土文物的年代，而作出的比较合理的结论。后者主要依据2004年对东周王城东墙北段遗址3个探沟的发掘结果，由此推出的结论并不可信。

第一，东周王城城墙修筑年代“春秋中叶”前后说，是依据大量考古资料来推定的结果。当年在对东周王城城墙遗址发掘过程中，“在北墙上先后共开了56条探沟”，东墙上“共挖探沟5条”。西、南墙开挖探沟的数量，《报告》里虽然没有明确写出，但从在墙址上探沟的编号看，西墙至少开挖探沟14条，南墙至少开挖探沟3条。依据这些考古资料，《洛阳发掘报告》在《结语》里指出，这座古城的“墙基下面压着商代晚期的灰坑和西周初年的墓葬，在墙基上面压着春秋晚期的文化层和战国时期的小墓，在夯土层中包含有类似西周时代的陶片，据此推测筑城墙的年代应早于春秋晚期，晚于西周初年或是西周”[54]。

此外，1994年11月，在涧河西岸洛阳胶鞋厂北2号住宅楼王城西墙越过涧河处，发掘了一段王城西墙遗址。墙体“分为原建的东部城墙和后期增筑的西部城墙两部分”。据发掘者李德方先生讲，东部原建城墙夯土内包含的陶盆、陶罐等残片，都具有春秋早期的特征。因而推测这段城墙的始建年代，应在春秋中期前后[55]。

因此，这些关于王城城墙营建年代在“春秋中叶”前后的判断，是建立在大量考古资料基础上，而得出的坚实有力、科学可信的审慎结论。

第二，有学者对北墙第四层中“瓦当”和灰土坑（A1）中包含物的年代提出疑问。认为这件“瓦当，在《洛阳发掘报告》中被定为战国时期（《洛阳发掘报告》第150页，图版柒〇）”。并说灰土坑（A1）里出土的“鬲与《洛阳发掘报告》中的Ⅲ式战国陶鬲（T467M1：2）几近一致”，陶“罐与《洛阳发掘报告》中的Ⅲ式战国陶罐（H440：4）相近”，陶“豆与《洛阳发掘报告》中的Ⅲ式战国陶豆（H451）相同”，均为“战国时期遗存”[56]。我们仔细核对这些相关器物的形制特征，认为上述类比的结论并不准确。

因为这件饕餮纹“瓦当”图案与《洛阳发掘报告》著录的饕餮纹瓦当图案，均不尽相同。而与《洛阳中州路》Ⅱ3式M127上：01、Ⅱ5式M1316上：01相类同，时代当在春秋晚期至战国初年[57]。同时，灰土坑（A1）里的陶鬲与《洛阳中州路》Ⅱ式陶鬲（M504：1）更相近，陶罐与《洛阳中州路》Ⅱ式陶罐（M472：4）相似，陶豆与《洛阳中州路》ⅠA式陶豆（M124：12）相同。这三件器物的年代，均属春秋中期[58]。而其中的“陶盆（A1：2）同于《洛阳中州路》Ⅱ式盆（M1806：3）。”这“式陶盆在春秋战国时期均见”，没有争议。这说明当初的发掘者，将这个灰土坑（A1）的年代定为“春秋时代”，应是正确的判断。因此，王城北城墙始筑年代“不晚于春秋中期”的看法，是正确可信的。

第三，有学者认为，东周王城“成为西周小公国的都城”后，“需要建造郭城进行必要的防御，这是王城郭城出现的重要原因”[59]。此说不尽确切。

自夏商以来，中国古代都城大多都是“内城外郭”的结构布局。据《吴越春秋》，崇伯鲧“筑城以卫君，造郭以守民，此城郭之始也”（《初学记》卷二十四《城郭》引）。《管子·度地》载：“内谓之城，外谓之郭。”《周礼·夏官·掌固》：“掌修城郭、沟池、树渠之固。……若造都邑，则治其固与其守法。”《释名·释宫》说：“郭，廓也，廓落在城外也。”“城”指宫城，“郭”指宫城外用来护卫的垣墙。因此可以说，“内城外郭”是中国古代都城结构的基本特征。

河南登封市“禹都阳城”遗址分小城和大城两部分，小城位于大城的东北部，总面积约30万平方米[60]。新密市的新砦城址“包括大城和小城，小城在大城的西南部，其外围壕沟”[61]。偃师商城和郑州商城的总体布局均“由宫城、内城和外郭城三重城垣组成”[62]。这说明早在夏商时期，我国古代“内城外郭”的都城制度，就已基本形成。

从东周列国都城的考古发现看，春秋战国时期我国古代“内城外郭”的都城制度，已经成熟。齐国临淄故城和曲阜鲁国故城，宫城都位于郭城的西南部。河北易县燕下都的宫殿区位于东城区的东北部，郭城以西城区的形式出现。魏国安邑故城分大城、中城和小城三部分，小城实为宫城，位于大城和中城的中间。赵国的邯郸故城由赵王城和“大北城”两部分组成。赵王城为宫城，位于“大北城”（郭城）的西南方。郑韩故城的宫城位于郭城的西北部。中山国的灵寿故城分为东、西两城，宫殿基址位于东城的东部[63]。这说明“内城外郭”已成为东周列国都城结构布局的基本特征。

据《礼记·月令》，诸侯各国每年仲秋都要“筑城郭，建都邑”。《礼记·礼运》载：“今大道既隐，天下为家，……城郭沟池以为固。”孔颖达疏：“城，内城。”“郭”指外城。这说明修筑城郭是保障宫城安全的必要措施。《墨子·七患篇》特别指出：“国有七患。七患者何？城郭沟池不可守，而治宫室，一患也。”这里将不修“城郭沟池”而“治宫室”，列为治理国家的首要祸患。

由此可见，所谓东周王城“春秋时期无郭城”的说法，不符合春秋战国时期列国都城的实际情况。

第四，战国时期的西周公国，根本无力修建工程浩大的王城城垣。有学者认为周平王迁都时因时间“仓促”，所以“根本没有时间去修建规模宏大的东周王城郭城。其次，周平王王室本身也无实力筑城”。并以郑州商城城墙的规模宏大，即使“每天上万的劳动力进行修筑，也需要四五年的时间”为例，说明“东周王城郭城的范围若复原起来差不多是郑州商城城墙的两倍，即使每天役使五万以上的劳动力，也需要一年左右的时间”。而“西周小公国需要建造郭城来进行必要的防御，这是王城郭城出现的重要原因”[64]。

诚然，春秋时期，东周王室日渐衰落。据《国语·周语下》，周“灵王二十二年（前550年），谷洛斗，将毁王宫。王欲壅之”。韦昭注：“灵王时，谷水盛，出于王城之西，而南流合于洛水，毁王城西南，将及王宫，故齐人城郏也。”《左传·襄公二十四年》（前549年）载：“齐人城郏。穆叔如周聘，且贺城。王嘉其有礼也，赐之大路。”杜预注：“郏，王城也。”这说明公元前550年，因谷水暴涨，冲毁王城的西南隅，次年即由齐国派人来进行修补。公元前519年，因周王室发生内乱，周敬王迁都“狄泉”（亦名成周城）。公元前509年，周敬王为扩建成周城，请求晋国号召诸侯各国共同努力，才得以完成扩建工程（《左传·定公元年》）。这说明春秋晚期，周王室的国力尚强，周灵王和敬王在齐、晋两国的帮助下，才得以完成王城的修补和成周城的扩建工程。

战国初年，周王室已分裂为东、西两个小公国。当时，周天子尚留住在东周国，已失去号令诸侯的威力。东周王城外郭四周城垣的长度，是东周成周城扩建工程的三倍以上，而西周国的国力尚不足周王室的半数。西周公国迁居王城后，把王城原来的宫城缩小改建，面积不及原来王宫的十分之一，足以说明其国力的微弱程度。试想，只有“口三万”人的西周公国（《史记·周本纪》），怎么能完成营建东周王城郭城城墙这个如此浩大的工程呢？若西周君强征国内一万人来构筑王城垣墙，也得需要十年左右的时间才能完成。

第五，近年新发现的几段王城北墙和东墙的修筑年代。20世纪80年代以来，相继发掘了几段王城北墙和东墙的夯土遗存。这些夯土城墙是否为该墙的“始筑部分”，都有待具体辨析。

1. 王城北墙和东墙曾经多次“修补、增筑”

1986年11月，在位于涧河东岸发掘的一段东周王城北墙西段遗址“被汉代和战国晚期地层迭压”。墙下“压有葬式为屈肢的长方形竖穴墓2座，无随葬品。同时还压有一东周时期的椭圆形灰坑。城墙夯土内含有少量碎陶片，为东周时期的建筑材料和生活用具。初步判断该段城墙大约是战国时期所修筑”[65]。

因为这段城墙被“战国晚期地层迭压”，足见其修建年代不晚于战国中期。故其修建年代有两种可能性，一是考虑到王城“西北角一带城墙的年代是比较晚的”，“当建于战国时代”[66]。可见这段城墙也有可能是战国早中期修补的部分。二是从《洛阳中州路》发掘资料说明，“屈肢”葬式在春秋初期已很普遍[67]。墙下所压东周时期“椭圆形灰坑”的年代不明，而这段城墙被“战国晚期地层迭压”。因此，这段城墙有可能也是在春秋时期修建的。

2000年4月，在洛阳014中心豫航公寓楼王城东墙中段发掘的一段城墙，被“西汉至战国时期的文化层叠压，其底部又叠压在战国中、晚期文化层及2座战国早、中期墓上。故该夯土的始建年代最早为战国中期”[68]。

2001年在唐宫路北、光华路西的河南省建三公司院内发掘的一段东周王城东墙的始筑年代不晚于战国中、晚期，不早于春秋中期，而其后期修补、增筑部分的始筑年代，不早于战国中期[69]。

2004年2月，在洛阳市蔬菜副食品公司院内发掘的王城东墙北段，“由Ⅰ、Ⅱ两期夯土组成，Ⅰ期夯土在西，为主体夯土；Ⅱ期夯土在东，为后期补建部分。Ⅰ期夯土建在一条南北向的路上，路下为生土，路土堆积厚达0.14米”。路土内无包含物。Ⅰ期夯土“包含物少且碎小，可辨器形有瓦纹豆等”。Ⅱ期夯土“位于Ⅰ期夯土的东侧，东半部叠压在一条东周沟上，西半部叠压在生土和Ⅰ期夯土的上面，包含物卷沿盆、平折沿盆、盘形豆残片及板瓦片等”。发掘者认为“Ⅰ期夯土即该夯土城墙的始筑部分为战国早中期”；“Ⅱ期夯土属Ⅰ期夯土的后增部分”，年代“应为战国中晚期”[70]。市蔬菜公司与省建三公司院内两处“地点相距不远，地形地貌相近，地层堆积也基本一致”。但是，这两次发掘者对城墙修筑年代的判断，却有明显的差异。

2005年2～9月，在体育场路西中航一集团空空导弹研究院50、51号高层住宅楼发掘的一段“东周王城东城墙”。“探方内清理出南北长30、东西宽37米”，“其上有汉代地层和汉代墓葬（M8826）叠压并打破该城墙，说明该城墙的年代不晚于汉代，结合夯土解剖沟内出土的遗物均属东周时期，由此推测该段城墙夯筑的时间应该不晚于东周时期”[71]。这段“城墙”位于体育场路西侧，与该路东北处发现的王城东墙不相连接，两者东西相距80多米。况且其“东西宽37米”，已超出一般东周王城城墙的宽度。因此，这处夯土是否为“城墙”？值得怀疑。如果把它看作是一处大型建筑的夯土基址，可能更为合理。

2010年9月，在光华路中段西部市蔬菜副食品公司11号楼发掘的一段王城东墙北段城墙，“其建造、使用年代应在战国中、晚期”[72]。

由此可见，上述发掘的这几段王城东墙，都集中在东墙的北、中段，其修建年代有“战国早中期”“战国中期”“战国中晚期”的不同年份。正是这里早年修建的墙体先后坍塌，而后陆续修补所致。有的地方坍塌许久，未及时修补，以致在城墙上面出现“战国中、晚期文化层”及“战国早、中期墓”葬的现象。因此，我们认为，20世纪80年代以来发现的几段王城北墙和东墙，多属“修补、增筑”的城墙，并非“始筑部分”。

2. 王城北墙和东墙多次“修补、增筑”的原因

公元前520年，周景王驾崩（前520年）后，周王室因王子朝与王子猛（周悼王）、王子匄（周敬王）之间围绕着王位继承问题，展开了残酷激烈的斗争。据《左传·昭公二十三年》（即周敬王元年，前519年）七月，王子朝攻入王城，周敬王避居“泽邑”（即狄泉，在今洛阳市东北翟泉村旁）。周敬王十一年（前509年）秋，敬王在晋国的帮助下对“成周”城（在今洛阳市东北）进行了扩建（《左传·定公元年》）。这说明从周敬王到周慎靓王（前519～前315年）的二百多年间，东周王朝均以东周成周城为都城。据《史记·周本纪》，公元前440年，周“考王封其弟于河南，是为桓公，以续周公之官职”。《正义》引《帝王世纪》云：“考哲王封其弟揭于河南，续周公之官，是为西周桓公。”这里所说的“河南”城，指的就是东周王城。

从周敬王迁都狄泉（东周成周城），到周考王封西周桓公都“河南”，其间将近80年，王城失去了都城的地位，达到几近荒废的程度。城内“有大片农田”的现象，就是在这个时期出现的。这时，王城内只有少数平民和手工业工匠，大多居住在城区

北部艰难生存。王城的西北部本是春秋战国时期手工业工匠聚居的作坊区和商业市场，北城门外不远便是当时的东西交通大道。特别是春秋初年修筑的城墙，一般厚度多为5米左右。因年久失修，城内居民为了出城方便，遂将城西北和东北部有的城墙推平，并在城东北部原来的东墙上，修了一条通向城外的南北通道。这条道路宽约6米，路土堆积只有0.14米厚，与王宫东部战国晚期所修通向城外的南北大道宽约18米、路土厚0.1～0.5米相比，正是其等级较低、使用时间较短的缘故。公元前440年西周桓公被分封到王城居住后，自然要对原来毁废的城墙进行整治补修。而且从那时到西周国灭亡的二百多年间，王城的城墙又经过多次修补，有的地方直到汉代仍有修补的痕迹。这就是上述所见几段城墙“修补、增筑”年代不同的根本原因。

3. 王城东墙将“王陵区一分为二”的看法有待证明

《洛阳体育场路东周墓发掘简报》指出：2001年在东周王城遗址东部发掘的“亞”字形特大墓（CIM10122）“位于东周王城外，西距东周王城城墙约30米”[73]。致使有学者认为“东周王城郭城东墙的修建将东周王城东南部春秋时期完整的王陵区一分为二，一部分位于东墙的外面，一部分位于东墙的里面”[74]。所谓“亞”字形特大墓“位于东周王城外，西距东周王城城墙约30米”，只是大体推测的看法。因为王城东墙在中航一集团空空导弹研究院50、51号高层住宅楼以南的走向，尚不清楚。也就是说，在今第27中发掘的“亞”字形特大墓的西边，是否有城墙存在，尚待调查。因此，那种认为“东周王城郭城东墙的修建将东周王城东南部春秋时期完整的王陵区一分为二”的看法，也有待证明。

（三）东周王城兴建的具体年代

“郏”是王城的别称，最早见于《左传·桓公七年》（前705年）：“秋，郑人、齐人、卫人、伐盟、向。王迁盟、向之民于郏。”杜预注：“郏，王城。”这是说公元前705年（周桓王十五年），周桓王把盟、向的民众迁移到王城里。《左传·僖公二十五年》（前635年）载：周襄“王入于王城”。这件事《国语·周语中》说：“晋文公既定襄王于郏，王劳之以地。”韦昭解：“郏，洛邑王城之地也。”《晋语四》说：“王入于成周，遂定之于郏。”韦昭解：“成周，周东都。郏，王城。”这些记载都说明“郏”本是“王城”的别名。由此可见，至迟在周桓王（前719～前679年在位）初年王城已经建成。

东周王城营建的确切时间，史书未见记载。据《史记·周本纪》：“平王立，东迁于雒邑，辟戎寇。”据《清华大学藏战国竹简·系年》记载，周平王（前770～前720年）立“三年，乃东徙止于成周”[75]。“成周”指西周成周城，在今瀍河两岸的洛河与邙山之间。当时，因时间太过仓促，周平王及西周王朝的众多官署属臣，只能临时居住在西周时期的成周城里。

然而，因为西周成周城曾遭到西周末年战争的破坏，已不太适合东周王朝发展的实际需要。因此，周平王迁都洛邑后不久，就筹划营建了东周王城的宏大工程。这座王城的营建，史书未见记载。这可能是因为，从周平王东迁到鲁隐公元年（前770～前722年）间，即《春秋左传》纪事前的大约50年间，我国史书记载缺失的缘故。由此推测，东周王城很可能是在这个时期营建的。

由此可见，东周王城包括宫城与四周的城墙，都始建于春秋早期。那种认为东周王城“无内城”或“春秋时期无郭城”的看法，都是不足为据的。

六、谷水入洛与王城的关系

自汉魏以来，学术界关于谷水流向及其与王城的关系，存在不同的说法。《国语·周语下》载：周“灵王二十二年，谷、洛斗，将毁王宫”。韦昭注：“谷、洛，二水名也。洛在王城之南，谷在王城之北，东入于瀍。斗者，两水激，有似于斗也。至灵王时，谷水盛，出于王城之西，而南流合于洛水，毁王城西南，将及王宫。”这是说谷水本在王城之北，向东会合瀍水而注入洛水。《水经注·谷水》载：“谷水又东，流经乾祭门北。”“乾祭门”周王城的北门。这是说谷水本是“经乾祭门北”向东流去，与韦昭的说法相合。

1998年，在老城区环城北路探出南北宽约80米的东西向河道淤土。2008年，又在距东周王城北墙约30米的德众汽车城院内，探出宽约100米东西走向的河道淤土，向东经洛阳火东站广场南、老城北关，大致沿环城北路通向瀍河。这条河道距地表道深13米，在深6米的淤土内清理出唐代的筒瓦、板瓦残片，在深9米处清理出汉代的砖块，深至13米处为原生土[76]。由此可见，谷水确有经王城北向东流入瀍水的史实。

然而，关于谷水是否“本在王城之北而东入于瀍”及其东流入瀍的缘由，史学界却有不同的解读。据《水经注·谷水》，周“灵王时，谷水盛出于王城西，而南流合于洛，两水相格，有似于斗，而毁王城西南也。颖客〈容〉之著《春秋条〈释〉例》，言西城梁门枯水处，世谓之死谷是也”。梁门遗址位于今涧河西岸中州路北。

清儒胡朏明说：“瀍水出谷城山，东南流至王城东北而南入洛。周灵王壅谷使东注势必与之合。韦昭云：谷在王城之北东入瀍是也。”（杨守敬《水经注·谷水》疏引）这是说谷水本由王城之东北注入洛水，因周灵王“壅谷”才使其东注瀍水而流入洛水的。

熊会贞《水经注·谷水》疏则说：“谷水出王城之西而南合于洛水者，其故道也。……使谷水本由城北而东入于瀍，则《洛诰》何以指王城为涧水东耶！且使谷水故道果在城北，则灵王壅之使北，是为复禹之迹，太子晋亦何为引共、鲧防川之害以戒王哉？今按胡氏以谷水不在王城北是也。……谷水合瀍自在后汉曹魏时，韦既误以后世水道为灵王以前之水道，胡又误以为灵王雍谷之道也。”这说明谷水本自王城之西南流合于洛水。“在后汉曹魏时”为改善汉魏洛阳城的自然环境，才使“谷水合瀍”而东流入洛的。

“谷水合瀍”的真实缘由。东汉建武五年（29年），光武帝为解决城内运输和生活用水，命河南尹王梁“穿渠引谷水注洛阳城下，东泻巩川，及渠成而水不流”（《后汉书·王梁传》）。建武二十四年（48年），光武帝命大司空张纯在洛阳城东南的洛河上设堰，开凿“阳渠，引洛水为漕，百姓得其利（《后汉书·张纯传》）。《水经注·谷水》也有相同的记载。20世纪80年代以来，考古勘探发现王城北墙外东西走向的河道淤土，为熊会贞的说法提供了重要依据[77]。因此，那种认为谷水本“在王城之北”东入于瀍，或“周灵王壅谷使东注”入瀍的看法，都是错误的。

七、结　　语

20世纪50年代，中国科学院考古研究所的陈公柔、赵芝荃等先生对东周王城进行的考古勘探和科学发掘，为这座都城的研究奠定了坚实的基础。而后60多年来，又经过相继的考古发掘，目前已取得丰硕的研究成果。我们依据文献记载和考古发现，通过对东周王城相关问题的综合梳理，大致可以得出四点基本认识：

一是《周礼·考工记》关于东周王城“方九里，旁三门。国中九经九纬”，王宫位于全城中央的规划思想，除“左祖右社，面朝后市”沿袭古制外，多与考古发现不相符合。经考古勘探和发掘证实，王城大体为东西七里、南北八里的长方形结构。王城四面的城门，目前可以确认的东面有“鼎门”、西面有“梁门”、南面有“圉门”、北面有“乾祭门”。

二是王城实为“内城外郭”，“坐西朝东、王宫位于全城西南隅”的结构布局。宫城本为“方三里”的方形结构，到西周君作为的都城时，缩小为一个较小的内城。

三是王城的郭城里，建有商业市场、手工业作坊、王陵墓地、宗庙社坛、储粮仓窖，还有贵族和平民的居住区域。这座“储粮仓窖”当是秦国灭掉西周国后到西汉初年（前256～前205年），兴建和使用的大型地下储粮设施。

四是王城的宫城和四周的城墙，均建于春秋早期。四周的城墙从战国到秦汉之际曾多次修补，到西汉以后就逐渐荒废了。

由此可见，上述问题的澄清，对研究春秋战国时期的历史以及我国古代都城发展史等问题，都具有重要意义。

附记：本章在撰写过程中，得到史家珍院长以及赵振华、李德方诸先生和赵晓军博士的大力帮助，特致谢忱！

注　释

［1］ 蔡运章、俞凉亘：《西周成周城的结构布局及相关问题》，《中原文物》2016年第1期；蔡运章、俞凉亘：《西周成周城相关问题研究》，《西周金文与西周史研究暨第十届中国先秦史学会论文集》，三秦出版社，2018年。

［2］ 蔡运章：《论河洛八卦对中国古代都城制度的影响》，《大易集成》，齐鲁书社，1994年。

［3］ 考古研究所洛阳发掘队：《洛阳涧滨东周城址发掘报告》，《考古学报》1959年第2期；中国社会科学院考古研究所：《洛阳发掘报告》第五章，北京燕山出版社，1989年。

［4］ 陈梦家：《亩制与里制》，《考古》1966年第1期。

［5］ 蔡运章：《论河洛八卦对中国古代都城制度的影响》，《大易集成》，齐鲁书社，1994年。

［6］ 彭林：《多元一体的〈周礼〉治国思想》，《文史知识》1991年第5期。

［7］ 《隋书·经藉志》载：“《春秋释例》十卷，汉公车徵士颖容撰。”

［8］ 方孝廉：《方孝廉考古文集》第226页，中州古籍出版社，2014年。

［9］ 梁云：《成周与王城考辨》，《考古与文物》2002年第5期。

［10］ 中国社会科学院考古研究所：《洛阳发掘报告》第139页，北京燕山出版社，1989年。

［11］ 中国社会科学院考古研究所：《偃师商城》第一卷，科学出版社，2013年。

［12］ 杨宽：《中国古代都城制度史》第35～108页，上海人民出版社，2006年。

［13］ 徐昭峰：《试论东周王城的宫城》，《考古与文物》2014年第1期。

［14］ 蔡运章、俞凉亘、蔡梦珂：《西周成周城的形制规模考辨》，《洛阳考古》2015年第3期。

［15］ 中国社会科学院考古研究所：《洛阳发掘报告》第139、140页，北京燕山出版社，1989年。

［16］ 潘付生等：《论东周王城为城郭制的城市布局》，《洛阳博物馆建馆50周年论文集》，大象出版社，2008年；洛阳市文物工作队：《历程——洛阳市文物工作队三十年》第49页，文物出版社，2011年。

［17］　王炬：《洛阳周王城内发现大型夯土基址》，《中国文物报》1999年8月29日第1版；洛阳市文物工作队：《历程——洛阳市文物工作队三十年》第49页，文物出版社，2011年。

［18］　洛阳市文物工作队：《洛阳市第十三中学大壕沟发掘简报》，《洛阳考古发现（2007）》，中州古籍出版社，2009年。

［19］　徐昭峰：《试论东周王城的宫城》，《考古与文物》2014年第1期。

［20］　中国社会科学院考古研究所：《洛阳发掘报告》第124～138页，北京燕山出版社，1989年。

［21］　洛阳市文物工作队：《洛阳东周王城内的古窑址》，《考古与文物》1983年第3期。

［22］　洛阳市文物工作队：《洛阳东周王城战国陶窑遗址发掘报告》，《考古学报》2003年第4期。

［23］　洛阳市文物工作队：《历程——洛阳市文物工作队三十年》第54、55页，文物出版社，2011年。

［24］　洛阳市文物工作队：《历程——洛阳市文物工作队三十年》第55页，文物出版社，2011年。

［25］　洛阳市文物考古研究院：《洛阳大遗址航空摄影考古》第135页，文物出版社，2017年。

［26］　考古研究所洛阳发掘队：《洛阳涧滨东周城址发掘报告》，《考古学报》1959年第2期。

［27］　中国社会科学院考古研究所：《洛阳发掘报告》第126、183页，北京燕山出版社，1989年。

［28］　洛阳博物馆：《洛阳战国粮仓试掘纪略》，《文物》1981年第11期。

［29］　洛阳市文物工作队：《洛阳东周王城遗址发现烧造坩埚古窑址》，《文物》1995年第8期。

［30］　蔡运章、张书良：《洛阳发现的空首布钱范及相关问题》，《中原文物》1998年第3期。

［31］　贺业钜：《考工记营国制度研究》第112页，中国建筑工业出版社，1985年。

［32］　李德方：《东周王陵分区考辨》，《中原文物》特刊，1987年；蔡运章：《洛阳周山东周王陵》，《建筑与文化》2007年第2期。

［33］　洛阳市文物工作队：《洛阳体育场路东周墓发掘简报》，《文物》2011年第5期。

［34］　洛阳市文物工作队：《河南洛阳市润物广场C1M9950东周墓葬的发掘》，《考古》2009年第12期；洛阳市文物工作队：《洛阳体育场路西东周墓发掘报告》，文物出版社，2011年。

［35］　洛阳市文物工作队：《洛阳西郊四号墓发掘简报》，《文物资料丛刊》（9），文物出版社，1985年；洛阳市文物工作队：《洛阳解放路战国陪葬坑发掘报告》，《考古学报》2002年第3期。

［36］　潘付生、李惠君：《洛阳西周君陵墓位置探析》，《中原文物》2011年第6期。

［37］　陕西省雍城考古队：《秦都雍城钻探试掘简报》，《考古与文物》1985年第2期；陕西省雍城考古队：《凤翔马家庄一号建筑群遗址发掘简报》，《文物》1985年第2期。

［38］　河南省博物馆新郑工作站、新郑县文化馆：《河南新郑郑韩故城的钻探和试掘》，《文物资料丛刊》（3），文物出版社，1980年；杨宽：《中国古代都城制度史》第62页，上海人民出版社，2006年；河南省文物考古研究所：《新郑郑国祭祀遗址》第915、917、922页，大象出版社，2006年。

［39］ 《汉书·叔孙通传》。何清谷：《三辅黄图校注》第292页，三秦出版社，1998年。

［40］ 洛阳博物馆：《洛阳战国粮仓试掘纪略》，《文物》1981年第11期；叶万松、俞凉亘：《洛阳东周王城粮仓》，《中国考古学年鉴·1995》第167页，文物出版社，1997年。

［41］ 赵晓军：《古代仓窖储粮计量问题研究——以洛阳战国与隋唐官仓为例》，《中国国家博物馆馆刊》2016年第8期。

［42］ 洛阳博物馆：《洛阳战国粮仓试掘纪略》，《文物》1981年第11期；叶万松、俞凉亘：《洛阳东周王城粮仓》，《中国考古学年鉴·1995》第167页，文物出版社，1997年。

［43］ 余扶危、余黎星：《中国古代储粮史》第57页，中州古籍出版社，2015年。

［44］ 徐昭峰：《试论东周王城的宫城》，《考古与文物》2014年第1期。

［45］ 蔡运章、赵振华：《洛阳瞿家屯战国粮仓考略》，待刊稿。

［46］ 中国社会科学院考古研究所：《洛阳发掘报告》第109页，北京燕山出版社，1989年。

［47］ 洛阳市文物工作队：《洛阳瞿家屯发掘报告》，文物出版社，2010年。

［48］ 考古研究所洛阳发掘队：《洛阳涧滨东周城址发掘报告》，《考古学报》1959年第2期。

［49］ 中国社会科学院考古研究所编著：《新中国的考古发现与研究》第271页，文物出版社，1984年。

［50］ 中国社会科学院考古研究所：《洛阳发掘报告》第124页，北京燕山出版社，1989年。

［51］ 李学勤：《东周与秦代文明》第14页，上海人民出版社，2007年。

［52］ 梁云：《成周与王城考辨》，《考古与文物》2002年第5期。

［53］ 郑州大学历史学院、洛阳市文物工作队：《洛阳东周王城东城墙遗址2004年度发掘简报》，《文物》2008年第8期；徐昭峰：《试论东周王城的郭城布局及其演变》，《考古》2011年第5期；徐昭峰：《从城郛到城郭——以东周王城为例的都城城市形态演变观察》，《文物》2017年第11期。

［54］ 中国社会科学院考古研究所：《洛阳发掘报告》第192页，北京燕山出版社，1989年。

［55］ 李德方、霍宏伟：《东周王城西墙》，《中国考古学年鉴·1995》第166页，文物出版社，1997年。

［56］ 徐昭峰：《“谷、洛斗，将毁王宫”事件的考古学观察》，《中原文物》2007年第4期。

［57］ 中国科学院考古研究所：《洛阳中州路》第32页，图版拾柒：5、7，科学出版社，1959年。

［58］ 中国科学院考古研究所：《洛阳中州路》第69、75、73页，科学出版社，1959年。

［59］ 徐昭峰：《试论东周王城的城郭布局及其演变》，《考古》2011年第5期。

［60］ 河南省文物考古研究所、中国历史博物馆考古部：《登封王城岗与阳城》，文物出版社，1992年；北京大学考古文博学院、河南省文物考古研究所：《河南登封市王城岗遗址2002、2004年发掘简报》，《考古》2006年第9期。

［61］ 赵春青：《河南新密新砦城址发现城墙和大型建筑》，《中国文物报》2004年3月5日。
［62］ 杜金鹏、王学荣：《偃师商城近年考古工作要览》，《考古》2004年第12期；河南省文物考古研究所：《郑州商城外郭城的调查与试掘》，《考古》2004年第3期；袁广阔：《略论郑州商城外郭城墙的走向与年代》，《中原文物》2018年第3期。
［63］ 刘庆柱：《中国古代都城考古发现与研究》第164～195页，社会科学文献出版社，2016年。
［64］ 徐昭峰：《试论东周王城的城郭布局及其演变》，《考古》2011年第5期。
［65］ 叶万松、赵振华：《洛阳市东周王城城墙遗址》，《中国考古学年鉴·1987》第186页，文物出版社，1988年。
［66］ 中国社会科学院考古研究所：《洛阳发掘报告》第120页，北京燕山出版社，1989年。
［67］ 中国科学院考古研究所：《洛阳中州路》第151页，科学出版社，1959年。
［68］ 安亚伟：《洛阳市014中心东周及唐代夯土》，《中国考古学年鉴·2001》第208、209页，文物出版社，2003年。
［69］ 洛阳市文物工作队：《洛阳市东周王城东墙遗址发掘简报》，《考古与文物·先秦考古》2002年增刊。
［70］ 郑州大学历史学院、洛阳市文物工作队：《洛阳东周王城东城墙遗址2004年度发掘简报》，《文物》2008年第8期。
［71］ 洛阳市文物工作队：《洛阳体育场路西东周墓发掘报告》第19～21页，文物出版社，2011年。
［72］ 洛阳市文物工作队：《历程——洛阳市文物工作队三十年》第49页，文物出版社，2011年。
［73］ 洛阳市文物工作队：《洛阳体育场路东周墓发掘简报》，《文物》2011年第5期。
［74］ 徐昭峰：《试论东周王城的城郭布局及其演变》，《考古》2011年第5期。
［75］ 李学勤主编：《清华大学藏战国竹简》（贰），中西书局，2011年。
［76］ 王炬：《谷水与洛阳诸城址的关系初探》，《考古》2011年第10期。
［77］ 王炬：《谷水与洛阳诸城址的关系初探》，《考古》2011年第10期。

第三章　东周王陵与三大陵区

春秋战国时期，洛邑成为全国政治、经济和文化的中心。自周平王至赧王，共历二十五王，共513年，均建都洛邑。东周洛邑先后有王城与东周成周两座都城。考古发现说明，东周诸王的陵墓，可分为王城、成周和周山三个陵区[1]。兹将这三个陵区及其相关问题，略作考述。

一、东周都城与周王陵区

春秋时期，东周桓、庄、僖、惠、襄、顷、匡、定、简、灵、景、悼诸王，均居住在王城里。周敬王时期，徙居东周成周城。因自周灵王起，开始在周山营建王陵，所以王城内应是周平王至简王以及周赧王，共11位周王的陵区。

（一）东周王城内的陵墓区

自20世纪50年代以来，考古工作者在东周王城内发掘春秋战国墓葬6000多座。其中，在东起洛阳玻璃厂、西至纱厂路、南临东下池村、北抵金谷园火车站南的范围内，发现清理了10余座大型高级贵族墓葬和20多座陪葬的车马坑。这些墓葬和陪葬坑，依时代早晚，大体可分为春秋王陵区和战国西周君陵区两大部分（图3-1）。

图 3-1　王城陵区“亞”字形特大型墓

近年来在西工区周王城广场至洛阳市二十七中学院内，发现春秋早中期的“甲”字形大墓5座，发掘“中”字形大墓2座、“亞”字形特大墓1座，陪葬坑2座。特别重要的是，在“亞”字形特大墓葬里，出土有“王作鼎彝”铭文的铜鼎、铜鬲各1件（图3-1）。这迄今发现春秋早期级别最高的墓葬。有学者认为，这座大墓应是春秋第一代天子周平王的陵墓[2]。

同时，还在洛阳王城广场发现春秋早中期的陪葬车马坑18座。特别是在一座被编为5号的长42.6米、宽7.4米、深2.2～2.7米的车马坑内，陪葬车25辆、马70多匹。其中，一辆车由六匹马驾驭（图3-2）。这个重要发现说明，《逸礼·王度记》所说“天子驾六马”的制度，是信而有征的。因此，这座陪葬坑被称为“天子驾六”车马坑。在这座车马坑的东南边，有一座“甲”字形大墓，有可能就是周王的陵墓。

图 3-2　王城陵区“天子驾六”车马坑

由此可见，春秋早中期周王的陵墓，集中埋葬在解放路以东王城的东北部地区。

（二）王城中北部的西周君陵区

战国时期，周王室日益衰落。周天子不但失去了天下共主的地位，而且东周王畿内自公元前441年周“考王封其弟于河南”之后，在公元前367年又分裂为东、西周两个小公国。

据《史记·周本纪》：“考王封其弟于河南，是为桓公，以续周公之官职。”战国时期的王城，被称为“河南”。西周国的君统，共历桓公、威公、惠公、武公和公子咎五代。公元前256年秦灭西周国时，“迁西周公于惮狐”。这位“西周公”即公子咎，因其在位时亡国，死后未有赐号。“惮狐”在今河南汝州市西北。这说明末代西周君，当埋葬在今汝州市西北地区。因为在西周国亡国前的桓公、威公、惠公、武公四位国君都居住在王城里。所以他们死后均应埋葬在王城内。也就是说，应有四位西周君埋葬在王城里。

值得注意的是，1957年，在洛阳市西工区小屯村东北，位于纱厂路与解放路之间的汉屯路北侧，钻探出东西毗邻的四座“甲”字形积石积炭墓。墓葬的规模宏大，北部是略呈方形的墓室，椁室周围填充河卵石和木炭，南部均有长达数十米的斜坡形墓道。从已经发掘的M1、M4看，虽曾多次被盗掘，但仍出土大量制作精美的青铜器、铁器、玉石器和陶器。M1出土的一件石圭上墨书“天子”二字，说明这是周天子“赙赠”的随葬品[3]。在M1的东北部，还发现有大型陪葬坑和多座贵族墓葬。在这四座大墓南约800米处，发现有战国中晚期的车马坑。这些墓葬、陪葬坑和车马坑的年代，均属于战国时期。由此推测，这里的四座“甲”字形大墓，应是西周君的陵墓（图2-8）[4]。

二、东周成周城与成周陵区

公元前519年，因周王室内发生动乱，周敬王被迫徙都“成周”。自周敬王起，经元王、贞定王、考王、威烈王、安王、烈王、显王、慎靓王，共有九个周王居住在成周城，历时204年。其中，除周敬王外，其余八个周王都应埋葬在成周陵区。

（一）东周成周城的营建和沿革

周族本是居住在今陕西境内的西方小国。公元前1046年，武王克商，建立周朝。为了巩固周王朝在东方的统治，武王决定建都洛邑。武王死后，成王继承武王的遗志，命周公、召公继续营建洛邑。《左传·昭公三十三年》说：“昔成王合诸侯，城成周，以为东都，崇文德焉。”《左传·宣公三年》也说：“成王定鼎于郏鄏。”这说明西周初年，洛邑建成，定名成周，以为东都。西周时期的成周城位瀍河两岸的洛河与邙山之间。

西周晚期因“淮夷侵洛”，入侵到西周腹地的洛水两岸，严重威胁着东都成周城的安全。致使设在这里的最高行政官署“卿士僚”以及王室高级贵族大都迁往西都丰镐居住。西周成周的铸铜作坊本是西周王室最重要的手工业部门，也就随着迁到了宗周岐邑来经营。这时，居住在成周城内的“殷顽民”，为了摆脱周王室的严密控制，便乘机迁往今白马寺东边居住，并在周围构筑城垣以便防卫。因此，在今洛阳白马寺东出现那座西周晚期大致合当时“东西六里、南北五里”的城垣，当是周厉王初年“淮夷侵洛”时，由“殷顽民”营建的城堡[5]。

春秋晚期的成周城是周敬王时扩建的。《国语·周语下》载：“敬王十年，刘文公与苌弘欲城周，为之告晋。魏献子为政，说苌弘而与之。”《左传·昭公三十二年》载：“秋八月，王使富辛与石张如晋，请城成周。”“冬十一月，晋魏舒、韩不信如京师，合诸侯之大夫于狄泉，寻盟，且令城成周。”杜预注：“子朝之乱，其余党多在王城，敬王畏之，徙都成周。成周狭小，故请城之。”《水经注·谷水》载：“昔周迁殷民于洛邑，城隍偪狭，卑陋之所耳。晋故城成周，以居敬王。”这是说公元前520年周景王死后，周王室发生了王子朝与周敬王争夺王位的内乱。王子朝占据王城（在今洛阳市王城公园一带）称为“西王”，敬王徙居成周（即西周中晚期营建的成周城）称为“东王”。因当时成周城的规模狭小，到公元前510年，周敬王命刘文公和大夫苌弘请求晋国帮助扩建成周城。经过周密规划后，到次年正月动工，“城三旬而毕”。这次扩建是在西周成周城的基础向南延伸二里，从而使该城形成“南北七里、东西六里”的形制规模。

周敬王本人的遗物极为罕见。1935年，在河南汲县山彪镇一号墓出土的大量器物中，有编为1∶161号的周王铜戈1件，其铭曰“周王叚之元用戈”（图3-3）。“周王叚”是这件铜戈的铸造者。据《史记·周本纪》：“晋人攻子朝而立丐，是为敬王。”叚，通作瑕。丐同匄。《左传·襄公三十一年》载：晋国“寡君使丐请命”。《经典释文》曰：“春秋时人名字皆相配，楚令尹阳丐，字子瑕，即与文伯名字正同。”这是说春秋时期晋国大夫士文伯名匄，字伯瑕；楚令尹阳丐，字子瑕，都是名、字“相配”。同样，周敬王名匄，字叚，名、字义相联锦。高明先生指出：“‘周王叚’就是周敬王之名。”[6]因此，这件铜戈当是周敬王留下的珍贵遗物。

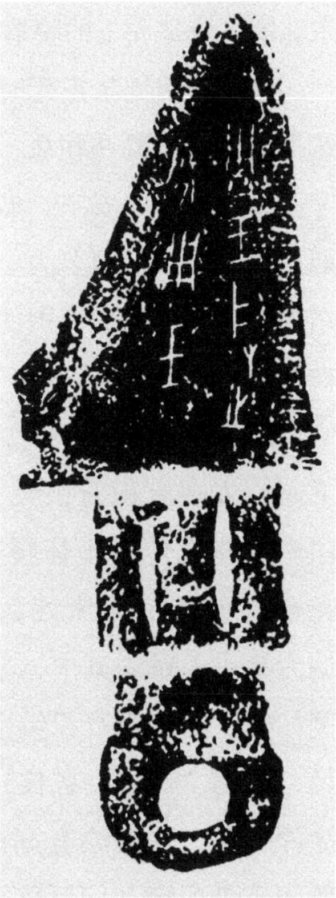

图3-3　周敬王叚铜戈

公元前249年，秦国灭掉“东周国”，使秦相吕不韦“食河南、雒阳十万户”[7]。这时，原属东周王畿的河南和雒阳，便成为秦相吕不韦的封邑。据《皇览》记载：“秦封吕不韦洛阳十万户，故大其城。”[8]这说明吕不韦东周成周城的基础上，向北扩展二里，使该城形成“南北九里、东西六里”的规模布局（图3-4）。

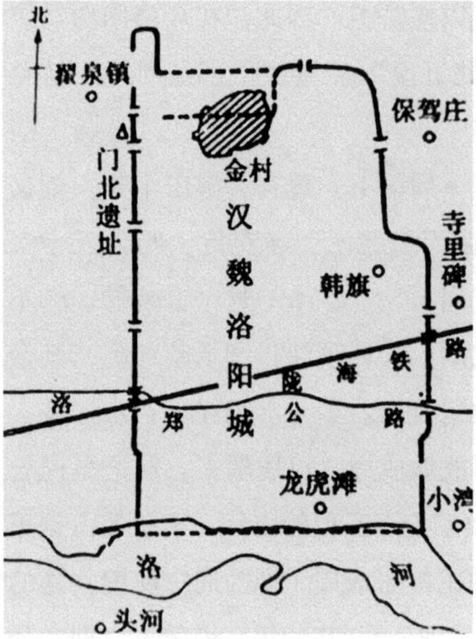

图 3-4　东周成周城示意图

（二）东周成周城北部的陵墓区

据《皇览》记载：“景王冢在洛阳太仓中。秦封吕不韦洛阳十万户，故大其城并围景王冢也。”[9]这是说吕不韦在扩建东周成周城时，把周景王的陵墓围在城里了。《史记·周本记·集解》引宋衷曰：“威烈王葬洛阳城中东北隅。”韦昭《国语·周语下》注：“狄泉，成周之城周墓所在也。”《水经注·谷水》说：“悼王葬景王于翟泉，今洛阳太仓中大冢是也。”又说：“翟泉在洛阳东北，周之墓地，今按周威烈王葬洛阳城内东北隅，景王冢在太仓中，翟泉在两冢之间。”这说明东周成周城外的东北隅，应是周王的陵墓区。

但是，因周景王死时，周灵王已在周山营建王陵，敬王尚未迁都成周城，悼王突然把周景王埋葬在翟泉，实在不合情理。我们认为，成周陵区应是周元王、贞定王、考王、威烈王、安王、烈王、显王、慎靓王等八个周王埋葬的地方。同时，战国中晚期东周成周城已取名为“洛阳”。这时，本来居住在巩邑（在今河南巩义市西南）的东周国，为了躲避韩国的侵扰，便将都城迁到洛阳。致使原本居住在洛阳的周赧王，被迫西迁到西周国境内。因此，成周陵区内一定会有东周国君的陵墓（图3-5）。

20世纪二三十年代，洛阳地区盗墓活动猖獗。1928年，洛阳金村东边雨后地面下陷，发现有积石积炭木椁大墓。墓内珍贵文物被盗流入市场，引起学术界的关注。加拿大传教士怀履光闻讯，从开封来到洛阳金村组织大规模的盗墓活动。他在金村东约1.5千米处，盗掘八座单墓道“甲”字形积石积炭大墓，分两行排列，编为墓Ⅰ～Ⅷ。其中，墓Ⅰ、Ⅴ、Ⅶ墓道两侧陪葬有“马坑”。这些大墓的形制，例如墓Ⅴ是座积石积炭木椁墓，墓口方40英尺（1英尺合30.5厘米），墓道长250英尺，两侧“马坑”各长50英尺。墓底铺石板，以木构成“八角形”墓室。墓室内壁涂深棕色，顶端绘有宽1英尺的条带，上置嵌镶琉璃的铜饰。墓室与墓道间有门，两侧有铁门础，门际陈放大量随葬品。还有A～C小墓三座，形制有异，与大墓不成序列。

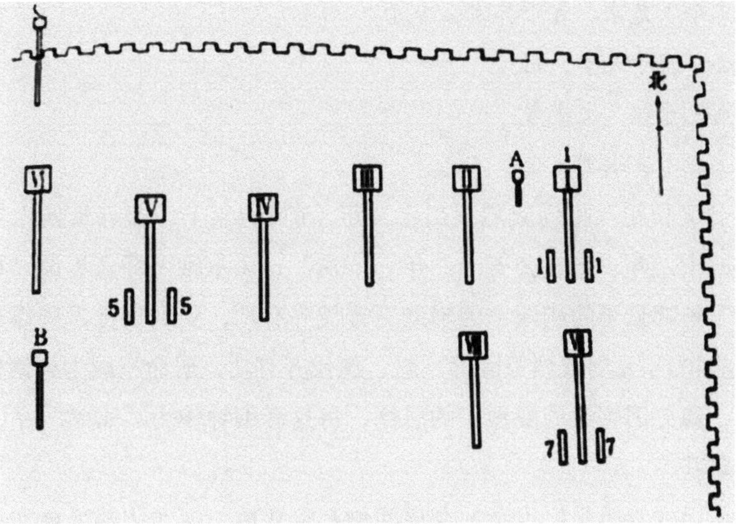

图 3-5　成周陵区王陵分布图
采自梅原末治《洛阳金村古墓聚英》

金村大墓被盗出土的文物，有著名的屭羌编钟、错金银虺龙纹铜鼎、错金银兽涡纹铜罍、错金银嵌琉璃铜壶、错金银兽涡纹铜壶、错金银兽涡纹铜簋、双环有铭铜钫、错金银狩猎纹铜镜、错金银嵌琉璃铜镜、持杖人物铜像、错金银嵌玉龙首铜器具、错金银神兽形铜器足、谷粒纹玉璧、谷粒纹玉杯、人物形玉佩等，可谓数量众多，内容丰富，制作精美，堪称战国文物艺术品的精萃。可惜这些珍贵文物，出土后便很快流散到加拿大、日本和欧美等地，国内收存极少。怀履光著有英文版《洛阳古城古墓考》，讲述墓葬盗掘经过和出土文物珍品。日本梅原末治收集散存文物，著有《洛阳金村古墓聚英》。这些都是研究金村大墓的重要资料。

金村大墓的国别和性质，曾引起学术界的热烈讨论。怀履光《洛阳古城古墓考》主韩墓说，梅原末治《洛阳金村古墓聚英》持秦墓说，唐兰等学者力主周墓说[10]。李学勤先生指出：金村出土铜鼎铭文的“宫左私官”，应“属于宫延的食官”；而银器、银俑铭刻中的“中府”，则应指“王室的府库”而言。因此，他认为这些大墓应“是周朝的墓葬，可能包括周王及附葬臣属”[11]。

我们赞同唐兰、李学勤诸先生的解说。特别重要的是，金村大墓出土的屭羌编钟铭文说：

唯廿又再祀，屭羌作
戎，厥辟韩宗，彻率征
秦、迮齐，入长城。先会
于平阴，武侄持力，嚣

敓（夺）楚京。赏于韩宗，令于
晋公，昭于天子，用
明则之于铭。文武咸
剌（烈），永枼（世）不忘。

这里的“唯廿又再祀”指周威烈王二十二年（前404年），即韩景侯六年、赵烈侯五年、魏文侯四十二年、齐宣公五十一年。“戎”，《尔雅·释言》谓“相也。”铭文中的“𩕢羌”是韩景子的相国，因辅助三晋伐齐有功，受到褒赏，铸作这套编钟以示纪念。公元前403年，周威烈王因韩、赵、魏伐齐有功，册命三国为列诸侯。次年，周威烈王驾崩，𩕢羌因感激周威烈王的恩德，将这套编钟作为“赙赠”品，送来埋在周威烈王的墓葬里。

金村大墓Ⅶ的等级规格很高，墓道两侧有陪葬坑。据郭沫若《金文丛考》记载，𩕢羌编钟便出土在这座大墓里[12]。因此，我们认为，金村被盗掘的八座大墓，正是战国时期埋葬在成周陵区的周元王、贞定王、考王、威烈王、安王、烈王、显王、慎靓王等八个周王的陵墓（图3-5），而金村大墓Ⅶ则有可能是周威烈王的墓葬[13]。那八座大墓附近的小墓，应是周王陪葬的臣属。由此可见，《皇览》所说吕不韦扩建洛阳城时特意包围的“景王冢”，实为战国时期周王的陵墓而已。

三、周山王陵的性质和年代

周山陵区位于洛阳高新区东北部的周山上。周山顶峰现存的四座高大陵墓，当是春秋晚期诸位周王埋葬的地方。

（一）周山王陵的性质

周山本属秦岭的东端，位于东周王城西南约3.5千米，因山上葬有周王的陵墓而得名。在今三山村西的周山之巅，现存有4座高大的陵墓，依山势东西排列，雄伟高峻，气势壮观。西边的一座大冢为“周灵王陵”，呈覆斗形，保存较为完整。封土平面略呈正方形，用夯土筑成，四角转折明显，顶部平坦，轴线方向为354°，边长105～110米，高25余米（图3-6）。陵前有清乾隆年间洛阳知县龚松林树立的“周灵王陵”碑一通（图3-7）。在周灵王陵东约625米处，有三座大冢东西紧密相连，名为“周三王陵”。这三座王陵的外观状似“山”字形，保存较为完整，均为覆斗形，用夯土筑成，封土转折处明显，顶部较为平坦。轴线方向为352°，东西长130米，南北宽70米，高约20米（图3-8）。

图 3-6　周山陵区周灵王陵

图 3-7　周山陵区周灵王陵碑

图 3-8　周山陵区周三王陵

周山上的四座周王陵墓，史书都有明确记录。据三国时期成书的《皇览》记载：

灵王冢在河南城西南柏亭西周山上。盖以灵王生而有髭，而神，故谥灵王。其冢，民祀之不绝。

“河南城”即汉魏时期的汉南县城，在今洛阳市王城公园南。《皇览》是曹魏时王象等人所撰，“记先代冢墓之处，宜皇王之览，故曰《皇览》”。这是说周灵王冢在今洛阳市区西南部的周山上。北魏郦道元的《水经注·洛水》载：

洛水又东，枝渎左出焉。……故渎又东经周山，上有周灵王冢。……又东北经三王陵东北出焉。三王，或言周景王、悼王、定王也。魏司徒公崔浩注《西征赋》云：“定”当为“敬”。子朝作难，西周政弱人荒，悼、敬二王与景王俱葬于此，故世以三王名陵。……今陵东有石碑，录赧王以上世王名号，考之碑记，周墓明矣。

可见，崔浩、郦道元都认为“三王陵”，当是周景王、悼王和敬王的陵墓。王象等人的《皇览》和郦道元的《水经注》，均成书于洛阳。王象、崔浩、郦道元诸君，均去周未远，他们的有关记载都应视为信史。

据《资治通鉴》卷一八五《唐纪一》记载：唐武德元年（618年）四月，李世民率军“至东都，军于芳华苑。……乃设伏于三王陵，以待之”。王世充部将“段达果将万余人追之，遇伏而败”。“芳华苑”即隋炀帝营建的西苑，“三王陵”正位于芳华苑内。由此可见，这些文献和碑刻众无异辞，都认为周山上的四座大冢应是周灵王和周三王的陵墓。

（二）周山王陵的名义

周灵王与三王陵所处的秦岭名为“周山”，三王陵下的村庄名叫“三山”。从此我们不难发现，这些地名与周山王陵间存在着有机的内在联系。《皇览》和《水经注》的记载说明，至迟在三国时期这些东周王陵所处的秦岭，已更名为“周山”了。

那么，我国是从何时开始把帝王的陵墓称为“山”“陵”的？《史记·赵世家》载：赵肃侯十五年（前335年）“起寿陵”。这是我国古代君王坟墓称为“陵”的最早记录。《战国策·赵策四》记载触龙见赵太后时说：“今媪尊长安君之位，而封之以膏腴之地，……一旦山陵崩，长安君何以自托于赵？”《战国策·秦策五》记载吕不韦说秦王后弟阳泉君的话：“王之春秋高，一日山陵崩，太子用事，君危于累卵，而不寿于朝生。”这里都把最高统治者比作“山陵”，而把他们的“去世隐讳地称为

“山陵崩”。《墨子·节葬下》说：当时王公大人的墓葬“垄虽凡山陵”。孙诒让《闲诂》：“大意盖谓丘垄之高如山陵耳。”《吕氏春秋·安死》载：“世之为丘垄者，其高大若山。”《后汉书·礼仪志》刘昭注引作“山陵”。“丘垄”，即墓冢。可见，战国末年已把王公们高大的墓葬比作“山陵”了[14]。

《水经注·渭水》说：“秦名天子冢曰山，汉曰陵。”我们知道，著名的秦始皇陵本名“丽山”。这从近年在秦始皇陵园内出土的“丽山园”铜钟铭文和刻有“丽山”的陶器文字，可以得到佐证。它说明从秦代开始就把帝王的陵墓尊称为“山”，汉代以来则通称为“陵”。由此推测，“周山”的得名当在秦汉时期，年代已非常久远。而“周山”和“三山”的得名，既是周王陵园派生的产物，也是这些陵墓的性质和年代的绝好佐证。

（三）周山王陵的考古调查

为了澄清周山王陵的形制、规模和年代诸问题，洛阳考古工作者在配合周山森林公园的建设时，曾对这些陵墓进行了勘探调查。结果发现，周山之巅现存的四座陵墓，均用夯土筑成。因周灵王陵的封土“内含有大量的细碎石块、礓土，不利于钻探，所以夯层的厚度不明”。三王陵封土夯层的厚度为10~15厘米，清晰可辨。而覆斗形的陵墓形状，则是西汉以前帝王山陵的基本形制。

特别重要的是，在周灵王和周三王陵的南北两侧，还发现有斜式坡墓道。周灵王陵南侧的墓道位于封土正中，“一段叠压在封土之下，一段伸出封土之外。伸出封土外的这段墓道的南端被断崖破坏，残长40米，宽5.8~6米”。墓道的底部平坦，略呈斜坡状。其中填五花土，经夯打，土质坚实。目前在该陵封土的东、西、北三面尚未发现墓道。在三王陵的“南北两侧都发现了墓道，一共6条，南北两两相对，均为长斜坡式”。这些墓道连接墓室的一段都压在封土下面，伸出封土外的一端“大部分均遭到农田和断崖的破坏”。墓道底部平坦，呈斜坡状，“填土均为五花土，经夯打，土质坚实”。残长16~40米，宽2.5~6米[15]。由此可见，这四座陵墓的平面均呈“甲”或“亞”字形，与东周王城和成周陵区发现的东周大型墓葬形制相同。这些重要发现，为周山王陵的年代和性质提供了有力的考古学证据，因而具有重要意义。

由上所述，我们可以得知，洛阳周山陵区的四座大冢应是春秋晚期周灵王和周三王的陵墓。周灵王（名泄心，前571年~前545年在位）、周景王（名贵，前544年~前520年在位）和周悼王（名猛，前520年四月即位，同年十一月病故）为祖孙三代，周敬王（名丐，前519年~前476年在位）是悼王的同母之弟。

周灵王的陵墓史书记载和考古调查均无疑问，他葬于公元前545年，距今已有2550多年的历史。周三王陵的主人虽然存在着不同的说法，但它们应是春秋晚期周王的陵墓，当无问题[16]。

四、周山王陵的历史背景和重要价值

春秋晚期到战国时代，是中国文化走向成熟的关键时期。我国秦汉以来的许多社会习俗，都能从那个时代找到印记。春秋时期，周王的陵墓从王城陵区走向周山陵区，一定有着深刻的历史背景。

（一）"城墓同域"的社会习俗

夏商西周时期帝王的陵墓，常埋葬在都城内宫室或住宅的旁边。因为中华民族盛行祖先崇拜的社会习俗。孔子的学生曾参说："慎终追远，民德归厚矣。"[17]"慎终"就是重视长辈、父母的死去，"追远"就是追念和祭祀远祖先人。很早以前，"慎终追远"观念就已成为中华先民的优良传统。西周春秋时期，中华先民已把对祖先的崇拜纳入到礼制的范畴中来。《荀子·礼论》说："礼有三本：天地者生之本也，先祖者类之本也，君师者治之本也。无天地恶生？无先祖恶出？无君师恶治？三者偏亡，焉无安人。"这时已把对"先祖"的崇拜放到与天地、君师崇拜同等重要的地位。《礼论》还说："礼者，谨于治生死者也。生，人之始也；死，人之终也。终始俱善，人道毕矣。故君子敬始而慎终。终始如一，是君子之道，礼义之文也。夫厚其生而薄其死，是敬其有知而慢其无知也，是奸人之道而倍叛之心也。"这是说要对亲长视死如生，如果"厚其生而薄其死"，就属于对亲长的"背叛"行为。这就是夏商西周时期，人们就把亲长的遗体安葬在都城内宫室或住宅旁边，以求先人灵魂福佑的缘由。

洛阳北窑西周贵族墓地，位于西周成周城的西北隅[18]。陕西西安市沣河西岸张家坡西周贵族墓地，也位于沣镐城内。春秋时期，鲁国的曲阜故城、齐国的临淄故城、郑国的新郑故城，贵族墓地都安排在郭城之内。秦穆公埋葬于雍城"橐泉宫祈年观下"[19]。时至今天，传承中国文化的日本民众，仍把亲长的遗体安葬在住宅的旁边。这些都是我国远古时代盛行"城墓同域"习俗的具体反映。

（二）"城墓分离"的根本原因

自春秋晚期以降，中国古代陵墓开始从城内走向城外，实行"城墓分离"的墓葬制度。那么，“城墓分离”制度的原因是什么？这是需要说明的。

墓本是指没有坟冢的墓葬。扬雄《方言》卷十三说：“凡葬而无坟谓之墓。”“墓”本指地面不起封土的墓葬。《说文·茻部》：“葬，藏也。从死，在茻中。”郑玄《礼记·礼运》注：“地葬曰葬。”故“墓葬”就是把死者埋于地下的意思。“坟丘”是指筑有高大封土的墓葬。《方言》卷十三说：“冢，秦晋之间谓之坟，自关而东谓之丘。”《广雅·释丘》：“丘，冢也。”孙诒让《周礼·春官·冢人》正义说：“丘者，积土高大，象丘山之形。”这说明“丘”与冢、坟的含义相通，都是指筑有高大封土的墓葬讲的。

我国古代淮河以南地区，因特殊的地理环境，建在地下的墓室容易进水。在当时缺乏防潮材料的情况下，便采取在地面筑起封土，来埋葬死者的墓葬形式。例如，在安徽屯溪西郊奕棋村南发现的1号西周贵族墓葬，是在地表铺一层厚约25厘米的鹅卵石，再加上一层红烧土和木炭作为墓底，将棺椁和陪葬品放置在上面，就直接加堆封土而形成高大的墓冢。考古发掘的河南固始侯古堆春秋晚期吴王夫差夫人墓的墓冢，高达7米，直径55米[20]。这些都是我国早期因地制宜而营建的墓冢。

我国中原地区春秋以前的墓葬，大都没有封土。《礼记·檀弓上》记载孔子的话说：“古也墓而不坟。”《周易·系辞传下》说：“古之葬者，厚衣之以薪，葬之中野，不封不树，丧期无数。”西汉刘向指出：“殷汤无葬处，文（周文王）、武（周武王）、周公葬于毕，秦穆公葬于雍橐泉宫祈年殿下，……皆无丘垅之处。”[21]这说明远古时代盛行只设墓而不起坟的墓葬制度。

中原地区墓葬的封土，是在春秋晚期才出现的。春秋中期以来，随着以宗族为单位的“公墓”制度的瓦解和以家族为单位的墓葬制度的日益兴起，彰显贵贱等级的厚葬风气便逐渐形成。据《礼记·檀弓上》：“孔子少也孤，不知其墓，殡于五父之衢。人之见之者，皆以为葬也。其慎也，盖殡也。问于郰曼父之母，然后得合葬于防。”“孔子既得合葬于防，曰：‘吾闻之，古也墓而不坟。今丘也，东西南北之人也，不可以弗识也。’于是封之，崇四尺。孔子先反，门人后，雨甚。至，孔子问焉，曰：‘尔来何迟也？’曰：‘防墓崩。’孔子不应，三。孔子泫然流涕曰：‘吾闻之，古不修墓’。”这是说孔子父亲的墓葬，本来没有坟丘。孔子合葬父母时，按当时士人的礼仪才修建一座高“四尺”的坟丘。这从侧面说明，在春秋晚期才开始流行营建坟丘活动。

周山王陵营建的年代，与孔子埋葬其父母的年代大体同时。周灵王、景王、悼王、敬王的陵墓，顺应时代发展潮流而兴建坟丘，应是很自然的事。因此，这四座具有高大冢丘的王陵，若再营建在王城陵区内，就会显得鹤立鸡群，突兀而不协调了。

这就是周山王陵兆域选择在城外，实行“城墓分离”的根本原因。

（三）周山王陵的方位选择

周山王陵地域的选择，除去周山本为秦岭余脉，地势高峻的自然条件外，还存在着周人崇尚方位观念的重要原因。

周代的贵族墓地，多设在郭城北方的高陵地带。《礼记·檀弓下》说：“葬于北方，北首，三代之达礼也，之幽之故也。”郑玄注：“北方，国北也。”孔颖达疏：“言葬于国北及北首者，鬼神尚幽暗，往诣幽冥故也。”又说：“望返诸幽，求诸鬼神之道也。北面，求诸幽之义也。”“北首”，头朝北。《白虎通义·崩薨》说：“所以于北方者何？就阴也。”北方是幽冥阴暗的地方。《左传·襄公十八年》载：“天道多在西北。”《吕氏春秋·节丧》说：“葬必于高陵之上，以避狐狸之患，水泉之湿也。”洛阳北窑西周贵族墓地，位于瀍河西岸西周城周城的西北隅。这里背靠邙山，面对洛河，东临瀍水，西至洛孟公路，地势北高南低，符合商周时期选择墓地的思想观念。

我国古代盛行“尊西”的思想观念。因为我国地处北半球，大型建筑多南向朝阳，故帝王常“南面而听天下，向明而治”[22]。《尔雅·释宫》曰：“西南隅谓之奥。”《礼记·曲礼上》载：“席南向、北向，以西方为上。”又说：“为人子者，居不主奥。”郑玄注：“谓与父同宫室也。不敢当其尊处，室中西南隅谓之奥。”《论语·八佾》说：“与其媚于奥，宁媚于灶。”皇侃疏：“奥，内也。谓室中西南角。室向东南开户，西南安牖。牖内隐奥无事，恒尊者所居之处也。”《论衡·四讳篇》说：“夫西方，长老之地，尊者之位也。尊长在西，卑幼在东。尊长，主也。”这就是“尊西”习俗形成的思想根源。可见西方是“尊长”居住的地方。《周易·坤》卦说：“利西南，得朋。”《周易·蹇》卦也说：“利西南，不利东北。”这说明“尊长”居住在“西南隅”最为有利。

周灵王、景王、悼王为祖孙三代，敬王是悼王的同母之弟。四位周王中，灵王辈分最长，其陵墓亦居于陵区的西端。秦惠文王公陵、秦武王永陵陵园、邯郸赵王陵陵园，都坐西朝东。这些都表明了当时以西方为上的习俗[23]。这就是周山王陵营建在东周王城西南方秦岭之巅的重要原因。

（四）周山王陵的重要价值

周山王陵的营建，开启了我国古代“城墓分离”制度的先河，对后世产生了深远的影响。到了战国时期，这种高大的墓冢，便在各国都城外面流行开来。据《墨子·节葬下》记载，当时王公贵族的墓葬“棺椁必重，葬埋必厚，衣衾必多，丘垄必巨”。刘向说：“及秦惠文、武、昭、严（庄）襄五王，皆夫作丘垄。”[24]这里的“丘垄”就是指墓冢而言。现存在陕西咸阳市北部的秦惠文王和秦武王墓坟冢的高度，都在7米以上。河北易县燕下都战国初期第十六号墓的封土，现存南北长38.5米，东西宽32米，高7.6米。《白虎通·崩薨篇》：“天子坟高三仞，诸侯半之，卿大夫八尺，士四尺，庶人无坟。”[25]秦汉以降，坟丘的高度便被纳入礼制的范畴中来。

“城墓分离”制度的流行，还使人们产生“终始异居”“阴阳两界”的思想观念。《白虎通义·论葬北首篇》说：“葬于城郭外何？死生所别，终始异居。”洛阳北郊东汉墓出土初平元年（190年）镇墓瓶说：“生人前行，死人却略（路），生人入成（城），死人出郭。生人在宅舍，死人在丘墓。”[26]洛阳偃师区藺窑砖厂东汉出土的建宁四年（171年）镇墓瓶也说：“封冢神瓶：上天苍苍，下地茫茫，生死各异处，无相害仵。上为生人来利，下为死人来福。”[27]秦汉时期“终始异居”“阴阳两界”思想观念的形成，正是“城墓分离”制度流行的必然结果。由此可见，东周周王陵从王城内走向秦岭的重大变化，开启中国古代“城墓分离”之先河，实乃中国古代城市规划史上的重大转折[28]，因而具有重要意义。

我们知道，今天位于河南淮阳区的太昊陵、陕西黄陵县的黄帝陵，应是传说中纪念中华民族人文始祖伏羲和黄帝的地方。而夏、商、西周三代帝王陵墓的位置，至今都难以确定。春秋早中期10多位周王的陵墓，虽然可以锁定在洛阳市的东周王城陵区内，但是要具体确定每位周王到底埋在哪里？已是很难做到的事了。目前，人们多以为我国已知年代最早的帝王陵墓，当是位于今陕西临潼的秦始皇陵（葬于前210年）。而比秦始皇陵要早330多年的周灵王陵，却很少引起人们的注意。因此，我们可以说，位于洛阳高新区东北部的周灵王陵，应是目前我国可以确定名号的年代最早的帝王陵墓，堪称“中华第一陵”。随着古都洛阳“文化强市”战略的实施和洛阳高新区的发展，弥足珍贵的周山王陵文物资源，现被开发为“周山王陵主题公园”供中外游客观览，今后必将发挥出难以估量的人文和经济价值。

注　释

[1] 李德芳：《东周王陵分区考辨》，《中原文物》特刊，1987年。

[2] 刘富良、安亚伟：《洛阳：从车马坑找到东周王陵》，《文物天地》2002年第2期。

[3] 李学勤：《东周与秦代文明》第16页，上海人民出版社，2007年。

［4］ 潘生、李惠君：《洛阳西周君陵墓位置探析》，《中原文物》2011年第6期。

［5］ 蔡运章、余凉亘：《西周成周城相关问题研究》，《中原文物》2015年第2期。

［6］ 高明：《略论汲县山彪镇一号墓的年代》，《考古》1962年第4期。

［7］《史记·吕不韦列传》。

［8］《史记·周本纪·集解》引。

［9］《史记·周本纪·集解》引。

［10］ 唐兰：《洛阳金村古墓为东周墓而非韩墓考》，上海《大公报》1946年10月23日。

［11］ 李学勤：《东周与秦代文明》第24页，上海人民出版社，2007年。

［12］ 郭沫若：《金文丛考》第400页，人民出版社，1954年。

［13］ 蔡运章：《驫羌编钟与周威烈王墓》，待刊稿。

［14］ 蔡运章、赵晓军：《我国古代墓葬名称考略》，《洛阳汉魏陵墓研究论文集》，文物出版社，2009年。

［15］ 洛阳市第二文物工作队：《洛阳西郊周山东周王陵调查记》，《中原文物》2005年第6期。

［16］ 蔡运章：《中华第一陵——洛阳高新区周山东周王陵考》，《建筑与文化》2007年第3期。

［17］《论语·学而》。

［18］ 洛阳市文物工作队：《洛阳北窑西周墓》，文物出版社，1999年。

［19］《史记·秦本纪·正义》引《皇览》。

［20］ 固始侯古堆一号墓发掘组：《河南固始侯古堆一号墓发掘简报》，《文物》1981年第1期。

［21］《汉书·刘向传》。

［22］《周易·说卦传》。

［23］ 赵晓军等：《论中国古代陵墓制度的尊西习俗》，《洛阳考古》2013年第1期。

［24］《汉书·刘向传》。

［25］《白虎通·崩薨篇》引《含文嘉》。

［26］ 洛阳考古发掘队：《洛阳烧沟汉墓》第154页，科学出版社，1959年。

［27］ 霍宏伟：《城墓分离：洛阳古代城市史上的重大转折》，《洛阳汉魏陵墓研究论文集》，文物出版社，2009年。

［28］ 霍宏伟：《城墓分离：洛阳古代城市史上的重大转折》，《洛阳汉魏陵墓研究论文集》，文物出版社，2009年。

第四章　周公制礼作乐与政治文明

周公姓姬名旦，是中国古代伟大的政治家和思想家。西周初年，周公居住成周“制礼作乐”时，提出了“敬德”“保民”“明德慎罚”的民本主义思想，建立了以宗法等级制度为基础的礼乐思想，奠定了中华文明的政治基础。诚如《盐铁论·非鞅篇》所说：“周道之成，周公之力也。”周公制礼作乐的伟大创举，对中国古代的政治思想和社会文化，都产生了深远的影响（图4-1）。

图 4-1　周公像

一、引　　言

周公旦除“制礼作乐”外的伟大业绩，略述如下：

（一）辅佐武王“伐纣”灭商

周公旦是周武王同母胞弟。周文王在世时，旦为季子，聪慧笃仁，异于群子。及武王即位，旦常辅翼左右。武王九年（前1048年），东伐至孟津（在今洛阳市孟津区北部），周公辅行。公元前1046年，武王伐纣，兵至牧野（在今河南淇县西南），周公佐武王，作《牧誓》。武王克商，已杀纣王，“周公把大钺，召公把小钺，以夹武王，衅社，告纣之罪于天，及殷民。释箕子之囚”。武王封周公旦于曲阜（在今山东曲阜市），是为鲁公。周公不就封，留佐武王（《史记·鲁周公世家》）。

（二）营建洛邑

武王克商后，武王决定迁都洛邑。据何尊铭文，“唯武王既克大邑商，则廷告于天曰：‘余其宅兹中国，自兹乂民’”。《史记·周本纪》载：武王克商“营周居于雒邑而后去”。西周初年营建成周城，是西周王朝的重大事件。《尚书·康诰》载：“周公初基作新大邑于东国洛，四方民大和会。侯甸男邦采卫，百工播民和见士于周。周公咸勤，乃洪大诰治。”《尚书·召诰》说：“惟太保先周公相宅”，而后“周公朝至于洛，则达观于新邑营”。周公、召公入洛相宅，亲临瀍涧之滨，选定城址，测绘图样，安排劳役，到这年底洛邑的营建便初具规模。《左传·昭公三十二年》也说：“昔成王合诸侯，城成周，以为东都，崇文德焉。”从此，东都成周城便成为全国政治、经济、军事和文化的中心。

（三）辅佐成王平定叛乱

公元前1046年，武王克商，建立周朝。据《史记·周本纪》，武王死后，成王年幼，周公乃摄“政当国，管叔、蔡叔群弟疑周公，与武庚作乱畔周”。《尚书·金縢》载：“周公乃告二公曰：‘我之弗辟，我无以告我先王。’周公居东二年，则罪人斯得。”《逸周书·作雒解》说：“周公立，相天子，三叔及殷、东、徐、奄及熊盈以畔。二年，又作师旅临卫攻殷，殷大震溃。降辟三叔，王子禄父北奔，管叔经而卒，乃囚蔡叔于郭凌。”《史记·周本纪》也说：“周公奉成王命，伐诛武庚、管叔，放蔡叔。初管蔡畔周，周公讨之，三年而毕定。”这说明西周初年，管叔、蔡叔伙同武庚发动叛乱后，周公以东都洛邑为大本营，兴兵东伐，经过三年苦战，终于平定叛乱。

成王长，能听政。于是周公乃还政于成王，“北面就臣位，匔匔如畏然”（《史记·鲁周公世家》）。

（四）周公诫伯禽书

周成王封周公子伯禽于鲁。周公诫之说：“往矣！子其无以鲁国骄士。吾文王之子，武王之弟，成王之叔父也，又相天子，吾于天下亦不轻矣。然一沐三握发，一饭三吐哺，犹恐失天下之士。吾闻德行宽裕，守之以恭者，荣。土地广大，守之以俭者，安。禄位尊盛，守之以卑者，贵。人众兵强，守之以畏者，胜。聪明睿智，守之以愚者，哲。博闻强记，守之以浅者，智。此六者，皆谦德也。夫贵为天子，富有四海，由此德也。不谦而失天下亡其身者，桀、纣是也，可不慎欤！”（《韩诗外传》卷三、《说苑·敬慎》）

二、周公“制礼作乐”的事迹

周公为了巩固周王朝的统治，在成周（在今洛阳市的瀍河两岸）辅佐成王“制礼作乐”，创立了以宗法等级制度为基础的礼乐制度。

（一）周公“制礼作乐”的事迹

商代的农业文明已发展到空前的高度，奴隶主贵族阶层通过残酷的压迫和剥削，自认为有上天佑助，过着骄侈淫逸的生活。公元前1046年，武王伐纣，推翻了商王朝的统治，建立了西周王朝。西周统治者吸取商朝灭亡的深刻教训，认为“天不可信”[1]“惟命不于常”[2]，即所谓“天命”不是永存的，就反复思考如何才能避免重蹈商朝的政治覆辙。

周公“制礼作乐”是西周初年重大的政治措施。《左传·文公十八年》记载季文子的话说：“先君周公制《周礼》曰：‘则以规德，德以处事，事以度功，功以事民。’”这是有关周公“制礼作乐”的最早记载。《礼记·明堂位》载：“武王崩，成王幼弱，周公践天子之位以治天下。六年，朝诸侯于明堂，制礼作乐，颁度量而天下大服。七年致政成王。”《尚书大传》说：“周公摄政，一年救乱，二年克殷，三年践奄，四年建侯卫，五年营成周，六年制礼作乐，七年致政成王。”郑玄《周礼·天官·太宰》注说：“周公居摄而作六典之职，谓之《周礼》。营邑于土中。七年，致政成王，以此礼授之，使居洛邑治天下。”因此，周公居住在成周“制礼作乐”，就成为周初政治生活中的一件大事。

（二）什么是礼乐制度?

礼乐制度是以宗法等级制度为基础的政治制度。《礼记·曲礼上》载：“夫礼者，所以定亲疏，决嫌疑，别同异，明是非也。”《左传·隐公十一年》说：“礼，经国家，定社稷，序人民，利后嗣者也。”《国语·鲁语上》说：“夫礼，所以正民也。”“礼”是指社会等级和秩序，属于规范民众社会行为的政治制度。

《礼记·乐记》说：“乐者天地之和也，礼者天地之序也。和故百物皆化，序故群物皆别。”阮籍《乐论》指出：“昔先王制乐，非以纵耳目之观，崇曲房之嬿也。必通天地之气，静万物之神也。”[3]“乐”是指天地人神的和谐，也就是人与自然万物的和谐共生。

礼乐相辅相成，构成古代社会的和谐秩序。《说苑·修文》说：“夫功成制礼，治定作乐。礼乐者，行化之大者也。”《说文·示部》：“礼，履也，所以示神致福也。”《国语·周语上》所谓“古者先王既有天下，又立上帝、明神而敬事之，于是乎有朝日、夕月以教民事君。诸侯春秋受职于王以临其民，大夫、士日恪位著以儆其官，庶人、工、商各守其业以共其上。犹恐其有坠失也，故为车服、旗章以旌之，……为班爵、贵贱以列之”。这是说上自周王、下至庶人，都得遵从“贵贱以列”“各守其业”的等级制度。

《左传·僖公二十八年》载：“礼以行义，信以守礼，刑以正邪。”所谓“刑不上大夫，礼不下庶人。”这是说“礼”是用来规范“君子”，而“刑”则是用来治理“小人”的[4]。“名位不同，礼亦异数。”（《左传·庄公十八年》）所谓“名位”是指高低贵贱的等级制度。

因此，历代王朝功成作乐，治定制礼，礼节民行，乐和人神，以求达到孔子所说的“安上治民，莫善于礼；移风易俗，莫善于乐”的政治目的（《孝经》引）。可见“制礼”以构建社会秩序，“作乐”以促进人神和谐，“制礼作乐”是推行政治教化的头等大事。礼乐制度相辅相成，构成中国古代人神和谐的社会秩序。

吕振羽说：“因为在阶级社会出现后的祭祀，是有其人身限制与分别的。因而‘礼’后来便转化而成为具有一定社会身份制度的内容。礼的这种演化，……是‘武王革命’胜利后……周公为着规划周朝国家的建设而创制的，所以说‘制礼’始于周公应系事实。”[5]《汉书·礼乐志》说：“《六经》之道同归，而《礼》《乐》之用为急。”这说明周公建立的礼乐制度，把人们一生的社会生活全部纳入礼制的范畴，从而使社会从巫术走向理念，这是我国古代意识形态领域的一次巨大飞跃。《礼记·表记》用“周人尊礼”来概括周代文化的特点，是极为恰切的。这是周公对中华文明的重大贡献。从而形成了以衣冠文物为特色的中国礼乐文化，奠定了中华民族文明的政治基础和价值标准。

三、周公礼乐制度的政治基础

宗法制度是周公礼乐制度的政治基础。宗法制度是以家族为基础，以嫡长子继承制为核心，按血缘关系远近来区分尊卑亲疏的等级制度。它起源于远古时代的氏族制度，是由氏族公社后期的父系家长制度发展、演变而来的社会制度。

周代的宗法制度是在殷代宗法制度的基础上发展起来的，即所谓“周因于殷礼”[6]。《礼记·丧服小记》载：“别子为祖，继别为宗，继祢者为小宗。”《白虎通义·宗族》说：“宗者，尊也。为先祖主也，宗人之所尊也。”“别子”就是有别于长宗的旁支。郑玄《诗·大雅·板》注：“宗子谓王之适子。”“宗子”就是嫡长子。西周宗法制度的重要特征，就是对嫡庶长幼的严格区别。

孝悌是维系宗法制度的重要纽带，也是个人道德品质的根本体现。《尚书·康诰》记载周公的话说：“元恶大憝，矧惟不孝不友。”这是说罪大恶极者，要属“不孝不友”。《左传·文公二年》载：“孝者，礼之始也。”《论语·学而》说：“君子务本，本立而道生。孝弟也者，其为仁之本与！”《孝经》也说：“夫孝，德之本也。”《管子·戒篇》谓：“孝弟者，仁之祖也。”百善孝为先。“孝”的本义是指对父母的尊敬和赡养，也是对自我生命血缘关系的尊重和道德升华。孝悌既是宗法等级社会中最基本的道德要求，也是个人道德修养和政治实践的核心内容。因此，“孝”就成为维系宗法制度的重要纽带。

周公创立的宗法等级制度，构成了西周政治制度的坚实基础。周代宗法等级制度的确立，使全国范围内的各级贵族都在宗法与封建的双重束缚下，形成一个多层次的宗法等级与封建制度相结合的统治网络，成为支撑周王朝封建统治的坚固框架。

四、周公礼乐制度的基本内容

礼的本义是指人的社会活动和行为规范。周公制定礼仪的具体内容，据《礼记·中庸》载：有“礼仪三百，威仪三千”。《礼记·礼器》说：“经礼三百，曲礼三千。”这些礼仪的内容，总体来看可以分为两大类。

（一）政治生活的“五礼”

据《周礼·大宗伯》记载，“大宗伯之职”职掌政治生活中的吉、凶、军、宾、嘉“五礼”：“以吉礼事邦国之鬼神示”是指祭祀天神、人鬼和地祇的礼仪。“以凶礼哀邦国之忧”是指哀吊救助盟国的礼仪。“以宾礼亲邦国”是指接待宾客的礼仪。“以军礼同邦国”是指征伐、田猎和筑邑等礼仪。“以嘉礼亲万民”是指饮食、昏冠、宾射、飨燕、庆贺等礼仪。这五项重要礼仪，大体涵盖了国家邦交和内政的基本内容。

（二）社会生活的“八礼”

《礼记·冠义》载：“冠者礼之始也，是故古者圣王重冠。”“冠”礼是在宗庙里举行成人礼的仪式。《礼记·经解》载：“故朝觐之礼，所以明君臣之义也。聘问之礼，所以使诸侯相尊敬也。丧祭之礼，所以明臣子之恩也。乡饮酒之礼，所以明长幼之序也。昏姻之礼，所以明男女之别也。”《礼记·昏义》说：“夫礼，始于冠，本于昏，重于丧、祭，尊于朝、聘，和于射、乡，此礼之大体也。”这就是反映日常社会生活的冠礼、婚礼、丧礼、祭礼、朝礼、聘礼、射礼、乡礼等八种礼仪。这些礼仪基本涵盖了宗法社会里人生的一切活动，是维护宗法等级社会中人际关系的基本保障。

由此可见，《礼记·表记》用“周人尊礼”来概括周代文化的基本特征，是极为恰切的表述。

五、周公礼乐制度的核心思想

周公“制礼作乐”时，从宗教改革入手，实行“敬德”“保民”“明德慎罚”的民本主义，构成周公礼乐制度的核心思想。

（一）周公实施的宗教改革

自古以来，人类普遍盛行天地崇拜的宗教观念。《荀子·礼论》载：“天地者，生之本也。”《庄子·达生》说：“天地者，万物之父母也。”《春秋繁露·观德》也说：“天地者，万物之本，先祖之所出也。”中华先民认为，天地神灵是宇宙万物的本源，因而倍加崇拜。崇拜神明使人类对大自然产生敬畏，这在一定程度上可以对人类的行为进行约束和规范，使人性走向完善，因而具有积极作用。但是，这种崇拜常使人们产生迷信，走向极端。

中国远古时代曾出现“民神杂糅”的宗教狂热时代。据《国语·楚语下》记载：

> 古者民神不杂。……及少皞之衰也，九黎乱德，民神杂糅，不可方物。夫人作享，家为巫史，无有要质，民匮于祀，而不知其福，烝享无度，民神同位。民渎齐盟，无有严威。神狎民则，不蠲其为。嘉生不降，无物以享。祸灾荐臻，莫尽其气。颛顼受之，乃命南正重司天以属神，命火正黎司地以属民，使复旧常，无相侵渎，是为绝天地通。

这说明早在原始社会末期，中华先民就曾出现“民神杂糅，不可方物。夫人作享，家为巫史”的宗教狂热时代。任何人都可以借助巫觋的帮助与天神沟通，甚至可以代表天神发号施令。因而出现“烝享无度，民神同位，民渎齐盟，无有严威”的社会混乱。到了颛顼时代，国家政权的雏形日趋形成。为了提高国家政权的威力，颛顼决定实行“绝天地通”的宗教改革[7]。也就是开始把对天地神灵的祭祀权柄掌握在最高统治者的手里，断绝地下民众与天帝沟通的途径。这样，就使广大民众，渐渐远离了天地神灵的影响。

商代统治者利用上帝和祖先的神威来实施统治。《礼记·表记》载：“殷人尊神，率民以事鬼神，先鬼而后礼。”商代社会曾创造了灿烂的青铜文明，以农耕经济为基础物质的文明空前发达。但是，“它在精神上却是一个侏儒。近百年以来，安阳殷墟出土的十几万片甲骨文大多是商王占卜的记录。他事无大小都要占卜，真所谓是‘不问苍天问鬼神’”[8]。也就是说，商王的政治活动和日常生活，大都是通过占问鬼神来决策的，充满浓厚的宗教色彩。这不能不说是一个极大的遗憾！

西周初年，周公“制礼作乐”时，在颛顼宗教改革的基础上，开始把原始宗教的天地崇拜纳入到礼制的范畴中来。《礼记·表记》载：“周人尊礼尚施，事鬼敬神而远之。”《礼记·曲礼下》载：“天子祭天地，祭四方，祭山川，祭五祀，岁徧。诸侯祭方祀，祭山川，祭五祀，岁徧。……大夫祭五祀，岁徧。士祭其先。”《国语·晋语八》说：“是故天子祀上帝，公侯祀百辟，自卿以下不过其族。”韦昭注：“百辟，以死勤事，功及民者。”周礼规定只有“天子”才能一年祭祀一次天地神灵，诸侯只能祭祀境内的四方和山川神灵，一般贵族只能祭祀其先祖。这就从国家礼乐制度的最高层面，把远古先民对天地鬼神的狂热崇拜，纳入到理智的范畴之中。也就是“对任何超自然力量的崇拜都归属到作为最高统治者帝王或国家祭司身上”的政治举措[9]，使人们的精神世界从巫术狂热走向务实理性的观念。因此，中华民族就逐渐形成了朴实无华、注重现实生活的思想观念和社会习俗。这种“事鬼敬神而远之”的宗教改革，为周公推行德政思想，奠定了坚实的政治基础。

周公“敬鬼神而远之”的宗教观念，还对后世儒、道两家的思想产生了深刻的影响。孔子的学生樊迟询问怎样才算明智。孔子回答说：“务民之义，敬鬼神而远之，可谓知也。”[10]这是说专心致力为民众办事，尊敬鬼神但要远离它，这样就算是明智了。《论语·述而》载：“子不语：怪、力、乱、神。”这就形成老子不言仙、孔子不言怪，都“事鬼敬神而远之”的宗教观念。这种对宗教的淡漠态度，对中华民族的思想观念产生了深远的影响。这就是我国古代没有产生像佛教、基督教和伊斯兰教那样的世界性宗教的根本原因。

（二）“敬德”是周公礼乐思想的核心内容

周公用“敬德”来寻找商代覆亡的原因。他说：“惟不敬厥德，乃早坠厥命。”（《尚书·召诰》）是说因为商王不敬重自己的德行，才过早地失去了上天赐予的大命。“惟天不畀不明厥德，凡四方小大邦丧，罔非有辞于罚。”（《尚书·多士》）这是说上天不把天命给予不勉行德政的人，凡是四方小、大方国的灭亡，无不是因为失去德行而受到惩罚。

周公用“敬德”即推崇德政来勉励成王。他说：“呜呼！天亦哀于四方民，其眷命用懋，王其疾敬德。”是说上天哀怜四方众生，便把天命赐给周。大王怎能不赶快恭敬地推行德政。“知今我初服，宅新邑，肆惟王其疾敬德！王其德之用，祈天永命。”（《尚书·召诰》）是说我知道大王刚开始治理国家，营建新的都城，现在希望大王赶快施行德政。王若能敬重德政，就可以祈求天命的长久。“其惟王位在德元，小民乃惟刑用于天下，越王显。”（《尚书·召诰》）是说大王居于王位能敬重德行，这样天下民众才能遵守法纪，彰扬大王的美德。

周公“敬德”的本质是恤民、爱民和惠民。“恤民为德。”（《左传·襄公七年》）“爱民无私曰德。”（《管子·正》）《管子·心术上》说：“德者，得也。”《逸周书·谥法》：“绥柔士民曰德。”《论语·宪问》：“何以报德。”朱熹集注：“德，谓恩惠也。”因此，恤民、爱民、惠民应是周公倡导德政的基本思想。

德政是治国安邦的根基。“德，国家之基也。”（《左传·襄公二十年》）是说实行德政是治国安邦的根基。“王敬所作，不可不敬德。”（《尚书·召诰》）是说大王本人也要谨慎处事，不可不敬重德行。“德者，君之所养也。”（《汉书·董仲舒传》）因此，实行德政也就成统治阶级的道德操守和行为规范。

（三）“明德慎罚”是周公实行德政的重要措施

周公在《尚书·康诰》中说：“惟乃丕显考文王，克明德慎罚，不敢侮鳏寡，庸庸、祗祗、威威、显民，用肇造我区夏。”文王崇尚德政，谨慎刑罚，不欺辱孤寡，任用当任用的人。“明德”是“慎罚”的前提，治理国家要以德治为主，以刑罚为辅。周公倡导的“明德慎罚”思想，就是要对广大民众实施恩惠和教化，应是周公实施德治思想的重要举措。

《康诰》还反复申述“用保乂民”“用康保民”以及“民宁”和“裕民”的思想。“乂民”即治民，“保民”有蓄养民众之义。“民宁”和“裕民”即要使民众安宁和富裕。他告诫子弟臣僚说：“无作怨，勿用非谋非彝蔽时忱。”是说不要作怨于民，不要用不善之谋、不法之举来伤害民众。他在《无逸》里说：要“知稼穑之艰难”，“知小民之依”。“依”，隐也，即隐痛、疾苦。还说要“怀保小民，惠鲜鳏寡”。这里的要关怀民众，爱护孤寡老人，就是周公实施德治思想的具体反映。

（四）“民本”思想是周公实施德政的理论基础

“民本”思想是周公的卓绝见解。周公说：“天畏棐忱，民情大可见。”是说天帝的威严和诚心，从民情上就可以看到。“人无于水监，当于民监。”（《尚书·酒诰》）是说人不用把水当作镜子，而应把民心当作镜子来对照。《尚书·泰誓》说：“民之所欲，天必从之。”“天视自我民视，天听自我民。”（《孟子·万章上》引《大誓》）这种把民心作为统治者对照自身的镜子来检查，是周公的卓绝见解。《左传·桓公六年》记载季梁的话说：“夫民，神之主也。是以圣王先成民而后致力于神，……故务其三时，修其五教，亲其九族，以致其禋祀，于是乎民和而神降之福。”这种把民众置于国家政治生活中心地位的民本主义观念，是西周礼乐文明的重要成果，在中国政治史上产生了深远的影响。

（五）周公实施德政的政治意图

郭沫若先生指出：“这种敬德的思想，在周初的几篇文章中，就像同一个母题的叠奏曲一样，翻来覆去的重复着。这的确是周人所独有的思想。……还有一个主要的旁证，便是在卜辞和殷人的彝铭中没有‘德’字，而在周代的彝铭中如成王时的班簋和康王时的大盂鼎都明白地有‘德’字表现着。”[11]那么，周公为什么要施行德政呢?

周公认为：“皇天无亲，惟德是辅。”（《左传·僖公五年》引《周书》）这是因为皇天没有亲疏，只辅佐那些有德行的人。而以“德”治国本是尧舜、文王的基本思想。《尚书·尧典》载：帝尧“克明俊德，以亲九族”。是说帝尧能自明大德，团结同族。《尚书·君奭》载：“天不可信。我道惟宁王德延，天不庸释于文王受命。”《诗·大雅·大明》也说：“维此文王，小心翼翼。昭事上帝，聿怀多福。厥德不回，以受方国。”这是说上天是不可信赖的，文王的德政才是延续王权的根本，只有推行文王的德政，上天就会支持你的王权。因此，周公倡导德政的根本目的，就是要巩固周王朝的统治地位，使国家长治久安。

孔子对周公的德政思想极为推崇。《论语·为政》载：“为政以德，譬如北辰，居其所而众星共之。”周公的“民本”思想与孔子的“仁爱”、孟子的“仁政”汇聚成中国古代德治思想的洪流，在中国乃至世界文明史上，都具有划时代的意义。

六、周公礼乐制度的重要特征

周公制定的礼乐制度，具有明显的基本特征，主要表现在四个方面。

（1）礼尚仁爱。孔子说：“人而不仁，如礼何？人而不仁，如乐何？”（《论语·八佾》）仁爱是周公礼乐思想的核心内涵。一个没有仁爱思想的人，怎么会去推行礼乐制度呢?

（2）礼尚往来。《礼记·曲礼上》载：“礼尚往来。往而不来，非礼也。来而不往，亦非礼也。”《孟子·离娄下》说：“君令臣共，父慈子孝，兄爱弟敬，夫和妻柔，姑慈妇听，礼也。”宗法血缘关系是一个社会整体，需要相互尊重，彼此承担义务，来共同维护、促进和谐稳定的社会关系。否则，就要被社会所抛弃。

（3）礼尚谦让。《礼记·曲礼上》载：“夫礼者，自卑而尊人。”《左传·昭公二年》说：“卑让，礼之宗也。”《仪礼·乡饮酒礼》也说：“君子尊让则不争。”只有相互谦让，以身作则，才能构成中华民族谦谦君子的人格形象。

（4）礼尚诚敬。《左传·僖公十一年》载：“礼，国之干也。敬，礼之舆也。不敬则礼不行，礼不行则上下昏，何以长世？”《韩诗外传》卷四载：“诚，德之主也。”《礼记·礼器》说：“忠信，礼之本也。”《论语·为政》也说：“人而无信，不知其可也。”诚、敬、忠、信是实践道德规范的根本体现，也是处理人际关系的基本准则。

七、周公礼乐制度的深远影响

周公制礼作乐的丰功伟业，彪炳千秋。《盐铁论·崇礼》载：“昔周公处谦以卑士，执礼以治天下。”《春秋繁露·郊事对》说：“周公继文、武之业，成二圣之功，德渐天地，泽披四海，故成王贤而贵之。……周公，圣人也。”桓谭《新论·求辅》也说：“昔周公光崇周道，泽被四表。”西周初年，周公制礼作乐，建立了以宗法等级制度为基础的各项典章制度，提出了以“德”治国、“明德慎罚”的民本主义思想，对中国古代政治产生了深远的影响。

世界多数民族的文化观念，都是建立在宗教哲学基础之上的。西方文明就是建立在基督哲学的基础上，因而被称为基督文明。中国人的思维观念，曾受惠于印度传来的佛教文化。但是，1944年当代印度国父尼赫鲁被英国人关在监狱时，曾思考过印、中文化的异同长短。他写过这样一段话：

> 中国受到印度的影响也许比印度受到中国的影响更多，这是很可惋惜的事情。因为若是印度得了中国人的健全常识，用它来制止自己过分的幻想，那是对自己很有益的。中国曾经向印度学到很多东西，可是由于中国人经常有充分的坚强性格和自信心，能以自己的方式吸取所学，并把它运用到自己的生活体系中去。……从没有其它国家曾像中国那样，绝少将自己的文化建立在宗教的基础上，而更多地将文化建立在道德、伦理和各式各样对人类生活的深切理解上[12]。

由此可见，周公礼乐思想就是“建立在道德、伦理和各式各样对人类生活的深切理解上”面的思想观念，在人类文化史上具有颇为独特的重要地位。

周公礼乐制度的建立，是中国思想文化基本成熟的具体标志，奠定了中华文明的政治基础和价值标准。“制礼作乐”是周公对中华文明的最大贡献。这就是我国古代把周公尊为“圣人”的根本原因。

周公的丰功伟绩，彪炳史册，世代受人敬仰。洛阳周公庙（图4-2）、陕西岐山周公庙、山东曲阜周公庙，均为全国重点文物保护单位，就是后人祭祀、纪念周公的地方（图4-3）。

图 4-2　洛阳周公庙山门

图 4-3　洛阳周公庙定鼎堂

注　释

［1］　《尚书·君奭》。

［2］　《尚书·康诰》。

［3］　《阮籍集校注》第92页，中华书局，2004年。

［4］　胡留远、冯卓慧：《夏商西周法制史》第354、355页，商务印书馆，2006年。

［5］　吕振羽：《中国政治思想史》第39页，生活·读书·新知三联书店，1956年。

［6］　《论语·为政》。

［7］　《尚书·吕刑》。

［8］　彭林：《礼乐人生——成就你的君子风范》第2页，中华书局，2006年。

［9］　〔美〕J.M.肯尼迪著，董平译：《东方宗教与哲学》第154页，浙江人民出版社，1988年。

［10］　《论语·雍也》。

［11］　郭沫若：《先秦天道观之进展》，商务印书馆，1936年。

［12］　詹得雄：《不再乐观的未来——李光耀论印度》，《参考消息》2013年12月23日第11版。

［本文属全国第三届周文化暨周公思想学术研讨会论文（2015年），收入作者著《洛阳考古与古代文明》，三秦出版社，2020年］

第五章　周穆王西征与草原“丝绸之路”

周穆王“西征”是西周时期的重大事件。新疆“和田玉”运往中原地区的古道，被称为“玉石之路”。值得注意的是，周穆王“西征”的往返路线，与古老的“玉石之路”和草原“丝绸之路”都有着密切的关系。本章谨就这些问题略作论述。

一、周穆王“西征”的历史故事

周穆王是西周王朝的第五位国王，距今2900多年。《史记·周本纪》载：“成康之际，天下安宁，刑错四十余年不用。”据古本《竹书纪年》和班簋诸器铭文，周穆王继承西周初年周公、成王开创的基业，兴兵征伐“淮夷”“扬越”的叛乱，“三年靖东国，无不成”[1]，巩固了西周王朝的统治。他还以“西征犬戎”为名，“西征昆仑邱”，会“见西王母”的传奇故事，成为后世美谈。

（一）古史所见周穆王“西征”的事迹

据《左传·昭公十二年》记载：“昔穆王欲肆其心，周行天下，将皆必有车辙马迹焉。祭公谋父作《祈招》之诗，以止王心，王是以获没于祗宫。”“祭公谋父”祭国（在今河南郑州市东北）的先公，《逸周书》有《祭公篇》。《国语·齐语》引管仲的话说：“昔吾先王昭王、穆王，世法文武，远迹以成名。”《管子·小匡》也说：“昔吾先王，周昭王、穆王世法文武之远迹，以成其名。”《楚辞·天问》：“穆王巧梅，夫何为周流？环理天下，夫何索求？”这是春秋战国时期对周昭王“南征”荆楚和周穆王“西征”犬戎功业的肯定和追念。

古本《竹书纪年》载：周穆王“十七年，西征昆仑邱，见西王母”。然而，周穆王“西征昆仑邱”的事迹，在战国以前的史书里，却语焉不详。值得庆幸的是，西晋太康二年（281年），在河南汲县战国魏襄王墓出土的《穆天子传》里，详细记录了周“天子西征”的事迹。

西晋太康二年，在河南汲县战国魏襄王墓出土的大批竹简，包括古本《竹书纪年》十三篇、《穆天子传》五篇、《易经》二篇、《易繇阴阳卦》二篇、《国语》三篇、《杂书》十九篇等“大凡七十五篇”。这批古籍运抵京师洛阳时，发现已“多烬简断札，文既残缺，不复诠次”（《晋书·束皙传》），况且全书均用战国篆文写成，时人难以卒读。晋武帝命荀勖、和峤等人重新编排次第，改用当时通行的隶书写定。其中，就有我们今天看到的《穆天子传》。

据《穆天子传》记载，周穆王在毛公班、邢公利等臣僚的护送下，“自宗周瀍水以西”出发，“天子北征，乃绝漳水”，“北循虖沱之阳”，出雁门关，向西经过“河宗之邦”和“昆仑丘”，从而会见“西王母”的故事，传颂至今。“宗周”即西周时期的东都成周城，在今洛阳市老城东北的瀍河两岸。这说明周穆王“西征”是从东都成周出发的。

（二）周穆王“西征”与北绝隃关

周穆王“西征”时，“自宗周瀍水以西”出发。据《穆天子传》卷一：“戊寅，天子北征，乃绝漳水。……甲午，天子西征，乃绝隃之关隥。”郭璞注：“瀍水，今在洛西，洛即成周也。漳水，今在邺县。隃，雁门山也。”因西周成周城的王宫位于瀍河西岸，故曰“自宗周瀍水以西”出发。“漳水”即漳河，有两个源头，清漳水源出今山西平定县西南，东南流入河南林州市北与浊漳汇合。浊漳水源出今山西长子县西南，东南流入河南境内。两条漳水在河南境内汇合后，成为今河南与河北的界河，后与卫河汇合而流入黄河。《穆天子传》所“绝”的“漳水”，当指浊漳河而言。“隃之关”即隃关。《尔雅·释地》载：“北陵西隃，雁门是也。”《说文·阜部》说：“隃，北陵西瑜，雁门是也。”“雁门关”在今山西代县西北。“隥”，坡道。

由此可见，周穆王“西征”是从东都成周城出，向北越太行、跨漳水、过雁门关后，再折向西北沿黄河北岸向西挺进的。

（三）周穆王“西征”与河伯冯夷部族

周穆王越过西域的戎狄地区，沿着黄河上游顺利的长途旅行，得到沿途游牧部落的欢迎和支持。特别是得到河伯冯夷部族的大力支持和具体引导。

“鄘伯絮”到“智之境”来迎接周穆王。据《穆天子传》卷一：“辛丑，天子西征，至于鄘人。河宗之子孙鄘伯絮，且逆天子于智之［境］。先豹皮十、良马二六，天子使井利受之。”“鄘伯絮”是河宗氏的首领，“智之境”即春秋时晋国智氏居住的地方，当在今山西省的西北部。这是说“鄘伯絮”到智氏的境内迎接周穆王一行。

“河宗氏”在阳纡山下招待周穆王。河伯冯夷本是居住在黄河中游岸边的古老部族。“河宗氏”则是河伯冯夷部族的后裔[2]。“戊寅，天子西征，鹜行，至于阳纡之山，河伯无夷之所都居，是惟河宗氏。河宗伯夭逆天子燕然之山，劳用束帛加璧，先白□，天子使祭父受之。”“阳纡山”即今内蒙古地区的大青山，因位于河套之北而名阳纡山，而后改名阴山。这里是西周中期河伯部族居住的中心地区。“燕然山”乃是今阴山的一个支脉。“河宗伯夭”当是河伯部族主管宗教祭祀的神职官员。

“河宗伯夭”为穆王举行祭祀河神的盛大祭典。《穆天子传》卷一记载：

天子命吉日戊午，天子大服冕袆、帔带、搢曶，夹佩，奉璧，南面立于寒下。曾祝佐之。官人陈牲，全五□具。天子授河宗璧。河宗伯夭受璧，西向沉于河，再拜稽首，祝沉牛、马、豕、羊。河宗□命于皇天子，河伯号之，帝曰：“穆满，如当永致用旹事。”南向再拜。河宗又号之，帝曰：“穆满，示女舂山之宝。”诏女昆仑□舍四，平泉七十，乃至于昆仑之丘，以观舂山之宝，赐语晦。天子受命，南向再拜。乙未，天子大朝于黄之山，乃披图视典，用观天子之宝器。

郭璞注：“舂山，《山海经》‘舂’字作钟，音同耳。”“舂山”即钟山。《淮南子·俶真训》说：“譬若钟山之玉。”高诱注：“钟山，昆仑也。”“舂山”即昆仑山（今名祁连山）的主峰，在今甘肃酒泉市南。这说明在祭祀大典的仪式上，河宗伯夭当即便施展巫术手法，沟通到河伯之神，河伯之神再上通天帝。于是，河宗伯夭就代表河伯大声呼号，传达天帝的命令。一是命令让穆王永久主管人间事务。二是命令穆王到昆仑山去参观钟山的宝物。接着，河伯就给穆王“披图视典”，就是观看《河图》与《河典》，以便其沿河西行前往昆仑山。

《水经注·河水》引《穆天子传》说：“天子西征，至阳纡之山，河伯冯夷之所都居，是惟河宗氏，天子乃沈珪璧礼焉。河伯乃与天子披图视典，以观天子之宝器，玉果璿珠，烛银金膏等物，皆河图所载。河伯以礼，穆王视图，方乃导以西迈矣。”河宗伯夭向天子奉献《河典》，“乃乘渠黄之乘，为天子先，以极西土”（《穆天子传》卷一）。从此河宗伯夭就奉上帝和河伯之命，成为周穆王沿河西征的得力向导。

（四）周穆王登“崐崘之丘”

据《穆天子传》卷一：“乙丑，天子西济于河，□爰有温谷乐都，河宗氏之所游居。”这说明到西周中叶，河宗氏不仅已迁到河套以东到龙门一带，而且河套以西的地区也是他们时常“游居”的地方。

据《穆天子传》卷二，周穆王在河宗伯夭的引导下，“吉日辛酉，天子升于崐崘之丘，以观黄帝之宫”。郭璞注：“黄帝巡游四海，登嵎崘山，起宫室于其上。”这说明周穆王“西征”时，曾登临昆仑山观看祭祀“黄帝”的神宫。

“嵎崘山”即昆仑山。《山海经·海内西经》载：“昆仑之虚”西北有“帝之下都”。这是天神黄帝在昆仑山休息的地方。《淮南子·地形训》说：昆仑邱“乃维上天，登之乃神，是谓太帝之居”。这是说昆仑山同上天相联系，登上它便可成为神人，这里就是天神居住的地方。

“嵎崘之丘”在什么地方？我们今天常说的昆仑山在今新疆西南塔里木盆地的南面，即“和田玉”的著名产地。从古代的交通条件看，周穆王“西征”到达那里的可能性不大。据《史记·大宛列传》：“汉使穷河源，河源出于寘，其山多玉石，采来，天子案古图书，名河所出山曰昆仑云。”这是说公元前128年，张骞从西域返回长安，途经塔里木盆地南沿，终于查明和田玉的真实产地。张骞了解到“于阗之西，水皆西流，注西海。其东，水东流，注盐泽，河原出焉。多玉石”（《汉书·西域传》）。于是，汉武帝就把那座出产和田玉的大山命名为“昆仑”山。因此，位于今新疆西南部的昆仑山脉，绝非周穆王所到的“昆仑之丘”。

据《山海经·海内东经》：“国在流沙中者，埻端、玺暖，在昆仑墟东南。”又说：“西胡白玉山在大夏东，苍梧在白玉山西南，皆在流沙西，昆仑墟东南。昆仑山在西胡西，皆在西北。”所谓“流沙”即位于今甘肃西部的沙漠地区。这说明“昆仑墟”当在“流沙”的西面。

汉代的敦煌郡有“昆仑塞”，亦称之为“昆仑障”。《汉书·地理志》载：金城郡“临羌”县西“有弱水、昆仑山祠”。《后汉书·西域传》载：“今以酒泉属国吏士二千余人集昆仑塞。”李贤注：“前书敦煌郡广至县有昆仑障也，宜禾都尉居也。”据崔鸿《十六国春秋》卷七，前凉张骏时酒泉太守马岌上书说：“酒泉南山即昆仑之体，周穆王见西王母，乐而忘归，谓此山也。有石室、王母堂，珠玑镂饰，焕若神宫。”《括地志辑校》卷四《酒泉县》：“崑崙山在肃州酒泉县南八十里。”所谓“酒泉南山”即祁连山，主峰海拔5547米，是我国西北地区著名的高山。

古代汉语中的“昆仑”，本是对天体的称呼。“昆仑”可读如混沦，通作混沌。《广雅·释训》：“混混沌沌，转也。”《文选·郭璞〈江赋〉》：“或混沦乎泥沙。”李善注：“混沦，沦转貌。”《广韵·混韵》：“混沌，阴阳未分也。”“混沌”有天体旋转之义，可引申为宇宙未生的本始状态。郑玄《周礼·春官·大宗伯》“以黄琮礼地”注：“礼地以夏至，谓神在混沦者也。”《经典释文》：“沦，本又作崙。”所谓“神在混沦”就是天帝居住在昆仑山上的意思。“昆仑”之义不仅在于山高可以通天，而且由于山顶作“穹隆”形，如同所谓“穹苍”而得名[3]。

“祁连山”则是古代西北少数民族对“天”的称呼。《汉书·武帝纪》载：天汉二年（前99年）“夏五月，贰师将军三万骑出酒泉，与右贤王战于天山”。颜师古注：“即祁连山也。匈奴谓天为祁连，今鲜卑语尚然。”杨宽先生指出：“胡人谓天曰祁连，以为祁连山可以上通到天，同时以为祁连山顶作穹隆形，有所谓‘昆仑之体’，因而以为即是昆仑。从《穆天子传》看来，昆仑之丘是这座山的总名，春山是这座山北面的最高峰。所以天帝的命令是：‘乃至于昆仑之丘，以观春山之宝。’”[4]

由此可见，《穆天子传》里所说的“昆仑之丘”，当指今甘肃酒泉市南部的祁连山脉，直至“今新疆哈密北部的天山”东部[5]。

（五）周穆王“西征”途经“赤乌氏”

据《穆天子传》卷二，穆王经过“昆仑之丘”向西挺进。“甲戌，至于赤乌。赤乌之人其献酒千斛于天子，食马九百，羊牛三千，穄麦百载。”这说明周穆王“西征”途经“春山”西三百里的“赤乌氏”。

《山海经·大荒西经》有“赤国妻氏。”据《汉书·西域传》，乌孙国有“户十二万，口六十三万”，“不田作种树，随畜逐水草，与匈奴同俗”。颜师古注：“乌孙于西域诸戎其形最异。今之胡人青眼、赤须，……本其种也。”《汉书·张骞传》说：乌孙“本与大月氏俱在祁连、敦煌间”。颜师古注：“祁连山以东，焞煌以西。”乌孙氏属“青眼、赤须”的白色人种，本来居住在今甘肃祁连山和敦煌地区，西汉初年迁居到今新疆西部的伊犁河流域[6]。杨宽先生指出：“赤乌氏可能即乌孙氏。因为乌孙原来在敦煌、祁连山之间，颜师古说到‘胡人多青眼赤发’，因而称为赤乌氏。”[7]这说明“赤乌氏”即原本居住在今甘肃西部的乌孙部族。

（六）周穆王与“西王母”相会

周穆王离开赤乌氏继续向西，经过长途跋涉，最终到达西王母的国度。据《穆天子传》卷二：“庚戌，天子西征，至于玄池。天子三日休于玄池之上，乃奏广乐，三日而终。”穆王“乃遂西征，癸亥，至于西王母之邦”。“玄池”即天池。《淮南子·地形训》说：“西王母在流沙之濒。”“流沙之濒”即沙漠的边缘。由此推测，“西王母之邦”当在今新疆天山北麓的准噶尔盆地。

“西王母”是古代传说中的神奇人物。据《山海经·西山经》记载：“玉山，西王母所居也。西王母其状如人，豹尾虎齿而善啸，蓬发戴胜，是司天之厉及五残。”郭璞

图 5-1　西王母像

注："蓬头乱发。胜，玉胜。""玉胜"，古代妇女的玉质首饰。"厉"，通作疠，是恶疾的通名。"五残"指五刑残杀的毒气。《大荒西经》说："有人戴胜，虎齿，豹尾，穴处，名曰西王母。"这是说西王母居住在玉山上的洞穴里，长着人的形状，蓬头乱发，冠戴玉饰，披有虎齿豹尾的装束，掌管着医治恶疠的五刑残杀毒气的仙药。这完全是原始社会母系宗教首领的模样（图5-1）[8]。

据《穆天子传》卷三，穆王会见西王母时，赠送给西王母大量丝织锦帛：

> 吉日甲子，天子宾于西王母。乃执白圭玄璧以见西王母，好献锦组百纯，□组三百纯。西王母再拜受之。

"锦组"指五色的丝绸。"纯"是布帛单位名，一纯为40尺，合今9.2米。这是目前所见中原丝绸西传的最早文献记录。

第二天，周穆王便在瑶池宴觞西王母。宴会开始后，西王母起身为周天子献唱歌谣助兴。其词曰：

> 白云在天，
> 山陵自出。
> 道里悠远，
> 山川间之。
> 将子无死，
> 尚能复来。

这首歌词译成今天的话，是说：

> 白云飘荡在蓝天，
> 出自高山峻岭间。
> 道路漫长且悠远，
> 山川隔阻多艰难。
> 但愿大王能长寿，
> 还能再来重相见！

周穆王听到西王母动情的歌声，也即兴回答说：

予归东土，
和治诸夏，
万民平均。
吾顾见汝，
比及三年，
将复而野。

这是说我将返回东都，治理中原百姓，希望万民平安。我会思念着您，不会超过三年，我将再来看您。这说明周穆王会见“西王母”的场面，融洽和睦，温情脉脉，尽欢而返。

周穆王会见西王母后，“乙亥，天子东归”。开始返回宗周成周城的路程。

（七）周穆王褒奖“河宗伯夭”

河宗伯夭不但学识渊博，而且熟悉黄河中上游地区游牧部落的语言和风土人情。当周穆王“披图视典”后离开“河宗氏”时，“天子之御”有“造父、三百、耿翛、芍及”四人，伯夭骑“渠黄之乘”为天子的先导，向周天子介绍沿途的山川地理和风土人情。

河宗伯夭在引导周穆王“西征”的过程中，深得穆王的信任。穆王“西征”返回时路过“巨蒐”部落，“巨蒐”部落首领向天子奉“献马三百、牛羊五千、秋麦千车、膜稷三十车，天子使伯夭受之”。这说明河宗伯夭曾代表周天子接受沿途部落奉献的礼品。

当周穆王“西征”返回时，“天子主车，造父为御，□□为右。……伯夭主车，参百为御，奔戎为右”。这说明“伯夭”由骑马变为乘车，并由天子原来的御夫“参（三）百”为其驾车。由此可见伯夭地位的升迁。

河宗伯夭引导穆王“西征”有功，受到褒奖。伯夭乘车陪同“天子至于鄘人，鄘伯絜觞天子于澡（渗）泽之上”。周穆王临别时，“命伯夭归于其邦”，册封他为“河宗正”。也就是册封伯夭为周王朝主管祭祀河神的最高职官。这应是对河宗伯夭辛勤向导的最好褒奖。由此可见，西周中业河伯冯夷部族与周王朝的密切关系。

周穆王“西征”的过程，穿越戎、狄地区，会见诸如赤乌氏、剞闾氏、智氏、浊繇氏、西夏氏、巨蒐等部族，相互赠送礼品，得到沿途各部族的大力支持。这些都应当是真实的故事。

（八）穆王“西征”后返回“宗周”成周城

据《穆天子传》卷四，“癸亥，天子南征”，“命毛班、逢固先至于周，以待天之命。癸酉，天子命驾八骏之乘，赤骥之驷，造父为御，□南征翔行。迳绝翟道，升于太行，南济于河，驰驱千里，遂入于宗周”。“翟”，通作狄，是对北方少数民族的通称。“翟道”指经过北方少数民族地区的道路。这是说周穆王“西征”返回时，翻越“太行”，南渡黄河，回到“宗周”成周城。“甲申，天子大朝于宗周之庙。乙西，天子［属］六师之人于洛水之上。”这是说周穆王返回成周城后，便在“宗周”太庙举行祭祀典礼。乙酉日“天子”将“六师之人”安顿在洛水岸边，结束了这次历时长久的“西征”路程。

二、周穆王“西征”应为信史

《穆天子传》这本书，编定于战国初年。此书的“许多内容与《山海经》《楚辞·天问》等书所载神话传说相合”。然因书中“多夸张之语”，再加上有的学者将书中一些地名，随意穿凿附会，致使清代《四库全书》的编者就把它列入“小说类”书籍。神话学家袁轲先生也认为：“《穆传》确非实录，而只能算是含有神话因素的小说。”[9]然而，当今学者通过认真研究，多以为周穆王“西征”应为信史。兹约略补充说明如下。

（一）周穆王“西征”的文献学佐证

《穆天子传》的内容与古史记载周穆王的事迹相合。荀勖在《穆天子传序》中指出：“古文《穆天子传》者，太康二年汲县民不准盗发古冢所得书也。……其书言周穆王游行之事。《春秋左氏传》曰：穆王欲肆其心，周行于天下，将皆使有车辙马迹焉。此书所载，则其事也。王好巡守，得盗骊、绿耳之乘，造父为御，以观四荒。北绝流沙，西登昆仑，见西王母，与太史公记同。”这是最早肯定《穆天子传》重要史料价值的重要论述。

周穆王“西征”时，“造父”为“天子之御”及其“八骏之乘”，均见诸先秦汉代史籍。据《山海经·中次六经》：“夸父之山，其北有林焉，名曰桃林，是广员三百里，其中多马。”郝懿行案：“《史记·赵世家》云：‘造父取桃林盗骊、骅骝、绿耳，献之穆王。”《史记·秦本纪》载：“造父以善御幸于周缪王，得［赤］骥、温骊、骅駵、騄耳之驷，西巡狩，乐而忘归。徐偃王作乱，造父为缪王御，长驱归周，一日千里以救乱。缪王以赵城封造父，造父族由此为赵氏。”《史记·赵世家》说：“造父取骥之乘匹，与桃林盗骊、骅骝、绿耳，献之缪王。缪王使造父御，西巡狩，见西王母，乐而忘归。”“造父”是秦、赵两国的先祖，因为周穆王驾车“西征”而闻名。因此，以往学者多将《穆天子传》列入“起居注”一类的西周官方实录。

（二）周穆王“西征”的金文佐证

特别重要的是，毛公班、邢侯利都是辅佐穆王“西征”的朝中重臣。近年来学者们相继发现，《穆天子传》里“穆王的大臣毛班”和“井利”，虽然不见于其他先秦传世文献，但却在西周金文里得到印证。

1.“毛班”即西周金文中的“毛伯”

《穆天子传》里的“毛公”，本是周文王之后毛国的君主。西周班簋铭文说：“王令毛伯更虢城公服，……王令毛公以邦冢君、徒御、夷人伐东国偃戎。”（图5-2）[10]“偃戎”即“徐戎”，见《尚书·费誓》。这是周穆王命毛伯接替虢城公的职务，去征伐东夷偃戎的记录。

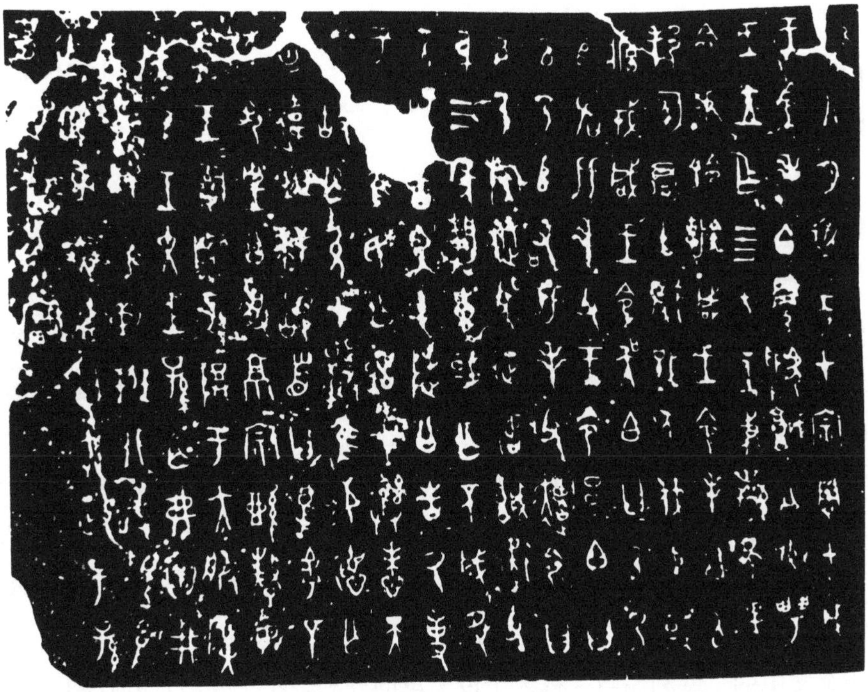

图 5-2　毛伯班簋铭文拓本

杨树达《毛伯班簋跋》说："余按毛伯班之名经传未见，惟《穆天子传》卷肆云：'……命毛班、逢固先至于周，以待天子之命。'……《穆天子传》一书，前人视为小说家言，谓其记载荒诞不可信，今观其所记人名见于彝器铭文，然则其书固已有所据依，不尽为子虚乌有虚构之说也。"[11]唐兰先生也说："毛班见《穆天子传》，此书虽多夸张之语，写成时代较晚，但除盛姬一卷外，大体上有历史依据的，得此簋正可互证。"[12]

1965年，洛阳北窑M333号西周墓出土一件毛伯铜戈。这位"毛伯"与班簋铭文中的"毛伯"，可能同为一人。毛伯戈的发现，"正是西周中期毛国之君仕于周王室的反映"[13]。

2. "井利"即西周金文中的"宰利"

据《穆天子传》卷一，"河宗之子孙鄘伯絮且逆天子于智之［境］，先豹皮十、良马二六。天子使井利受之"。"癸丑，天子大朝于燕然之山、河水之阿。乃命井利、梁固聿将六师。"郭璞注："井利，穆王之嬖臣。""井"，通作邢。"井利"，或称为"邢候""井公"，当是周公后裔邢国的君主。"嬖臣"，穆王的亲近臣僚。"聿"，发语词。"聿将六师"，就是统率穆王"西征"的全部军队。这说明邢利统率穆王"西征"的军队，并代表穆王接纳河宗氏贡献的方物，可见其地位的显赫重要。

这位"井利"在西周金文里，亦有线索可寻。西周中期前段的穆公簋盖铭文（图5-3）[14]：

王乎宰利赐穆公贝廿朋，穆公对王休。

师遽方彝铭文：

王乎宰利赐师遽琿圭一、环璋三[15]。

这两件铜器的年代均属西周中期前段，大体相当于穆王时期。器铭中的"宰利"，"宰"是职官名，"利"是其私名。当时的"宰"是掌管"王家内外"事务、传达宫中命令的重要职官[16]。

李学勤先生指出："《穆传》内人物有毛班、井利、逢固、高奔戎等多人。毛班是历史实有的人，已为穆王时青铜器班簋证实。可见《穆传》虽有神话色彩，并不是纯属子虚。井利也是穆王朝中重臣。……以《穆天子传》卷六与《周礼》对照，可知井利的官职是宰。……因此，穆公簋铭里的宰利，很可能便是文献中的井利。"[17]这说明西周金文中的"宰利"与《穆天子传》里的井利，不论是时代和在朝中的地位，都基本相同，两者实为一人。

图 5-3　穆公簋盖铭文拓本

（三）周穆王“西征”的考古学佐证

夏启是夏代的第二位君王，他的都城在哪里？一直是考古学者探寻的重要课题。以往学者多以为夏启即位于阳翟。据《汉书·地理志》颍川郡有“阳翟县”，班固注：“夏禹国。”应劭曰：“夏禹都也。”《帝王世纪》曰：“禹受封为夏伯，在豫州外方之南，今河南阳翟县是也。”《史记·周本纪·集解》引徐广曰：“夏居河南，初在阳城，后在阳翟。”《水经注·颍水》：“颍水自竭东迳阳翟故城北，夏禹始封于此为夏国。”据《左传·昭公四年》：“夏启有钧台之享。”杜预注：“河南阳翟县南有钧台坡，盖启享诸侯于此。”《吴越春秋·越王无余外传》：“启遂即天子之位，治国于夏。”据今本《竹书纪年》，夏启“元年癸亥即位于夏邑，大享诸侯于钧台，诸侯从”。徐文靖笺：“按《郡国志》颍川阳翟禹所都，盖禹始封于此，为夏伯。启即位居此，故曰夏邑。”这说明夏启最初是在阳翟即王位的。也就是说，夏启最初的都城在阳翟，即今河南禹州市东北。然而，在今禹州市北有春秋战国时期的阳翟故城遗址，尚未发现有夏代初年大规模的文化遗存，不具备夏代都城的基本条件。

夏启的都城在“黄台之丘”。据《穆天子传》卷五：“丙辰，天子南游于黄室

〔台〕之丘，以观夏后启之居，乃□于启室。”李善《文选·谢惠连〈雪赋〉》注、《初学记》卷二、欧阳询《艺文类聚》卷二均引作“天子游黄台之丘”。《水经注·洧水》说：“洧水又东南，赤涧水注之。水出武定冈，东南流经皇台冈下。又历冈东，东南流，注于洧。”杨守敬按：“此皇台冈在今密县东。”丁山先生指出：“‘黄台之丘’可确指其即赤涧水旁之黄台岗。”[18]

新密市新砦发现的龙山文化新砦古城址。河南新密市新砦龙山文化古城址位于溱河东岸，距今4600～4000年。全城平面呈长方形，城垣除西侧被水冲毁外，东、南、北三面保存完整，城外有宽34～90米的护城河，总面积约100万平方米。南北两墙的中部偏位置各有一门，至今仍是当地居民出入城内外的通道。城垣为先挖好以生土为底的基槽，再在基槽上起板分块夯筑。每层板筑墙高约1米，宽1～1.3米，长1.4～2米。城内发现有房屋、陶窑、水井、墓葬、灰坑以及大型夯土廊庑式宫殿建筑基址。城址内外包含有仰韶文化至战国时期的文化遗存，但以龙山文化为主。城中略偏东北的位置，发现一处大型夯土建筑基址。这处基址坐西朝东，南、北、东三面都有回廊，面积约2000平方米。其一主殿规模达300平方米（图5-4）[19]。

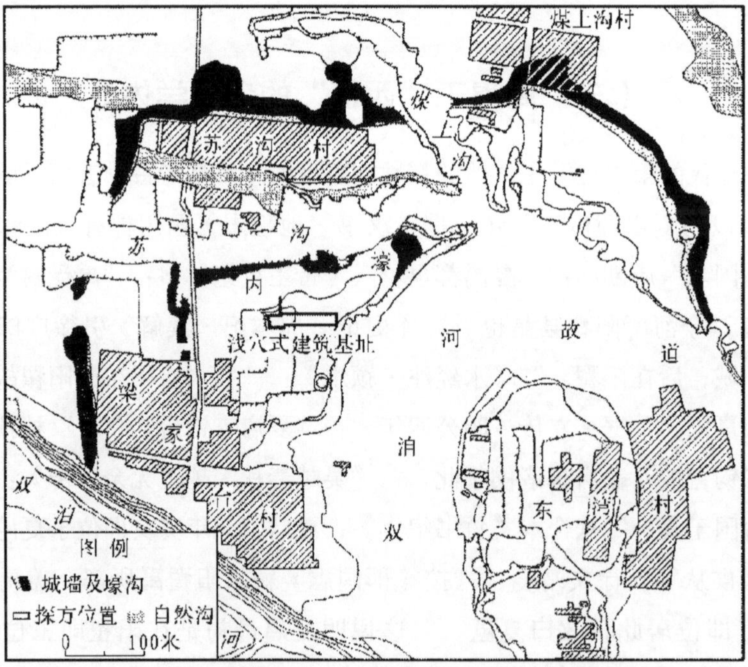

图 5-4　新砦遗址平面图

该遗址的年代为公元前2000～前1900年，相当于夏代初年。赵春青、许顺湛、张国硕等先生申述丁山先生卓见，以为新砦遗址的位置正与“黄台冈”相合，当是“夏启之居”[20]。因此，考古发现的新密市新砦古城址，有可能就是夏启时期都城遗存。

（四）周穆王“西征”的地名学佐证

“虎牢关”在今郑州荥阳市西北的，本名为“制”。《左传·隐公元年》载：“制，严邑也，虢叔死焉。”杨伯峻注：“制，地名，即今河南省荥阳县汜水公社，亦名虎牢。”“虢叔”指西周末年的东虢君主，因凭恃居有“制”邑险关而不修德行，终被郑国灭掉。《左传·隐公五年》载：“郑二公以制人败燕师于北制。”杨伯峻注：“北制，即虎牢。”《左传·襄公二年》说：“孟献子请城虎牢以以逼郑。”杨伯峻注：“虎牢即北制。”这说明在西周初年的“制”邑，到春秋时期已被称为“虎牢”，成为古都洛阳的东部屏障。

“虎牢”得名的缘由。据《穆天子传》卷五：“甲辰，浮于荥水。……有虎在于葭中。天子将至，七萃之士曰高奔戎请生捕虎，必全之，乃生捕虎而献之天子。天子命之为柙，而畜之东虢，是曰虎牢。”郭璞注：“因以名其地也，今荥阳成皋县是。”“荥水”即荥泽，在今郑州市荥阳市境。这说明《穆天子传》是最早记录“虎牢”得名缘由的著作。正是由于周穆王在东虢“制”地畜养猎获生虎的缘故，“虎牢”的名称一直沿用到今天。

因为河宗伯夭陪同周穆王“西征”的缘故，“穆天子西征的史迹”，在河宗氏部族间“世代口头相传，就不免要掺入”河宗氏先祖的“神话”传说。这就是《穆天子传》“充满了神话色彩”的重要原因[20]。尽管因年代久远，书中有许多西域地名和部族难以考稽，但这并不影响周穆王“西征”故事的真实性。因此，周穆王“西征”故事的基本内容，应当视为信史。《穆天子传》“独特的史料价值”，已得到学术界的肯定。

三、穆王西征与草原“玉石之路”

中华民族崇尚玉器的习俗，由来已久。周穆王“西征”时带回大量西域美玉。其实，早在殷商西周时期，新疆和田玉就已通过草原“玉石之路”输送到中原地区。

（一）周穆王“取玉三乘”“载玉万双”

据《穆天子传》卷二：“辛卯，天子北征东还，乃循黑水。癸巳，至于群玉之山。……天子于是取玉三乘，玉器服物。于是载玉万双，天子四日休群玉之山，乃命邢侯待攻玉者。”郭璞注：“黑水出昆仑山西北隅而东南流。”“群玉之山”即《山海经·西次三经》所说西王母居住的“玉山”。这说明穆王“西征”时带回大量西域的美玉，还向当地“攻玉者”学习制玉技术。

（二）草原“玉石之路”的开通

“玉”本是一种美石。《说文·玉部》：“玉，石之美。”我国古代玉石的产地很多，《山海经》就记有120多处[21]。考古发现说明，早在距今5000多年前的原始社会末期，我国东北地区的红山文化、东南地区的大汶口文化和良渚文化先民，就开始制作大量精美的玉器，来作为沟通人神的礼器和贵族身上的装饰品。到距今4000年前后的夏代，洛阳偃师二里头夏文化遗址出土的玉璋、七孔玉刀等玉器，都已达到很高的制作水平。商周时期，玉器已成为君子美德的象征。孔子说“夫昔者，君子比德于玉焉”（《礼记·仪礼》），就是很好的说明。

商代以前，玉器的原料多来自我国内地不同的地区，被称为“钟山玉”“兰田玉”“岫岩玉”“南阳玉”和“蜀玉”等品种。商代晚期以降，来自新疆和田地区的“和田玉”，以其色泽圆润、晶莹剔透的特质，备受世人的崇尚。而后新疆“和田玉”便逐渐占据我国玉器市场的主导地位。“和田玉”也被称为“昆仑玉”。郭宝钧先生曾指出：“昆仑玉进入中原，或可上溯到殷周之间。”[22]这在殷商西周时期考古发现里，已得到充分的说明。

1976年安阳殷墟妇好墓出土玉器755件。这些玉器经初步鉴定，“有新疆玉、透闪玉、岫岩玉和南阳玉四种，但以新疆玉居多数”。现在看来，新疆玉输入中原可追溯到武丁时代[23]。

1989年，江西新干大洋洲发掘的一座商代墓葬里，出土玉器150余件和近千件小玉珠、小玉管。经初步鉴定，其中大多数都属于和田玉[24]。

1963～1972年，洛阳北窑西周贵族墓出土玉器200多件，大多也属和田玉[25]。

这些考古发现，这说明至迟在商代晚期，新疆“和田玉”运往中原地区的“玉石之路”，就已经开启畅通。由此可见，中原地区连接西域诸国的通商道路，早在殷商西周时期就已开通。

（三）战国文献里的“玉石之路”

昆仑山上的美玉，在先秦两汉文献里多有记载。据《山海经·海内西经》记载，昆仑山上有“珠树，文玉树”。“文玉树”是指五彩玉树。《淮南子·地形训》载：“玉树”在昆仑山的“西”部。《河图括地象》说：“崑崙山上有琼玉之树。”屈原

《楚辞·九章·涉江》说：

驾青虬兮骖白螭，

吾与重华游兮瑶之圃。

登昆仑兮食玉英，

与天地兮同寿，

与日月兮同光。

王逸注：“重华，舜名。瑶，玉也。圃，园也。”洪兴祖补注：“《山海经》云：‘槐江之山，上多琅玕金玉，实惟帝之平圃。’五臣云：‘瑶圃，玉英，皆美言之。’《尔雅》：‘西北之美者，有崐崘虚之璆琳玕焉。’”由此可见，昆仑山出产的美玉，在古人心目中的重要地位。

商周时期通向西域的“玉石之路”，在古文献里有明确记载。据《战国策·赵策一》，苏秦给赵惠文王的信中说：

秦以三军攻王之上党而危其北，则句注之西非王之有也。今鲁句注、禁常山而守，三百里通燕之唐、曲吾。此代马、胡驹不东，而崐山之玉不出也。此三宝者又非王之有也。

“上党”在今山西长治、晋城地区。“句注”为险塞名，在今山西代县西北。“鲁”，通作旅，有“拒绝”之义。“常山”，《战国纵横家书》作“桓山”，因避汉文帝刘恒讳而改，在今河北曲阳县西北。“崐山”即昆仑山，在今新疆于田县南，“昆山之玉”即产自昆仑山的和田玉。“胡驹”，《史记·赵世家》作“胡犬”。这是说如果秦国以三军进攻赵国的上党而危害其北部地区，那么句注山以西的土地就不是赵国的了。因此，代地的马匹和胡地的名犬就不能向东走来，“昆山”的宝玉也就运不出来了。这三种宝物大王就不再拥有了！

苏秦写给赵惠文王的这封书信，不但见于传世的《战国策·赵策一》，而且在1973年马王堆汉墓出土的帛书《战国纵横家书》里，也有大体相同的记录。这个故事发生的时间，当在公元前285年[26]。这是最早明确记载和田玉东传路线的珍贵文献。

秦相李斯在秦王政十年（前237年）上书说：“今陛下致昆山之玉，有隋和之宝，垂明月之珠……此数宝者，秦不生一焉。”正义曰：“昆冈在于阗国东北四百里，其冈出玉。”（《史记·李斯列传》）这说明从新疆和田通向中原的“玉石之路”，直到战国末年仍然畅通。

由此可见，由新疆和田玉的产地，通向中原地区的草原“玉石之路”，早在殷商西周时期就已畅通。这条东西交往的商业古道，为后来的草原“丝绸之路”奠定了坚实的基础。

四、穆王“西征”与草原“丝绸之路”

穆王“西征”会见西王母时，赠送给西王母大批丝织品。而他在返回时，带回大量玉器珍宝。其实，商周时期通向西域的草原“玉石之路”，与后来草原“丝绸之路”本为一条通向西域的往返大道。这不但有历史文献记载，而且还可得到大量考古发现的实证。

（一）草原“丝绸之路”的肇端

丝织技术是中华民族的伟大发明，距今已有五六千年的悠久历史。夏鼐先生指出：“我国是世界上最早饲养家蚕和织造丝绸的国家。”并且在相当长的时期内是全世界唯一从事家蚕饲养和织造丝绸的国家[27]。中华先民用丝绸制作的衣裳，质地柔软，轻薄光滑，色泽明亮，而备受世界各国人民的青睐。

丝绸的伟大发明，不仅泽被炎黄子孙，而且早在东周秦汉之世，就伴随着驼铃的声响，远播西方世界。1877年，德国学者李希霍芬在《中国》一书里指出：“从公元前114年到公元127年间，连接中国与河中（指中亚阿姆河与锡尔河之间）以及中国与印度，以丝绸之路贸易为媒介的西域交通路线。”这里把中华文明与中亚、欧洲、非洲古代文明相互交流的路线概括为“丝绸之路”的论述，得到学术界的认同。

著名的“丝绸之路”就是古代中国从黄河中游的洛阳、长安，经中亚、西亚以及东南亚、印度连接欧洲和北非，以丝绸贸易为主要媒介的文化交流之路。西方的考古发现说明，欧洲出土最早的中国丝绸是公元前6世纪的。在德国西南部城镇荷米歇尔发掘的6号墓中，已发现公元前6世纪的中国家蚕丝。在希腊雅典西北陶工区发掘的约公元前400年的墓葬中，出土有6件丝织物和一束丝线[28]。20世纪40年代，在新疆阿尔泰山区巴泽雷克墓地发现战国时期的凤纹刺绣。1977年，中国新疆托克逊阿拉沟28号墓出土一幅长、宽各17厘米的凤鸟纹刺绣方巾，时代属于春秋时期[29]。这说明早在春秋战国时期，中国的丝绸就已开始走向西方世界。

20世纪80年代，苏联考古学家在位于南西伯利亚阿尔泰山北麓巴泽雷克地亚的一座平民小墓里，发现一件属于中国战国中期的“四山纹”铜镜（图5-5）[30]。这种铜镜在洛阳和楚国的战国墓葬里常有发现（图5-6）[31]，当是从中原地区流传过去的商品。

图 5-5 巴泽雷克地亚平民墓发现战国四山纹铜镜

图 5-6 洛阳战国墓出土六山纹铜镜

(二)新疆和中原地区发现的蜻蜓眼玻璃珠

在中国丝绸不断输往西方的同时，西方的蜻蜓眼玻璃珠和有翼神兽等艺术品，也不断地传到中原地区。蜻蜓眼玻璃珠是古埃及人约在公元前5世纪发明的玻璃珠技术。这种玻璃珠经费尔干纳盆地（在今乌兹别克斯坦、塔吉克斯坦境内），在我国新疆轮台、民丰，山西太原、长治，河南新乡、新郑、洛阳、固始，湖北随县的春秋战国墓葬里都相继出土[32]。

1. 新疆民丰县尼雅遗址发现的蜻蜓眼玻璃珠

1995年，中日尼雅遗址学术考察队在编号为95MN1号墓地的M8里，发掘出土蜻蜓眼式玻璃珠4件，均为圆鼓形，有白珠蓝眼、湖蓝色珠蓝眼和黑珠黄眼等，直径0.8～1.2厘米[33]。

2. 山西太原、长治出土蜻蜓眼玻璃珠

1987年，山西太原市金胜村发掘的251号春秋晚期的赵卿墓里，出土各类精美的青铜器、玉器等文物3421件。其中，有蜻蜓眼玻璃珠17件[34]。

1970年，山西长治分水岭270号春秋晚期墓出土蜻蜓眼玻璃珠和玻璃管数件[35]。

3. 河南辉县出土吴王夫差剑镶嵌玻璃珠

20世纪30年代，河南辉县琉璃阁战国墓出土的吴王夫差剑上，镶嵌有硅酸盐玻璃块[36]。

4. 河南新乡市战国墓出土蜻蜓眼玻璃珠

河南新乡市西北鲁堡战国墓出土蜻蜓眼玻璃珠5件，编为M59：4号的1件为二十八眼珠，胎质为白色，蜻蜓眼为蓝色，直径2.2厘米，孔径0.5厘米（图5-7）[37]。

5. 河南新郑市郑韩故城出土蜻蜓眼玻璃珠

河南新郑郑国祭祀遗址战国晚期遗址出土蜻蜓眼玻璃珠1件，编号为T573H1880：182。呈八面圆球形，中有圆形小孔，青灰色琉璃质，器表镶有湖蓝色蜻蜓眼玻璃珠，每个玻璃珠周围都有白、黑相间的小圆纹。高1.1厘米，直径1.2厘米，孔径0.5厘米（图5-8）。

图 5-7　新乡市战国墓出土蜻蜓眼玻璃珠

图 5-8　新郑市郑韩故城出土蜻蜓眼玻璃珠

新郑的战国晚期墓葬里，还出土蜻蜓眼玻璃珠6件。其中，编号为T604M769：11的1件，形制与T573H1880：182略同。土白色胎质，器表镶有浅湖蓝色蜻蜓眼玻璃珠，玻璃珠的周围涂有朱红色。直径1.6厘米，孔径0.5厘米。编号为T616M818：1的1件，扁圆形体，湖蓝色胎质，器表镶有浅湖蓝色蜻蜓眼玻璃珠，每个玻璃珠周围都有一圈浅白色的小圆纹。高0.8厘米，直径1厘米，孔径0.3厘米。编号为T603M840：1的4件，扁圆形体，胎质与T604M769：11类似。高0.6厘米，直径0.8厘米，孔径0.4厘米[38]。

6. 洛阳发现的蜻蜓眼玻璃珠

洛阳出土西周晚期青铜鼎的腹部，已镶嵌有蜻蜓眼玻璃珠[39]。自1957年以来，在洛阳市小屯村东北发现四座东西并列的战国时期西周君的墓葬，墓葬均呈“甲”字形。1973年，在其中的四号墓里出土蜻蜓眼玻璃珠32件。其中，彩色玻璃珠3件，球状1件，蓝色玻璃球上嵌以白、黄二色的小圆珠，直径2厘米（图5-9）。鼓形者2件，表面为蓝、白、黄三色图案，中穿圆孔，鼓径1.8厘米。另外还有29件圆球形和环形蓝色或黑色料珠[40]。

1992年，在洛阳西工区针织厂发掘的CIM3943战国晚期墓里，出土大量精美文物。其中，有蓝宝石蜻蜓眼玻璃珠6件，直径1.8～2.8厘米，高1.4～2.5厘米，孔径0.8～1厘米（图5-10）。还有一枚镶嵌18枚蜻蜓眼玻璃珠的“山”字纹铜镜1件[41]。

2004年，在洛阳市西工国际贸易中心综合楼发掘的战国中期墓里，出土各类青铜

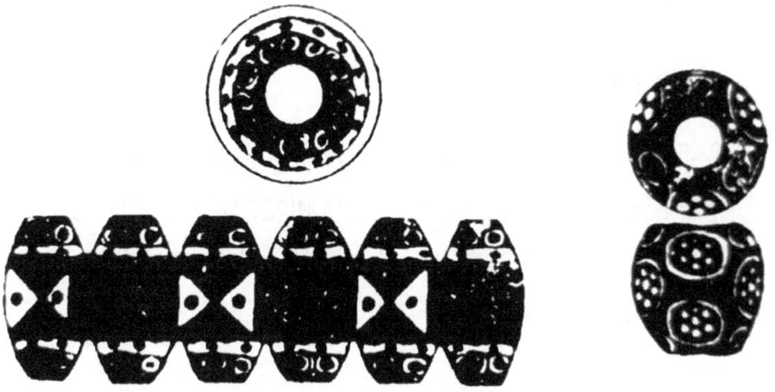

图 5-9　洛阳市西郊四号战国墓出土蜻蜓眼玻璃珠

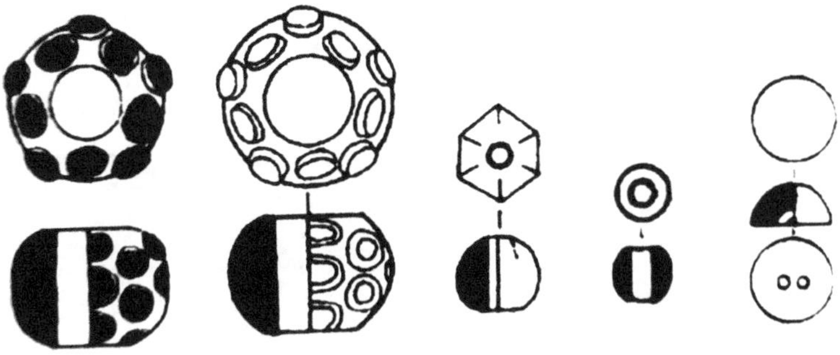

图 5-10　洛阳西工区针织厂战国墓出土蜻蜓眼玻璃珠

器、玉器和陶器一百多件。其中有蓝宝石玻璃珠5件，状似八棱圆形，天蓝色底，各面中间嵌以深蓝宝珠，周围饰以白、蓝相间的色调。直径0.9厘米，孔径0.2厘米，高0.7厘米（图5-11）[42]。

图 5-11　洛阳市西工战国墓出土蜻蜓眼玻璃珠

7. 河南固始县春秋墓出土蜻蜓眼玻璃珠

1978年，河南固始侯古堆一号春秋晚期“甲”字形竖穴墓里，出土有蜻蜓眼玻璃珠多件。这座墓主人是位30岁的妇女。同墓内出土的宋公栾铜簠铭文为“有殷天乙唐孙宋公栾乍其妹句敔王夫人季子媵匜”21字。宋公栾即宋景公（前516～前441年），其妹嫁给吴王夫差。这座大墓应是吴王夫差夫人的墓葬[43]。

8. 湖北曾侯乙墓出土蜻蜓眼玻璃珠

1978年，湖北随县擂鼓台发现的战国早期曾侯乙墓里，不仅出土有大批精美的青铜器、漆木器、金器、玉器、陶器、骨器、竹简和丝织品等文物，还出土有蜻蜓眼玻璃珠173件[44]。这些蜻蜓眼玻璃珠本是死者佩戴的一串完整的项链，其形制大小与古埃及的玻璃珠几乎完全相同（图5-12）[45]。

图 5-12　湖北曾侯乙墓出土蜻蜓眼玻璃珠

（三）考古发现的帕提亚双翼神兽

在位于今阿富汗高原西部到伊拉克幼发拉底河沿岸，有个被西方史籍称为帕提亚的古国。帕提亚在汉语里曾译作“安息”，并且常把帕提亚王族姓氏冠以安姓。如东汉末年来华传教的安世高，唐代葬在洛阳的安菩等，皆为安息人。这个看似清雅悠闲的国度，却是古代丝绸之路上热闹非凡的关键枢纽和中转站。帕提亚的富商大贾，不但把中国的丝绸西运罗马帝国，也把罗马帝国的文化东传中原地区。安息国有一种被称为“格里芬”的双翼神兽，本是古希腊神话“太阳神”的化身。这种神兽沿着丝绸之路，途经帕提亚不断向东传播，成为东西方文化交流的实物见证。

1974年，在河北平山县发掘的战国中山王墓里，不但出土蜻蜓眼玻璃珠，而且还发现具有帕提亚（安息）艺术风格的错银双翼铜神兽（图5-13）[46]。这件双翼铜神兽，造型精美，生动传神，兽带有浓厚的波斯艺术风格，可能就是仿自塞琉古时期的波斯艺术作品[47]。

1955年，在洛阳市郊区孙旗屯村修建秦岭防洪渠时出土2件东汉双翼石兽，高1.09

米，长1.66米。它们身若虎豹，首类狮子，头上有角，张嘴呲牙，颌下有长须下垂。昂首挺胸，怒目眈眈，肩生双翼，长尾拖地，四肢作疾走状，大有一跃腾飞之势。雕刻手法简练，生动传神，栩栩如生。这2件石兽为雌雄一对，独角者名天禄，双角者为辟邪。石辟邪颈部背后阴刻隶书“缑氏蒿聚成奴作”7字。“缑氏”，汉代县名，在今偃师区缑氏镇。“蒿聚”乃聚落名，“成奴作”标明这件神兽是由成姓工匠刻制的。

1963年，在伊川县彭婆乡东高屯村出土一件东汉石神兽，形制与孙旗屯村出土的两件基本相同[48]。1992年，在孟津县（今洛阳市孟津区）老城乡油坊街村出土一件东汉石神兽，高1.9米，长2.97米，雕凿粗放，造型威武，昂首弓颈，扩口吐舌，身生双翼，气势磅礴，是当时皇权威严统治的象征（图5-14）[49]。

图 5-13　河北平山中山王墓出土错银双翼铜神兽

图 5-14　孟津老城乡油坊街出土的东汉石神兽

洛阳出土这四件东汉时期的石神兽，当是从“格里芬”双翼神兽演化而来的瑞兽。这种双翼神兽本是太阳神的化身，应是帕提亚（安息）艺术对中原文化深刻影响的产物，也是东汉雕刻艺术的典型代表（图5-14）。

五、结　　语

周穆王“西征”是西周时期的重大事件。这个故事被战国早期成书的《穆天子传》流传下来。我们通过对《穆天子传》的初步考察，可以得出三点基本认识。

一是周穆王“西征”的故事应当视为信史。周穆王从宗周成周城出发，向北跨过黄河，跨越漳水，出雁门关，再向西经蒙古草原到达“崐崘之丘”（在今甘肃酒泉市南）、观赏“黄帝之宫”。而后到达“西王母之邦”（在今新疆准噶尔盆地），会见西王母。这个故事不但见于先秦两汉文献的记载，而且跟随穆王“西征”的“毛班”“井利”“造父”三位重臣以及许多地名和相关部族，却能在历史文献、西周金文和考古发现里得到印证。

二是周穆王“西征”的路线正与草原“玉石之路”相符合。这条道路恰与商周时期新疆“和田玉”以及古埃及人发明的蜻蜓眼玻璃珠以及帕提亚双翼神兽的东传路线相吻合。

三是周穆王“西征”的路线，应是草原“丝绸之路”的滥觞。顾实先生指出：“《穆传》载穆天子曰：‘予归东土’，西王母曰：‘徂彼西土’。此东土、西土对举者，犹今言东方、西方之对举也。以东、西对举，而有东西交通之孔道，自然之事也。”[50]这条在商周“玉石之路”上形成的“丝绸”贸易通道，至迟在西周春秋时期就已开通。它的东方起点，正是周代的京师洛邑。因此，周穆王“西征”往返的道路，堪称中国通往中亚和欧洲“丝绸之路”的滥觞。

综上所述，《穆天子传》记载周穆王“西征”的历史故事，对研究我国西周时期的历史以及草原“玉石”和“丝绸之路”的形成，都具有重要的历史价值。

注　释

［1］ 杨宽：《西周史》第558～562页，上海人民出版社，1999年。

［2］ 蔡运章：《商周倗国铜器与河伯冯夷国族——兼谈山西降县西周倗国墓地的族属问题》，《湖南科技学院学报》（哲学社会科学版）2015年第6期。

［3］ 吕微：《“昆仑”语义释源》，《中国神话学文论选萃》，中国广播电视出版社，1994年。

［4］ 杨宽：《西周史》第619页，上海人民出版社，1999年。

［5］ 林梅村：《丝绸之路考古十五讲》第57页，北京大学出版社，2007年。

［6］ 杨宽：《西周史》第618页，上海人民出版社，1999年。

［7］ 翦伯赞：《中国史纲要》第137页，人民出版社，2005年。

［8］ 高有鹏等：《中国古代神话与民族精神三题》，《中国科学报》2019年1月19日。

［9］ 袁珂：《古神话选释》第451页，人民文学出版社，1982年。

［10］ 《集成》04341。

［11］ 杨树达：《积微居金文说》（增订本）卷四，中华书局，1997年。

［12］ 唐兰：《西周青铜器铭文分代史征》第347页，中华书局，1986年。

［13］ 洛阳市文物工作队：《洛阳北窑西周墓》第227页，图一二三：4，文物出版社，1999年；蔡运章：《洛阳北窑西周墓青铜器铭刻》，《甲骨金文与古史新探》，中国社会科学出版社，1996年。

［14］ 《集成》04191。

［15］ 《集成》09897。

[16] 张亚初、刘雨：《西周金文官制研究》第40、41页，中华书局，1986年。
[17] 李学勤：《穆公簋盖在青铜器分期上的意义》，《文博》1984年第2期。
[18] 丁山：《由三代都邑论其民族文化》，《中央研究院历史语言研究所集刊》第五本第一分册，中央研究院，1935年。
[19] 河南省文物考古研究所等：《河南新密市古城寨龙山文化城址发掘简报》，《华夏考古》2002年第2期。
[20] 赵春青：《新密新砦城址与夏启之居》，《中原文物》2004年第3期；许顺湛：《寻找夏启之居》，《中原文物》2004年第4期；张莉：《夏代早期都城研究》，《二里头遗址与二里头文化研究》，科学出版社，2006年。
[21] 杨宽：《西周史》第603～613页，上海人民出版社，1999年。
[22] 杨伯达：《古玉史论》第23页，紫禁城出版社，2004年。
[23] 郭宝钧：《中国青铜器时代》第64页，生活·读书·新知三联书店，1963年。
[24] 中国社会科学院考古研究所：《殷墟的发现与研究》第323～328页，科学出版社，1994年。
[25] 赵朝洪：《先秦玉器和玉文化》，《中华文明之光》第150页，北京大学出版社，1999年。
[26] 洛阳市文物工作队：《洛阳北窑西周墓》第149～159页，图版五三～五九，文物出版社，1999年。
[27] 马王堆汉墓帛书整理小组：《战国纵横家书》第92页，文物出版社，1976年。
[28] 夏鼐：《我国古代蚕、桑、丝、绸的历史》，《考古》1972年第2期。
[29] 沈福伟：《中西文化交流史》第20页，上海人民出版社，2006年。
[30] 王小甫等：《古代中外文化交流史》第11页，高等教育出版社，2006年。
[31] 林梅村：《丝绸之路考古十五讲》第51、52页，北京大学出版社，2007年。
[32] 霍宏伟、史家珍主编：《洛镜铜华——洛阳铜镜发现与研究》图16～18，科学出版社，2013年。
[33] 新疆文物考古研究所：《新疆民丰县尼雅遗址95MNⅠ号墓地M8发掘简报》，《文物》2000年第1期；林梅村：《丝绸之路考古十五讲》第68页，北京大学出版社，2007年。
[34] 山西省考古研究所等：《太原金胜村251号春秋大墓及车马坑发掘简报》，《文物》1989年第9期。
[35] 山西省文物工作委员会晋东南工作组等：《山西长治分水岭269、270号东周墓》，《考古学报》1974年第2期。
[36] 崔墨林：《河南辉县发现吴王夫差铜剑》，《中原文物》1981年特刊。
[37] 河南省文物考古研究院：《河南新乡鲁堡墓地发掘简报》，《中原文物》2018年第3期。
[38] 河南省文物研究所：《新郑郑国祭祀遗址》第843、872页，图五七一：12，彩版六八：2，彩版七四：3、4、5，大象出版社，2006年。

［39］ 高至喜：《论我国春秋战国时的玻璃器及有关问题》，《文物》1985年第12期。
［40］ 洛阳市文物工作队：《洛阳西郊四号墓发掘简报》，《文物资料丛刊》（9），文物出版社，1985年。
［41］ 洛阳市文物工作队：《洛阳市西工区C1M3943战国墓》，《文物》1999年第8期。
［42］ 洛阳市文物工作队：《洛阳中州中路东周墓发掘简报》，《文物》2006年第3期。
［43］ 固始侯古堆一号墓发掘组：《河南固始侯古堆一号墓发掘简报》，《文物》1981年第1期。
［44］ 湖北博物馆：《曾侯乙墓》第423～425页，彩版二〇：3、4，文物出版社，1989年。
［45］ 林梅村：《丝绸之路考古十五讲》第67页，北京大学出版社，2007年。
［46］ 河北省文物考古研究所：《战国中山国灵寿城——1975～1993年考古发掘报告》，文物出版社，2005年。
［47］ 林梅村：《丝绸之路考古十五讲》第83页，北京大学出版社，2007年。
［48］ 《洛阳市志·文物志》第298页，中州古籍出版社，1995年。
［49］ 王绣主编：《魅力洛阳——洛阳地区文物考古成果精华》第48页，大象出版社，2005年。
［50］ 顾实：《穆天子传西征讲疏》第22页，商务印书馆，1934年。

［本章内容刊于李健胜主编《西北早期区域史学术研讨会暨第十三届中国先秦学会年会论文集》（三秦出版社，2020年），收入本书时略作修订］

第六章　《河图》《洛书》与哲学图典

《河图》《洛书》是华夏文明的源头，也是中华民族文化的精神标识。我们今天看到用圆圈和黑点组成的《河图》《洛书》图（图6-1），据说是五代道士陈抟传出来的，最早著录于南宋大儒朱熹《周易本义》的卷首。但是，这两张图既没有文字说明，也没有明确的传承关系。致使宋代以来，学术界对它们的起源、真伪、内涵、演变及其与《周易》八卦、《洪范》九畴的关系等问题，争论不休，莫衷一是，遂成为中华文明史上的千古之谜。

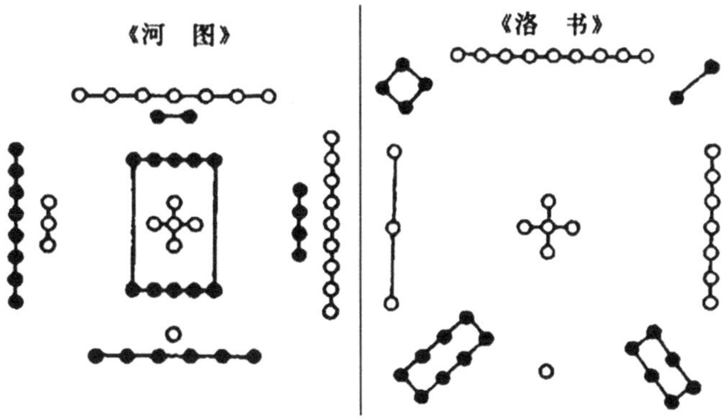

图 6-1　《河图》《洛书》图

一、《河图》《洛书》传说与文物遗迹考察

《河图》《洛书》传说已被列入国家级非物质文化遗产。那么，我国历史上“龙马负图”“灵龟负书”的传说发生在哪里？原始《河图》《洛书》图与八卦是什么关系？我们今天看到的《河图》《洛书》图是什么时候形成的？它们的哲学涵蕴是什么？这些涉及华夏文明起源和形成的重大问题，学术界有着不同的认识。特别是20世纪80年代以来，随着中华民族的振兴和中国传统文化的回归，许多在中华文明史上具有重大影响的非物质文化遗产的发生地域等问题，受到各地的格外关注。因此，澄清《河图》《洛书》《周易》八卦的发祥地域，还是很有必要的。

（一）《河图》《洛书》的神话传说

《周易·系辞传上》载：

> 天生神物，圣人则之。天地变化，圣人效之。……河出《图》，洛出《书》，圣人则之。

这里的所说的“神物”，就是指《河图》《洛书》讲的。扬雄《核灵赋》云：

> 大《易》之时，河序龙马，洛贡龟书。

《礼纬·含文嘉》说：

> 伏羲德洽上下，天应以鸟兽文章，地应以《河图》《洛书》，乃则象而作《易》。

《汉书·五行传》说：

> 刘歆以为，虙羲氏继天而王，受《河图》，则而画之，八卦是也。禹治洪水，赐《雒书》，法而陈之，《洪范》是也。

相传，距今八九千年的伏羲氏时代，伏羲到黄河岸边视察水情时，有个“龙头马身”的“神物”从黄河里跃出，它身上的旋毛组成“一六在下，二七在上，三八居左，四九处右”的图形献给伏羲，这就是《河图》。伏羲依照《河图》，仰观天象，俯察地理，远取诸物，近取诸身，而画出“八卦”，从而拉开了中华文明的序幕。

刘向《新序·杂事五》说：“颛顼学乎《绿图》。”“颛顼”乃黄帝之孙，号高阳氏，都于帝丘（在今河南濮阳市）。“绿图”即《河图》。东晋王子年《拾遗记》卷二载：

> 帝尧在位，圣德光洽，河洛之滨，得玉版方尺，图天地之形。

《河图》像天，《洛书》像地，即所谓“图天地之形。”这是帝尧得《河图》《洛书》的传说。

（二）神龟贡书的传说

据说距今4000多年前，大禹治理洪水时，来到洛河岸边。有个神龟从洛河里爬出，神龟背上有九个数，组成“戴九履一，左三右七，二四为肩，六八为足，五居中央”的图形献给大禹，这就是《洛书》。大禹依据《洛书》，制定出治理天下的“九章”大法。这就是保存在《尚书》里的《洪范》九畴，从而奠定了中华典章制度的基础（图6-2）。因此，《洛图》《洛书》被誉为华夏文明的源头。

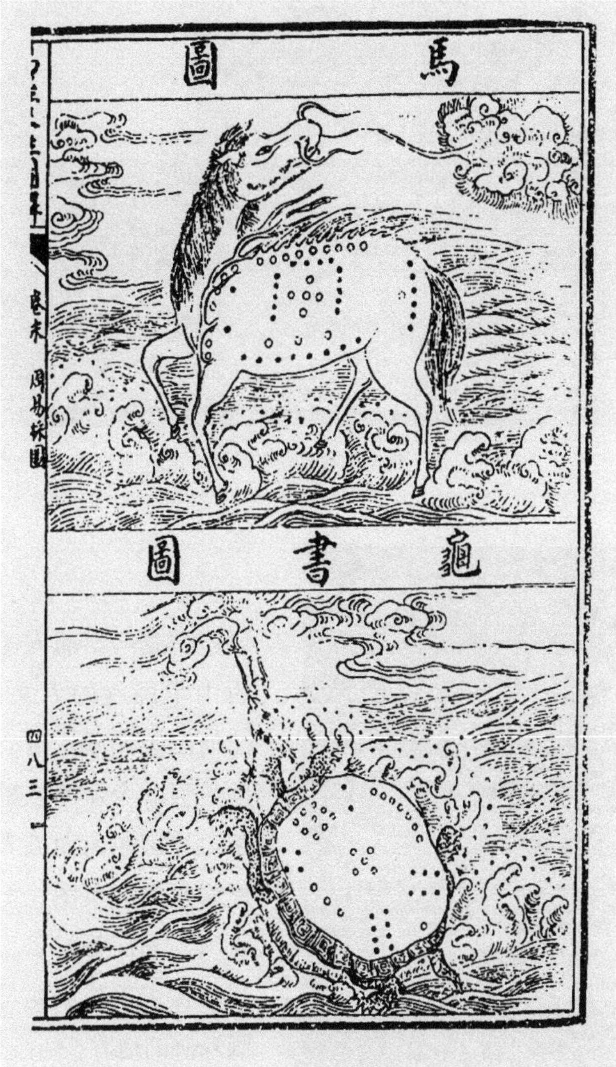

图 6-2 马图与龟书图

采自《易经来注图解》卷末

（三）“龙马负图”在孟津

中国古代帝王有祭祀河神的传统。洛阳市孟津区白鹤镇是黄河由山谷流向华北平原的出口，这里在北宋时期曾名为河清县。中国古代帝王有“沉璧祭河”的宗教习俗，这里可能就是古代帝王祭祀河神的地方。

位于今洛阳市孟津区东北黄河南岸边的雷河村旁，有个“龙马负图寺”（图6-3）。相传，这里就是伏羲氏时代“龙马负图”的圣地。《礼记·礼运》载：“河出马

图 6-3　龙马负图寺

新建伏羲廟記
縣治西北五里許地名曰浮圖寺名曰龍馬父老相傳為伏羲時
龍馬負圖之處又按洛陽縣志河圖在縣東北四十五里邙山之
陰観此尤是徵也晋永和四年僧名澄者於寺前建伏羲廟王[illegible]
梁武帝因以龍馬寺名之俱遺碑可考今寺名與圖皆僧人傳[illegible]
之誤耳歷世既久神廟頹廢鄉人雖知有寺之名而負圖之義[illegible]
有識者聖跡蓋岌岌乎泯矣歲癸亥年履任之明年也百務少[illegible]
民知向化乃兼暇與監丞誅村楊君遍訪名蹟以鎮四境誅村[illegible]
以負圖沿革之故語余余嘆曰嘻之大原出於天而其績[illegible]
聖人伏羲闢天地之秘立文字之祖所以啟聖人之獨智者實[illegible]
此馬[illegible]之也容可或戎乎以故擇寺後隙地命僧[illegible]
衆鳩工重起伏羲廟王極中肖以像春秋以少牢祀之而仍名[illegible]
寺為龍馬馬廄王告成余遂援筆書之以紀歲月云
嘉靖四十有四年秋七月上浣之吉孟津令東平津東馮嘉乾撰

图 6-4　新修伏羲庙记碑

图。”郑玄注：“马图，龙马负图而出也。”刘勰《文心雕龙·正纬》说：“龙马出而大《易》兴。”这说明中华民族的人文始祖伏羲氏，依《河图》而画八卦，开启了华夏文明的先河。今孟津区雷河村南，有条源于孟津区东南而流入黄河的图河，沿岸有卦沟、负图、上河图、下河图、孟河、马庄等村名。相传，这里就是当年伏羲氏降服龙马、受《河图》而画八卦的地方。

龙马负图寺位于黄河岸边，本名伏羲庙。今寺内尚存的明嘉靖四十四年（1565年）孟津县令冯乾嘉撰立的《新建伏羲庙记》（图6-4）载：

> 县治西北五里许，地名曰浮图，寺名曰龙马。父老相传为伏羲时龙马负图之处。……晋永嘉四年，僧名澄者于寺前建伏

羲庙三楹，梁武帝因以龙马寺名之，俱遗碑可考。

这说明伏羲庙始建于东晋永和四年（348年），梁武帝改名“龙马寺”。后来，唐高宗时改名“兴国寺”，明初称“龙马负图寺”，明末、清代名“伏羲庙”。该寺现为河南省重点文物保护单位，庙内尚存明清时期的碑刻20多通，皆为“龙马负图”在孟津的有力佐证。

需要指出的是，龙马负图寺以“寺”为名，给人的印象它应是佛教活动的场所。其实，我国古代道家活动的场所，也常称之为“寺”。据《魏书·释老志》记载，太和十五年（491年）秋七月《诏》曰：

> 夫至道无形，虚寂为主。自有汉以来，置立坛祠，先朝以其至顺可归，用立寺宇。昔京城之内，居舍尚希。今者里宅栉比，人神猥凑，非所以祗崇至法，清敬神道。可移都南桑乾之阴，岳山之阳，永置其所。给户五十，以供斋祀之用，仍名为崇虚寺。

“寺”本是汉魏时期官府的名称，后来逐渐演变为佛寺和道观的称谓。

（四）“灵龟负书”在洛宁

神话传说中“灵龟负书”发生的地方，主要有“陕西洛南”说、“河南巩义”说和“洛宁长水”说。其中，陕西洛南县素无相关文物遗迹可寻；河南巩义市的洛水入河处，除西侧的邙山被称为“神都山”和传有“羲圣祠”外，地上也没有相关的文物遗迹。而洛宁西长水村附近，却有大量的相关传说和文物遗迹。兹略述如下。

1. 龙头山和禹王庙

长水村西南的洛河岸边有座龙头山，相传这里就是大禹治水时祭祀洛水的坛场。今洛宁长水镇位于洛河由商洛山流向洛阳盆地伊洛平原的出口处。龙头山古名“坛屋山”，山半腰有龙山文化遗址，山上有禹王庙。

相传，秦始皇曾来洛河岸边祭祀洛神。《乐府诗集》卷八三《杂歌谣辞》记载有秦始皇《祀洛水歌》曰：

> 洛阳之水，其色苍苍。
> 祀祭大泽，倏忽南临。
> 洛滨醊祷，色连三光。

注引《古今乐录》曰：“秦始皇祀洛水，有黑头公从河中出，呼始皇曰：‘来受天之宝。’乃与群臣作歌。”相传，龙头山就是秦始皇祭祀洛水的地方。

图 6-5　清雍正十三年重修禹王庙碑

据《水经注 · 洛水》记载：洛水“东经檀山南，其山四壁孤峙，山上有坞聚，俗谓之檀山坞”。“檀山”即坛山。《元丰九域志》卷一《西京 · 长水县》有“坛山”。元代杜仁杰《题长水西洛书赐禹之地罗正之石刻》诗有“张生卓荦真好奇，呼我出城观禹碑”“洛书先是堕禹腹，谓是天赐何其漓”语。明末四川巡抚张论《坛屋山赋》说：“是为玄沪流坤之源，兼为坛屋叙畴之龙阜也。”（民国六年《洛宁县志》卷七）“坛山”上建有房屋，故名“坛屋山”。清雍正十三年（1735年）《河南通志 · 古迹上》载：“禹王庙在永宁西长水镇。昔禹治水成功，洛龟呈瑞，故立庙祀焉。宋淳化四年（993年）建，元延祐三年（1316年）学士薛友谅修，皇明正统年间重修。”

民国六年《洛宁县志》卷二说：“禹王庙，旧府志在长水镇。宋淳化四年建。元延祐三年学士薛友谅修。后明正统、万历相继修，乾隆五十三年重修。”今洛宁县长水村西南的龙头山上，始建于北宋时期禹王庙的旧址尚存，庙前立有清雍正十三年“重修禹王庙”古碑一通（图6-5）。

由此可见，洛宁县长水村西南洛水北岸的龙头山，本名“坛山”（或名“檀山”）。这里可能就是远古时代祭祀洛水的坛场。相传，龙头山下就是当年“神龟贡书”的地方。

2.“洛出书处”碑

在长水村内还立有“洛出书处”碑两通。西边的一通为青石质，高1.83米，宽0.64米，厚0.17米。碑额隶书“大清”二字，碑身左侧行书“河南尹张汉”六字，正中行书“洛出书处”四个大字，右上方书“雍正二年腊月”，下书“永宁令沈育立”。这是清雍正二年（1724年）河南尹张汉书丹、永宁县令沈育树立的“洛出书处”碑（图6-6）。东边的一通为砂岩石质，高2.1米，宽0.68米，厚0.27米。碑额刻有梯形图案，正面碑文因年久风化剥失，仅剩魏体

图 6-6　“洛出书处”碑

“洛”字。我们细审碑额上刻绘的梯形图案，与元代张理《易象图说》记载传出陈抟《龙图》里《洛书天地交午之数图》左旁的图形相似。因此，这通碑刻可能是宋元时期树立的（图6-7）。

图 6-7 洛书残碑

3. 龟窝

在长水村西玄扈河与洛河的交汇处，有块依山大石，形似爬行的大龟，故称“灵龟石”。向北不远的小瀑布下有个大水潭，当地群众称为“龟滩”。在“龟滩”西侧的摩崖上，刻有明弘治六年（1493年）西蜀进士刘武臣《游龟窝至此偶成》诗一首（图6-8）。相传，这里就是“负书”灵龟的游藏处。

4. 仓颉造字台

“仓颉造字”是中国文字起源影响最大的古老传说。《吕氏春秋·君守》载：“仓颉作书。”《淮南子·修务训》说：“史皇产生而能书。”高诱注：“史皇仓颉，生而见鸟迹，知著书。”这里所说的“仓颉作书”，就是创造文字。那么，“仓颉作书”的地点在哪里?

图 6-8 刘武臣《游龟窝至此偶成》诗石刻

《山海经·中山经》载：“阳虚之山多金，临于玄扈之水。”郭璞注：“《河图》曰：‘苍颉为帝南巡狩，登阳虚之山，临于玄扈洛汭，灵龟负书，丹甲青文以授之。’出此水中也。”《水经注·洛水》说：“洛水又东至阳虚山，合玄扈之水是也。”在今洛宁县兴华乡阳峪河东侧阳峪（虚）山的半山腰，有“仓颉造字台”遗址。

图 6-9　“仓颉造字台”碑

据民国六年《洛宁县志》卷七记载，明儒张鼎延咏《仓颉字台》诗：

南巡盛迹旧萧条，指点荒台事寂寥。
绿字苍茫犹沪洛，丹文隐见映嶕峣。
藏龙抱雨春还蛰，夜鬼迷山泪未消。
汲古近谁珍籀史，阳虚高自锁岧峣。

清河南尹张汉《造字台》诗云：

我观造字台，恍然见仓史。
洛涌压群书，要窥无字始。
悠悠太古初，结绳为上理。

“仓颉造字台”遗址旁原来的古碑，早已不存。1990年洛宁县文物管理委员会立有“仓颉造字台”遗址碑（图6-9）。相传这里就是当年仓颉依《洛书》创造文字的地方。

由此可见，大量史料和文物遗迹说明，今洛宁西长水村一带应是传说中“灵龟负书”和“仓颉造字”的地方。

（五）东汉大儒的精辟总结

依据古代传说和文物遗迹，“龙马负图”在今洛阳市孟津区北部的黄河岸边，“灵龟负书”在洛阳市洛宁县长水村的洛河北岸。这两个地方都在古都洛阳境内。东汉班固《东都赋》说：洛阳“带河溯洛，图书之渊”（《文选》卷一）。东汉李尤《孟津铭》曰：

洋洋河水，赴宗于海。经自中州，龙图所在。黄函白神，赤符以信。昔有周武，集会孟洋，鱼入王舟，乃往克殷。

他的《铭洛》诗云：“洛出熊耳，东流会集。夏禹疏导，经于洛邑。元龟赤字，汉符是立。”这些都是古都洛阳乃《河图》《洛书》发祥地的精辟总结。

二、《河图》《洛书》是华夏文明的两部杰作

《河图》《洛书》传说的神话色彩，自古就被视为上天赏赐人类的“神物”。这也是人们对其迷惑不解的重要原因。因此，自宋代以来，学术界便对《河图》《洛书》的相关问题，争讼纷纭。我国近代的疑古学派，更是对“《河图》《洛书》”判了死刑。胡适说：“我以为从前一切河图、洛书、识纬术数、先天太极，……种种议论，都是谬说。”[1]便是其中的代表。我们认为，《河图》《洛书》的真实存在，不但古代文献信而有征，而且还得到考古学的有力佐证。

（一）《河图》《洛书》的文献记载

人类文明从神话中走来。据《尚书·顾命》记载，周康王举行就职典礼时“大玉、夷玉、天球、河图，在东序”。周秉均注：“河图，伏羲氏所得，即地图也。”《尚书·洪范》载，周武王克商后，向箕子询问治国大道，箕子乃言曰：

> 我闻在昔，鲧陻洪水，汩陈其五行，帝乃震怒，不畀《洪范》九畴，彝伦攸斁。鲧则殛死，禹乃嗣兴。天乃锡禹《洪范》九畴，彝伦攸叙。初一曰五行，次二曰敬用五事，次三曰农用八政，次四曰协用五纪，次五曰建用皇极，次六曰乂用三德，次七曰明用稽疑，次八曰念用庶徵，次九曰响用五福，威用六极。

清代大儒孙诒让疏：“《尚书·洪范》原本《雒书》，汉刘子骏、班孟坚旧说皆谓‘初一曰五行’至‘畏用六极’六十五字为雒水所出龟书，禹得之以为九畴。马、郑所论略同。刘炫、孔颖达之伦，虽依刘、班，犹致疑于字数繁简之间。”周秉均注：“洪范，大法也，谓治国之大道。相传禹得《洛书》，历代宝之，降之于殷，传于箕子。箕子者，纣亲戚也。纣为淫佚，箕子谏不听，佯狂为奴。武王克殷，访于箕子，问治国之常道。箕子为武王述之，史官录之，命曰《洪范》。”从这些记载可知，箕子告诉周武王说：我听说从前夏鲧壅堵洪水，违背了事物的发展规律，天帝于是震怒，不授予治国的九章大法，天地常理遭受破坏。鲧被杀死，禹乃继位兴起。天帝就赏赐大禹治国安邦的九章大法，天地常理因而得到传承。

“神龟贡书”的传说，阐释了中国古代“君权神授”的政治哲学。《荀子·劝学》说：“《书》者，政事之纪也。”《洪范》指大法，《洪范》九畴详细陈述治国安邦的九大范畴：一畴说“五行”，二畴说“五事”，三畴说“八政”，四畴说“五纪”，五畴说“皇极”，六畴说“三德”，七畴说“稽疑”，八畴说“庶征”，九

畴说“五福、六极”。它的内容丰富，条理清晰，具体而详实。《后汉书·崔骃传》说：“伊箕作训而殷周用隆。”李贤注：“伊尹作《伊训》，箕子作《洪范》。”南宋大儒朱熹《尚书·洪范》集传指出：“天下之事大者，大概备于此矣。”《明实录》说：朱元璋“命儒臣书《洪范》揭于御座之右，朝夕观览”。《尚书·洪范》篇奠定了中国古代集皇权和神权为一体的理论基础，因而成为中国历代王朝实行政治统治的行为准则和决策方法。因此，它就被历代统治者都视之为“帝王之术”，无不奉为圭臬而顶礼膜拜！

据《史记·孔子世家》记载，就连从“不言怪、力、乱、神”的孔子，晚年也曾发出“凤鸟不至，河不出图，洛不出书，吾已矣夫”的感叹！特别是我国古代常说的“九宫之数”，就是指《洛书》图中的内容。

据《大戴礼记·明堂》记载：“明堂者，古有之也。凡九室，……二九四、七五三、六一八。”朱熹《书河图洛书后》云：“《明堂篇》有‘二九四、七五三、六一八’之语，而郑氏注云：‘法龟文也。’然则汉人固以此九数为洛书。”这说明明堂“九宫之数”，早在春秋战国时期已经形成。

据《后汉书·刘瑜传》记载，东汉延熹八年（165年）刘瑜向汉桓帝上书说：

> 古者天子，一娶九室，娣侄有序。《河图》授嗣，正在九房。

这里所说的“《河图》”即后来的“《洛书》图”。这说明早在战国秦汉时期，人们就把“九宫之数”视为《洛书》图了。因此，“《洛书》图”亦称“《洛书》九宫图”。

（二）《河图》《洛书》的考古发现

《河图》《洛书》的传说，在现代考古学里也得到有力的证明。

1.元君庙仰韶文化陶钵“三角形图案”

20世纪50年代初，陕西华县元君庙仰韶文化墓地出土距今6000年左右的陶钵上，有用锥刺成的由55个小三角组成的三角形图案（图6-10）[2]。这种三角形图案与江慎修《河洛精蕴》卷四所载“河洛未分未变之三角图”（图6-11）及李光地《周易折中启蒙附论》中的《点数应河图十位图》（图6-12）都极为相似[3]，可能就是原始《河图》。

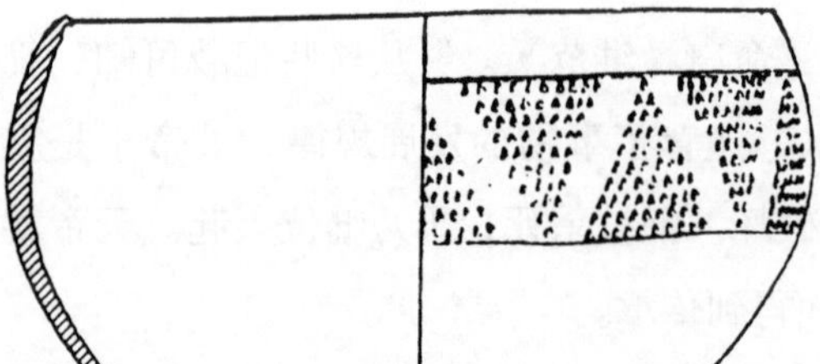

图 6-10　元君庙仰韶文化陶钵上的三角形图案

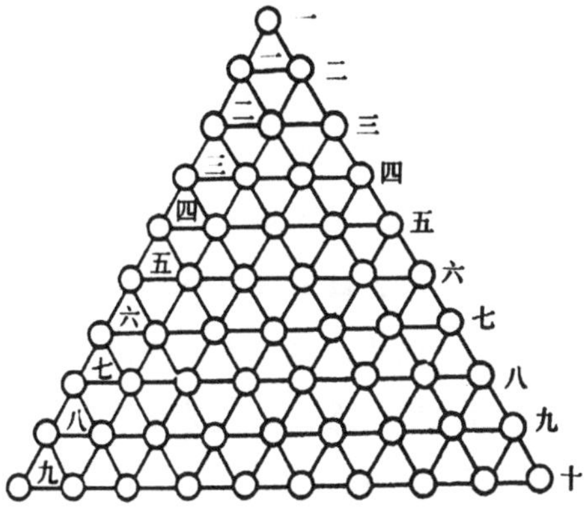

图 6-11 河洛未分未变之三角图
采自江慎修《河洛精蕴》卷四

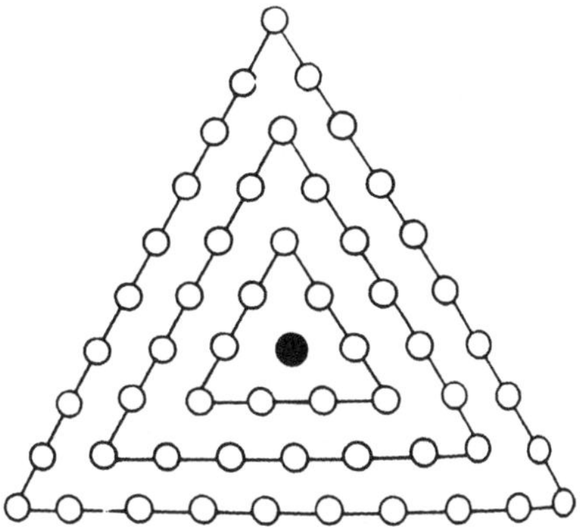

图 6-12 点数应河图十位图
采自李光地《周易折中》卷二十一

2. 凌家滩大汶口文化的玉版图

1987年，安徽含山县凌家滩大汶口文化墓葬出土距今约5000年的长方形玉版上，刻有象征天圆地方、北辰（北极星）、四维、八方、八节和八卦的图案。这则玉版图的发现[4]，为探讨《洛书》的起源和形成年代提供了可靠的线索（图6-13）。

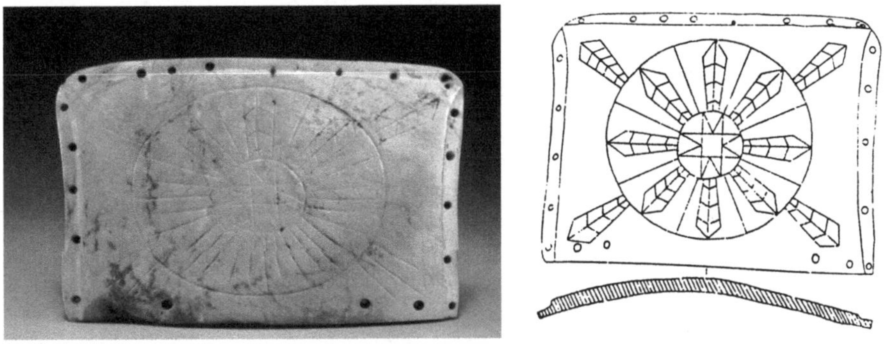

1

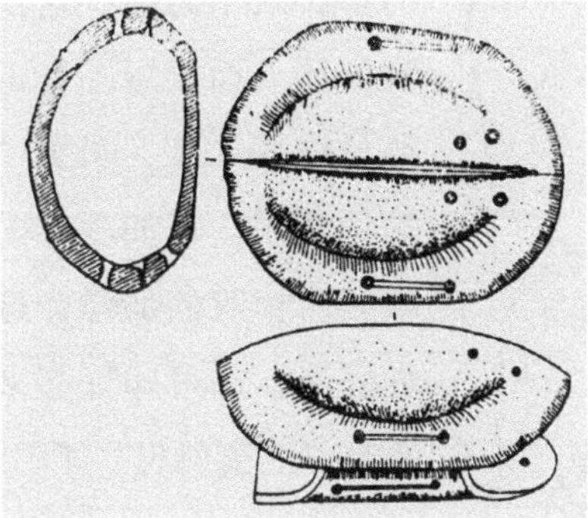

2

图 6-13 凌家滩玉龟与原始《洛书》图
1. 凌家滩玉版原始《洛书》图 2. 凌家滩玉龟

《周易·说卦传》第五章云：

> 帝出乎震，齐乎巽，相见乎离，致役乎坤，说言乎兑，战乎乾，劳乎坎，成言乎艮。万物出乎震，震东方也。齐乎巽，巽东南也，齐也者言万物之洁齐也。离也者，明也，万物皆相见，南方之卦也，圣人南面而听天下，响明而治，盖取诸此也。坤也者地也，万物皆致养焉，故曰致役乎坤。兑正秋也，万物之所说也，故曰说，言乎兑。战乎乾，乾西北之卦也，言阴阳相薄也。坎者水也，正北方之卦也，劳卦也，万物之所归也，故曰劳乎坎。艮东北之卦也，万物之所成，终而所成始也，故曰成言乎艮。

南宋大儒朱熹说：“帝者，天之主宰。邵子曰：‘此卦位乃文王所定，所谓后天之学也。’”[5]由文王八卦构成的图式亦名“帝出乎震图”或“后天八卦图”。“帝”是主宰自然万物的神灵，“由帝出乎震”至“成言乎艮”是《说卦传》的总纲，以下是对各卦的解说。

我国古代历法一年二十四节气中最重要的八节，是“分至”四节和“四立”，即冬至、夏至、春分、秋分、立冬、立春、立夏、立秋，每节各占45天。这里将八卦配置八方，且每卦各主一节，把空间和时间统一在同一个八卦图里，具有重要的哲学意义。这件玉版四周所钻的四、五、九、五个小圆孔，恰与《易纬·乾凿度》“太一下行八卦之宫，每四乃还于中央”的《洛书》数理相符合。因此，这件玉版上的图案和圆孔，当是原始《洛书》和八卦的象征[6]。

令人惊异的是，这块玉版出土时还夹在玉龟的背、腹甲之间，这正是“灵龟负书”传说的实物佐证。而玉版图和玉龟的年代，比大禹治水还要早约1000年，可见“灵龟负书”是多么古老的神话传说。正如著名国学大师、香港大学饶宗颐教授所惊叹的那样，这个看似“荒诞不经的神话性怪谈，却可印证起来，竟有它的事实依据，那真是‘匪夷所思’了”[7]。

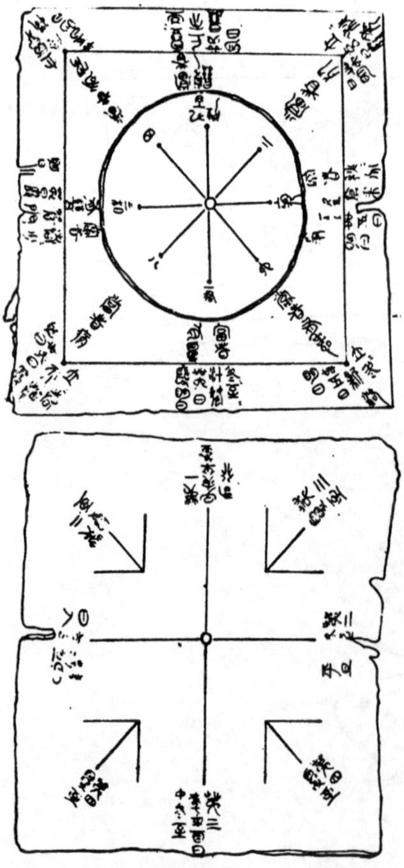

图6-14　汝阳侯墓大乙九宫占盘

3. 西汉汝阳侯墓出土的“大乙九宫”占盘

1977年，安徽阜阳西汉汝阳侯墓出土的大乙九宫占盘上所刻数字和文字内容（图6-14），与《黄帝内经·灵枢经·九宫八风篇》所载的洛书九宫图完全相同[8]。它说明今传《洛书》图早在战国时期就已流行开来[9]。《河图》《洛书》之所以被笼罩上神话色彩，应是我国古代“为道者”常“托古自重，以神其术”的缘故。

因此，当我们撩开笼罩在《河图》《洛书》头上的神秘面纱，就可发现她们并非天书，更不是“陈抟玩弄的把戏”，而是中华文明史上渊源有自的两部杰作。

三、《河图》《洛书》的构图原理与思想内涵

《河图》《洛书》的思想内涵是什么？《河图》《洛书》是以“天地之数”的奇妙组合来涵盖“阴阳和合”辩证法则和“天人合一”宇宙观念的两部哲学图典。兹略作说明如下。

（一）行使“鬼神”的“天地之数”

《河图》《洛书》之数的结构和方位，是按照阴阳五行的生消原理配置的。《周易·系辞传上》载：“天一、地二，天三、地四，天五、地六，天七、地八，天九、地十。天数五，地数五，五位相得而各有合。天数二十有五，地数三十，凡天地之数，五十有五，此所以变化而行鬼神也。”这里的一、三、五、七、九是阳数，代表天；二、四、六、八、十是阴数，代表地。《河图》《洛书》就是用这些“天地之数”的有机组合而形成的宇宙图式。诚如清儒杭辛斋《易契》卷一所说：“扬子《太玄》及郑注所演，其方位与生成之数，均极明晳，虽未绘为图，已与图无异矣。陈、邵但按其说而图之耳。”[10]

（二）《河图》《洛书》的构图原理

必须指出的是，我国的方位观念，是上北、下南、左东、右西，古今没有变化。但是，古人的方位观念，是以“圣人南面而听天下”的思想来设置的。我们今天常用的方位观念，是臣民上朝时的方位观念。所以《河图》《洛书》的方位观念，与我们今天看地图时的方位观念，正好相反。

1.《河图》的构图原理

河图中一至五这五个数叫作生数，六至十这五个数叫作成数，两者之间存在着相

生相成的关系。古人认为，水、火、木、金、土是宇宙万物最基本的元素。因此，河图生成的物质里，要从这五种基本元素开始。

（1）北方：水

北方气候寒冷，阴气最盛，也是阳气萌生的地方。冬至那天，阳气生成于北方，故将生数“一”配置于此，表示阳气从这里萌生。同时，将成数“六”配置在这里，表示水是由“天一”和“地六”生成的。

（2）南方：火

南方气候炎热，阳气最盛，也是阴气萌生的地方。夏至那天，阴气生成于北方，故将成数“二”配置于此，表示阴气从这里萌生。同时，将成数“七”配置在这里，表示火是由“地二”和“天七”生成的。

（3）东方：木

东方气候温和，是日出的地方，阳气在这里逐渐增长，所以将生数“三”和成数“八”配置于此，表示木是由“天三”和“地八”生成的。

（4）西方：金

西方气候干燥，是日落的地方，阴气在这里逐渐增长，所以将生数“四”和成数“九”配置于此，表示金是由地四和天九生成的。

（5）中央：土

中央处于总御四方的位置，万物生长离不开土地，故将生数“五”和成数“十”配置于此，表示土是由天五和地十生成的。

由此可见，河图的五行生成次序和方位，是依顺时针方向旋转的：水位于北方，表示气候寒冷，冬至时节，阴气最盛，阳气开始萌生。木位于东方，气候温和，春分时节，阳气上升，阴气渐降。火位于南方，夏至时节，阳气最盛，阴气开始萌生。金位于西方，气候干燥，秋分时节，气候渐寒，阴气上升，阳气渐降。土性平和，位于中央，总御四方。这样，一年寒往暑来，生消变化，循环无穷的宇宙图式，便可得到充分的反映。

2.《洛书》的构图原理

《洛书》图的结构特征，正如《黄帝九宫经》所说：“戴九履一，左三右七，二四为肩，六八为足，五居中央，总御得失。”这就是著名的《洛书》“九宫图”（图6-15）。洛书的构图原理是效法“天左旋，地右转”的运行法则进行的。天道运行的规律是：阳气在冬至时节由北方产生，向左旋转运行，经春分时节在东方逐渐增长，到夏至时节在南方达到极盛，然后到秋分时节在西方

4	9	2
3	5	7
8	1	6

图 6-15　《洛书》九宫图

逐渐减弱。依照这样的原则，代表阳气的五个“天数”配居四正方：“1”在北方，表示阳气开始萌生。“3”在东方，表示阳气逐渐增长。“9”在南方，表示阳气达到极盛。“7”在西方，表示阳气逐渐减弱。

（三）“《河图》之数”的思想内涵

“《河图》《洛书》”之数的思想内涵，在《管子·幼官》《礼记·月令》《素问经·金匮真言论》和《太玄经·玄数》等先秦两汉文献中都有记载。“《河图》之数”的思想内涵，综其要者如下。

1. 天文

（1）五帝：太皞、炎帝、黄帝、少皞、颛顼。
（2）五星：岁星、荧惑、镇星、太白、辰星。
（3）五气：风、热、湿、燥、寒。
（4）五色：苍、赤、黄、白、黑。
（5）五季：春、夏、长夏、秋、冬。

2. 地理

（1）五方：东、南、中、西、北。
（2）五行：木、火、土、金、水。
（3）五畜：鸡、羊、牛、马、豕。
（4）五谷：麦、黍、稷、稻、豆。
（5）五果：李、杏、枣、桃、粟。
（6）五味：酸、苦、甘、辛、咸。

3. 人事

（1）五常：仁、义、礼、智、信。
（2）五事：貌、言、视、听、思。
（3）五纪：岁、月、日、星辰、历数。

4. 人体

（1）五脏：肝、心、脾、肺、肾。
（2）五体：筋、脉、肉、皮、骨。

（3）五窍：目、舌、口、鼻、耳。

可见“《河图》之数”以“五行”为构架，把天地间的事物大都涵盖其间，反映的是以太阳为中心的五星体系，侧重于自然天道。

（四）“《洛书》之数”的思想内涵

“《洛书》之数”的思想内涵，包括天文、地理和人事诸多方面。

1. 天文

《洛书》之数的天文内涵，主要有以下数项：

（1）九天：钧天、苍天、变天、玄天、幽天、昊天、朱天、炎天、阳天。

（2）八神：天主、地主、兵主、阴主、阳主、月主、日主、四时主。

（3）八风：炎风、滔风、熏风、巨风、凉风、飂风、厉风、寒风。

（4）八节：冬至、立春、春分、立夏、夏至、立秋、秋分、立冬。

（5）五帝：《史记·天官书》载：“太微三光之庭，其内五星为五帝座。”又说：“天极星，其一明者，太一常居也。”天极星即北极星，太微宫是皇宫的意思。《宋史·天文志》说：“四帝星夹黄帝座，四方各去二度。”天极星周围的三十七组成太微垣。《河图》《洛书》图正中的“五”，正是“五帝座”的象征，也就是“太一”神居住的地方[11]。

2. 地理

《洛书》之数的地理内涵，主要有以下数项：

（1）九州：冀、豫、雍、扬、兖、徐、梁、青、荆。

（2）八方：北、东北、东、东南、南、西南、西、西北。

（3）八音：金、石、丝、竹、匏、土、革、木。

（4）八物：马、牛、龙、鸡、豕、雉、狗、羊。

3. 人事

《洛书》之数的人事内涵，主要有以下数项：

（1）《洪范》九畴：五行、五事、八政、五纪、皇极、三德、稽疑、庶徵、五福六极。

（2）九窍：阳窍七：口、鼻（双孔）、耳（双耳）、目（双目），阴窍二：大、小便处。

（3）八卦：乾、坤、震、巽、坎、离、艮、兑。

（4）八体：首、腹、足、股、耳、目、手、口。

可见“洛书之数”把天文、地理和人事、人体间的大量事物大都涵盖其间，反映的是以“北辰”为中心的二十八宿体系，侧重于社会人事。

《河图》《洛书》通过十个自然数字的奇妙组合，把天文、地理和人事之间的万事万物有机地联系起来，应是中华先民“天人合一”宇宙观念的深刻反映。

（五）《河图》《洛书》“阴阳和合”的理论基础

“阴阳和合”的辩证法则，是《河图》《洛书》的理论基础。《河图》“一六”生水、“二七”生火、“三八”生木、“四九”生金的五行配置和洛书“天左旋”“地右转”的构图原理，正是《周易》哲学“阴阳和合”的辩证法则的巧妙体现。《河图》《洛书》之数的构成，乃是宇宙万物阴阳生消变化的象征。

《庄子·天下篇》说：“《易》以道阴阳。”“阴阳”一词的本义是指日光的向背，后来就逐渐演变为哲学概念，用来表示自然界和人类社会里，两种相互对立消长的基本矛盾。

《大戴礼记·本命》说：“一阴一阳，然后成道。”《周易·系辞传上》提出“一阴一阳之谓道”的命题，来说明“阴阳和合”的辩证法则，乃是宇宙万物发展变化的根本法则。《老子》第四十二章说：“万物负阴而抱阳，冲气以为和。”《韩诗外传》卷一说：“阴阳消息，则变化有时矣。”宇宙万物都包含着阴、阳两个对立面，互相激荡而得以调和。由于天地之气互相和合交流，才化育出宇宙间的芸芸万物。因此，“阴阳和合”的辩证法则，也就成为大自然发展变化的基本规律。

中国古代的辩证思维与马克思主义的唯物辩证法则是相通的。《大戴礼记·本命》：“阴穷反阳，阳穷反阴，辰故阴以阳化，阳以阴变。”毛泽东的《矛盾论》说：“事物矛盾的法则即对立统一的法则，是自然和社会的根本法则，因而也是思维的根本法则。”这是对马克思主义唯物辩证法的继承和发展，而它的实际沃土则源于中国古老的“变通法”。

由此可见，“阴阳和合”的辩证法则，本是《周易》哲学的理论基础。它说明《河图》《洛书》与《周易》哲学的辩证思维，已达到很高的思想水平。

（六）《河图》《洛书》“天人合一”的宇宙观念

“天人合一”宇宙观念乃是《河》《洛》之数蕴含的核心思想。换句话说，《河图》《洛书》乃是涵盖“天人合一”思想的宇宙图式。

人类生活在天地之间，既是宇宙万物的重要家族，也是宇宙万物之灵。人类如何顺应自然，师法自然，实现与天地万物的和谐共生，乃是人类社会可持续发展的基本原则。

天地是人类赖以生存的根本基础。《荀子·礼论》载：“天地者，生之本也。”《庄子·达生》说：“天地者，万物之父母也。”可见天地乃是生育万物的本原。《论衡·谈天》说：“天地，含气之自然也。”这里的“天”不是上帝神灵，而是指大自然讲的。人类接受天地中和之气而获得生命，是大自然造化的结果。

《河图》《洛书》所反映的“天人合一”宇宙观念，也是《周易》哲学的核心思想。《周易·系辞传下》说：“《易》之为书，广大悉备，有天道焉，有人道焉，有地道焉。”《周易》这本书的内容，博大精深，蕴含着天地自然和人类社会发展的基本规律。

《周易·文言传》说：

> 夫“大人”者与天地合其德，与日月合其明，与四时合其序，与鬼神合吉凶。先天而天弗违，后天而奉天时。

“大人”是指地位高尚而有修养的人。他们的德行要与天地相合，精神要与日月同辉，进退要与四时变化同步，判断要与自然法则相符。大自然变化的基本法则，连天地都不能违背，更何况人类呢?

《周易》哲学“三才”之道的基本思想。据《周易·说卦传》记载：

> 昔者圣人之作易也，将以顺性命之理。是以立天之道曰阴与阳，立地之道曰柔与刚，立人之道曰仁与义，兼三才而两之，故易六画而成卦。分阴分阳，迭用柔刚，故易六位而成章。

《周易》哲学就是要探究宇宙万物的本性，发现宇宙自然法则的真理。故将天道的法则定为阴与阳，将地道的法则定为柔与刚，将人道的法则定为仁与义。因此，八卦就兼备有天、地、人“三才”的基本道理。这就使六十四卦得以系统构建“天人合一”观念的缘由。

《河图》《洛书》“天人合一”宇宙观念，强调人类要遵循天地变化的基本法则，与大自然和谐共生，因而成为中华文明的核心价值。著名历史学家钱穆先生指出：“‘天人合一’论是中国文化对人类的最大贡献。”[12]中国古代“天人合一”的宇宙观念，至今仍具有重要的现实意义。

由此可见，《河图》《洛书》乃是中华先民以“天地之数”的奇妙组合来涵盖“阴阳和合”辩证法则和“天人合一”宇宙观念的两部哲学图典，在中国文化发展史上占有极重要的历史地位。

四、《河图》《洛书》的思想渊源

《河图》《洛书》和八卦图式，都是中华先民用简单的数字符号，以化繁就简的手法来反映宇宙万物的典范之作。《河图》《洛书》之所以能把天文、地理和人事间的万事万物都涵盖其间，应是中华先民术数崇拜的产物。

（一）中华先民的术数崇拜

中国古代盛行术数崇拜的社会习俗。《吕氏春秋·决胜》载："知先后远近纵舍之数。"高诱注："数，术也。"《荀子·议兵》说："非幸也，数也。"杨倞注："数，有术数然也。"《韩非子·说疑》也说："无数以度其臣者。"王先慎集解："数，谓术数。"郑玄《礼记·月令》"其数八"注："数者，五行佐天地生物、成物之次也。"颜师古《汉书·晁错传》"以知术数也"注引臣赞曰："术数，谓法制治国之术也。"《汉书·艺文志》有"数术略"专篇，将天文、历谱、五行、蓍龟、杂占的著作收列其中。由此可见，我国古代术数观念涉及的范围之广大和地位之重要。

中华先民常用"奇偶"数字来象征阴阳、天地和宇宙万物，并用筮占所得"奇偶"数字组成的八卦来沟通人神，预测吉凶。《左传·僖公十五年》说："筮，数也。"王逸《楚辞·招魂》注："筮，卜问也。"《淮南子·说林训》："以问以数。"高诱注："数，可以卜筮者也。"《汉书·律历志上》说："自伏羲画八卦，由数起，至黄帝、尧、舜而大备。"这说明筮占本质上讲应是一种数占。八卦形体经历了"龟占八卦""筮数易卦"和"符号易卦"三个发展阶段，而"筮数易卦"便是我国古代筮占的记录[13]。

郭沫若先生指出："八卦是天人之间的通路，龟便是这条通路上来往着的宣传使者。"[14]由八卦哲学演绎而来的《周易》哲学，则是塑造了中华古代文明的理论基础，对我国古代的政治、经济、军事和文化都产生了深刻的影响。

（二）中国古代的宇宙生成模式

宇宙万物是怎么生成的？西方的基督神学盛行上帝创造宇宙万物的学说。《周易》大传则有其独特的宇宙生成模式。《系辞传上》说："《易》有大极，是生两仪，两仪生四象，四象生八卦。”这里的“大极”读如太极，是《周易》哲学里的最高范畴，也是宇宙万物的本原。《汉书·律历志》说：“太极，元气。”《文选·曹植〈七启〉》说：“夫太极之初，浑沌未分。芒芒元气，谁知其终。”李善注引《春秋历命序》曰：“元气正，则天地八卦孳也。”这说明“太极”是指天地未开之前的混沌状态，“两仪”指阴阳二气，“四象”指由天地运行而形成的春、夏、秋、冬四时。“八卦”本是指由四时生成的八节，即一年四季最重要的冬至、夏至、春分、秋分、立春、立夏、立秋、立冬八个季节。因为在古人的观念里，八节、八卦的含义是相通的。《论衡·谈天》说：“元气未分，浑沌为一。”故“元气”就是指宇宙万物尚未生成之前的混沌之气。它一分为二，产生阴阳二气，阴气混浊，凝结为地；阴气清轻，上升为天，天地、阴阳交合演化而产生宇宙万物。因此，《周易·系辞传》以“大极”为宇宙万物本原学说，乃是唯物主义的宇宙生成论。

《老子》也有与《周易》大传相类的宇宙生成模式。《老子》第四十二章说：

道生一，一生二，二生三，三生万物。万物负阴而抱阳，冲气以为和。

这里的“道”是什么东西？这是说不可名状的“道”，乃是“万物之母”，也就是宇宙万物的本原。“一”是万物生前的混沌状态，也就是“元气”。“二”是由“元气”分化而来阴、阳二气。“阳”气清轻，上升为天；“阴”气混浊，凝结为地。“三”是由阴阳、天地交合变化产生的宇宙万物。这是道家“宇宙生成论”的经典表述。在这里《老子》别开生面地提出了以“道”为天地万物本原的伟大学说[15]。

值得注意的是，古希腊哲学家毕达哥拉斯（约前580～前500年）也曾提出“数”是万物本原的著名哲学思想。他认为“1”是构成宇宙万物的基本原素，“1”成点，“2”成线，“3”成面，“4”成体，体就形成宇宙万物[16]。

老子与毕达哥拉斯虽然生活在同一时代，但他们相距遥远，在当时的条件下，是无法互相联络的。他们怎么能同时感悟出具有相同哲理的术数观念呢？这是因为，古代人类普遍认为，数字不是抽象的、机械的概念，而是运动的、有生命的具体事物。法国学者列们－布留尔在《原始思维》一书中，通过大量的民俗学资料告诉我们，原始先民没有抽象的数字概念，凡数都是指具体的事物而言。这就是原始人类普遍存在术数崇拜观念！

《河图》《洛书》中的数字，按照阴阳五行生消原理的有机结合，由10个奇偶数字的对立统一，巧妙地把天文、地理和人事间的宇宙万物紧密地结合起来，形成阴阳平衡的宙宇图式，也就成为宇宙万物“阴阳和合”、生生不息的具体象征。

由此可见，《河图》《洛书》图、八卦符号和六十四卦符号是人类世界最富哲理的三大符号系统，被称为“三符”。这三大符号系统都对中华古代文明产生了深远的影响，在人类文化发展史上占有重要地位。

五、结　　语

通过上面的讨论，当我们揭开《河图》《洛书》的神秘面纱，就不难发现它所蕴含的深邃哲理，有着重要的历史意义和深远的现实意义。

《河图》《洛书》以“天地之数”的奇妙组合来涵盖“阴阳和合”辩证法则和“天人合一”宇宙观念的而形成的两部哲学图典，便成为中华民族文化的精神标识。“周易”哲学的思想观念则是塑造中华文明的理论基础。《河图》《洛书》和《周易》哲学也就成为了中华优秀传统文化的核心内涵，在人类文化发展史上占有重要的历史地位。

《河图》《洛书》和《周易》哲学所体现的宇宙生成的“太极”学说、“阴阳和合”的辩证法则、“天人合一”的宇宙观念、“自强不息”“厚德载物”的民族精神和“保合太和”“天下和平”的崇高境界，至今仍闪耀着熠熠的光辉。而其中的“天人合一”的宇宙观念，则是人类可持续发展指导原则，也是中华先民为人类文明作出的巨大贡献。

由此可见，我们研究和弘扬《河图》《洛书》和《周易》哲学的基本思想，对继承和发展中华民族的优秀传统文化具有重要价值。特别是中华民族为实现伟大复兴，在构建“人类命运共同体”的今天，这些基本精神和崇高境界，仍具有重要的现实意义。

注　　释

［1］ 胡适：《中国哲学史大纲》卷上第58页，东方出版社，2004年；蔡运章：《论河洛八卦对中国古代都城制度的影响》，《大易集成》，齐鲁书社，1994年。

［2］ 北京大学历史系考古教研室：《元君庙仰韶墓地》图版十六，文物出版社，1983年。

［3］ 江慎修：《河洛精蕴》（孙周中校点），学苑出版社，1988年；李光地：《周易折中》卷二十一《启蒙附论》。

［4］ 安徽省文物考古研究所：《安徽含山凌家滩新石器时代墓地发掘简报》，《文物》1989年第4期。

［5］ 朱熹：《晦庵集》卷八四，《四部丛刊》本。

［6］ 蔡运章：《论原始洛书及其相关问题》，《甲骨金文与古史新探》，中国社会科学出版社，

1996年。

[7] 饶宗颐：《未有文字以前表示“方位”和“数理关系”的玉版》，《文物研究》第六辑，黄山书社，1990年。

[8] 安徽省文物工作队等：《阜阳双古堆西汉汝阴侯墓发掘简报》，《文物》1978年第8期。

[9] 蔡运章：《论洛书的真伪及其产生年代》，《河洛文化论丛》，河南大学出版社，1990年。

[10] 杭辛斋：《学易笔谈》（附三种）第553页，天津市古籍书店，1988年。

[11] 陈遵妫：《中国天文学史》第199～202页，上海人民出版社，2006年。

[12] 钱穆：《中国文化对人类未来可有的贡献》，《中国文化》1991第4期。

[13] 蔡运章：《商周筮数易卦释例》，《考古学报》2004年第2期。

[14] 郭沫若：《周易时代的社会生活》，《中国古代社会研究》，科学出版社，1964年。

[15] 蔡运章：《〈周易〉哲学的基本精神》，《湖南科技学院学报》（哲学社会科学版）2014年第3期。

[16] 田崇勤、张传开、杨善解编著：《简明西方哲学手册》第9页，南京大学出版社，1989年。

第七章　《周易》哲学的当代价值

哲学是人类智慧的结晶，也是塑造人类文化的思想基础。它的根本使命，就是要探索宇宙万物和社会人事发展变化的基本规律。恩格斯说：“一个民族要想站在科学的最高峰，就一刻也不能没有理论思维。”[1]著名哲学家任继愈说：“没有哲学的民族是没有前途的民族。”[2]伟大的中华民族，要想居于世界民族之林，就不能没有指导我们民族生存和发展的先进哲学思想。

《周易》是中国成书年代最早的哲学经典，堪称为东方的“圣经”。故自西汉以降，它便被儒家尊为“群经之首”，被道家奉为“三玄之冠”。然而，《周易》哲学的“当代价值”和“世界意义”是什么？这是我们必须回答和认真解读的重要问题。

一、引　　言

中华文化博大精深，辉煌灿烂，曾对人类文明做出过巨大贡献。自20世纪80年代以来，中国经济高速发展，令世人瞩目。在西方人看来，中国这条腾飞的巨龙，总是那么神秘莫测。一些西方人士甚至对中华民族文化的“软实力”心存疑虑。

一个强大的民族和国家，不仅要有强大的经济基础、科学技术和军事实力，而且还要有凝聚全民族、全社会甚至是奉献给全人类的精神食粮。这就是所谓的“软实力”。面对外界的诸多质疑，我们不得不认真思考，中华先民是在什么思想指导下创造了灿烂的古代文明？换句话说，指导中华先民创造灿烂文明的理论基础是什么？中华民族实现伟大复兴后，拿什么奉献给人类社会？

哲学是塑造人类文明的理论基础。说到曾对中华文明产生过深刻影响的哲学思想，人们很容易想到儒家、道家和佛教。这些年来，有不少学者著书倡导中华文明“儒家主干”说，或倡导中华文明“道家主干”说。毋庸置疑的是，在过去几千年里，儒家、道家和佛教思想，都从不同的侧面对中华文明产生过深刻的影响。然而，儒家侧重于社会人事，道家侧重于自然天道，佛教侧重于未来世界。而对中华文明起源、形成和发展影响最深刻、最全面的哲学思想体系，既不是儒家，也不是道家，更不是佛教，而是《周易》哲学。

诚如李学勤先生所说：

国学的主流是儒学，儒学的核心是经学，经学的冠冕是易学[3]。

这就是自汉武帝“罢黜百家、独尊儒术”以来，《周易》哲学便始终稳居中国封建时代学术核心的地位，成为塑造中华文明理论基础的缘由。

《周易》是中国成书年代最早的哲学经典，堪称为东方的“圣经”。故自西汉以降，它便被儒家尊为“群经之首”，被道家奉为“三玄之冠”。《周易·系辞传下》载：“河出图，洛出书，圣人则之。”《汉书·艺文志》说：“《易》道深矣，人更三圣，世历三古。”这是说《周易》经、传的制作是经过伏羲氏、周文王和孔子三位圣贤的努力才完成的。伏羲氏依《河图》而“画八卦”，八卦就是由“--”阴爻、“一”阳爻组成的☰（乾）、☷（坤）、☳（震）、☴（巽）、☵（坎）、☲（离）、☶（艮）、☱（兑）八种符号（图7-1）。周文王“拘羑里”（在今河南汤阴县）而“演周易”，周公居洛邑“制礼作乐”而编撰《易经》。孔子及其后学，融儒、道两家的哲学思想而撰成《易传》。因此，以洛阳为中心的河洛地区，不仅是《河图》《洛书》的故乡，也是《周易》哲学的重要发祥地[4]。

图 7-1　太极八卦图

圣人为什么要“画八卦”“演《周易》”？据《周易·系辞传下》记载：

> 古者包牺氏之王天下也，仰则观象于天，俯则观法于地，观鸟兽之文与地之宜，近取诸身，远取诸物，于是始作八卦，通神明之德，以类万物之情。

“包牺氏”即伏羲氏，“神明”指大自然。这说明伏羲氏仰观俯察而“画八卦”的根本目的，就是要通过“八卦”占卜的巫术手段，来实现人类与大自然的沟通和谐。《淮南子·要略训》载：

> 今学者无圣人之才，而不为详说，则终身颠顿乎混溟之中，而不知觉寤乎昭明之术矣。今《易》之《乾》《坤》，足以穷道通意也，八卦可以识吉凶、知祸福矣！然而，伏羲为之六十四变，周室增以六爻，所以原测淑清之道，而捃逐万物之祖也。

这是说现在学习的人士没有圣人的才华，如果不替他们详细解说，那就会终身困顿在杂乱昏暗的状态里，而不知道在光明的道路上醒悟。现在《周易》的《乾》《坤》二卦，完全能够穷尽道术的旨意，八卦就可以识别吉凶、知道祸福了。然而，伏羲氏还为他演变成六十四卦，周文王又增加了六爻的辞语，用来探究深奥的道理，而追溯万物的本原。扬雄《解难赋》说：

是以宓牺氏之作《易》也，绵络天地，经以八卦，文王附六爻，孔子错其象而象其辞，然后发天地之藏，定万物之基[5]。

这是说圣人们创作《周易》的根本目的，就是要开启人类的智慧，沟通人类与天地自然的联系，揭示宇宙万物的本质及其生消变化的基本规律和生存法则。因此，这就决定了《周易》哲学的内涵，必然会博大精深，源远流长，而独具神秘的宗教色彩。

然而，今天我们很多人打开《周易》这本书时，都会被它那神秘莫测的卦画和艰涩难懂的卦爻辞所困惑。特别是自秦汉以降，大家学者对《周易》的解读"见仁见智"，说法各异，致使许多读者如坠五里云雾，而不得要领。司马迁《史记·田敬仲完世家》指出：

《易》之为术，幽明远矣，非通人达才，孰能注意焉！

这是说《周易》的思想内涵，玄奥深远，不是一般人都能轻易掌握的。这就是大家学者对《周易》的解读"百姓日用而不知，故君子之道鲜矣"（《周易·系辞传上》）的根本原因。

中华民族在实现伟大复兴的今天，我们如何把《周易》哲学从算卦先生的地摊上解放出来？把《周易》从哲学家的殿堂里解放出来？让《周易》哲学走进百姓生活，使其成为中华文化走向世界的亮丽名片！因此，《周易》哲学的基本精神和崇高境界是什么？它的"当代价值"和"世界意义"是什么？这是我们必须明确回答的重要问题。

二、宇宙生成的"大极"学说

宇宙万物是怎样产生的？这是人类长期以来苦苦思索的重大问题。西方的基督神学认为，世界万物是上帝创造的。在进入21世纪的今天，包括美国前总统小布什在内的许多西方人，仍然相信是上帝"创造了世界"[6]。可见"上帝创世说"在西方世界的深刻影响。值得注意的是，《周易》和《老子》这两部古代经典，就对这个人类普遍关注的重大问题，做出了较为科学的回答。

（一）《周易》大传的宇宙生成模式

《周易》大传有其独特的宇宙生成模式。《系辞传上》说：

《易》有大极，是生两仪，两仪生四象，四象生八卦。

这里的"大极"读如太极，是《周易》哲学里的最高范畴，也是宇宙万物的本原。《汉书·律历志》说："太极，元气。"《文选·曹植〈七启〉》说："夫太极之初，浑沌未分。……茫茫元气，谁知其终。”李善注引《春秋历命序》曰：“元气正，则天地八卦孳也。”这说明“太极”是指天地未开之前的混沌状态，“两仪”指阴阳二气，“四象”指由天地运行而形成的春、夏、秋、冬四时。“八卦”本是指由四时生成的八节，即一年四季最重要的冬至、夏至、春分、秋分、立春、立夏、立秋、立冬八个季节。因为在古人的观念里，八节、八卦的含义是相通的。《论衡·谈天》说：“元气未分，浑沌为一。”故“元气”就是指宇宙万物尚未生成之前的混沌之气。它一分为二，产生阴阳二气，阴气混浊，凝结为地；阴气清轻，上升为天，天地、阴阳交合演化而产生宇宙万物。因此，《周易·系辞传》以“大极”为宇宙万物的最高本原，乃是唯物主义的宇宙生成论。

（二）《老子》的宇宙生成模式

老子（约前581～前482年）是道家学派的创始人。他创造性地把“道”作为宇宙万物的本原。《老子》第四十二章说：

> 道生一，一生二，二生三，三生万物。万物负阴而抱阳，冲气以为和。

这里的“道”是什么东西？《老子》开篇就说：“道，可道，非常道。名，可名，非常名。无，名天地之始。有，名万物之母。”这是说不可名状的“道”，乃是“万物之母”，也就是宇宙万物的本原。而宇宙万物则是从“无”到“有”逐渐演化出来的。这个“有物混成，先天地生”（二十五章）的“道”，“视之不见”“听之不闻”“博之不得”（十四章），而又在“惚兮恍兮，其中有象；恍兮惚兮，其中有物”（二十一章）之中，使人感到它的实际存在。它“渊兮似万物之宗……，湛兮似或存，吾不知谁之子，象帝之先”（四章）。这就是邵雍《皇极经世·观物外篇三》所谓“道为天地之本”的原因[6]。在这里《老子》别开生面地提出了以“道”为天地万物本原的伟大学说。

在中国古代的哲学观念里，《周易》的“大极”就是《老子》的“道”。《淮南子·天文训》载：“道始于一。一而不生，故分而为阴阳，阴阳合和而万物生。”《文选·班固〈典引篇〉》说：“太极之元，两仪始分，烟烟煴煴，有沈而奥，有浮而清。沈浮交错，庶类混成。”程颐《周易程氏传·序》说：“太极者，道也。两仪者，阴阳也。”王夫之《张子正蒙注》卷一也说：“道者，天地人物之通理，即所谓太极也。”《周易》的“大极生两仪”本是借筮法的演变，来阐发宇宙万物形成过程的模式。故“大极”和“道”一样，都是指宇宙万物尚未形成时，处于混沌状态的“元气”而言。“元气”分化为阴阳二气，阴阳交合演化而产生宇宙万物。由此可见，《周易》和《老子》的宇宙生成论，彻底否定了宇宙万物是由具有人格意志的

“上帝”创造的神学观念，在人类思想史上具有划时代的重大意义。

（三）“太极玉版图”的宇宙生成模式

中华先民“大极”演化宇宙万物的宇宙生成模式，最早可以追溯到距今5000多年大汶口文化的“太极玉版图”（图7-2）。

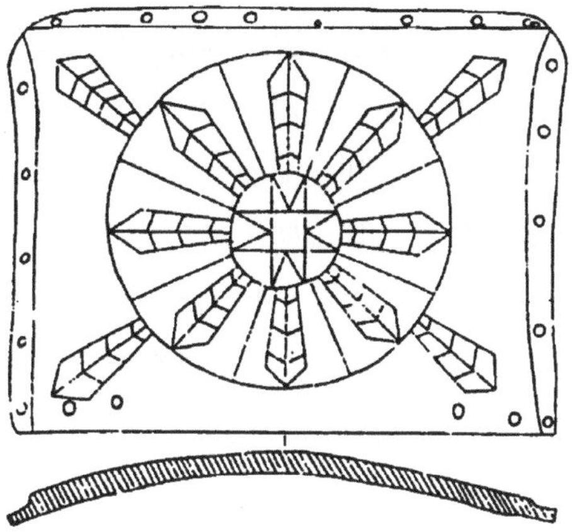

图 7-2　含山凌家滩太极玉版图

安徽含山凌家滩出土的这件玉版图（M44：30）呈长方形，牙黄色，玉版长11厘米，宽8.2厘米，厚0.2～0.4厘米。断面略呈弧形，两短边微向内凹，双面经过精心琢磨。在两短边上各对钻五个小圆孔，有凹边的长边上对钻九个小圆孔，无凹边的长边上对钻四个小圆孔。正面中部琢刻一小圆圈，在小圆圈内琢刻“八角星”符号，小圆圈外琢刻一大圆圈。两圆圈间以直线平分八等份，每份中间琢刻尖端朝外的圭形箭头一个。在大圆圈外从圆边起对着玉版的四角，各琢刻一圭形箭头。图中的“八角星”符号，即“北极星”的象征。这件玉版图应是原始先民把北辰（天极星）、天地、四维、四时、八方、八节、八卦和“洛书之数”融为一体的宇宙生成图式。

特别是这块玉版图出土时，夹在精心磨制的玉龟的背甲和腹甲之间，放置在死者胸部。这说明“神龟贡书”的传说，至迟在距今5000年前已经产生。由此可见，玉版图反映的是由“天极星”演化天地、四维、四时、八方和八节的宇宙图式，乃是华夏先民原始思维的智慧结晶，因而具有重要的哲学意义[7]。

（四）“太极”本原论与康德的“星云”学说

我国古代宇宙生成的“大极”学说，与西方现代科学天体起源的“星云”说及“大爆炸宇宙学”相类似。1755年，德国哲学家康德最先提出天体起源的“星云”说。接着，经法国数学家、天文学家拉普拉斯补充和发展而形成的“星云假说”，认为天体最初是由一团气体状星云旋转收缩演化而成的。康德平生过着淡泊、机械的生活，可他所倡导的哲学却震撼了世界。恩格斯说：“在法国发生政治革命同时，德国发生了哲学革命。”[8]据说当拉普拉斯把他的《天体力学》一书奉献给拿破仑皇帝时，拿破仑问道：“你为什么在书中不提上帝？”拉普拉斯自信地回答：“陛下，我不需要那种假设”[9]。德国大诗人海涅甚至称赞说：“法国大革命把国王送上了断头台，康德则把上帝送上了断头台！”[6]

1864年，英国天体物理学家威廉·哈根斯用分光仪观测天龙座内的行星状星云时，发现“它不是一群星，而是一团发光的气体”[10]。1932年，比利时天文学家阿贝·乔治·勒梅特提出宇宙最初是由“原始原子”爆炸起源的理论，后来被俄国学者乔治·伽莫夫发展成为“大爆炸宇宙学”。他们认为宇宙是由“原始原子”爆炸后的气态物质，冷却收缩而成的气体和尘埃物质形成的。恩格斯指出：“康德关于目前所有的天体都是从旋转的星云团产生的学说，是从哥白尼以来天文学取得的最大进步。认为自然界在时间上没有历史的那种观念，第一次被动摇了。”[11]

1990年4月24日，美国制造的哈勃望远镜由发现者号航天飞机发射升空。20多年来，作为美国航天局的第一个轨道太空望远镜，在大气层外不断传回震惊世界的照片，给人类对宇宙的认识带来了巨大的变化。其中，拍摄到一张由尘埃、氢气、氦气和等离子组成的“船底星云”照片，可以看到一个有3光年高的柱体在云际间腾起。这个动态“尖塔”状云团距离地球6500～7500光年（一光年相当于9.5万亿千米）。哈勃还拍摄到标志着恒星消亡的大爆炸照片，也观测到小星系在宇宙形成还不到10亿年时发射出来的光线[12]。这些突破性发现，使科学界得以对宇宙起源的“星云”说和“大爆炸宇宙学”产生了新的认识。

目前，这种“大爆炸宇宙学”说得到当代天文物理学的有力证实，成为当今世界有关天体起源的主流学说。《周易》和《老子》的宇宙生成论，可以归结为宇宙生成的“元气”学说。它堪称为宇宙起源“星云”说和“大爆炸宇宙学”的远古鼻祖，因而具有重要意义。

三、“阴阳和合”的辩证法则

宇宙万物纷繁庞杂，变化无穷。如何化繁就简，以简单明了的哲学概念来反映宇宙万物之间的相互关系及其发展规律，乃是衡量人类文明认知能力的重要标志。西方人注重形式逻辑，古希腊的亚里士多德已建立较为完备的形式逻辑体系。中华先民富于辩证思维，《周易》哲学的辩证法已达到很高的思想水平。

《周易》哲学是探究天地万物生消变化基本规律的哲学。《庄子·天下篇》载：“易以道阴阳。”帛书《周易·易之义》说：“《易》之义，唯阴与阳。”《大戴礼记·本命》也说：“一阴一阳，然后成道。”《周易·系辞传上》提出“一阴一阳之谓道”的命题，来说明“阴阳和合”的辩证法则，乃是宇宙万物发展变化的根本法则。《韩诗外传》卷一第二十章说："天地有合，则生气有精矣。阴阳消息，则变化有时矣。"孔颖达《周易正义》卷首说："夫'易'者，变化之总名，改换之殊称。"这是说《周易》是讲天地阴阳变化的哲学著作。宇宙万物都包含着阴、阳两个对立面，互相激荡而得以调和。由于天地之气互相和合交流，才化育出宇宙间的芸芸万物。因此，"阴阳和合"的辩证法则，也就成为大自然发展变化的基本规律。

"阴阳"是中国古代概括宇宙万物内在基本矛盾的哲学范畴。它的本义则是指日光的向背，向日的一面称"阳"，背日的一面称"阴"。"阴阳"一词的连用，最早见于《诗·大雅·公刘》：

笃公刘，既溥既长，既景乃冈，相其阴阳，观其流泉。

这是说周族的先祖公刘，为开辟疆土，选择豳邑而登上山冈，察看日影的向背寒暖。西周晚期的敔簋铭文载："南淮夷迁殳内伐沔昂、参泉、裕敏、阴阳洛。"[13]"阴阳洛"是指洛水的南、北两岸。《国语·周语上》记载周宣王时虢文公的话说："阴阳分布，震雷出滞。"这里的"阴阳"是指白日与黑夜而言。同书记载周幽王二年（前780年）三川地区发生强烈地震后，周太史伯阳父解释地震的原因时说：

夫天地之气，不失其序；若过其序，民乱之也。阳伏而不能出，阴迫而不能烝，于是有地震。今三川实震，是阳失其所而镇阴也。

韦昭注："阴阳相迫，气动于下，故地震也。"这里的"阴阳"当是指"天地之气"讲的。西周晚期曩伯盨铭文的"其阴其阳，以征以行"语中的"阴阳"[14]，则是指事物的两个方面，已具有哲学的象征意义。这样，"阴阳"一词就逐渐演变成为哲学概念，用来表示自然界和人类社会里，两种相互对立消长的基本矛盾。

"阴阳和合"的辩证法则是《周易》哲学的思想基础。《周易·系辞传下》说：

乾、坤，其《易》之门邪？乾，阳物也。坤，阴物也。阴阳合德，而刚柔有体。以体天地之撰，以通神明之德。

这是说"乾"象征阳物，"坤"象征阴物，《乾》《坤》两卦是掌握《周易》哲学的门户，"阴阳合德"是产生天地万物的根本基础。《管子·轻重戊》载："虙戏作，造六法以迎阴阳，作九九之数以合天道。……周人之王，循六法，合阴阳，而天下化之。""虙戏"即伏羲氏，"周人之王"指周文王，"六法"指八卦六爻。《礼记·祭义》载："昔者圣人见阴阳天地之情，立以为《易》。"《周易·咸·彖传》说："天地感而万物化生。"《史记·太史公自序》记录司马谈的话说："易以道化。"这些记载都说明，《周易》是讲阴阳变化的哲学著作。这就是《庄子·天下篇》把《周易》的内涵概括为"《易》以道阴阳"的根本原因。

“阴阳和合”的辩证法则是宇宙万物生消变化的基本法则。《老子》第四十二章说：“万物负阴而抱阳，冲气以为和。”《韩诗外传》卷一第二十章说：“阴阳相反，阴以阳变，阳以阴变。”《大戴礼记·本命》载：“阴穷反阳，阳穷反阴，辰故阴以阳化，阳以阴变。”这是说宇宙万物都包含着阴、阳两个对立面，它们互相激荡而得以调和。《周易·系辞传下》载：“天地絪缊，万物化醇。男女构精，万物化生。”《庄子·田子方》说：“至阴肃肃，至阳赫赫；肃肃出乎天，赫赫发于地；两者交通成和而物生焉。”《韩诗外传》卷三第十九章说：“天施地化，阴阳和合，动以雷电，润以风雨，节以山川，均以寒暑。万民育生，各得其所，而制国用。”《淮南子·天文训》也说：“阴阳合和而万物生。”由于天地之气互相和合交流，才化育出宇宙间的芸芸万物。《素问·阴阳应象大论》：“阴阳者，天地之道也，万物之纲纪，变化之父母，生杀之本始，神明之府也。”由此可见，“阴阳和合”的辩证法则乃是天地万物生长消亡的根本法则，也是大自然发展变化的基本规律。

中国古代的辩证思维与马克思主义的唯物辩证法则是相通的。毛泽东的《矛盾论》说：

> 事物矛盾的法则即对立统一的法则，是自然和社会的根本法则，因而也是思维的根本法则。它和形而上学的宇宙观是相反的[15]。

可见对立统一的唯物辩证法则是马克思主义的根本法则。中国古代“阴阳和合”的辩证法则叫作“变通法”[16]。它就是《周易·系辞传下》所说的“《易》穷则变，变则通”“通其变，使民不倦”的根本思想。虽然“辩证法”一词源于古希腊，但“他们还没有进步到对自然界的解剖、分析”，这就是“希腊哲学的缺陷”[17]。直到近代，马克思、恩格斯才在以康德、黑格尔和费尔巴哈为代表的德国古典哲学的基础上，创立了唯物主义的辩证法。毛泽东的哲学名著《矛盾论》是对马克思主义唯物辩证法的继承和发展，而它的实际沃土则源于中国古老的“变通法”。毛泽东所说“一分为二”的哲学名词，则是北宋时期居住在洛阳安乐窝的邵康节在《皇极经世》一书中提出来的[18]。而唯物辩证法所说的“矛盾对立统一”，就是中国古代“变通法”的现代表述。因此，毛泽东的哲学思想，实为对马克思主义唯物辩证法和中国传统哲学思想融会贯通的产物。

英国著名历史学家阿诺德·汤因比指出：“在不同社会、不同的观察者用来表示静止状态和活动状态这一宇宙韵律的各种符号当中，阴阳是最贴切的。因为它们不是通过心理学、机械学或数学的某些暗喻方式，而是直接表现出了交替的韵律。”[19]由此可见，《周易·系辞传上》所说“一阴一阳之谓道”哲学命题的重要意义。

四、“天人合一”的宇宙观念

人类生活在天地之间，既是宇宙万物的重要家族，也是宇宙万物之灵。人类如何顺应自然，师法自然，实现与天地万物的和谐共生，乃是人类社会可持续发展的基本原则。

天地是人类赖以生存的根本基础。《荀子·礼论》载：“天地者，生之本也。”《庄子·达生》说：“天地者，万物之父母也。”《礼统》也说：“天地者，元气之所生，万物之祖也。”[20]由此可见，天地乃是生育万物的本原。《论衡·谈天》说：“天地，含气之自然也。”又说：“天，气也。”杨泉《物理论》说：“夫天，元气也，皓然而已，无他物焉。”郭象《庄子·天道》注说：“天者，自然也。”这里所说的“天”不是上帝神灵，而是指大自然讲的。人类接受天地中和之气而获得生命，是大自然造化的结果。

早在原始社会末期，人类的生产力极其低下，在大自然中与山川、草木、鸟兽为伍。当时人类群体较为弱小，经常遭受猛兽的侵袭。人们赖以生存的食物，主要靠采集果实和猎取鸟兽来艰难度日。因此，人类普遍对大自然产生敬畏、崇拜的深厚感情。致使中华先民认为，世间万物都具有灵魂，且都受到神灵护佑，人类只是大自然的一个弱小家族而已。特别是天体的斗转星移，四季变化；天空或风和日丽，或闪电雷鸣，或风雨交加，都如此神秘莫测。面对这些风云变化，人类都显得渺小无力。这就是人们对大自然产生敬畏和依赖的根本原因。

《左传·成公十三年》（前578年）记载刘康公的话说：“吾闻之，民受天地之中以生，所谓命也。”《国语·周语下》记载周灵王二十二年（前550年）太子晋说：九黎、三苗乃至夏商末世之君，“上不象天，而下不仪地，中不和民”，故招致灭亡。这是最早把天、地、人直接联系起来的文献记录。因此，中华先民采取与大自然和谐相处、融为一体的思想行为，乃是一种顺应自然的合理选择。这就是“天人合一”观念产生的社会背景和思想基础[21]。

“天人合一”宇宙观念是《周易》哲学的核心。《周易·系辞传上》载：

> 易与天地准，故能弥纶天地之道。

这是说《周易》哲学以天地变化为最高准则，因而能够蕴涵天地自然发展变化的基本道理。《周易·系辞传下》载：

> 《易》之为书，广大悉备，有天道焉，有人道焉，有地道焉。

这是说《周易》这本书的内容，博大精深，它蕴涵着天地自然和人类社会发展的基本规律。《周易·谦·彖传》说：

谦亨，天道下济而光明，地道卑而上行。天道亏盈而益谦，地道变盈而流谦，鬼神害盈而福谦，人道恶盈而好谦。谦尊而光，卑而不可逾，君子之终也。

这是说谦逊是天道、地道、鬼神和人道的基本法则，所以君子能够有始有终。《周易·文言传》说：

夫“大人”者与天地合其德，与日月合其明，与四时合其序，与鬼神合吉凶。先天而天弗违，后天而奉天时。

“大人”是指地位高尚而有修养的人。他们的德行要与天地相合，精神要与日月同辉，进退要与四时变化同步，判断要与自然法则相符。大自然变化的基本法则，连天地都不能违背，更何况人类呢？《周易·观·彖传》也说：

观天之神道，而四时不忒。圣人以神道设教，而天下服矣。

“神道”指天道变化的基本规律，圣人效法天道自然变化的规律，来制定社会发展的基本法则，使天下百姓来顺服。帛书《周易·缪和》也说：

子曰：天之道，崇高神明而好下，故万物归命焉。地之道，精博以尚而安卑，故万物得生焉。圣君之道，尊严夐知而弗以骄人，谦然比德而好后。故□□□□□《易》曰：“谦，亨，君子有终。”

这是说天地合德而“万物得生”，人道谦和而“君子有终。”《周易·大有》上九爻辞谓“自天佑之，吉无不利”。这是说只要顺应自然规律，就会得到上天的保佑。这里所讲的“天人合一”观念，是人生理想的最高境界，从而揭示了人类应以天地自然为法则的基本思想。由此可见，《周易》也是一部讲天、地、人相互关系的哲学著作。

《周易》八卦怎么能够涵盖天地万物？《周易·系辞传下》说：“易者，象也。象也者，像也。”《周易》哲学采用取象比类的方法，把天地万物都涵盖在八卦的范畴之中。所谓“取象”就是从各种事物的形态、作用和性质中，找出能反映其本质的形象特征，以便人们在思维过程中逐渐形成对思维客体的理性认识。所谓“比类”就是通过比拟分类、触类旁通的基本方法，使八卦能够具备涵盖天地万物的特殊功能。

《周易》哲学“三才”之道的基本思想。这里所谓的“三才”，乃是指天道、地道和人道而言。据《周易·说卦传》记载：

昔者圣人之作易也，将以顺性命之理。是以立天之道曰阴与阳，立地之道曰柔与刚，立人之道曰仁与义，兼三才而两之，故易六画而成卦。分阴分阳，迭用柔刚，故易六位而成章。

帛书《周易·要》说：

易有天道焉，而不可以日月生辰尽称焉，故为之阴阳。有地道焉，不可以水火金木尽称也，故律之以柔刚。有人道焉，不可以父子君臣夫妇先后尽称也，故要之以上下。有四时之变焉，不可以万物尽称也，故为之以八卦。

这说明《周易》哲学就是要探究宇宙万物的本性，发现宇宙自然法则的真理。故将天道的法则定为阴与阳，将地道的法则定为柔与刚，将人道的法则定为仁与义。因此，八卦就兼备有天、地、人“三才”的基本道理。这就使六十四卦得以系统构建“天人合一”观念的缘由。也就是说，庞杂众多的八卦之象，既是构筑《周易》哲学殿堂的基本材料，也使《周易》哲学具备“天人合一”观念的内在条件和根本原因。

中国文化史上具有重大影响的道、儒两家，都继承和发展了《周易》哲学“天人合一”的宇宙观念。《老子》第二十五章说：

人法地，地法天，天法道，道法自然。

这里明确指出人类的社会活动，要服从天地变化的自然规律。《孟子·公孙丑下》说：

天时不如地利，地利不如人和。

《荀子·王霸篇》也说：

农夫朴力而寡能，则上不失天时，下不失地利，中得人和而百事不废。

因人成事，因地制宜，因势利导，顺应自然，师法自然，取乎自然，人类与自然相通相依，和谐共处，这就是人与自然和谐发展的基本思想。《庄子·齐物论》说：

天地与我并生，而万物与我为一。

《素问·宝命全形论》载：

天覆地载，万物悉备，莫贵于人。人以天地之气生，四时之法成，……夫人生于地，县命于天，天地合气，命之曰人。

这里明确指出，人与天地万物本是同体并生，故要融合为一。《庄子·大宗师》中还形象地通过得“道”的真人，来表达对宇宙万物亲和、融合的感悟，由“天与人不相胜”而导出“天人合一”的观念。董仲舒《春秋繁露·阴阳义》认为：“天地之常，一阴一阳。阳者天之德也，阴者地之刑也。……天亦有喜怒之气，哀乐之心，与人相副。以类合之，天人一也。”同书《立元神》也说：“天、地、人，万物之本也。天生之，地养之，人成之。”这种“天人合一”观念，认为人类只是大自然的一个成员，应与山川、草木、鸟兽融会贯通、和谐发展。人类的各种活动，都要顺应大自然的发展规律，不应盲目地去改造自然。

东方人的思想观念，可以归结为“天人合一”。但这里的“天”不是神，而是指大自然讲的。老子不言仙，孔子不信怪，都“敬鬼神而远之”[22]。2005年12月，温家宝总理在法国巴黎综合理工大学讲演时说：

人与自然的和谐相处是人类文明发展的前提。中国文化提倡“天人合一”的思想[23]。

中国古代“天人合一”的宇宙观念，肇始于原始社会末期，成熟于春秋战国，定型于西汉时期，成为中华传统思想文化的核心内容。而由一、二、三、四、五、六、七、八、九、十，这些“天地之数”的奇妙组合，形成的《河图》《洛书》图，就是反映“天人合一”思想观念的宇宙图式（图7-3）[24]。这种观念主张人与自然和谐共生，强调个人对群体的适应，其核心就是强调人与自然、人与人之间和谐共生的融洽关系。

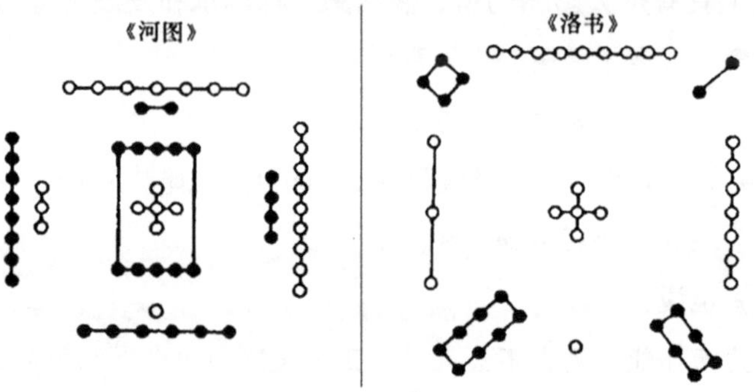

图 7-3　《河图》《洛书》图

“卦位”是指八卦符号在宇宙空间里排列的位次。《周易·说卦传》记载的“先天八卦”和“后天八卦”方位，都是中国古代融空间、时间和八卦于一体的宇宙图式，在人类哲学史上具有重要意义。清华简《筮法》篇的“《卦位图》《人身图》”，实为一幅将八卦分置八方和人体各部位的《卦位图》，当是受《说卦传》深刻影响的产物（图7-4）。“人身图”的四周绘有长方形黑色线框，在黑色线框四方和四隅布列的筮数八卦，构成一幅“《卦位图》”。该图的上下方，绘有两条平行墨线。在上下墨线的两端，均加粗向内形成直角短线。在《卦位图》和平行墨线的四周，附有说明文字。在《人身图》外围墨线框的四方和四隅，绘制的筮数经卦分别是：震在东方，巽在东南，劳（坎）在南方，坤在西南，兑在西方，乾在西北，罗（离）在北方，艮在东北。图中“四正卦”的名称、方位和主司，均可在《太玄文》里找到线索。依次可译为《周易》的后天《卦位图》如下（图7-5）。这幅图把人体、空间和时间统一在八卦图里，来展示《周易》哲学“天人合一”的宇宙观念，正是先秦易学发展成熟的具体标志。这是目前所见年代最早的易学图式，具有极为重要的学

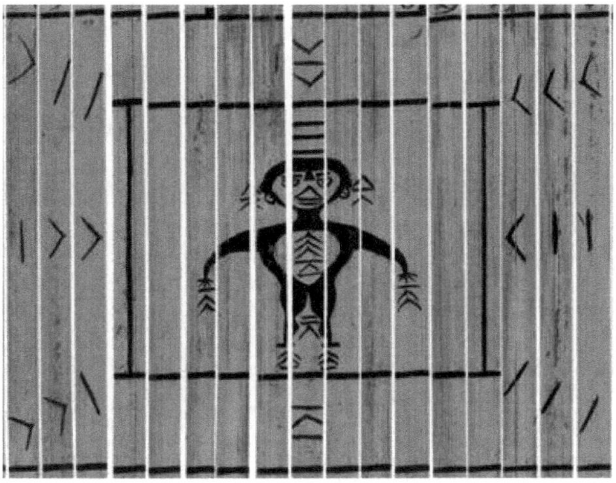

图 7-4 清华简《筮法》卦位图

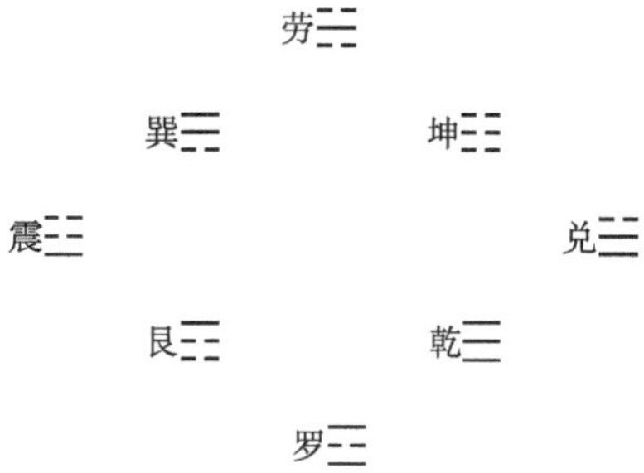

图 7-5 清华简《筮法》后天卦位图

术价值[25]。

西方人的思想观念，可以归结为“神人合一”。这里的“神”是指上帝，这种观念主张人要服从于上帝。因为西方宗教的主旋律，就是神灵世界。古希腊的柏拉图认为，人的灵魂只有解脱肉体的束缚，才能进入不朽世界，这叫作“灵魂堕落”。基督教宣扬“上帝创造人类”的学说，认为人类始祖亚当和夏娃偷吃禁果，犯有原罪，他们的子民就必须赎罪。人若一天不赎罪，就一天没有幸福。因此人应当为神活着，心甘情愿地赎罪，最后才能升入天国。柏拉图的灵魂堕落与基督教的原罪关系，乃是奠定西方“神人合一”观念的思想基础。

中国古代的“天人合一”观念，主张从自然走向人际，重视社会群体的共同利益。西方人的“神人合一”观念主张从人际走向上帝，形成“个人本位，自我中心”的“个人主义”价值观。西方的基督文明，排斥其他宗教和文明的存在，多次发动宗教战争。佛教从印度传入中国后，却能在中国发展壮大，实现儒、佛、道的“三教合一”，这在西方是不可思议的。西方社会在“神人合一”观念的影响下，自20世纪60年代开始，“家庭”这个社会的基本细胞大批解体，当今约有三分之一的成年人成为单身贵族。这就出现儿童和老人的抚养问题，枪支泛滥，暴力案件日益增多。

随着现代工业生产的发展，自然环境遭到严重污染，生态链条受到极大破坏，使人类赖以生存的地球母亲，产生了巨大危机。就在这种社会背景下，西方许多有识之士开始把目光投向中国的《周易》和老庄哲学。他们希望到中国古老的“天人合一”宇宙和谐的观念里，去寻找医治西方社会创伤的灵丹妙药。这就是为什么《周易》《老子》著作，在西方很快热起来的重要原因。

《周易》哲学的“天人合一”宇宙观念，强调人类要与大自然和谐共生，因而成为中华文明的核心价值。著名历史学家钱穆先生指出：“‘天人合一’论是中国文化对人类的最大贡献。”[26]这确是一种高屋建瓴的卓越见解。由此可见，中国古代“天人合一”的宇宙观念，至今仍具有重要的现实意义。

五、“自强不息”“厚德载物”的民族精神

一个民族的共同心理，即共同的思想倾向，被称为民族精神。“民族文化是民族的根，民族精神是民族的魂。根深才能叶茂，有魂才有力量。”[27]世界上不同的民族是由不同的文化信仰形成的，而不同民族都提倡各自的民族精神。

中华民族屹立于世界东方，是世界四大文明古国唯一没有中断历史的伟大民族。那么，是什么精神长期支撑、凝聚着这个伟大民族？这就要问中华民族精神是什么？如果要用一句简单、明了的话来回答，这种精神应该如何表述？我国著名哲学家张岱年先生指出：

> 中国的民族精神基本上凝结于《周易大传》的两句名言之中。这就是：“天行健，君子以自强不息”；“地势坤，君子以厚德载物”[28]。

这两句名言出自《周易·象传上》，相传为孔子所作，因而在中国古代具有很高的权威性。“天行健，君子以自强不息”，乃《周易》开篇《乾》卦的精髓。是说天体运行，周而复始，刚健有力；君子应当效法天道，永远努力前进，造福社会。“地势坤，君子以厚德载物”，乃《周易》第二篇《坤》卦的要旨。是说大地广博，生育万物，谦和宁静；君子应当效法大地，以宽厚的德行，努力工作。这就要求有德行的人，不但要具有效法天道前进不已的品格，做到自强不息；还要有努力效法地道宽厚豁达的精神，做到包容万物。

2020年9月8日，习近平总书记《在全国抗击新冠肺炎疫情表彰大会上的讲话》里指出：

> “天行健，君子以自强不息。”一个民族之所以伟大，根本就在于在任何困难和风险面前都从来不放弃、不退缩、不止步，百折不挠为自己的前途命运而奋斗。

这里的“天行健，君子以自强不息”。就是取自《周易·大象传》。温家宝总理也指出：

> 中华民族的悠久历史和深重灾难，培养了她自强不息、厚德载物的民族精神[29]。

由此可见，“自强不息”“厚德载物”这八个字，应是中华民族精神的最高概括。

“自强不息”表现出中华民族的奋斗拼搏精神，具有强劲的生命力。一个民族只有刚健自强，奋发有为，才能实现生存和发展。故“弘毅自励，居安思危，求真务实，革故鼎新”的思想，应是其基本内容[30]。它体现在个人素质上，强调要人格高尚、志气高远，即孔子所说的“三军可夺帅也，匹夫不可夺志也”[31]和孟子的“富贵不能淫，贫贱不能移，威武不能屈”[32]的崇高人格。在政治大事上，是绝不向外来侵略者屈服，决不向恶势力低头，要坚持抗争，直到胜利。两千多年来，正是这种精神激励着中华民族的志士仁人奋发向上，努力前进，从不屈服于邪恶势力，坚决抵抗外来侵略压迫。我国历史上曾涌现出无数拼命抵抗外来侵略的民族英雄，坚决反对不法权贵的忠贞之士和孜孜不倦探索真理的科学家、思想家和文学家。中国古代传说中的夸父逐日、精卫填海、后羿射日、刑天断首、愚公移山、大禹治水以及苏武牧羊、张骞通西域、司马迁撰《史记》、张衡发明地动仪等故事，正是这种伟大精神的深刻体现。这些志士仁人，应是中华民族的脊梁和楷模。

“厚德载物”表现出中华民族的兼容谦和精神，具有顽强的适应和发展能力。《国语·越语》记载范蠡的话说：“节事者与地，唯地能包万物以为一，其事不失。生万物，容畜禽兽，然后受其名而兼其利，美恶皆成，以养其生。”一个民族只有“容纳百川”，兼容外来先进文化，才能不断地丰富壮大自己。它体现在个人品德上，就是要宽厚待人。要像大地母亲那样生育万物，承载万物，包容万物。

《周易·文言传》载：“积善之家，必有余庆；积不善之家，必有余殃。”这就要有修养的君子要奉行“中庸之道”，以“和为贵”，以“善”处世，个人利益要服从集体利益。孔子所提倡的“仁”，就是人道。他所说的“己所不欲，勿施于人”[33]，则是第一个阐明了人类相互关系的金科玉律[34]，因而具有普遍价值。

“自强不息”“厚德载物”所提倡的奋斗和兼容精神，具有刚柔相济的美好品德。它应是中华民族价值观、伦理观和理想人格的最高准则，也是中华民族精神的集中体现。为什么世界几大文明古国中唯有中华文明未曾中断？就是因为“自强不息”“厚德载物”的民族精神，使中华民族形成了巨大的凝聚力。它既能不断地实现自身发展而抵御外敌侵略，又能构建统一和谐的社会生活。数千年来，中华民族曾多次遭受侵略，也不止一次地出现分裂。但是，中华先民总是以坚忍的毅力和巨大的牺牲，去抵御外敌、制止分裂，实现民族团结和国家安全。从而使中华民族巍然屹立于世界东方，为人类文明进步和社会发展作出了巨大的贡献。

必须指出的是，世界许多民族都不缺乏“自强不息”的奋斗精神。但是，他们所鲜有的，则是“厚德载物”的包容思想。西方在“神人合一”观念的驱使下，国家强大后就向外侵略扩张。遍阅当今西方强国的历史，大多都有侵略中国和欺凌弱小民族的斑斑劣迹。

中华民族自古以来就热爱和平。早在2500多年前，《周易·彖传》就倡导“万国咸宁”“天下和平”的思想[35]。这是世界上最早提出“天下和平”的伟大思想。它与《尚书·尧典》“百姓昭明，协和万邦”的观念正相符合。《韩诗外传》卷三第十九章也说：“天下和平，国家安宁。”使百姓过上安居乐业的幸福生活，是中华民族自古以来的真挚诉求。

中国现在的版图，大体上仍保留着汉、唐和清代中期的规模。我国古代修筑长城，只是为了防御北方强敌的入侵。六百年前，郑和率领二万七千多人的强大舰队远下西洋，周行亚非三十七国，没有侵占别国一寸土地。最近，印度外交国务部长沙希·塔鲁尔在《印度洋将定义21世纪吗》一文中说：1410年，郑和在斯里兰卡沿海小城加勒附近竖立了一座用汉语、波斯语和泰米尔语刻成的石碑，碑文的内容为：

> 祈求印度教神明的祝福，希望建立一个以贸易为基础的和平世界。

这是中国“舰队司令”写给全世界的一条“不同寻常”的“讯息”[36]。清代晚期以来，由于统治阶级的腐败及其制定的“闭关锁国”政策，导致中国长期遭受西方列强的侵略和凌辱。中华儿女永远都不会忘记这个时期的“百年国耻”。忘记国耻，就意味着背叛。正是在中国共产党的领导下，中国人民实现了国家独立和民族复兴。我国党和国家领导人多次重申：中国坚定不移地走和平发展道路，实行互利共赢的开放政策，即便中国强大了，也“永远不称霸，永远不扩张”。由此可见，建立“和谐世界”，实现“天下和平”，使世界各种文明共同和谐发展，乃是中华民族世代相传的崇高夙愿。

六、“保合太和”“天下和平”的崇高境界

《周易》哲学崇尚“得中”的美德，坚持“中正”“中行”的道德准则，追求使人类社会实现“保合太和”“万国咸宁”“天下和平”的崇高境界。

（一）《周易大传》的尚“中”观念

《周易大传》崇尚的“得中”和“中正”观念，屡见各篇《传》文的记录。《周易大传》崇尚的“得中”观念，“中”指行为适中，不偏不倚，是表示卦德的重要观念。在《周易》六十四卦（别卦）里，每卦的第“二”爻和第“五”爻，都居于下卦

或上卦的中间位置，故称为“中”位。凡处“中”位的卦爻，都具有“得中”的吉祥之象。高亨先生指出：“《易传》认为，‘得中’乃象人有正中之道德。”[37]其中，阳爻为刚，阴爻为柔，故“得中”可分为“刚得中”和“柔得中”两大类：

一是“刚得中”。“刚得中”指一阳爻（刚）居下（或上）卦的中间位置，多指君子或国君的美德而言。例如：

《周易·乾》䷀九二爻：“见龙在田，利见大人。”《文言》曰：“龙，德而正中者也。”九二爻辞在下卦的中央位置，象人君有“中正”的美德。因此，“得中”乃是有利的吉祥地位。

《周易·渐》䷴九五爻：“鸿渐于陵，妇三岁不孕，终莫之胜。吉。”《彖传》曰：“其位刚得中也。”“九五”为刚，居上卦的中位，是为“刚得中”。

这则爻辞是说，鸿雁缓缓降落到高陵上，“九五”是尊位，相当于高陵。因“九三”爻辞说“夫征不复”，是以“三岁”没有生育。但因“九五”与“六二”爻都居“中正”的地位，她最终克服困难，实现夙愿，所以吉利。

《周易·比》䷇：“比，吉。原筮元永贞，无咎。”《彖传》曰：“比，吉也；比，辅也，下顺从也。原筮元永贞，无咎，以刚中也。”阳刚的“九五”爻，是本卦的主体，处于上卦至尊的中位，是为“刚得中”，《彖传》省为“刚中”。“九五”为阳爻阳位，至中至正，上下面有五个阴爻簇拥，象征人君得到民众的追随，因而没有灾祸。

《周易·中孚》䷼：“中孚，豚鱼吉，利涉大川，利贞。”《彖传》曰：“柔在内而刚得中。”本卦的“刚得中”，乃兼指“九二”与“九五”而言。这两爻皆为刚，分居上下卦的中位，是为双“刚得中”，象征人君以刚健的美德来守护正中的道德。“中孚”指诚信，虔诚地奉献豘、鱼祭品，可获吉祥。有利于排除艰难，是以贞问吉利。

二是“柔得中”。“柔得中”指一阴爻（柔）居下（或上）卦的中间位置，多指臣民或妇女的美德而言。例如：

《周易·同人》䷌：“同人于野，亨。利涉大川，利君子贞。”《彖传》曰：“同人，柔得位得中，而应乎乾，曰同人。同人曰：‘同人于野，亨。利涉大川’，乾行也。文明以健，中正而应，君子正也。唯君子为能通天下之志。”这卦的“六二”爻柔顺，居下卦的中位，是为“柔得中”，象征臣民得到正中的美德。而其“六二”中正，与上卦刚毅中正的“九五”爻，阴阳相应，故称为“同人”。众人在旷野里和谐相聚，所以亨通。可以冒险犯难，符合君子的品德，无往不利。

《周易·噬嗑》䷔：“噬嗑，亨。利用狱。”六二爻：“噬肤灭鼻，无咎。”《彖传》曰：“颐中有物，曰噬嗑，噬嗑而亨。刚柔分，动而明，雷电合而章。柔得中而上行，虽不当位，利用狱也。”“噬嗑”是上下颚咬合，将吃的东西咬碎的意思。“六二”爻居下卦的中位，阴爻阴位得正，属“柔得中”的范畴，象征裁判公正，处置罪犯就像咬碎软肉那样容易。六二爻辞“肤”是柔软的肥肉，“灭鼻”指掩盖鼻子。吃肥肉、享美餐时，安乐“无咎”。

《周易·小过》䷽：“小过，亨，利贞，可小事，不可大事。”《彖传》曰：“柔得中，是以‘小事’吉也。刚失位而不中，是以不可‘大事’也。”本卦的“柔得中”乃兼指六二与六五两爻而言。这两爻皆为柔，分居上下卦的中位，是为双“柔得中”。它象征地位弱者得到正中有利的地位，所以“小事”能取得吉利。阳爻不能居于中位，所以不可以去办理“大事”。

“中”指中正的美德。《周易·系辞传下》：“则非其中爻不备。”惠栋述：“中，正也。”朱熹《中庸》集注：“中者，不偏不倚，无过不及之名。”清华简《保训》说：“舜既得中。”[38]《论语·尧曰》载：帝尧告诫舜要“允执其中”。是说舜要诚实地执守中正的准则。《荀子·性恶》载：“天下有中。”杨倞注：“中，谓中道。”“中道”指中正的道德准则。《荀子·儒效》：“曷谓中？曰礼义是也。”“礼仪”是指社会通行的道德规范。《中庸》：“君子之中庸也，君子而时中。”是说君子每时每刻都能秉持不偏不倚的“中庸”美德。《春秋繁露·循天之道》说：“夫德莫大于和，而道莫正于中。中者，天地之美达理也，圣人之所保守也。”这说明“中”乃是圣人秉持的完美道德，这就是《周易大传》崇尚“得中”的缘由。

（二）《周易大传》的“中正”观念

“中正”是《周易》哲学崇尚的道德观念，倡导人类社会要坚守“中正以观天下”的道德准则。

《周易·需》䷄：“需有孚，光亨，贞吉。利涉大川。”九五爻：“需于酒食，贞吉。”《彖传》曰：“需，须也，险在前也。刚健而不陷，其义不困穷矣。需有孚，光亨，贞吉。位乎天位，以正中也。利涉大川，往有功也。”《象传》曰：“酒食贞吉，以中正也。”本卦由于“九五”爻居于至高无上的尊位，刚健有力，可以安闲地享用酒食。而且“九五”与“九二”爻都处于“中正”的优越位置，所以“涉大川”会取得成功。因此，只要坚守“中正”的原则，就能达到吉祥的目的。

《周易·同人》䷌：“同人于野，亨。利涉大川，利君子贞。”《彖传》曰：“同人，柔得位‘得中’而应乎乾，曰同人。同人曰：同人于野，亨。利涉大川，乾行也。文明以健，中正而应，君子正也。唯君子为能通天下之志。”本卦下卦《离》象征光明，上卦《乾》象征刚健。而其“六二”爻“中正”柔顺，与上卦“九五”爻“中正”刚毅相应，这正是君子的正道。所以会亨通吉祥，可以涉越大川，故称作“同人”。《荀子·劝学篇》载：“故君子居必择乡，游必就士。所以防邪僻，以近中正也。”这是说君子居住必定要选择好的乡里，出游必定要就教有修养的儒士，这是因为他要防止邪僻，坚持走正道的缘故。

《周易·豫》䷏六二爻：“介于石，不终日，贞吉。”《象传》曰：“‘不终日，贞吉’，以中正也。”“介于石”形容人的品格耿介正直，如同磐石般坚定不移。“豫”指欢乐。欢乐容易使人沉溺，从而陷入忧患。在本卦里只有“六二”爻居中，阴爻阴位得正，象征上下各爻都沉溺于欢乐，唯独他保持清醒，坚守“中正”的人格[39]，因而得到吉祥的结果。

《周易·观》䷓：“观，盥而不荐，有孚颙若。”《彖传》曰：“大观在上，顺而巽，中正以观天下。”内卦《坤》是民众，外卦《巽》是顺从。“九五”爻在外卦的尊位，阳爻阳位得正，以伟大的德行被万民瞻仰。因此要以“中正”的德行展示天下众生[40]。

“中正”是指公平、正直的人格和与人相处的道德准则。《周易大传》中的“中正”是《周易》哲学倡导的社会准则和道德观念。

（三）《周易大传》的“中行”观念

《周易》哲学倡导的“中行”观念，在《泰》《复》《益》《夬》诸卦里多次出现，当是指君子的“中和”美德而言。

《周易·泰》䷊九二爻：“包荒，用冯河，不遐遗朋亡。得尚于中行。”李镜池注：“包荒，把匏瓜挖空。包，借为匏。荒，空。”“用冯河。”《集解》引虞翻曰：“冯河，涉河。”高诱《淮南子·本经训》注：“无舟楫而渡曰冯河。”“用冯河”就是用挖空的匏瓜泅水横渡黄河的意思。“不遐遗朋亡”，不会使朋友坠亡。

“得尚于中行”，《集解》引荀爽曰：“‘中’谓五，坤为‘朋’，朋亡而下，则二上居五，而行中和矣。”李道平《纂疏》说：“五居上中，故‘中谓五’。……‘尚’与‘上’通。五下二，则二上居五，各得其正，而行‘中和’矣”[41]。孙振声《白话周易·泰》卦说：“‘中行’即中庸之道。”[42]唐明邦《周易评注·泰》卦说：“中行，中道。尚于中行，崇尚中正美德。”[43]《管子·心术下》：“行者，正之义也。”“得尚于中行”指因为能够秉持“中和”美德的结果。由此可见，这里的“中行”与“中和”“中庸”的含义相通，是指君子的“中和”美德。

《周易·复》䷗六四爻："中行独复。"《象传》说："中行独复，以从道也。"

《周易·益》䷩六三爻："益之用凶事，无咎。有孚中行，告公用圭。"

《周易·益》䷩六四爻："中行，告公从。利用为依迁国。"

《周易·夬》䷪九五爻："苋陆夬夬，中行无咎。"

"行""庸"义通。《左传·昭公十年》："将不行。"杜预注："行，用也。"《周礼·夏官·司爟》："掌行火之政令。"郑玄注："行，用也。"《说文·用部》："庸，用也。"《诗·王风·兔爰》："尚无庸。"毛传："庸，用也。"是其证。《论语·子路》："不得中行而与之。""中行"，《后汉书·独行传》引作"中庸"。《汉书·杨胡朱梅云传》："昔仲尼称'不得中行，则思狂狷'。"颜师古注："中行，中庸也。"《广雅·释诂三》："庸，和也。"这说明"中行"即中和的意思。

清代大儒惠栋在《易例》中提出"《易》尚'中和'说"。他反复阐明"二、五为中，相应为和"的思想，认为"中和"在《易》学中是通过爻位表现出来的道德观念。而《既济》䷾卦《坎》上《离》下，初、三、五刚居阳位，二、四、上柔居阴位，六爻皆得其正。六二与九五，"刚中"与"柔中"相应，此谓之"和"。可见《既济》卦是由《乾》《坤》二卦按照"中和"的原则升降交合变化而来的，爻位的配置，阴阳和均，刚柔相当，是一种理想的象数卦画形式。

中国古代崇尚"中和"的道德观念。据《周易·蒙·彖传》："以亨行时中也。"《经典释文》曰："中，和也。"《国语·郑语》说："和实生物。"韦昭注："阴阳和而万物生。"《老子》第四十二章说："万物负阴而抱阳，冲气以为和。"《荀子·正名》："性之和所生。"杨倞注："和，阴阳冲和气也。"《庄子·田子方》："至阴肃肃，至阳赫赫。肃肃出乎天，赫赫发乎地，两者交通成和，而物生焉。"这说明阴阳之气交流和合而化生万物的缘由。

清华简《保训》说：上甲微将"中和"大道"传贻子孙，至于成汤。"《孟子·离娄下》载："汤执中，立贤无方。"是说商汤坚持中正大道，选拔贤人却不拘常规。《论语·雍也》："中庸之为德也，其至矣也。"皇侃疏："中，中和也。"《论语·学而》说：

> 礼之用，和为贵，先王之道斯为美。

《礼记·中庸》也说：

> 中也者天下之大本也，和也者天下之达道也。致"中和"，天地位焉，

万物育焉。

这说明“中”是天下万物相互依存的基本准则，“和”则是天下万物和谐共生的道德规范。自然界如果能达到“中和”的境界，天地便各在其位，万物便能生长发育了。《春秋繁露·循天之道》载：

夫德莫大于和，而道莫正于中。中者天地之美达理也，圣人之所保守也。……中者，天地之太极也。

这些文献相互参证，足以说明“中和”观念乃是中国历代圣贤相继恪守的治国大道。因此，“中和”应是对“天人合一”观念的浓密凝结和高度升华。它就成为中华民族文化最核心和最优秀的价值观念。

（四）《周易》哲学“保合太和”“天下和平”的崇高境界

“保合太和”“万国咸宁”“天下和平”是《周易》哲学的最高境界。《周易·乾·彖传》说：

乾道变化，各正性命，保合太和，乃利贞。首出庶物，万国咸宁。

天体在不断变化中生育万物，各依其性情而生存，保持着自然界的大和谐，才能使万物各得其所。天体周流不息，不断孕育万物，使天下万国都能和谐安宁。和谐达到极致状态，称之为“太和”。“保合太和”“万国咸宁”，乃是人类世界追求的最高境界，也是世界各国人民的共同追求的理想社会。

“中和”有志同道合与“和而不同”两种不同的境界。《礼记·经解》载：“发号出令而民说，谓之和。”这里的“和”可谓上下志同道合。《论语·子路》说：“君子和而不同。”皇侃疏：“和，谓心不争也。”《庄子·徐无鬼》：“夫神者，好和而恶奸。”《尔雅·释诂上》：“谐，和也。”郝懿行疏：“和者，调也，适也，不争也。”说明“中和”乃是人与人、人与自然之间惯常的和谐状态。而“太和”则是最高大、最理想的和谐境界，包括人与人、人与自然之间的最大和谐。

《周易》哲学崇尚“天下和平”的和谐世界。《周易·咸·彖传》：“天地感而万物化生，圣人感人心而天下和平。”这是说天地相互交合感应，而化生宇宙万物。《文选·曹植〈七启〉》“吾子为太和之民”吕向注：“太和，太平也。”圣人以至诚大德感应万民，从而使世界各国实现和平相处的和谐状态。

《尚书·尧典》载：“克明俊德，以亲九族。九族既睦，平章百姓。百姓昭明，协和万邦，黎民于变时雍。”这是说帝尧能自明大德，亲睦各族百姓，协调四方诸侯，使天下民众都能生活在和善的社会里。《庄子·天下》说：“醇天地，育万物，和天下，泽及百姓。”《韩诗外传》卷三第十九章也说：“天下和平，国家安宁。”帝尧倡导的“协和万邦”观念，使百姓过上安居乐业的幸福生活，是中华民族自古以来的真挚诉求。

中华民族自古以来就热爱和平。早在2500多年前，《周易·彖传》就倡导“万国咸宁”“天下和平”的思想。这是世界上最早提出“天下和平”的伟大思想。世界各国的关系，主要是大国关系。各大国间应遵循“不冲突，不对抗，相互尊重，合作共赢”的原则。余敦康先生指出：这说明“《易》道的思想精髓中蕴含着一种浓郁的人文价值理想，追求一种以‘太和’为最高目标的天与人、自然与社会的整体和谐。这种‘太和’思想是先秦各家对整体和谐的最完美的论述，集中体现了中国文化的最高的价值理想”[44]。

由此可见，《易传大传》借助于《易经》卦爻结构和筮占方法相结合的形式，吸取儒、道两家的优秀思想，提出了“得中”“中正”“中行”“中和”的哲学观念以及追求“保合太和”“万国咸宁”“天下太平”崇高境界，构建了人与人、人与社会、人与自然整体和谐的指导原则，从而成为《周易》哲学最核心和最崇高的价值观念。

七、结　　语

综上所述，《周易》哲学是塑造中华文明的理论基础。它所体现的宇宙生成的“大极”学说、“阴阳和合”的辩证法则、“天人合一”的宇宙观念、“自强不息”“厚德载物”的民族精神和“保合太和”“万国咸宁”“天下和平”的崇高境界，对我国古代政治、经济、军事和文化都产生了深远的影响，至今仍闪耀着熠熠的光辉，成为中华民族的瑰宝。特别是中华民族为实现伟大复兴，在构建“人类命运共同体”的今天，这些基本精神和崇高境界，仍具有重要的现实意义。

习近平总书记提出的以“共商、共建、共享”为基础的“一带一路”倡议和构建“人类命运共同体”的重要思想，正是对《周易》哲学核心价值观念的继承和发展，因而得到世界各国的高度评价。《周易》的哲学思想不但是中国的，而且也是世界的。它的基本精神和崇高境界，可以作为构建“人类命运共同体”和人类社会可持续发展的指导原则。因此，《周易》哲学应是中华民族奉献给人类的最珍贵的礼物！

注 释

［1］ 恩格斯：《反杜林论序》，《马克思恩格斯选集》第3卷，人民出版社，1972年。

［2］ 任继愈：《我国哲学发展的正道》，《人民日报》2004年9月10日第14版。

［3］ 《光明日报》2014年8月5日第16版。

［4］ 蔡运章：《河图洛书与古都洛阳》，《河南科技大学学报》（社会科学版）2007年第3期。

［5］ 《汉书·扬雄传下》。

［6］ 据美联社华盛顿电2008年12月9日，《参考消息》2008年12月10日第2版。

［7］ 蔡运章：《论原始洛书及相关问题——安徽含山出土玉龟和玉版图研究》，《甲骨金文与古史新探》，中国社会科学出版社，1996年。

［8］ 恩格斯：《反杜林论》，《马克思恩格斯选集》第3卷，人民出版社，1972年。

［9］ 拉普拉斯：《我不需要上帝这种假设》，《宇宙简史》（修订本），线装书局，2003年。

［10］ 〔法〕伏古勒尔著、李珩译：《天文学简史》第131页，广西师范大学出版社，2003年。

［11］ 恩格斯：《反杜林论》，《马克思恩格斯选集》第3卷，人民出版社，1972年。

［12］ 〔美〕杰里米·许：《生日快乐，哈勃》，《参考消息》2010年4月26日第7版。

［13］ 《集成》04442～04445。

［14］ 《集成》04323。

［15］ 毛泽东：《矛盾论》，《毛泽东选集》第一卷，人民出版社，1991年。

［16］ 张岱年：《中国文化与辩证思维》，《文化与哲学》，教育科学出版社，1998年。

［17］ 《马克思恩格斯全集》第40卷，人民出版社，1972年。

［18］ 邵雍：《皇极经世书·观物外篇上》，中州古籍出版社，1993年。

［19］ 阿诺德·汤因比著，刘北成、郭小陵译：《历史研究》（修订插图本）第十章，上海人民出版社，2000年。

［20］ 陆德明：《经典释文》引。

［21］ 赵颖：《略论“天人合一”思想的起源和形成》，《河洛文化研究》，解放军外语音像出版社，2006年。

［22］ 《论语·雍也》。

［23］ 温家宝：《尊重不同文明　共建和谐世界》，《人民日报》2005年12月27日第3版。

［24］ 蔡运章：《河图洛书之谜》，《文史知识》1994年第3期；蔡运章：《河图洛书与古都洛阳》，《河南科技大学学报》（哲学社会科学版）2007年第3期。

［25］ 蔡运章：《清华简〈卦位图〉哲学思想考辨》，《易学考古论集》，中华书局，2016年；

《清华简与儒家经典国际学术研讨会论文集》，上海古籍出版社，2017年。
[26] 钱穆：《中国文化对人类未来可有的贡献》，《中国文化》1991年第4期。
[27] 任仲平：《创造更加灿烂的先进文化》，《人民日报》2004年4月16日第1版。
[28] 张岱年：《文化传统与民族精神》，《学术月刊》1986第12期。
[29] 温家宝：《尊重不同文明　共建和谐世界》，《人民日报》2005年12月27日第3版。
[30] 王军：《“自强不息”“厚德载物”的现实意义》，《光明日报》2004年3月26日。
[31] 《论语·子罕》。
[32] 《孟子·滕文公下》。
[33] 《论语·颜渊》。
[34] 孔汉思：《团结精神》，《华南早报》2007年11月30日。
[35] 《周易·象传》《乾》卦、《咸》卦。
[36] 美国《华盛顿邮报》2010年11月14日；《参考消息》2010年12月1日第13版。
[37] 高亨：《周易大传今注》第40页，齐鲁书社，1987年。
[38] 清华大学出土文献研究与保护中心：《清华大学藏战国竹简〈保训〉释文》，《文物》2009年第6期；李学勤：《论清华简〈保训〉的几个问题》，《文物》2009年第6期。
[39] 孙振声：《易经入门》第152、178、118页，文化艺术出版社，1991年。
[40] 孙振声：《易经入门》第152、178、118页，文化艺术出版社，1991年。
[41] 李道平：《周易集解纂疏》第168页，中华书局，1998年。
[42] 孙振声：《易经入门》第152、178、118页，文化艺术出版社，1991年。
[43] 唐明邦：《周易评注》第30页，中华书局，1995年。
[44] 余敦康：《汉宋易学解读》第5页，华夏出版社，2006年。

第八章　禹铸九鼎与三代王权

公元前2071年，夏禹率领民众，治理洪水成功，建立夏朝。为了加强中央王朝的统治，他决定把全国划为“九州”，并铸造“九鼎”来作为“九州”和“王权”的象征。商周以降，围绕着“九鼎”的争夺和迁徙，演绎出来许多有趣的故事。本章谨就夏禹“铸九鼎”及其相关问题，略作考述。

一、黄帝“铸鼎”与铜鼎起源

黄帝是中华民族的血缘始祖。中国古史传说的黄帝时代，大体相当于距今5000年前后的仰韶文化中晚期。这时，中华原始先民的氏族公社，已进入到“万国”林立的城邦时代。若论铜鼎的起源，可以追溯到新石器时代中期陶鼎的产生和黄帝“铸鼎”升仙的古老传说。

（一）原始社会晚期的陶鼎

鼎本是中国古代煮饭时使用的炊具，也是宗庙祭祀常用的重要礼器。《说文·鼎部》：“鼎，三足两耳，和五味之宝器也。”《汉书·五行志中》说：“鼎者，宗庙之宝器也。”鼎由最初的炊具，演变为宗庙祭祀的礼器，再发展到国家王权的象征，经历了一个漫长的发展过程。

陶鼎最早出现在距今8000多年的裴李岗文化遗址里。这时，中华先民的原始农业和陶器制造业已初步形成，人们开始烧制各种日用陶器。陶鼎作为烧煮饭食的炊具，便被制造出来。

河南舞阳贾湖裴李岗文化遗址M22出土的陶鼎，为敞口，浅斜腹，圜底，壁胎较厚。下有柱状三足支撑（图8-1），便于架柴燃火烹煮食物[1]。这种陶鼎的形制，颇为原始实用，可以作为早期陶鼎的代表。

到距今5000多年的仰韶文化中晚期，河南汝州中山寨仰韶文化遗址出土的陶鼎，已演变为敛口，鼓腹，圜底，壁胎较薄（图8-2）。这种形制不但可以使鼎内盛煮更多食物，而且便于聚气保温，可节省烧柴和烧煮时间，比裴李岗文化陶鼎显得更为科学[2]。

图 8-1　贾湖裴李岗文化的陶鼎（M22 ：2）

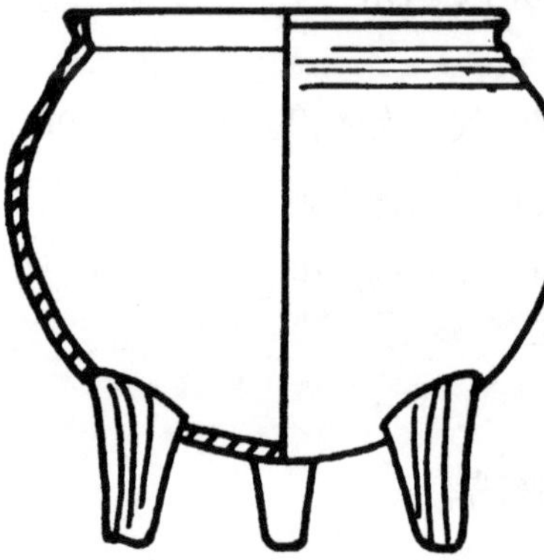

图 8-2　中山寨仰韶文化陶鼎

（二）黄帝铸“宝鼎”的传说

据《淮南子·原道训》记载：“黄帝始立城邑以居。”《史记·五帝本纪》载：“轩辕之时，神农氏世衰，诸侯相侵伐，暴虐百姓，而神农氏弗能征。于是轩辕乃习用干戈，以征不享，诸侯咸来宾从。”《史记·封禅书》说：“黄帝时为五城十二楼”。《史记·孝武本纪》也说：黄帝时有“万诸侯”，乃“置左右大监，监于万国”。这说明黄帝时期，我国境内已进入“万国”林立的城邦社会。

考古发现黄帝时代原始聚落周围的防御设施，已由深陷的壕沟转变为高耸的城墙，这是城市出现的重要标志。湖南澧县城头山发现大溪文化早期到屈家岭文化的古城遗址，距今6000～4800年[3]。河南郑州市西山发现的仰韶文化古城遗址，距今5300～4800年[4]。恩格斯指出：“在新的设防城市周围屹立着高耸的墙壁并非无故，它们的壕沟深陷为氏族制度的墓穴，而它们的城楼已经耸入文明时代了。”[5]

相传，黄帝时代已开始铸造铜鼎。《史记·封禅书》载：“黄帝作宝鼎三，象天、地、人。”又说：“黄帝采首山铜，铸鼎于荆山下。鼎既成，有龙垂胡髯，下迎黄帝。黄帝上骑，……百姓仰望黄帝既上天，乃抱其弓与胡髯，故后世因名其处曰鼎湖。”“鼎湖”在今河南灵宝市阳平镇。

《水经注》卷四《河水》载：“（鼎）湖水又北迳湖县东，而北流入于河。《魏土地记》曰：弘农湖县有轩辕黄帝登仙处，黄帝采首山之铜，铸鼎于荆山之下，有龙垂胡于鼎，黄帝登龙，从登者七十余人，遂升于天，故名其地为鼎湖。荆山在冯翊，首山在蒲坂，与湖县相连。”“冯翊”在今陕西大荔县境，“蒲坂”在今山西永济市北。今河南灵宝市博物馆藏有唐贞观十七年篆文《轩辕黄帝铸鼎碑》（图8-3）。这是目前发现最早记载黄帝“铸鼎”升仙故事的碑刻文物[6]。

唐代大诗人李白有一首《飞龙引》的琴曲歌辞，来称颂黄帝“铸鼎”升仙的故事。其辞云：

黄帝铸鼎于荆山，
炼丹砂。
丹砂成黄金，
骑龙飞上太清家，
云愁海思令人嗟。
宫中彩女颜如花，
飘然挥手凌紫霞，
从风纵体登鸾车。
登鸾车，
侍轩辕，
遨游青天中，
其乐不可言！（《李白全集》卷三）

这是李白借黄帝铸鼎升天而写的游仙诗[7]，深受后人的称赞。由此可见，黄帝铸造的“宝鼎”，已变为沟通人神的宗教法器。

图 8-3 轩辕黄帝铸鼎碑记
采自李书谦：《灵宝唐〈轩辕黄帝铸鼎碑〉再议》，《中原文物》2018 年第 2 期

黄帝铸“宝鼎”的故事，充满神话色彩。人类真正用金属器具取代石器，应是青铜器出现以后的事情。但是，青铜器的冶炼和铸造，对于远古先民来说，不是一件容易的事。我国发现最早的铜器，是陕西临潼姜寨仰韶文化遗址出土的半圆形黄铜片和小铜管，距今约6500年。而我国发现最早的青铜器具，则是1975年在甘肃东乡林家遗址出土马家窑文化的青铜小刀，距今约5000年。后来的青海齐家文化和山东龙山文化遗址，陆续出现小型的刀、斧、凿、匕、锥、指环和铜镜等物件[8]。

考古发现表明，黄帝时代我国的青铜铸造业，刚进入萌芽状态。目前尚未发现当时包括铜鼎在内的青铜容器。然而，我们却可从黄帝“铸鼎”神话传达的信息里，看到黄帝时代陶鼎已由做饭的炊具，演变为祭祀神灵的重要礼器。这为夏禹“铸鼎象物”的活动，奠定了重要的物质文化基础。

二、禹“画九州”与“铸鼎象物”

大禹治水成功，建立夏朝，决定把全国划为“九州”，并铸造“九鼎”来作为“九州”和“王权”的象征。从此开启了中国古代“王朝”政权的序幕。

（一）禹画“九州”政治举措

夏是居住在嵩山周围的古老部族。据《国语·周语下》记载：“昔夏之兴也，融降于崇山。”“崇山”即嵩山。因夏部族的首领“鲧封于崇”（《连山易》），故《国语》称为“崇伯鲧”。《逸周书·度邑解》说：“自雒汭延于伊汭，居阳无固，其有夏之居。”这说明嵩山周围和伊洛流域是夏部族活动的中心地区。

洪水传说是人类文明伊始，普遍存在的历史记忆。距今约4100年前，夏族首领鲧、禹父子相继率领众人，治理洪水。据《诗经·商颂·长发》记载：“洪水芒芒，禹敷下土方。”《国语·周语下》载：大禹治水成功“皇天嘉之，祚以天下”。这里的“皇天”，都是指至高无上的天帝而言。《孟子·滕文公下》载：“当尧之时，天下犹未平，洪水横流，氾滥于天下。”《尚书·尧典》说：帝尧使鲧治水“九载，绩用弗成”。《史记·夏本纪》也说：帝尧“用鲧治水，九年而水不息，功用不成”。“禹乃遂与益、后稷奉帝命，命诸侯百姓兴人徒以傅土，行山表木，定高山大川。”大禹率领众人，治理洪水十三年，“三过家门而不入”的献身精神，成为千古传颂的佳话。

大禹治理洪水的故事，得到西周金文的有力佐证。据西周晚期的遂公盨铭文记载：

天命禹敷土，随山浚川，乃贲地设征，降民监德。迺自作配卿民，成父母。生我王作臣，厥显唯德。民好明德，顾在天下。用厥绍好，益干懿德，康亡不懋。孝友，訏明经齐，好祀无废。心好德，婚媾亦唯协。天釐用考，神复用祓禄，永御于诋。遂公曰：“民唯克用兹德，亡悔！”[9]

这里的“天命”指天帝之命，犹如《诗·商颂·玄鸟》“天命玄鸟，降而生商”及《尚书·汤誓》“有夏多罪，天命殛之”的“天命”一样，都是指超意志的至上神讲的。由此可见，至迟在西周晚期，鲧、禹治水的神话就已基本形成。

大禹治水成功而建立的夏王朝，是中国历史上第一个“大一统”王朝。为了便于行政管理，巩固夏王朝的统治，大禹便把全国划分为九个行政区域。据《左传·襄公四年》记载：

《虞人之箴》曰："芒芒禹迹，画为九州，经有九道。民有寝庙，兽有茂草。各有攸处，德用不扰。"

"《虞人之箴》"是记载帝王田猎活动的典籍。这是说大禹把全国划分为九个行政区域来进行有效管理，修建九条大道相连接。百姓有安定住所和祭祀的庙堂，禽兽有茂盛的野草来栖息生活。百姓与禽兽各有居住的地方，彼此和谐共存，不相打扰。这就是禹"画九州"的故事。

禹"画九州"是夏代初年的重大政治举措。这个故事得到大量史籍和金文资料的佐证。《诗·商颂·玄鸟篇》载："方命厥后，奄有九有。"同书《长发篇》说："帝命式于九围。"《殷武篇》也说："天命多辟，设都于禹之迹。"这里的"九有""九围"都是指"九州"。特别重要的是，春秋时期的《叔夷钟铭文》说：

赫赫成汤，有严在帝所，溥受天命，翦伐夏司，贯厥灵师。伊小臣唯辅，咸有九州，处禹之堵[10]。

这是说成汤得到天帝的祐助，翦灭夏师，在伊尹的辅佐下，取得"九州"的统治，把国都迁到大禹居住的地方。这说明商代继承夏禹划分全国为"九州"的政治制度。

（二）"九州"的地域和名称

"九州"的地域和名称，《尚书·禹贡》《逸周书·职方》等篇的记录，略有差异。《禹贡》篇的名称、地域和次序为：

（1）冀州。

（2）济、河惟兖州。

（3）海、岱惟青州。

（4）海、岱及淮惟徐州。

（5）淮、海惟扬州。

（6）荆及衡阳惟荆州。

（7）荆、河惟豫州。

（8）华阳、黑水惟梁州。

（9）黑水、西河惟雍州。

《尔雅·释地》篇的名称、地域和次序为：

（1）两河间曰冀州。

（2）河南曰豫州。

（3）河西曰雍州。

（4）汉南曰荆州。

（5）江南曰扬州。

（6）济河间曰兖州。

（7）济东曰徐州。

（8）燕曰幽州。

（9）齐曰营州。

大禹把全国划分为九个行政区划，每个区划名之为“州”。每个州的牧守都由中央王朝派遣任命。这就彻底打破了长期以来的氏族统治，极大地加强了中央王朝的统治权力，开启了中华民族大国治理的先河，具有重要的政治意义。

（三）夏禹“铸鼎象物”的故事

夏禹“铸鼎象物”的故事，见于《左传·宣公三年》载：

> 昔夏之方有德也，远方图物，贡金九牧，铸鼎象物，百物而为之备，使民知神、奸。故民入川泽山林，不逢不若。螭魅罔两，莫能逢之。用能协于上下，以承天休。

杨伯峻注：“远方图物，图画远方各种物象。……毕沅《山海经新校正序》云：‘《山海经·海内经》四篇、《海外经》四篇，周秦所述也。禹铸鼎象物，使民知神、奸。按其文，有国名，有山川，有神灵奇怪之所祭，是鼎所图也。鼎亡于秦，故其先秦时人犹能说其图以著于册。’”这说明九鼎上铸造的图像“有国名、有山川、有神灵奇怪”等物象，所谓“国名”实即九州之名。“用能协于上下，以承天休”就是用来沟通天地、人神的紧密联系，从而得到天帝的佑助。这就是夏禹“铸鼎象物”的根本目的。由此可见，“九鼎”具有沟通天地、人神的宗教功能。也就是说，“九鼎”实为用来沟通天地、人神的宗教法器。

《国语·周语下》也说，大禹治水时“念前之非度，厘改制量，象物天地，比类百则，仪之于民，而度之于群生”。韦昭注：“象物天地，取法天地之物象也。”大禹用九州贡献的铜铸造了九尊大鼎，并将九州的名义、山川和百物分别都铸造在各自的铜鼎上，使广大民众能够了解各地神灵和奸邪的具体状况，用来沟通天地间的紧密联系，从而得到天帝的佑助。这些“图画”就是反映九州名义、山川和百物的“物象”。因此，这九尊大鼎既是夏朝王权统治的有力象征，也是沟通天地神灵的重要法器。

“九鼎”到底是谁铸造的？还有不同的说法。《墨子·耕柱篇》载：

昔者夏后开使蜚廉折金于山川，而陶铸之于昆吾。是使翁难雉乙卜于白若之龟，曰："鼎成三足而方，不炊而自烹，不举而自臧，不迁而自行，以祭于昆吾之虚，上乡！"乙又言兆之由（繇），曰："飨矣！逢逢白云，一南一北，一西一东，九鼎既成，迁于三国。"夏后氏失之，殷人受之；殷人失之，周人受之。夏后殷周之相受也，数百岁矣。

这里的"夏后开"即夏后启，因避汉景帝讳而改。"蜚廉"，夏臣。"昆吾"，古国名，"昆吾之虚"在今河南濮阳市西部。"三足"，《艺文类聚》卷七十三、《玉海》卷八十八均引作"四足"，当以"四足"为是。这是说传于夏商周三代的"九鼎"是夏禹之子夏后启铸造的。

然而，《史记·楚世家》载："昔者虞夏之盛，远方皆至，贡金九牧，铸鼎象物。""虞夏之盛"，当指禹时。东汉明帝六年诏说："昔禹收九牧之金，铸鼎以象物。"（《后汉书·明帝记》）《说文·鼎部》也说："昔禹收九牧之金，铸鼎荆山之下。"西晋张华《博物志·杂说上》说："昔夏启筮徙九鼎，启果徙之。"讲的都是夏启"徙九鼎"，而没有说"铸九鼎"。因此，"九鼎"是夏禹铸造的镇国重器，是可以肯定的事。

由此可见，夏禹"画九州""铸九鼎"是夏代初年的重大政治事件。这九尊大鼎既是祭祀和沟通天地神灵的重要礼器，也是夏代王权统治的具体象征。这在中国古代国家政权形成的过程里，具有划时代的政治意义。

三、"王朝"更替与"九鼎"迁徙

夏禹铸造的"九鼎"不但是沟通天地、人神的宗教法器，而且也是"九州"和夏朝"王权"的象征，因而也就成为夏、商、周三代"王朝"更替的传国重器。于是，便演绎出"迁鼎""定鼎""问鼎"等许多有趣的故事。

（一）商汤灭夏"鼎迁于商"

商本是居住在黄河中下游地区的一个古老部族。夏代末年，夏桀无道，诸侯叛离。商汤举兵灭夏，建立商朝（约前1600～前1046年），迁都西亳（今洛阳市偃师区西南）。

据《左传·宣公三年》记载："桀有昏德，鼎迁于商，载祀六百。"今本《竹书纪年》说：商汤"二十七年，迁九鼎于商邑"。"商邑"即商都西亳。这说明夏朝灭亡，九鼎迁于商都。

后来，由于商代王都的变化，"九鼎"也就随着不断迁徙。

（二）武王克商“鼎迁于周”

周本是居住在今陕西渭水中游地区的古老部族。据《诗·大雅》中的《大明》《绵》《思齐》诸篇记载，周人的始祖后稷擅长农业种植，帝尧尊其为农师。到古公亶公时，周人迁居岐山南麓的周原地区（今陕西岐山县），开始营建城邑。古公亶父死后，经季历、文王二代的发展，周人把国都迁至丰邑（今陕西西安市西南）。周武王初年，营建鄗京（在今陕西西安市西南）。这时，周族已基本具备翦灭商朝的实力。

公元前1046年，二月甲子，武王克商，灭掉商纣，建立周朝。周武王为了巩固西周王朝的统治，决定迁都洛邑。据《逸周书·世俘解》记载：“甲子朝，至接于商，则咸刘殷王纣，执天恶臣百人。辛亥，荐俘殷王鼎。”同书《克殷解》载：武王“乃命南宫百达、史佚迁九鼎三巫”。孔晁注：“九鼎，王者所传宝。”《左传·桓公二年》载：“武王克商，迁九鼎于洛邑。”杜预注：“九鼎，殷所受夏九鼎也。”孔颖达疏：“鼎者，帝王所重，相传以为宝器，戎衣大定之自可迁置西周，乃徙九鼎于洛邑，故知本意以为都。”刘恕《通鉴外纪》说：“武王克商，瞻河洛而叹曰：‘此天室也。’遂迁九鼎于郏鄏。”（《玉海》卷一百七三引）

由此可见，武王灭商后把象征王权的九鼎迁置洛邑，说明他已决定把国都建在这里。

（三）周成王“定鼎于郏鄏”

武王死后，周公继承武王的遗志，营建洛邑，名曰成周。《左传·昭公三十二年》载：“昔成王合诸侯，城成周，以为东都，崇文德焉。”周公营建东都成周城，并以“成周八师”驻守东都，镇抚东方。从此，西周王朝便有了两座都城，西方的镐京为宗周，东方的洛邑为成周。东西两都，邦畿千里，紧密相连，成为统治全国的政治、经济、军事和文化中心。

《左传·宣公三年》载：“商纣暴虐，鼎迁于周。成王定鼎于郏鄏，卜世三十，卜年七百，天所命也。”“郏鄏”是洛邑的别称。班固《汉书·地理志》“河南”注：“故郏鄏地，周武王迁九鼎。”

成王五年，迁都成周城，便在成周宗庙前举行“定鼎”盛典。四方诸侯，前来朝贺，贡方献物，史称“成周之会”。《逸周书·王会解》记载了这次“定鼎”盛典。南宋郭茂倩《乐府诗集》卷五十七，录有当时周成王吟诵的《神凤操》。其辞云：

凤皇翔兮于紫庭，

予何德兮以感灵。

赖先人兮恩泽臻，

于胥乐兮民以宁。

该书按语曰：“一曰《凤皇来仪》。《古今乐录》曰：‘周成王时，凤凰翔舞，成王作此歌。’谢希逸《琴论》曰：‘成王作《神凤操》，言德化之感也。’《琴集》曰：‘《凤皇来仪》，成王所作。’”《初学记》引《宋书符瑞记》《玉海》作“周成王《仪凤歌》”。

（四）楚庄王“问鼎”周疆

春秋时期，周天子失去了天下共主的地位。齐、晋两国相继称霸中原，都打着“尊王攘夷”的口号，“挟天子以令诸侯”。

楚庄王（前613～前591年）“任伍举、苏从以政，国人大说”。公元前608年，楚国“伐宋，获五百乘”（《史记·楚世家》）。这时，楚国的国力空前强盛，也想北上与晋国争夺霸业，以便窥视“九鼎”，取代天下。

陆浑戎是居住在今洛阳市嵩县、伊川县境内的少数民族。公元前606年，楚庄王以“伐陆浑戎”为名，“遂至洛，观兵于周郊”。《左传·宣公三年》（前606年）载：“楚子伐陆浑之戎，遂至于雒，观兵于周疆。定王使王孙满劳子。楚子问鼎之大小、轻重焉。”王孙满严辞以对说：王权“在德不在鼎”。并说：昔“成王定鼎于郏鄏，卜世三十，卜年七百，天所命也。周德虽衰，天命未改，鼎之轻重，未可问也”。这时，东周王室得到北方霸主晋国的支持，威力尚存。楚庄王无奈，只得扫兴而归。

（五）秦兴师“而求九鼎”

战国中期后，秦孝公（前361～前338年）任用商鞅“修刑变法”，奖励农耕和战功，国力日渐强盛。秦国从此不断向东扩张，蚕食关东六国。《战国策》开篇第一章，讲的就是“秦兴师临周而求九鼎”的故事。

据《战国策·东周策》记载：“秦兴师临周而求九鼎，周君患之，以告颜率。”颜率“东借救于齐”，将九鼎许给齐国。便对齐王说：“夫存危国，美名也；得九鼎，厚宝也。愿大王图之。”齐王大悦，“发师五万人”，将以救周。秦国无奈，只得罢兵。

接着，齐王便派人到周王室索要“九鼎”。面对齐国的索求，颜率则谓齐王曰：

昔周之伐殷，得九鼎。凡一鼎而九万人挽之，九九八十一万人，士卒师徒，器械被具，所以备者凡此。今大王纵有其人，何涂之从而出？臣窃为大王私忧之。

齐国与周王室相距遥远，特别位于是周、齐中间的韩、魏两国，也都对“九鼎”虎视眈眈。齐国终因无法把九鼎运回本国，只得空高兴一场，扫兴而罢。

这则故事生动而有趣味，其真实程度，引起学者们的关注。《春秋后语》以为故事应为周显王时事，吕祖谦《大事记》便系于周显王三十三年（前336年）。但若仔细品味，故事的内容则纯属虚构。唐代大儒孔颖达《左传·桓公二年》正义说："挽鼎人数，或是虚言。"他又在《尚书·召诰》正义重申："颜率游说之词，不可信用。"宋儒洪迈《容斋随笔》卷九说："《战国策》首载此事，盖以为奇谋，予谓此特儿童之见耳！故《史记》《通鉴》皆不取。"陆深《燕间录》说："秦之问鼎，本以窥周，不可谓无。但颜率至齐请救及却鼎事，则似好事者饰之。"缪文远《战国策考辨》也说：依《史记·周本纪》，武王伐纣"戎车三百乘，虎贲三千人，甲士四万五千人。此当为周人倾国之师，何来挽鼎之八十一万人乎？此章之伪，孔、洪、陆、钟诸氏辨之已悉"[11]。由此可见，此章整个故事，当是战国末年纵横家策士编撰的拟托之辞，不足凭信。

（六）秦武王举鼎"绝膑而死"

战国中期后，秦国日渐强盛。到秦武王时（前310～前307年），秦国逐渐具备吞并六国的实力。

韩国的大县宜阳（在今洛阳宜阳县西韩城镇），是战国早期韩国的都城，也是当时著名的军事要塞和商业城市。据《战国策·秦策二》，秦武二年（前309年）武王对甘茂说："寡人欲车通三川，以窥周室，而寡人死不朽矣。"其秋，秦武王命相国甘茂、庶长封攻伐宜阳。四年（前307年），"拔宜阳，斩首六万"。秦国打通了东向洛阳重要的障碍。

公元前307年八月，秦武王率领大军来到周都王城，便迫不及待地闯入周王室的太庙里，要目睹象征天下王权的九鼎模样。秦武王身体健壮，有力好戏。当时秦国的大力士任鄙、孟说等人皆至大官。当他看到九尊大鼎一字排列陈放在太庙的正殿里，似乎感到整个天下就要掌握在自己的手里。决心尽快灭掉周室，统一六国。

秦武王走到象征雍州的大鼎旁边，便心血来潮，要与跟随身旁的孟说比试力气，看谁能把这尊大鼎举起来。秦武王看见孟说用力举起那尊大鼎，也不示弱。当他用尽全力举起大鼎，正要向前走动时，因力不胜负，大鼎忽然跌落，砸在他的大腿上。秦武王惨叫一声，当即倒在血泊里。

秦武王"举鼎"殒命，是轰动诸侯各国的重大事件。《史记·秦本纪》记载："王与孟说举鼎，绝膑。八月，武王死。"《史记·赵世家》也说：赵武灵王十八年（前308年）"秦武王与孟说举龙纹赤鼎，绝膑而死"。秦武王因争强好胜，不慎砸断胫骨。随从急忙把他扶上安车，带领军队返回咸阳。一路上秦武王血流不止，未到咸阳便呜呼哀哉。

秦武王死后，其弟秦昭王（前306～前251年）继承王位，立即对参与这场悲剧活动的孟说家灭九族，以警示众人。

（七）周室灭亡与秦昭王迁鼎

战国中期，周王畿内已分裂为东周、西周两个小公国。东周国初居巩邑（在今河南巩义市西南），后居洛阳（在今洛阳市瀍河区东北部）。西周国居住在河南（在今洛阳市王城公园南）。战国末年，周赧王（前314～前256年）寄居在西周国里。这时，周王朝的统治，早已名存实亡。

秦昭王时期，秦国继续实施合纵连横的战略，先后击败齐、楚、赵三个劲敌，国土不断扩张，为最终统一六国奠定了坚实的基础。

公元前256年，秦昭王“使将军摎攻西周。西周君奔秦，顿首受罪，尽献其邑三十六，口三万。秦受其献，归其君于周。周君王赧卒，周民遂东亡。秦取九鼎宝器，而迁西周公于单狐”（《史记·周本纪》）。“单狐”在今河南汝州市西北。

据《史记·秦本纪》记载，秦昭王五十二年（前255年），秦攻西周“周民东亡，其器九鼎入秦。周初亡”。《史记·周本纪》说：“后七岁，秦庄襄王灭东周。东、西周皆入于秦，周既不祀。”公元前249年，东周公国灭亡。

由此可见，周王朝（前1046～前256年）历时790年的统治，终被秦国灭亡。自夏代以来象征王权的“九鼎宝器”，也被迁移到秦都咸阳城里（在今陕西咸阳市东北）。从此，秦国便加快吞并六国的步伐。

（八）汉朝建立与“泗水捞鼎”神话

西汉初年，关于九鼎的下落，还出现一个秦始皇“泗水捞鼎”的离奇神话。

据《史记·封禅书》记载：“禹收九牧之金，铸九鼎，皆尝亨鬺上帝鬼神。遭圣则兴，鼎迁于夏商。周德衰，宋之社亡，鼎乃沦没，伏而不见。”《史记·秦本纪》张守节《正义》说：“周赧王【五】十九年，秦昭王取九鼎，其一飞入泗水，余八入于秦中。”《史记·秦始皇本纪》也说：秦始皇二十八年（前219年），秦始皇东游返还时，“过彭城，斋戒祷祠，欲出周鼎泗水。使千人没水求之，弗得”。“彭城”即今江苏徐州市。“泗水”源于今山东泗水县陪尾山，经山东曲阜、济宁、邹县，江苏沛县、徐州、宿迁、清河而流入淮河。据说秦始皇派人捞鼎时，有一条蛟龙咬断拉鼎的绳子，秦始皇终未捞出大鼎。

“泗水捞鼎”是西汉统治者特意编造的神话故事。中国古代盛行“君权神授”的观念。秦朝末年，沛县刘邦参加农民起义，最终取得胜利，建立汉朝。为了巩固西汉王朝的统治，刘氏集团编造了诸如刘媪“梦与神遇”，“已而有身，遂产高祖”以及高祖在丰西泽中“拔剑斩蛇”的神话（《史记·高祖本纪》）。“泗水捞鼎”的神话，乃是“九鼎”具有沟通天地、人神功能传说的升华和延伸。

相传，拥有“九鼎”的资格，关键在于“德”行，九鼎“遭圣则兴”。在西汉统治者看来，秦人暴虐，丧失“德”行，国祚短暂，根本不配据有“九鼎”。江苏“沛县”，秦属“泗水郡”，汉属“沛郡”。据《史记·高祖本纪》，“高祖，沛丰邑中阳里人，姓刘氏”。“泗水”本是汉高祖刘邦发迹“龙兴”的圣地。所以西汉统治者编造出“秦昭王取九鼎”时，“其一飞入泗水”神话，也就不难理解了。由此看来，“泗水捞鼎”的神话，当是西汉统治者宣扬“君权神授”的产物。

这则秦始皇派人“泗水捞鼎”的传说，告诉人们秦人无德，自然得不到“九鼎”，国运也不会长久。颇为有趣的是，在江苏徐州和河南南阳地区出土的汉代画像石里，都发现有“泗水捞鼎”的生动图画（图8-4、图8-5）。这说明早在西汉初年，九

图 8-4　南阳汉墓画像砖泗水捞鼎图

南阳市文物考古研究所藏

图 8-5　徐州汉墓画像砖泗水捞鼎图

洛阳汉画艺术馆藏拓本

鼎沦没彭城（今江苏徐州市）泗水的神话，就已广泛流行。

上述围绕“九鼎”迁徙和争夺“九鼎”故事，具体而生动的说明，“九鼎”作为沟通人神的礼器和“王权”的具体象征，在商、周、秦、汉诸代王权更替过程中占有的重要地位。

四、“九鼎”形制与考古发现

夏禹“铸九鼎”的故事，发生在夏代初年。这“九”尊大“鼎”的形制大小如何？今天，我们已很难确知。然而，我们却可从夏商周时期的考古发现里，窥见当时铜鼎形状大小的一般状况。

（一）偃师二里头夏文化遗址出土的铜鼎

偃师二里头夏文化遗址是夏王朝的都城。古本《竹书纪年》载：“太康居斟鄩，羿亦居之，桀又居之。”这是说夏王朝从太康、后羿到夏桀，皆建都于斟鄩。1959年以来，考古工作者在洛阳偃师二里头村发现东西长约2400米、南北宽约1900米、总面积约3.5平方千米的二里头文化遗址，就是夏都斟鄩故城。

青铜器是夏商周文明的典型代表。在二里头遗址宫殿区南约200米处，分布着一座规模巨大的铸铜作坊遗址，面积近2万平方米。这里发现有多座铜器浇铸场以及与铸铜相关的房址、窑址、灰坑和冶铸时留下的大量铜渣、坩埚、陶范等残片，连续使用时间约300年。这是我国目前所知年代最早、使用时间最长的大型铸铜遗址。

二里头遗址出土青铜器具的种类众多。主要有青铜容器鼎、爵、斝、盉、觚，青铜武器戈、戚、镞、钺，青铜工具刀、锛、钻、凿、锥、锯、镢、纺轮、鱼钩，还有青铜乐器有铃以及铜条、铜牌饰等器具。这里发现的铜鼎、爵、斝、觚等礼器，是我国目前所见最早的青铜容器。《左传·成公三年》说：“国之大事，在祀与戎。”二里头遗址出土的大量青铜礼器，多用于祭祀神灵等重要礼仪，乃是夏王朝具有崇高统治地位的有力体现。

图 8-6　偃师二里头遗址夏代铜鼎

1987年，二里头遗址Ⅴ区M1出土的一件铜鼎，为敛口，折沿，鼓腹，圜底，下有四棱锥形足。沿部两侧有半环状立耳，腹饰带状网格纹，壁胎较薄。口径15.3厘米，通高20厘米（图8-6）[12]。这件铜鼎是由仰韶文化陶鼎演变而来，形制变化的脉络清晰可见。这是目前考古发现年代最早的铜鼎。

（二）考古发现的商代铜鼎

郑州商城是商代早中期的都城遗址。近年来，在郑州商城遗址和山西平陆前庄村出土3件商代早中期的大型铜方鼎[13]。其中，1974年，郑州市张寨南街出土一件方形铜鼎，为直口，折沿，方唇，斗状深腹，平底，左右两沿有拱形立耳，圆柱状足。腹饰兽面纹和乳钉纹。口沿长62.5、宽60.8厘米，通高100厘米（图8-7）[14]。

图 8-7　郑州出土商代早期方鼎

安阳殷墟是商代晚期的都城。自20世纪30年代以来，安阳殷墟出土大量青铜礼器。其中，以1939年安阳武官村北地出土的司母戊大方鼎、1976年安阳小屯村妇好墓出土的司母辛大方鼎和1959年安阳高楼庄后冈祭祀坑出土的戍嗣子圆鼎为代表。

司母戊大方鼎为长方体，折沿方唇，深腹、平底，四柱形足。两侧沿上有立耳，四角有扉棱，四壁周边饰夔龙组成的兽面纹。口径长116、宽79厘米，通高133厘米，重875公斤（图8-8）[15]。器形典雅厚重，是目前所知最为重大的商周青铜礼器。

戍嗣子圆鼎为折沿方唇，立耳外侈，深腹圜

图 8-8　殷墟出土司母戊大方鼎

底。三蹄形足。口沿下饰六组兽面纹，以云雷纹衬底。足上饰兽面纹。内壁铸有铭文3行，共30字。通高48厘米，口径39.5厘米[16]。

（三）西周时期的铜鼎

西周时期的铜鼎，以1972年洛阳北窑西周贵族墓M686出土的兽面纹方鼎和清道光初年陕西岐山县礼村出土的大盂鼎为代表。这件兽面纹方鼎，口微敛，方沿外折，立耳，长方体，平底。器身四面饰饕餮纹，云雷纹衬底。四角和器腹中央均有扉棱。器身的饕餮纹都以扉棱为中心展开，双目圆突，牛角状粗眉。通高35.3厘米，重11.7公斤（图8-9）[17]。

大盂鼎为敛口折沿，立耳外侈，器腹外垂，圜底。三蹄形足。口沿下饰兽面纹，云雷纹衬底。器腹内有铭文18行，共291字。通高102.1厘米，口径78.4厘米（图8-10）。这件铜鼎乃是周康王时记载册命典礼的重器，具有重要的史料价值[18]。

图8-9　洛阳北窑西周早期方鼎

图8-10　西周早期大盂鼎

（四）春秋战国时期的九鼎

商周时期，铜鼎不但是“王权”的象征，而且还是“列等级，别贵贱”的宗教礼器。何休《公羊传·桓公二年》注：“礼，祭天子九鼎，诸侯七、大夫五、元士三也。”这说明周天子祭祀和陪葬的礼器，使用的是“九鼎”制度，一般都以“九鼎、八簋”的组合。

周代“天子九鼎”的陪葬制度，尚未得到考古发现的实证。但是，自西周晚期以降，随着“礼崩乐坏”的发生，一些位高权重的诸侯贵族，也开始潜用“九鼎”陪葬。例如，三门峡虢国墓地M2009号、M2001号贵族大墓随葬的铜器，均为“九鼎、八簋”的配置。这两座大墓的主人，分别是虢公长父和虢文公。他们既是虢国的君主，也是西周王室的执政大臣[19]。

1997年，在河南新郑市郑韩故城战国社壝遗址发掘青铜礼器坎七座，共出土三套成组的“九鼎”文物。其中，在T602k15号长方竖穴土坎里，共发现31件青铜礼器。其中，有铜鼎9件，铜簋8件，铜鬲9件，方壶2件，圆壶、豆、鉴各1件。铜鼎分为东西三排立放在坎的中部和南部，西、中两排每排4鼎，东排西南角仅放1鼎。这九件圆鼎，形制相同，大小错递。均为敛口，方唇、平沿，垂腹，圜底近平，三蹄状足。腹部中间有六道长条形扉棱，将腹部花纹分为六组。腹部中央饰一周绹索纹，上下各饰一周蟠螭纹。其中，最大的口径52.6、通高54.9厘米，重17.17公斤；最小的口径45.5、通高47厘米，重12.85公斤（图8-11）。这座祭祀坑随葬列鼎的形制，具有春秋晚期的基本特征[20]。

（五）“九鼎”方圆形制和大小轻重的推测

考古发现说明，夏商周时期，铜鼎的形制有方形，也有圆形，而以圆形居多。《艺文类聚》卷七十三引《墨子》说：“鼎成四足而方。”那么，铜鼎方、圆形状的文化蕴含是什么？这要从中华先民盛行“天圆地方”的宇宙观念谈起。

据《大戴礼记·曾子天圆》记载：“天道圆，地道方，方曰幽，而圆曰明。明者，吐气者也，是故外景。幽者，含气者也，是故内景。”卢辩注：“方者阴义，而圆者阳理，故以明天地也。”《吕氏春秋·圜道》载：“天道圜，地道方，圣王法之，所以立上下。”《周髀算经》卷上说：“方属地，圆属天，天圆地方。”又说：“天圆如张盖，地方如棋局。”“天圆地方”观念是中国古代最早的宇宙模式，反映了人类对宇宙结构的直接把握。

图 8-11　郑韩故城祭祀坑出土九鼎

《吕氏春秋·有始览》载："天地有始。天微以成，地塞以形。"高诱注："天，阳也。地，阴也。"《周易·乾·文言传》："飞龙在天。"《集解》引张璠曰："天者，阳也。"《后汉书·五行志四》说："地者，阴也。"同书《律历志上》引《律术》说："阳以圆为形，其性动。阴以方为节，其性静。"因此，诚如北周大儒卢辩所说，中国古代的"天圆地方"观念，实属《周易》"阴阳和合"辩证法则的范畴[21]。

夏禹所铸"九鼎"，既是夏代王权的象征，也是祭祀天地神灵的宝器。这是"九鼎"形制要方圆相兼的缘由。由此推测，"九鼎"方圆相兼的形制排序，一、三、五、七、九者可能为圆形，二、四、六、八者可能为方形。而商周时期铜鼎的大小轻重，以小鼎居多，也有像司母鼎那样的大型铜鼎。从秦武王"举鼎"的故事看，"九鼎"里一个鼎的重量，大体是一个大力士能举起来的重量。

五、结　　语

鼎本是中华先民烹饪食物的炊具。黄帝"铸鼎"升仙的故事，说明早在原始社会末期，陶鼎已由一般的炊具演变为象征和沟通天地、人神的宗教礼器。夏禹“画九州”“铸九鼎”的重大政治举措，使“九鼎”成为“九州”和“王权”的基本象征。因此，“九鼎”就逐渐演变为夏、商、周、秦诸代“王朝”更替的传国重器。这就是“铸鼎”“迁鼎”“定鼎”“问鼎”“求鼎”“举鼎”“捞鼎”等有趣故事，不断发生的重要原因。

由此可见，夏禹“铸九鼎”相关问题的澄清，对研究华夏文明的形成以及夏、商、周、秦、汉时期的宗教信仰和“王权”传承等问题，都具有重要的参考价值。

注　释

［1］ 河南省文物考古研究所：《舞阳贾湖》第244页，彩版一一：6，科学出版社，1999年。

［2］ 河南省文物研究所：《河南考古四十年（1952—1992）》第68页，图二七：8，河南人民出版社，1994年。

［3］ 湖南省文物研究所：《澧县城头山屈家岭文化城址的调查与试掘》，《文物》1993年第2期。

［4］ 杨肇清：《试论郑州西山仰韶文化晚期古城址的性质》，《华夏考古》1997年第1期。

［5］ 恩格斯：《家庭、私有制和国家的起源》，人民出版社，1972年。

［6］ 李书谦：《灵宝唐〈轩辕黄帝铸鼎碑〉再议》，《中原文物》2018年第2期。

［7］ 《李白全集》卷三，珠海出版社，1996年。

［8］ 杜迺松：《中国青铜器发展史》第4～6页，紫禁城出版社，1995年；马承源主编：《中国青铜器》（修订本）第2页，上海古籍出版社，2003年。

［9］ 李学勤《论遂公盨及其重要意义》、裘锡圭《遂公盨铭文考释》、朱凤瀚《遂公盨铭文初释》，均见《中国历史文物》2002年第6期。

［10］ 《集成》00276。

［11］ 缪文远：《战国策考辨》第2页，中华书局，1984年。

［12］ 中国社会科学院考古研究所二里头工作队：《河南偃师二里头遗址发现新的铜器》，《考古》1991年第12期。

［13］ 李建伟、牛瑞红：《中国青铜器图录》第44、45页，中国商业出版社，2000年。

［14］ 杨育彬等：《近年来在郑州新发现的商代青铜器》，《中原文物》1981年第2期。

［15］ 李建伟、牛瑞红：《中国青铜器图录》第42页，中国商业出版社，2000年。

［16］ 李建伟、牛瑞红：《中国青铜器图录》第50页，中国商业出版社，2000年。

［17］ 洛阳市文物工作队：《洛阳北窑西周墓》第73页，彩版二，文物出版社，1999年。

［18］ 李建伟、牛瑞红：《中国青铜器图录》第50页，中国商业出版社，2000年。

[19]　蔡运章：《论虢仲其人》，《中原文物》1994年第3期；蔡运章：《虢文公墓考》，《中原文物》1994年第4期。

[20]　河南省文物考古研究所：《新郑郑国祭祀遗址》第192～197页，图版五六，大象出版社，2006年。

[21]　蔡运章：《〈周易〉哲学的基精神》，《湖南科技学院学报》（社会科学版）2014年第3期。

第九章　老子与道家哲学

图 9-1　老子画像

春秋战国是中国思想史上“礼崩乐坏”“百家争鸣”的黄金时代。当时的京师洛邑，人文荟萃，是全国礼乐文化之中心。老子（约前580～前500年）是我国古代著名的哲学家和思想家，在周灵王、景王时期，任东周王朝的征藏史，管理国家的图书典籍。他博古通今，著《道德经》五千言，是道家学派的创始人，在中国思想文化史上占据着极为重要的地位（图9-1）。

一、《老子》哲学的基本精神

哲学是人类文明的理论基础。思想常是通过语言来表达的观念，哲学则是要通过一系列的概念和推理，用比较精练的语言来阐述宇宙万物和社会人事的诸多问题。老子继承《周易》的哲学思想，创立了以“道”为核心、以“阴阳”辩证观念为基础的道家学派。

（一）“道”为“万物之宗”的宇宙本体论

宇宙万物是怎样产生的？西方的基督神学认为，世界万物是上帝创造的。这自然是一种虚无主义的思想观念。值得注意的是，《老子》和《周易》这两部中国古代经典，就对这个人类普遍关注的重大问题，做出了较为科学的回答。

“道”是《老子》哲学的核心理念和最高范畴。它的思想内涵主要表现在三个层面。

1. “道”是宇宙万物的本原

《老子》第四十二章说：

道生一，一生二，二生三，三生万物。

这里的“道”是什么东西？《老子》开篇就说：

道，可道，非常道。名，可名，非常名。无，名天地之始。有，名天地之母。

这是说“道”是“天地之母”，也就是宇宙万物的本原。宇宙万物是从“无”到“有”逐渐演化而来的。这个“有物混成，先天地生”（二十五章）的“道”，“视之不见”、“听之不闻”、“博之不得”（十四章），而又在“忽兮恍兮，其中有物；恍兮忽兮，其中有象”（二十一章）之中，使人感到它的真实存在。它“渊兮似万物之宗……湛兮似或存，吾不知谁之子，象帝之先”（四章）。因此，“道”就成为“万物之宗”和“天地根”（六章）。这就是邵雍所谓“道为天地之本”的原因[1]。

《老子》的“道”就是《周易》的“大极”。《老子》第四十章说：“万物生于有，有生于无。”《淮南子·天文训》载：“道始于一，一而不生，故分而为阴阳，阴阳合而万物生。”程颐《周易程氏传·序》说：“太极者道也，两仪者阴阳也。”王夫子《张子正蒙》卷一注说：“道者，天地人物之通理，即所谓太极也。”《周易》里的“太极生两仪”本是借筮法的演变，来阐发宇宙万物形成过程的思想观念。故“道”和“大极”一样，都是指宇宙万物尚未形成时，处于混沌状态的“元气”而言。“元气”一分为二，产生阴阳二气，阴阳交合演化而产生宇宙万物。

张岱年先生说：“老子善言天道，开创了中国古代本体论学说。”[2]由此可见，《老子》破天荒地提出了以“道”为天地万物本原的伟大学说。《周易》《老子》的宇宙生成论，彻底否定了宇宙万物是由“上帝”创造的神学观念，在人类思想史上具有划时代的重大意义。

2.“道”是宇宙万物发展变化的基本规律

《老子》第十四章：“执古之道，以御今之有，以知古时，是谓道纪。”“道纪”就是规律。《老子》第二十一章：“孔德之容，惟道是从。”这是说有大德之人的行为，就能遵循大道，即宇宙发展的基本规律。《庄子·缮性》载：“道，理也。”《庄子·天地》说：“行于万物者，道也。”《周易·系辞传上》：“一阴一阳之谓道。”《管子·君臣上》：“顺理而不失之谓道。”《韩非子·解老》也说：“道者，万物之所然，万理之所稽也。理者，成物之文也；道者，万物之所以成也。故曰：‘道，理之者也。’”这里的“道”即“理”，也就是宇宙万物发展变化的基本规律。

3.“道”是一切事物的最高准则

《老子》第一章：“道可道，非常道。”旧注：“夫道者，一元之至理。”“道”为宇宙万物的主宰。《老子》第五十一章说：

道生之，德畜之，物形之，势成之。是以万物莫不尊道而贵德。道之尊也，德之贵也，夫莫之命而常自然也。故道生之，德畜之，长之育之，亭之毒之，养之覆之。

《老子》第六十二章说："道者，万物之奥。"郑玄《礼记·礼运》注："奥犹主。"因"道"能创生万物、畜养万物，因而就成为万主之主宰。《老子》第七十九章："天道无亲。"是说天道没有偏爱。第八十一章："天之道，利而不害。人之道，为而不争。""天之道"是指宇宙万物的最高准则，"人之道"则是指人类社的道德规范。《新书·大政上》："道者，圣王之行也。"所谓"圣王之行"就是指一切事物的最高准则和道德规范。

（二）"阴阳和合"的辩证法则

中华先民富于辩证思维，《老子》哲学的辩证法已达到很高的思想水平。"阴阳"辩证哲学则是道家思想的理论基础。《老子》第四十二章说："万物负阴而抱阳，冲气以为和。"

宇宙万物都包含着阴、阳两个对立面，它们互相激荡而得以调和。老子认为，在人类社会和自然界里，都存在着大量矛盾。

1. 矛盾的相互依存

在《老子》一书里，提出了诸如有无、高下、大小、前后、生死、难易、长短、进退、古今、始终、美恶、巧拙、刚弱、阴阳、吉凶、祸福、成败等一系列对立性概念的具体表述，揭示了事物矛盾的普遍性和客观性。《老子》第二章："天下皆知美之为美，斯恶矣。皆知善之为善，斯不善矣。故有无相生，难易相成，长短相形，高下相倾，音声相和，前后相随，恒也。"这是说天下人都知道美之所以为美，也就知道丑了。当天下都知道善之所以为善，也就知道恶了。所以有与无、难与易、长与短、高与下、前与后、祸与福等矛盾双方，都是处在相互对立、又相互依存的对立统一状态，这是永恒、普遍的道理。

2. 盾的相互转化

《老子》在对中华先民辩证思维成果的总结和对现实自然、社会矛盾变化概括的基础上，不仅看到宇宙万物自身存在的矛盾，而且还看到任何矛盾的双方无不拥有向其相反的方向转化的基本规律。

《老子》第四十章说："反者道之动。"认为事物发展过程，无不向其反面转化是矛盾运动的普遍法则。例如，"物或损之而益，或益之而损。"（第四十二章）"物壮则老。"（第四十四章）"兵强则灭，木强则折。"（第七十六章）"祸兮！福之所倚；福兮！祸之所伏。"（第五十八章）"将欲弱之，必固强之。将欲废之，必固与之。将予夺之，必固予之。是谓微明。柔弱胜刚强。”（第三十六章）这里的损与益、壮与老、强与灭、祸与福、弱与强、废与与、夺与予等，两者之间互相渗透、互相转化，这是事物发展变化的基本规律。

《老子》的“阴阳”哲学，具有矛盾的相互对立、相互依存和相互转化的基本特征。《庄子·田子方》说：“至阳肃肃，至阴赫赫；肃肃出乎天，赫赫发于地；两者交通成和，而物生焉。”由于“阴阳和合”，天地之气互相交流，才化育出芸芸万物。

“阴阳和合”的辩证法则。《周易·系辞传下》载：“天地絪缊，万物化醇。男女构精，万物化生。”《韩诗外传》卷三第十九章说：“天施地化，阴阳和合，动以雷电，润以风雨，节以山川，均以寒暑。万民育生，各得其所，而制国用。”《素问·阴阳应象大论》：“阴阳者，天地之道也，万物之纲纪，变化之父母，生杀之本始，神明之府也。”由此可见，“阴阳和合”的辩证法则乃是天地万物生长消亡的根本法则，也是大自然发展变化的基本规律。

（三）“天人合一”的宇宙观念

人类生活在天地之间，既是宇宙万物的重要家族，也是宇宙万物之精灵。人类如何顺应自然，师法自然，实现与天地万物的和谐共生，乃是人类社会可持续发展的指导原则。

《老子》第二十五章：“人法地，地法天，天法道，道法自然。”这是《老子》对“天人合一”宇宙观念的直白表述。“自然”是指宇宙间不受任何干预而自由存在、自由发展的基本情状。《庄子·齐物论》也说：“天地与我并生，万物与我为一。”指出人与天地万物本是同体并生，故要融合为一。《庄子·大宗师》中还形象地通过得“道”的真人，来表达人类与宇宙万物的亲和相融的直接感悟，由“天与人不相胜”而导出“天人合一”的宇宙观念。

“天人合一”的宇宙观念是老子哲学的核心。天地是人类赖以生存的根本基础。《荀子·礼论》载：“天地者，生之本也。”《庄子·达生》说：“天地者，万物之父母也。”这说明天地乃是生育万物的本原。《论衡·谈天》说：“天地，含气之自然也。”又说：“天，气也。”杨泉《物理论》说：“夫天，元气也，皓然而已，无他物焉。”郭象《庄子·天道》注说：“天者，自然也。”这里所说的“天”不是上帝神灵，而是指大自然讲的。

中国文化史上具有重大影响的道、儒两家，都继承和发展了《周易》哲学“天人合一”的宇宙观念。《孟子·公孙丑下》说：

天时不如地利，地利不如人和。

《荀子·王霸篇》也说：

农夫朴力而寡能，则上不失天时，下不失地利，中得人和而百事不废。

因人成事，因地制宜，因势利导，顺应自然，师法自然，取乎自然，人类与自然相通相依，和谐共生。这就是人与自然和谐共生的基本思想。《庄子·齐物论》说：

天地与我并生，而万物与我为一。

《素问·宝命全形论》载：

天覆地载，万物悉备，莫贵于人。人以天地之气生，四时之法成，……夫人生于地，县命于天，天地合气，命之曰人。

这里明确指出，人与天地万物本是同体并生、休戚相关的共同体，故要融合为一。《庄子·大宗师》中形象地通过得“道”的真人，来表达对宇宙万物亲和相融的直接感悟，由“天与人不相胜”而导出“天人合一”的宇宙观念。

董仲舒《春秋繁露·阴阳义》认为：“天地之常，一阴一阳。阳者天之德也，阴者地之刑也。……天亦有喜怒之气，哀乐之心，与人相副。以类合之，天人一也。”同书《立元神》也说：“天、地、人，万物之本也。天生之，地养之，人成之。”这种“天人合一”观念，认为人类只是大自然的一个成员，应与山川、草木、鸟兽融会贯通、和谐共生。人类的各种活动，都要顺应大自然的发展规律，不应盲目地去改造自然、破坏自然。

中华先民的思想观念，可以归结为“天人合一”。但这里的“天”不是神，而是指大自然讲的。老子不言仙，孔子不信怪，都“敬鬼神而远之”。2005年12月，温家宝总理在法国巴黎综合理工大学讲演时说：

人与自然的和谐相处是人类文明发展的前提。中国文化提倡“天人合一”的思想[3]。

中国古代“天人合一”的宇宙观念，肇始于原始社会末期，成熟于春秋战国，定型于西汉时期，成为中华传统思想文化的核心内容。而由一、二、三、四、五、六、七、八、九、十，这些“天地之数”的奇妙组合，而形成的河图、洛书图，就是反映“阴阳和合”的辩证法则和“天人合一”观念的精神标识（图7-3）[4]。这种观念主张人与自然的和谐，强调个人对群体的适应，其核心就是强调人与自然、人与人之间和谐共生的融洽关系。

《周易》《老子》哲学“天人合一”的宇宙观念，强调人类要与大自然和谐共生，因而成为中华优秀传统文化的核心价值。著名历史学家钱穆先生指出：“‘天人合一’论是中国文化对人类的最大贡献。”[5]这是一种高屋建瓴的卓越见解。由此可见，中国古代“天人合一”的宇宙观念，至今仍具有重要的现实意义。

（四）“无为而治”的处世哲学

“无为而治”的政治思想是老子哲学的灵魂。《老子》说：“道常无为，而无不为。侯王若能守之，万物将自化。”（三十七章）“治大国若烹小鲜。以道莅天下，其鬼不神。”（六十章）治理大国如同煎小鱼，不宜经常折腾。用“道”来统领天下，鬼神就不会来作怪了。

《老子》说：“爱民治国，能无为乎”（十章），“圣人处无为之事，行不言之教”（二章）的政治观念。“无为而治”是道家政治哲学的重要命题，也是道家思想在社会政治领域的延伸和实践。它反对国家政权过度干预百姓正常的生产活动，是针对当时社会弊端而提出的积极主张。

《孟子·离娄下》也说：“人有不为也，而后可以有为。”勾画出“不为”与“有为”的辩证关系。只有在某些事情上的“不为”，才能在另一些事情上的有所作为。这应是贤者生存处世的指导原则。

《老子》顺应自然的处世哲学和生存智慧，可以归纳为五个方面：

一是“尊道贵德”的道德哲学。《老子》说：“孔德人之容，惟道是从”（二十一章），“万物莫不尊道而贵德”（五十一章）。“道”是社会法则，“德”是个人修养。《老子》五十四章说：“修之于身，其德乃真。修之于家，其德乃余。修之于乡，其德乃昌。修之于邦，其德乃丰。修之于天下，其德乃普。”这里的“身”就是自己，就是个体。修身要从自己做起，使修德的范围逐渐扩大，由身而家，由家而乡，由乡而邦，由邦而天下。这与儒家追求“修身”“齐家”“治国”“平天下”的奋斗目标相一致（《礼记·大学》）。

《老子》说：“报怨以德，安可以为善。”（七十九章）这是说以怨恨报答德行，怎么能称为善举？而以德报怨，就可以称为善。孔子说：“以直报怨，以德报德”（《论语·宪问》），“不责于人”（七十九章）。老子尊道贵德，认为德必须服从于道、符合于道。道德是有志之士“修身”“齐家”“治国”“平天下”的基本素养。因此，“道”是核心、是基础，“德”是灵魂、是目标。

二是“无为而治”的顺世哲学。《老子》说：“上德无为。”（三十八章）“民之难始，以其上之有为。”（七十五章）“天之道，为而不争。”（七十三章）“圣人之道，为而不争。”（七十七章）“为而不争”就是要遵照、顺应事物的自然规律来办事。

三是超越意识的善恶观念。《老子》说：“美之与恶，相去若何。”（二十章）“天下皆知美之为美，斯恶已。皆知善之为善，斯不善已。”（二章）“善者吾善之，不善者吾亦善之，德善矣。”（四十九章）“天道无亲，常与善人。”（七十九章）老子对善恶行为的超越意识，反映了道家对现实世界的不满和憎恶，表现了道家对身心豁达和境界提升的崇尚与渴求，从而构成道家处世哲学的主旋律。

四是虚怀若谷的崇柔观念。《老子》说：“上善若水。水善利万物而不争。”（八章）“天下莫柔弱于水，而攻坚强者莫之能先。”（七十八章）“曲则全，枉则直。”（二十二章）“天下之至柔，驰骋天下之至坚。”（四十三章）“守柔曰强。”（五十二章）“柔弱胜刚强。”（三十六章）“人之生也柔，其死也坚强。万物草木之生也柔脆，其死也枯槁。故坚强者死之徒，柔弱者生之徒。”（七十六章）虚怀若谷是老子崇尚“谦和包容”的处世原则，也是一种辩证的生存智慧。

五是“为而不争”的处世哲学。《老子》说：“名与身孰亲？身与货孰多。”（四十四章）“宠辱不惊。”（十三章）“利而不害”“为而不争”（八十一章）。“功成而弗居。”（二章）“功遂身退，天之道。”（九章）“国有道则仕，国无道则隐。”（《史记·范雎蔡泽列传》）“名”与“利”是人生最具诱惑力的重大问题。道家对世俗的名利观念给予猛烈批判，认为名利思想的兴作是失性丧我的直接原因。因此，贤者就要秉持“为而不争”的处世哲学。

二、《老子》哲学的思想渊源

《老子》哲学的思想渊源以及老子的《道德经》创作的时间和地点，都是需要澄清的重要问题。有学者认为，“楚国则是老子思想的发祥地，正是在楚文化的孳乳下老子思想形成了自己的独特风格”[6]。老子虽然是“楚苦县厉乡曲仁里人”（《史记·老庄申韩列传》），但是老子哲学思想的渊源，却甚古远。他广泛吸收了远古时期帝王的治国经验、圣贤的人生格言和民间谚语。特别是从《周易》等先秦经典文献里吸取营养，并将其上升到哲学的高度来加以运用和阐释。

（一）《老子》与《周易》哲学

《周易》是《老子》哲学思想的重要源头，已是当今学术界的基本共识。首先，《老子》的“道”，是从《周易》的“道”演变来的。“道”本来是指道路讲的。《说文·辵部》：“道，所行道也。”郑玄《礼记·中庸》注：“道，犹路也。”“道”本是指人们行走的道路。“道”的哲学雏形源于《周易》：

履道坦坦，幽人贞吉（《周易·履》九二爻辞）。

反复其道，七日来复（《周易·复》卦辞）。

这里的“道”已超出一般道路的含义，具有规律、法则的哲学概念。

其次，《老子》“万物负阴而抱阳，冲气以为和”是对《周易》“阴阳和合”观念的高度概括。这种辩证思维的哲学观念，在《周易》卦爻辞里已普遍出现。例如：“有无”（《周易·坤》六三、《否》九四），“平陂”（《周易·泰》九三），“往复”（《周易·泰》九三），“君子”“小人”（《周易·革》上六、《观》初六、《剥》上九、《遯》九四、《大壮》九三、《解》六五、《革》上六），“大小”（《周易·泰》、《否》、六二、《蛊》九三、《小过》），“大人”“小人”（《周易·否》九五、《大有》九三），“小事”“大事”（《周易·小过》），“先后”（《周易·坤》、《否》上九、《蛊》、《睽》上九、《同人》九五、《旅》上九、《巽》），“西南”“东北”（《周易·坤》、《蹇》），“小子”“丈夫”（《周易·随》六二、《随》六三），“出入”（《周易·复》），“反复”（《周易·复》），“尔我”（《周易·颐》初九），“老夫”“女妻”（《周易·大过》九二），“老妇”“士夫”（《周易·大过》九五），“往来”（《周易·咸》九四、《震》六五、《井》、《蹇》初六、九三、六四、上六、九三）、“来复”（《周易·解》），“妇人”“夫子”（《周易·恒》六五），“天地”（《周易·明夷》上六、《姤》九五、《中孚》上九、《大有》上九、《泰·大象传》），“初”“后”（《周易·明夷》上六），“初”“终”（《周易·睽》六三、《周易·巽》），“嗃嗃”“嘻嘻”（《周易·家人》九三），“利”“不利”（《周易·蹇》、《蒙》上九、《讼》、《夬》），“丧”“得”（《周易·旅》六二、九三、九四、上九），“进退”（《周易·巽》、《观》六三），“无有”（《周易·巽》、《睽》六三、《益》九五），“有不”（《周易·萃》初六、《困》、《中孚》初九），“泣歌”（《周易·中孚》），“鼓罢”（《周易·中孚》六三），“上下”（《周易·小过》），“君臣”（《周易·小过》六二），“祖妣”（《周易·小过》六二），“东西”（《周易·既济》九五），“首尾”（《周易·未济》初六），“退”“逐”（《周易·大壮》上六），“女”“士”（《周易·归妹》上六），“损益”（《周易·损》九二、上九）等。这些矛盾对立的辩证词语，在《周易》卦爻辞的文字里，已是屡见不鲜的常事。它说明在《周易》卦爻辞形成的时代，中华先民辩证思维的哲学观念，已经渐趋成熟。

最后，《老子》的“损”“益”观念。《老子》第四十二章：“故物或损之而益，或益之而损。”第四十八章：“为学日益，为道日损。”这里的“损”“益”观念，也是继承《周易》中《损》《益》两卦哲学思想的产物。

由此可见，《周易》是《老子》哲学的重要源头，是肯定无疑的事实。

（二）《老子》与《金人铭》

孔子入周问礼时，在东周太庙的右侧看到一尊背部刻有告诫世人“慎言”的铜人，被称为《金人铭》。《孔子家语·观周篇》载：“孔子观周，遂入太祖后稷之庙。庙堂右阶之前有金人焉，三缄其口。而铭其背曰：‘古之慎言人也，戒之哉，无多言，多言多败。无多事，多事多患。安乐必戒，无所行悔……’孔子既读斯文也顾谓弟子曰：‘小人识之。此言实而中，情而信。……身行如此，岂以口过患哉。’”这篇铭文还载于《说苑·敬慎》等史籍中。《老子》书中有六处引用《金人铭》的名句。例如：

（1）《金人铭》载：“强梁者不得其死。”这是先秦古籍中独有的句子。《老子》第四十二章说：“人之所教，我亦教之：‘强梁者不得其死。’吾将以为教父。”这里明言“人之所教”，并将其尊为“教父”。可见《老子》引用《金人铭》的痕迹昭然若揭。

（2）《金人铭》载：“天道无亲，常与善人。”《老子》第七十九章说：“天道无亲，常与善人。”《老子》的这两句话，与《金人铭》完全相同。

（3）《金人铭》载：“无多言，多言多败。”《老子》第五章说：“多言数穷，不如守中。”这是对《金人铭》“无多言”两句的引申和提升。

（4）《金人铭》载：“君子知天下之不可盖也，故后之下之，使人慕之。”《老子》第七章说：“是以圣人后其身而身先，外其身而身存。”第六十六章也说：“是以圣人欲上人，必以言下之；欲先人，必以身后之。”《老子》这两章中的话，显然是在《金人铭》的影响下改编而成的。

（5）《金人铭》载：“执雌持之，莫能与之争者。人皆趋彼，我独守此。”《老子》第二十八章说：“知其雄，守其雌。”这两句是对《金人铭》“执雌”四句的高度概括。

（6）《金人铭》载：“夫江河长百谷者，以其卑下也。”《老子》第六十六章说：“江河所以能为百谷王，以其善下之，故能为百谷王。”这也是对《金人铭》的引申和发挥。

因为《金人铭》告诫世人“慎言”的思想，与《老子》全篇的宗旨相吻合。李耳身为东周王室的史官，对《金人铭》的内容当了如指掌。所以，他在撰著《老子》时，从《金人铭》里吸取素养，应是很自然的事。

（三）老子与《周书》思想

《周书》是周代政治文献的汇编，现在存世的有《尚书》和《逸周书》两部著作。《老子》书中多处引用《周书》文献。例如：

《老子》第六十四章："慎终如始，则无败事。"（《左传》襄公二十五年引《周书》）

《老子》第九章："功成身退，天之道。"《史记·范雎蔡泽列传》蔡泽引《书》曰："成功之下，不可久处。"

《老子》第三十六章："将欲废之，必姑与之。将欲夺之，必固予之。"《战国策·魏策》引《周书》曰："将欲败之，必姑辅之。将欲取之，必姑与之。"

《老子》书中还大量引用《诗经》和"古之道术"。楚国文化形成较晚，传世的有《楚辞》一书。其内容与老子思想相去甚远。老子作为周王朝的史官，长期生活在周王室，对周公的礼乐文化有很深的研究。他从《周易》《周书》《金人铭》等典籍吸取营养，总结前代思想文化，才创作出具有深邃哲学蕴含的《道德经》五千言。澄清这些问题，对探讨《老子》的创作过程和思想渊源，具有重要意义。

三、《老子》的创作地点及其最早版本

楚简《老子》是目前所见最早的《老子》版本。那么《老子》的创作的地点在哪里？以往传统的说法是，约于鲁昭公二十六年（前516年）前后，因周王室发生内乱，老子西游至函谷关为关令尹喜写下《道德经》五千言，成为《老子》的最早著本。相传，今河南灵宝市东北函谷关旁的太初宫，就是当年老子撰写《道德经》的地方。事实果真是这样的吗？要想澄清这个问题，还得从《史记·老子列传》说起。

（一）老子"西去，至关"的记录

最早记载老子为关令尹喜"著《道德经》"的事，见于《史记·老子列传》：

> 老子修道，其学以自隐无名为务。居周久之，见周之衰，乃西去。至关，关令尹喜曰："子将隐矣，强为我著书。"于是老子乃著书上下篇，言道德之意五千言而去，莫知其所终。

《索隐》："李尤《函谷关铭》云：'尹喜要老子留作二篇。'而崔浩以尹喜又为散关令是也。"《正义》："《抱朴子》云：'老子西游，遇关令尹于散关，为喜著《道德经》一卷，谓之《老子》。'或以为函谷关。"《括地志》云："散关在岐州

陈仓县东南五十二里。函谷关在陕州桃林县西南十二里。”《集解》：“《列仙传》曰：‘关令尹喜者，周大夫也。善内学星宿，服精华，隐德行仁，时人莫知。老子西游，喜先见其气，知真人将过，候物色而迹之，果得老子。老子亦知其奇，为著书。与老子俱至流沙之西，服巨胜实，莫知其所终。’”“散关”在今陕西宝鸡市西南，“函谷关”在今河南灵宝市东北。

从这些记载里，我们清楚地看到，司马迁所谓老子“居周久之，见周之衰，乃西去。至关”云云。但是，这个“关”到底在哪里？《史记》并没有明确记录。只是到了东汉时期，李尤的《函谷关铭》认为，尹喜在函谷关“要老子留作二篇”。然而，西晋大儒崔浩则以为，尹喜“为散关令”。“尹喜”是否真的担任过“函谷关”或“散关”令？这是涉及《道德经》创作时间和地点的重大问题。

（二）老子为关令尹喜“著《道德经》”辨正

相传，尹喜是春秋晚期人。《吕氏春秋·不二》载：“关尹贵清。”《庄子·天下》尊其为“无上真人”。因此，若想澄清“尹喜”是否真的担任过“函谷关”或“散关”令？这就得先弄清函谷关和散关营建的确切年代。

函谷关本是春秋战国时期秦晋间的重要门户，也是汉唐时期丝绸之路上的重要关隘。据贾谊《过秦论》记载：“秦孝公据崤函之固，拥雍州之地，君臣固守，以窥周室。”《新书·壹通》说：秦国“所谓建武关、函谷、临晋关者，大抵为备山东诸侯也”。张衡《西京赋》也说：“长安左有崤函之险，桃林之塞。”由此可见，崤函关塞在秦国边防以及两京古道上的重要地位。

“函谷关”是指地处匣谷状山谷间的关隘。“函”指长条状匣子，“谷”指山谷。必须指出的是，函谷关的营建过程，大体经历了“桃林之野”“桃林塞”“函谷关”三个重要发展阶段：

“桃林之野”是西周王朝著名的官营畜牧场。据《山海经·中山经》记载：“夸父之山，其北有林焉，名曰桃林，是广员三百里，中多马。湖水出焉，而北流注于河。”郝懿行案：“夸父山一名秦山，与太华相连，在今河南灵宝县东南。”“湖水”即今灵宝市西的阳平河，发源于夸父山（今名娘娘山），北流入黄河。《史记·周本纪》载：武王伐纣灭商，“纵马于华山之阳，放牛于桃林之虚”。“桃林虚”即桃林谷，位于今河南灵宝市东北至陕西华阴市潼关的广大地区，桃树成林，地域广阔，是放牧牛马牲畜的理想场地。

春秋时期，晋国在“桃林塞”筑城防备秦国。《左传·文公十三年》载：“晋侯使詹嘉处瑕，以守桃林之塞。”杜预注：“詹嘉，晋大夫，赐其瑕邑，令帅众守桃林以备秦。桃林在弘农华阴县东潼关。”这是桃林塞驻军设防的最早文献。《史记·赵世家·正义》引《括地志》云：“桃林在陕州桃林县，西至潼关，皆为桃林塞地。”这说明桃林塞是公元前614年，晋国为防御秦国向东扩张而建立的防御体系。

“函谷关”一词最早见于《战国策》。《战国策·西周策》所谓“君临函谷而无攻”，《秦策四》所谓“三国攻秦，入函谷”的事，分别发生在公元前298和前296年。这里的“函谷”当指函谷关而言。《史记·孟尝君列传》记载孟尝君夜半逃出“函谷关”的故事，发生在公元前299年。

秦国占据函谷关地区的时间。据《史记·秦本纪》记载：秦惠文王九年（前329年）秦军“围焦，降之”。十一年“归魏焦”。十三年（前325年）“使张仪伐取陕，出其人与魏”。秦惠文王后元“十一年（前314年），摢里疾攻魏焦，降之”。“蕉”在今河南三门峡市陕州区南。“陕”在今河南三门峡市陕州区。这说明直到公元前314年，秦国才真正攻占魏国的“陕”地。“函谷关”在今河南灵宝市东北王垛材旁。由此可见，秦国函谷关的设置，当是公元前314年以后（即战国中期晚段）的事情[7]。

同时，“散关”是关中与汉中及巴蜀之间的咽喉。其营建的年代，一般认为当在秦汉时期。这样，春秋时期的尹喜，怎么会晚到战国秦汉时期来担任“函谷关”（或“散关”）令呢？由此可见，所谓“老子西游，遇关令尹于散关（或函谷关），为喜著《道德经》”，本是子虚乌有的故事。后人不察，流传至今。我们不应再“人云亦云”了。

（三）老子创作道德经的时间和地点

《老子》一书是我国首部个人著作。它没有谈任何一件事，没有说任何一个人，没有指任何一个地方，言简意赅，却是一部人生格言的哲理诗，也是人类智慧的结晶，决非一时之功所能写就。《孔子家语·观周篇》引用孔子的话说：

> 吾闻老聃博古知今，通礼乐之原，明道德之归，则吾师也。今将往矣。

可见早在孔子“入周问礼”之前，老子就因“明道德之归”而声名远播，受到人们的敬仰。也就是说，早在那时，老子的《道德经》就已写就成书了。

因此，老子《道德经》的创作时间，当在其任周王室征藏史的时候。而其创作地点，也当在京师王城（今洛阳市西工区王城公园一带）之内。

（四）楚简《老子》的考古发现

1993年，湖北荆门市郭店出土的楚竹《老子》分为甲、乙、丙三种抄本，共存竹简71枚。这批《老子》抄本与今本《老子》相比，甲本含今本《老子》20章，乙本含今本《老子》8章，丙本含今本《老子》5章。三种抄本共涵盖今本《老子》的31章，其中全录者23章，节录者8章。全篇字数，约占今本《老子》五千言的五分之二。这是目前发现年代最早的《老子》摘抄本，年代约为战国中期[8]。

楚简《老子》是目前所见最早的《老子》版本。它说明至迟在战国中期，《老子》已流传到楚国境内，并被传抄和珍藏。

四、《老子》哲学的历史地位

在西方和伊斯兰世界的历史上，时常发生宗教冲突甚至宗教战争。然而，中华文明史上逐渐形成的道家、儒家和佛教哲学，虽然各有特征，但却能相互依存、相互包容，共同构成中华民族的精神家园。

（一）《老子》哲学侧重于自然天道

司马迁说：《老子》的宗旨在于“言道德之意”，就是“以天道明人事”，强调“人法地，地法天，天法道，道法自然”。人类社会要顺应自然，与自然万物和谐共生。《老子》用“最高哲学范畴‘道’来代替传统人格神‘天’，使原来主宰世界的上帝、鬼神的权威失去了光彩”[9]。这在人类发展史上具有重要的进步意义。

（二）儒家哲学侧重于社会人事

孔子创立的儒家学派，是以“仁”为核心、以“三纲五常”为基础、以“修、齐、治、平”为奋斗目标的思想体系，在中国思想文化史上具有独特的重要地位。儒家遵循的是“明君治世，积极辅佐；昏君当道，奋死抗争”，“不成功、便成仁”的信念。这完全是“天下兴亡，匹夫有责”（顾炎武语）、“以天下为己任”、“舍我者其谁”的积极态度。这种积极入世的社会观念，与道家所遵循的“明君治世，出则辅佐；昏君当道，退隐山林”，“一切顺其自然”的顺世思想，形成了鲜明的反差。

（三）佛教哲学侧重于未来世界

中华先民崇尚质朴，非常务实。《礼记·表记》载：“周人尊礼尚施，事鬼敬神而远之，近人而忠焉。”周公的礼乐思想，使周代社会形成尊重礼制和爱好施惠、亲近别人、忠厚待人的社会风尚。因而形成老子不言仙，孔子不信神，都“敬鬼神而远之”的宗教观念（《论语·雍也》）。致使中国古代直到秦汉时期，尚未形成成熟的全国性宗教团体。这就给佛教的传入，留出了广阔的空间。

西汉末年，印度佛教传入中国。东汉明帝夜梦金神，遣使取经，建立洛阳白马寺。佛教信奉人生皆苦、“灵魂不灭”、“因果报应”、崇尚未来世界的思想观念，给中国文化带来新的气息。印度高僧达摩以“普度众生”的大乘佛教思想为基础，融会中国传统文化而创立“禅宗”佛教，形成儒、道、佛三足鼎立的局面，使中国成为世界佛教传播的中心。从佛教的传入中国到禅宗的形成和成熟，都以洛阳为基地。可见洛阳在中国佛教发展史上的重要地位。

道家侧重于自然天道，主张师法自然，顺应自然，达到人与自然和谐共生的境界。儒家侧重于社会人事，主张积极进取，达到“修身、齐家、治国、平天下”的政治抱负。佛教侧重于未来世界，主张坐禅修行，普度众生，达到回归西方极乐世界的个人情怀。自唐宋以来，道家、儒家和佛教逐渐融合发展，共同构成中华民族思想文化的基本内涵。

综上所述，《老子》的哲学思想博大精深，它不仅在中国思想史上起到发蒙振聩的开创意义。而且也为后世统治者提供了一套内涵丰富的南面之术。它与儒家思想相互补充，成为中华民族思想宝库中的旷世瑰宝。

注　释

[1]　邵雍：《皇极经世·观物内篇三》，中州古籍出版社，1993年。

[2]　张岱年：《笔谈老子研究》，《求索》1986年第1期；陈鼓应：《老子注译及评介》第5页，中华书局，2003年。

[3]　温家宝：《尊重不同文明　共建和谐世界》，《人民日报》2005年12月27日第3版。

[4]　蔡运章：《河图洛书之谜》，《文史知识》1993年第4期。

[5]　钱穆：《中国文化对人类未来可有的贡献》，《中国文化》1991年第4期。

[6]　张智彦：《老子与中国文化》第122页，贵州人民出版社，2001年。

[7]　史念海：《函谷关和新函谷关》，《河山集》（四），陕西师范大学出版社，1991年；李久昌：《桃林之野·桃林塞·秦函谷关：秦函谷关创建年代与背景考》，《中国历史地理论丛》2019年第1期。

[8]　荆门市博物馆：《郭店楚墓竹简》，文物出版社，1998年；唐明邦：《简本〈老子〉与通行本〈老子〉比较研究》，《郭店楚简国际学术研讨会论文集》，湖北人民出版社，2000年。

[9]　肖萐父、李锦全主编：《中国哲学史》上卷，第126页，人民出版社，1985年。

（本文据2014年6月28日在“洛阳河洛文化论坛”的讲稿整理而成）

第十章　孔子问礼与儒家思想

孔子（前551～前479年）名丘，字仲尼，是春秋末年鲁国陬邑（今山东曲阜市）人。他是中国古代伟大的思想家和教育家。据《孔子家语》记载，孔子年轻时曾西入周室，“问礼于老聃，访乐于苌弘。历郊社之所，考明堂之则”，“观先王之遗制”[1]。这对孔子思想的形成和儒家学说的建立，都具有重要意义。

一、孔子入周“问礼”的故事

图 10-1　孔子画像

孔子的祖先是宋国贵族，因政治动乱逃到鲁国。他幼年丧父，家境破落，自称“吾少也贱，多能鄙事”。孔子曾任鲁国管理仓库和畜牧的小官吏，五十岁时曾任鲁国“中都宰。一年，四方皆则之，由中都宰为司空，由司空为大司寇”。同年夏“孔子摄相事”（《史记·孔子世家》）。但是，孔子一生从政的时间并不长，在政治上不算得意（图10-1）。

（一）孔子“从老聃助葬”的故事

据《吕氏春秋·当染篇》记载：“孔子学于老聃。”《史记·仲尼弟子列传》载：“孔子之所严事，于周则老子。”刘向《新序·杂事五》说：“仲尼学乎老聃。”《潜夫论·赞学》也说：“孔子师老聃。”由此可见，孔子“问礼于老聃”，当属信史。孔子“学乎老聃”活动，可以证实的共有两次：一次是在鲁国，一次是在东周王室。

孔子在十七岁时，就曾师从老聃帮人举办葬礼。《礼记·曾子问》记载孔子的话说：

昔者吾从老聃助葬于巷党，及堩，日有食之。老聃曰：‘丘，止柩就道右，止哭以听变。’既明反，而后行。曰：‘礼也’。反葬而丘问下之，曰：‘夫柩不可以反者也。日有食之，不知其已之迟数，则岂如行哉？’老聃曰：‘诸侯朝天子，见日而行，逮日而舍奠。大夫使，见日而行，逮日而舍。夫柩不蚤出，不莫宿，见星而行者，唯罪人与奔父母之丧者乎。日有食之，安知其不见星也？且君子行礼，不以人之亲痁患。’吾闻诸老聃云。”

这里的“堩”指通向墓地的道路，“巷党”是鲁国的地名。这则文献记载曾参问孔子，如果埋葬死者的柩车已拉上道路，若出现日食，葬礼该怎么办？孔子说：“从前我曾跟老聃在巷党帮助人家举办葬礼，柩车上道，出现日食。老聃说‘丘，柩车停止前进，靠在路右边，停哭，以听任日食变化’”云云。东汉边韶的《老子铭》、北魏郦道元《水经注·渭水篇》都说：“孔子年十七，问礼于老子。”这说明孔子在十七岁时，就曾跟从老聃在鲁国的巷党帮助别人举办葬礼。

（二）孔子入周“问礼”的故事

孔子入周问礼的故事，最早见于《礼记·乐记》：“唯丘之闻诸苌弘，亦若吾子之言是也。”《大戴礼》云：“孔子适周，访礼于老聃，学乐于苌弘是也。”（《史记·乐书·索隐》引）这说明孔子曾向老聃和苌弘学习周公制定的礼乐制度（图10-2）。

图 10-2　孔子入周问礼碑

据《孔子家语·观周篇》记载，孔子约在三十岁（约在前521年）之前，将修《春秋》，自鲁适周，“问礼于老聃，访乐于苌弘。历郊社之所，考明堂之则”。“观先王之遗制，考礼乐之所极，斯大业也。”由此可见，孔子入周的活动，主要有三项内容。

一是“问礼于老聃”。《史记·老子列传》载：孔子“适周，将问礼于老子”。他来到周王室，拜见老子。老子说：

子所言者，其人与骨皆已朽矣，独其言在耳。且君子得其时则驾，不得其时则蓬累而行。吾闻之，良贾深藏若虚，君子盛德，容貌若愚。去子之骄气与多欲，态色与淫志，是皆无益于子之身。吾所告子者，若是而已。

这说明当时孔子年轻，尚有“骄气与多欲，态色与淫志”。老子告诉孔子说：您所说的那些人，尸骨早已腐朽，只有他们的言论尚存。况且，君子遇到时机就要积极有为，若没有合适的机会就要随遇而安。我听说会做生意的大商人，都深藏货物，为人谦虚。有高尚道德的人，表面上好像都很愚钝。您要抛弃那些不切实际的欲望和骄气，这些对您都没有什么益处。老子衷心地告诫孔子，做人要脚踏实地、虚怀若谷，才能取得成功（图10-3）。

图 10-3　东汉武梁祠画像石孔子问礼图

孔子拜见老子后，弟子问他对老子有什么印象。对他的弟子说：

鸟，吾知其能飞；鱼，吾知其能游；兽，吾知其能走。走者可以为网，游者可以为纶，飞者可以为矰。至于龙吾不能知，其乘风云而上天。吾今日见老子，其犹龙邪！

这说明孔子把老子比作能“乘风云而上天”的“龙”！由此可见孔子对老子的高度评价。

二是“访乐于苌弘”。苌弘博学多闻，名显诸侯，是周王室的重臣。《国语·周语下》载：周“敬王十年，刘文公与苌弘欲城周，为之告晋。魏献子为政，说苌弘而与之”。公元前519年周敬王因王子朝事件徙居狄泉（在今洛阳市白马寺东北），到前510年周敬王请晋国率领诸侯扩建成周城，亦名为“成周城”。

《淮南子·氾论训》载：“昔者苌弘，周室之执数者也。天地之气，日月之行，风雨之变，律历之数，无所不通。”《史记·天官书》说：“昔之传天数者”，周室有“苌弘”。《正义》：“苌弘，周灵王时大夫也。”虞喜《志林》说：“古者主天官者皆上公，自周至汉，其职转卑，然朝会坐位犹居公上。”由此可见苌弘在周王室重要地位。

苌弘因晋国贵族间的斗争被杀害。《左传·哀公三年》（前492年）载：“刘氏、范氏世为婚姻，苌弘事刘文公，故周与范氏。赵鞅以为讨。六月癸卯，周人杀苌弘。”《国语·周语下》说：“及范、中行之难，苌弘与之，晋人以为讨。”这说明苌弘是因晋国贵族间的斗争而被冤杀的。《庄子·外物》说：“苌弘死于蜀，其血三年化为碧。”成玄英注：“苌弘放归蜀，自恨忠而遭谗，刳肠而死。蜀人感之，以椟盛其血，三年而化为碧。”因此，苌弘被杀“其血三年化为碧”的故事，至今广为流传。今天所讲“碧血丹心照汗青”的诗句，就源于苌弘的典故。

据《皇览》记载：“苌弘冢在河南洛阳东北山上。”[2]今洛阳市偃师区东北山化乡化碧村旁有苌弘冢，就是先师苌弘长眠的地方。

三是“历郊社之所”。据《孔子家语·观周》篇，孔子适周“孔子观乎明堂，睹四门墉有尧舜之容、桀纣之像，而各有善恶之状、兴废之诫焉。又有周公相成王，抱之负斧扆南面以朝诸侯之图焉。孔子徘徊而望之，谓从者曰：‘此周者所以盛也。夫明镜所以察形，往古者所以知今’”。又说：“历郊社之所，考明堂之则，察庙堂之度。于是喟然曰：‘吾今乃知周公之圣，与周之所以王也’。”孔子“观周”礼，使其对周公的礼乐制度和周代文明，有了深刻的了解。

孔子观周庙“欹器”的事，颇受世人关注。“欹器”是中国古代利用力学原理，制作倾斜易覆的奇特器皿。据《说苑·敬慎》篇：

> 孔子观于周庙，而有欹器焉。孔子问守庙者曰：“此何器？”对曰：“盖为右坐之器。”孔子曰：“吾闻右坐之器，满则覆，虚则欹，中则正。有之乎？”对曰：“然。”孔子使子路取水而试之，满则覆，中则正，虚则欹。孔子喟然叹曰：“呜乎！恶有满而不覆者哉！”

“欹器”内空时就会倾向一侧，若注水不多不少时就会端正。古人饮酒时常置于座旁，提醒不要饮过量，故称其为“右坐之器”。这个故事古史多有记载。《韩诗外传》卷三说“孔子观于周庙，有欹器焉”。这些记载都说孔子是在游历“周庙”时观赏“欹器”的故事。然而，《荀子·宥坐》《淮南子·道应》《孔子家语·三恕》却说，这是“孔子观于鲁桓公之庙”时发生的事情。

据《南史·祖冲之传》记载：“造欹器，献竞陵王子良，与周庙不异。”《北齐书·魏收传》说：“周庙之人，三缄其口。漏卮在前，欹器留后。”南宋王应麟《困学纪闻》卷十说：“《晋书·杜预传》云：‘周庙欹器至汉东京犹御坐。’当以周庙为是。”这说明孔子观赏“欹器”的地点，当是发生在东周王室“周庙”里的故事。

（三）孔子入周“问礼”的时间

孔子入周“问礼”的具体时间，古史记载和学者的认识，颇多争议。主要有四种说法。

一是孔子“年五十有一”说。《庄子·天运篇》载：“孔子行年五十有一而不闻道，乃南至沛见老聃。老聃曰：‘子来乎？吾闻子，北方之贤者也！子亦得道乎？’孔子曰：‘未得也’”云云。“沛”在今江苏沛县东。“孔子行年五十有一”当为鲁定公十年（前500年）。梁玉绳《史记志疑》卷二十五说：孔子入周“问礼”的时间“皆当缺疑之事。必欲求其年，则《庄子》‘五十一’之说，庶几近之。”然而，据《史记·孔子世家》记载，孔子五十岁时已在鲁国任“中都宰。一年，四方皆则之，由中都宰为司空，由司空为大司寇。定公十年春，及齐平”。同年夏“孔子摄相事”。这时，孔子政务繁忙，是其平生仕途最辉煌的一年，自然无暇旁顾。钱穆先生指出：“《庄子》寓言十九，固不可信。”[3]

二是鲁昭公二十四年（前518年）说。清儒阎若璩《四书释地续》说：“《孔子世家》载适周问礼于老子，在昭公二十年（前522年），而在孔子年三十。……余曰：其昭公二十四年乎？盖《曾子问》孔子曰：‘昔者吾从老聃助葬于巷党，及堩，日有食之。’惟昭公二十四年夏五月乙未朔，日有食之，恰入食限。此即孔子从老聃问礼时也。”自鲁昭公二十年（前522年）起，周王室已发生王子匄与王子朝争夺王位的“内乱”，双方展开长达十八年的战争。鲁昭公二十四年（前518年）夏，王子匄与王子朝双方正值激战，当时老子恐已逃离周室，哪有心思来接待孔子一行？

三是鲁定公三年（前507年）说。孔广森《经学卮言》说：“子在周时，《家语》有刘文公论圣人之语。定公四年，文公即卒。元、二两年，未没昭公之丧，访乐于丧苌弘，又非攸宜。前后推校，则适周其在定之三年欤？”然而，因这年王室“内乱”尚未结束，老子早已隐居，不知其所终。此时，岂有孔子入周“问礼”之事乎？

四是鲁哀公十四年（前481年）说。林春溥《孔子世家订补》说：“《春秋》哀公十四年五月庚申朔，日有食之，盖孔子是年复适周。”钱穆驳之曰：“不悟鲁哀十四年，西狩获麟，乃孔子《春秋》绝笔之岁，未比孔子是年始有志作《春秋》，乃往观于周室？……是时孔子已老，……林氏强为比附，何也？”[4]

上述诸说，均不可信。司马迁《孔子世家》将“孔子适周”的故事，列于“鲁昭公之二十年，而孔子盖年三十矣”之前。因此，有学者推测：“孔子入问礼的时间，当在鲁昭公十二年（前530年）之后，二十年（前522年）之前，很可能在昭公十九年（前523年）前后。这时，孔子年二十八九岁，南宫敬叔约十八九岁。”[5]是颇有道理的推断。

二、孔子编定“六经”与创立儒家学派

孔子“适周问礼”，得到老聃和苌弘的指教，同时还到周室太庙参观考察，并收集相关的文献资料，真可谓受益匪浅！他“自周返鲁，道弥尊矣”。这为其创立儒家学说，奠定了深厚的思想基础。

孔子晚年的活动，主要是创办私学，编定“六经”，即所谓创立儒家学派，从事教育工作。“六经”是指《周易》《诗经》《尚书》《仪礼》《乐》《春秋》六部儒家经典著作。

（一）儒者以六艺为法

司马迁在《史记·太史公自序》“论六家要旨”时说：“夫儒者以六艺为法。”这是指儒家以《诗》《书》《礼》《乐》《易》《春秋》六门课程，来作为教授门生的理论经典。

《荀子·劝学篇》载：“《书》者，政事之纪也。《诗》者，中声之所止也。《礼》者，法之大分，类之纲记也。故学至乎礼而止矣。”又说：“《礼》之敬文也，《乐》之中和也，《诗》《书》之博也，《春秋》之微也，在天地之间者毕矣。”《庄子·天下篇》说：“《诗》以道志，《书》以道事，《礼》以道行，《乐》以道和，《易》以道阴阳，《春秋》以道名分。其数散于天下而设于中国者，百家之学时，或称道焉。”《郭店楚简·语丛一》说：“《礼》，交之行述也。《乐》，或生或教者也。《书》，□□□□者也。《诗》，所以会古今之诗也者。《易》，所以会天道、人道也。《春秋》，所以会古今之事也。”《史记·滑稽列传》也说：“孔子曰：六艺於治一也。《礼》以节人，《乐》以发和，《书》以道事，《诗》以达意，《易》以神化，

《春秋》以义。”这是战国秦汉文献中有关“六经”内容及其影响的叙述。由此可见“六经”在中华文明史上的重要地位以及孔子编定六经的重要意义。

（二）孔子治“六经”

据《庄子·天运篇》记载：“孔子谓老聃曰：丘治《诗》《书》《礼》《乐》《易》《春秋》六经，自以为久矣，孰知其故矣。”这是有关孔子与“六经”关系的最早记录。钱穆《国学概论》第一章说：“自孔子以来二千四百年，学者言孔子必及六经，治六经者亦必及孔子。则六经之内容，及孔子与六经之关系，终不可不先论也。今言六经，略分三部：一《易》《春秋》；二《诗》《书》；三《礼》《乐》。”[6]这里将“六经”分为三大类别的看法。

孔子作《易传》、述《春秋》。《史记·孔子世家》载：“孔子晚而喜《易》。《序》《彖》《系》《象》《说卦》《文言》，读《易》韦编三绝。”《史记·太史公自序》引壶遂曰：“孔子之时，上无明君，下不得任用，故作《春秋》。”《汉书·五行志》说：“昔殷道弛，文王演《周易》；周道叛，孔子述《春秋》。”这是说明孔子作《易传》、述《春秋》的缘由。

《尚书》原本资料的来源。刘知几《史通·内篇·六家》说：

> 《尚书》家者，其先出于太古。《易》曰：“河出图，洛出书，圣人则之。”故知《书》之所起远矣。至孔子观书于周室，得虞、夏、商、周四代之典，乃删其善者，定为《尚书》百篇。

这里指出“孔子观书于周室”时，得到“虞、夏、商、周四代”的典册，乃“删其善者，定为《尚书》百篇”。这说明孔子晚年编定《周易》《诗经》《尚书》《仪礼》《乐》《春秋》六经的原本资料，应当来自“孔子观书于周室”的重要收获。

（三）孔子“有教无类”的教育思想

《论语·卫灵公》载：“子曰：‘有教无类矣’。”这是说教授弟子，不分贫富、不分地域、不分长幼、不分智愚，使每个人都得到教育机会。《荀子·法行》说：“南郭惠子问于子贡曰：‘夫子之门何其杂也？’子贡曰：‘君子正身以俟，欲来者不距，欲去者不止。且夫良医之门多病人，檃栝之侧多枉木，是以杂也’。”正是孔子践行“有教无类”的思想，他的学生里，出身、地域、长幼、智愚，都参差不一。“欲来者不距，欲去者不止”，这就是孔子门生成分复杂的原因。孔子“有教无类”的教育思想，对于普及文化教育，提高全民素质，具有重要意义。

据《史记·孔子世家》记载："孔子以诗、书、礼、乐教，弟子盖三千焉，身通六艺者七十有二人。"这"七十有二人"即所谓"七十二贤人"，大都成为儒家学派的骨干人物。

三、儒家思想的基本内涵

孔子创立的儒家学派，是以"仁"为核心、以"三纲五常"为基础的思想体系，在中国思想文化史上具有独特的重要地位。

（一）"仁爱"是儒家哲学思想的核心内容

儒家的"仁"是什么？《论语·八佾》载："樊迟问仁？子曰：'爱人'。"孔子的学生樊迟问什么是"仁"？孔子说："爱人。"《国语·晋语》说："爱亲之谓仁。"《孟子·尽心上》说："亲亲，仁也。"《吕氏春秋·不仁》说："孔子贵仁。""仁"的最初含义，就是建立在宗法血缘关系基础上的亲情关系。《国语·周语下》载："爱人能仁"。孔子说："泛爱众而亲仁。"（《论语·学而》）这里的"仁"由"爱亲"而推演至"爱人"，使"仁爱"的范围由近而远、由亲而疏，实现了本质的升华。

儒家的"仁"最早见于《尚书·金滕》。周公向上天祷告说："予仁若考能，多才多艺，能事鬼神。"这是说我仁厚而巧能，又多才多艺，善于事奉鬼神。

《诗·郑风·叔于田》载："不如叔也，洵美且仁。"《诗·齐风·卢令》也说："其人美且仁。"这两篇春秋早期《诗》歌中的"仁"，都是对君子美德的赞扬。可见儒家的"仁"爱思想，早在西周初年已经萌芽。《周易·文言传》说："君子体仁，足以长人。"《尚书》《诗经》和《周易》中的"仁"都是指个人高尚的道德修养讲的。

由此可见，儒家的"仁"爱观念是对周公礼乐思想的继承和发展。孔子一生最大的贡献，就是创造性地把周公礼乐文化的精髓，升华为儒学的核心思想。

（二）"三纲五常"是儒家哲学的思想基础

儒家的"三纲"观念，源于《逸周书·常训解》中"夫妻、父子、兄弟、君臣"的"八政"思想。"仁、勇、智"的观念，早在《逸周书·大武解》中已见端倪，"信"见于《逸周书·常训解》的"九德"。《左传·隐公三年》说："君义、臣行、父慈、子孝、兄爱、弟敬，所谓六顺也。”这些都是西周春秋时期的盛行的社会伦理观念。

儒家“三纲五常”观念的形成。董仲舒《春秋繁露·深察名号》载：“循三纲五纪，通八端之理。”同书《基义》说：“王道之三纲，可求于天。”《白虎通义·三纲六纪》也说：“三纲者，何谓也？谓君臣、父子、夫妇也。……故《含文嘉》曰：‘君为臣纲，父为子纲，夫为妻纲’。”《白虎通义·性情》说：“五性者何？谓仁、义、礼、智、信也。……故人生而应八卦之体，得五气以为常，仁、义、礼、智、信也。”这说明儒家“三纲五常”的思想体系，有一个形成完备的过程，经董仲舒的大力提倡，到东汉早期才臻于完善。

需要说明的是，儒的“君为臣纲，父为子纲，夫为妻纲”的“三纲”观念，具有浓厚的封建色彩，必须予以扬弃。而“仁、义、礼、智、信”的“五常”思想，至今仍具有现代意义，应予继承和发展。

（三）“中庸”是儒家处事待人的基本准则

儒家处事的基本准则。据《论语·雍也》记载：“中庸之为德也。”《礼记·中庸》载：“中也者，天下之大本也。和也者，天下之达道也。致中和，天下位焉，万物育焉。”《荀子·劝学》说：“乐之中和”。《文选·稽康〈琴赋〉》载：“总中和以统物。”刘良注：“中和，大道也。”儒家的“中庸”观念，要求人们坚守“中和”之道，在社会上要恰如其份的处理好君臣、父子、夫妇、兄弟、朋友之间的关系，而自身则应安分守己、不骄不躁、以诚待人。它系统地总结了我国古代统治者处理社会矛盾、协调社会关系的政治经验，提高了人们的道德修养水平，直至今天仍具有借鉴价值。

儒家待人的基本准则。孔子倡导“己所不欲，勿施于人”（《论语·卫灵公》）的思想观念，是说自己不愿做的事，就不要强加于别人。这乃是国家、团体和人际交往的基本准则，至今仍闪耀着熠熠的光辉，因而具有重要的现实意义。

（四）“修、齐、治、平”的奋斗目标

据《礼记·大学》记载：“意诚而后心正，心正而后身修，身修而后家齐，家齐而后国治，国治而后天下平。”这是要求有修养的君子，要胸怀天下，要有“修身、齐家、治国、平天下”的远大抱负。“修身”是根本，“齐家”是基础，“治国、平天下”就是要对人类社会发挥和贡献积极的正能量。孟子所说 “穷则独善其身，达则

兼善天下”（《孟子·尽心上》），讲的就是这个意思。

（五）儒、道两家处世的基本倾向

儒家思想遵循的是明君治世则积极辅佐；昏君当道则奋死抗争，“不成功、便成仁”的信念。这完全是“天下兴亡，匹夫有责”[7]“以天下为己任”“舍我者其谁”的积极态度。这种积极入世的社会观念，与道家所遵循的明君治世、出则辅佐，昏君当道、退隐山林，“一切顺其自然”的顺世思想，形成了鲜明的反差。

道、儒两家都继承和发展了《周易》哲学的“天人合一”宇宙观念。《老子》第二十五章说：“人法地，地法天，天法道，道法自然。”明确指出人类的社会活动，要服从天、地变化的自然法则。这是《老子》对“天人合一”宇宙观念的直白表述。《孟子·公孙丑下》说：“天时不如地利，地利不如人和。”《荀子·王霸篇》也说：“农夫朴力而寡能，则上不失天时，下不失地利，中得人和而百事不废。”因人成事，因地制宜，因势利导，顺应自然，师法自然，取乎自然，人与自然相通相依，和谐共生。这就是“人与自然和谐共生”的基本思想。

《素问·保命全形论》载：“天覆地载，万物悉备，莫贵于人。人以天地之气生，四时之法成，……夫人生于地，县命于天，天地合气，命之曰人。”《春秋繁露·阴阳义》认为：“天地之常，一阴一阳。阳者天之德也，阴者地之刑也。……天亦有喜怒之气，哀乐之心，与人相副。以类合之，天人一也。”同书《立元神》也说：“天地人，万物之本也。天生之，地养之，人成之。天生之以孝悌，地养之以衣食，人成之以礼乐。”这种“天人合一”的宇宙观念，认为人类只是大自然的一个成员，应与山川、草木、鸟兽融会贯通、和谐共生。人类的各种活动，要顺应大自然的发展规律，不应盲目地去改造自然、破坏自然，因而具有深远的历史意义。

四、儒家思想的深远影响

春秋晚期，孔子继承和发扬周公的礼乐思想，创立儒家学派。战国时期，儒家与道、墨并立，时称显学。自汉武帝“罢黜百家，独尊儒术”后，儒家思想就成为我国2000多年来治国安邦的统治思想。

儒家思想的核心内涵，是中华民族宝贵的精神财富。特别是儒、道两家都倡导的“天人合一”观念，乃是人类社会可持续发展的指导原则，至今仍具有重要的现实意义。

注　释

［1］　《孔子家语·观周篇》。

［2］　司马贞：《史记·乐书·索隐》引。

［3］　钱穆：《先秦诸子系年考辨》卷一，中华书局，1985年。

［4］　钱穆：《先秦诸子系年考辨》卷一，中华书局，1985年。

［5］　梁晓景：《孔子入周问礼及其相关问题》，《河洛文化论丛》，河南大学出版社，1990年。

［6］　钱穆：《国学概论》第一章，商务印书馆，1997年。

［7］　顾炎武：《日知录·正始》。

第十一章　秦简《归妹》卦辞与嫦娥奔月神话

“嫦娥奔月”是我国古代富有传奇色彩的神话传说，千百年来广为流传（图11-1）。那么，嫦娥为什么要奔月？她奔月后为什么会变成了蟾蜍？月宫中的桂树和玉兔又是怎么来的？1993年，湖北江陵王家台秦墓出土竹简《归藏易》中《归妹》卦辞记载的“嫦娥奔月”故事[1]，为探索“嫦娥奔月”本来面貌提供了珍贵的新资料。本章谨就秦简《归妹》卦辞残简及其相关问题，略作考述。

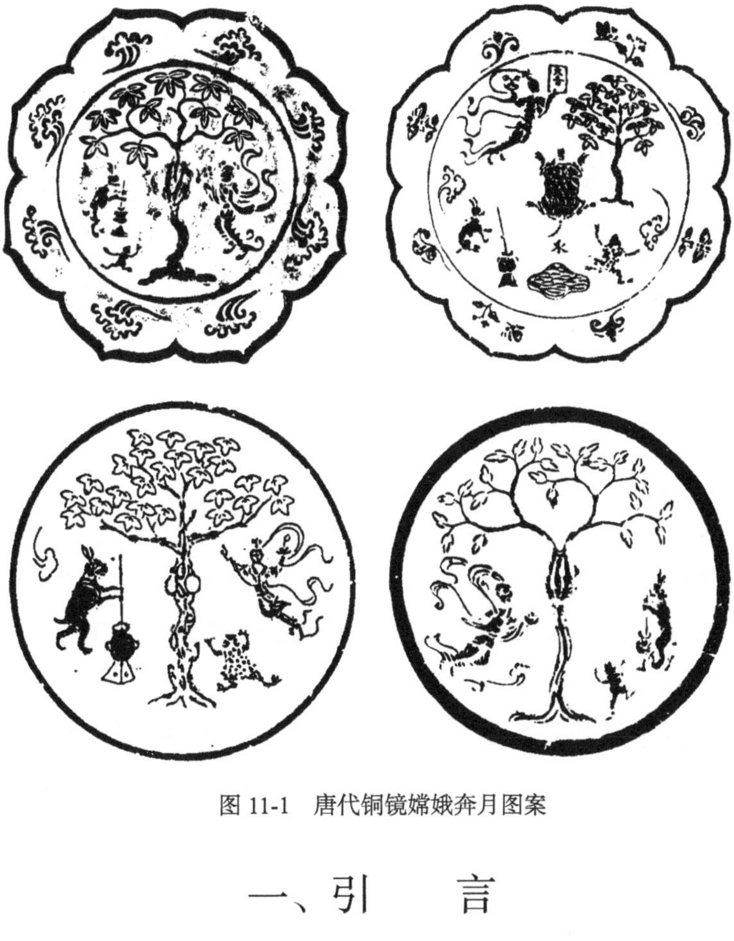

图 11-1　唐代铜镜嫦娥奔月图案

一、引　　言

“嫦娥奔月”神话是中华先民梦想奔往月宫的美丽传说。1969年7月20日，当美国

“阿波罗11号”飞船的登月舱“小鹰号”正在接近月球表面时，休斯敦的地面指挥中心向宇航员柯林斯介绍媒体对人类历史上首次登月的报道时说：

> “在今天各大媒体有关阿波罗登月的头条报道中，有一条要求你注意寻找一位美丽的女士和她的宠物，一只可爱的兔子。中国的一则古老传说中，一位叫嫦娥的姑娘在4000年前就已经从地球飞向了月球，从那以后就一直生活在那里。她唯一的伴侣是只兔子，这只兔子的名字目前还不得而知，不过应该不难发现，这只兔子很大，而且住在一棵月桂树下。”柯林斯笑了，说：“好吧，我会找找这位兔子姑娘。”

对当时大多数守候在电视机前的西方观众来说，这是他们第一次听说“嫦娥奔月”的美丽传说[2]。

2013年12月14日晚中国探月工程“嫦娥三号”着陆器成功登月，玉兔车轻盈地走上月面，中华民族奔月的千年梦想终于成真。嫦娥奔月后变为兔子的传说出现较晚，最早的传说是她奔月后变成了蟾蜍。那么，嫦娥为什么要奔月？她奔月后怎么会变成了蟾蜍和玉兔呢?

二、秦简《归妹》卦残辞的缀合、补订

秦简《归妹》卦出土时已经严重残损，被编为201和307号。我们依据传世文献中《归藏易》的佚文，兹作缀合、补订如下：

秦简第307号文为：

> 《归妹》曰：昔者恒我窃毋死之……

秦简第201号文为：

> ……⿱夭卉（奔）月，而攴（枚）占……

这两条残简均属《归藏易》“嫦娥奔月”故事的佚文。这些简文在传世的《归藏易》佚文里，均有线索可寻。李善《文选·谢希逸〈月赋〉》注引《归藏》载：“昔嫦娥以不死之药奔月。”

这则佚文《太平御览》卷九八四引《归藏经》，亦有相同的记录。李善《文选·王僧达〈祭颜光禄文〉》注引《归藏》载：“昔嫦娥以西王母不死之药服之，遂奔月，为月精。”

南朝梁刘昭《后汉书·天文志上》补注引东汉张衡《灵宪》载：

> 羿请无死之药于西王母，姮娥窃之以奔月。将往，枚筮之于有黄。有黄占之曰：“吉。翩翩归妹，独将西行，逢天晦芒，毋惊毋恐，后其大昌。”

姮娥遂托身于月，是为蟾蜍。

西晋干宝《搜神记》卷十四《嫦娥》的记载，与此段基本相同。张衡《灵宪》的这段佚文，清马骕《绎史》卷十三、严可均《全上古三代秦汉六朝文·全后汉文》均辑作：

嫦娥，羿妻也。窃西王母不死之药服之，奔月。将往，枚筮之于有黄。有黄占之曰："吉。翩翩归妹，独将西行。逢天晦芒，毋惊毋恐，后且大昌。"嫦娥遂托身于月，是为蟾蜍。

严可均注说："《灵宪》此段，当系《归藏》旧文。"著名神话学家袁珂先生也说："张衡《灵宪》记叙的嫦娥在奔月以前'枚占于有黄'一节，可能仍是《归藏》的旧文，增加的内容不多。"[3]

这说明清马骕《绎史》卷十三和严可均《全上古三代秦汉三国六朝文·全后汉文》所引东汉张衡《灵宪》所载"嫦娥奔月"而"枚占于有黄"的故事，与秦简第307、201号《归妹》卦辞的内容基本相合。值得注意的是，传世文献记载"嫦娥奔月"的故事，始见于汉武帝建元二年（前139年）成书的《淮南子·览冥训》："羿请不死之药于西王母，姮娥窃以奔月，怅然有丧，无以续之。"高诱注："姮娥，羿妻也。羿请不死之药于西王母，未及服食之。姮娥盗食之，得仙，奔入月中为月精也。"（图11-2）

图 11-2　东汉画像石羿射九日图

必须指出的是，秦简《归妹》和李善《文选》注及《太平御览》所引传本《归藏》的卦辞，都没有"羿请不死之药"及"姮娥，羿妻也"的内容。我们认为，羿与嫦娥的夫妻关系，当是两汉时人撮合的结果。故张衡《灵宪》所记"嫦娥奔月"的故事，当是括引《淮南子》与《归藏》卦辞写就的。而干宝《搜神记》中的《嫦娥》章，则是录引《灵宪》而成的文辞。

三、秦简《归妹》卦辞的释读

我们依据秦简《归妹》卦残辞和传本《归藏》诸本的记载，与《灵宪》佚文及《搜神记·嫦娥》相互参校缀合，推定《归藏·归妹》卦辞的全文当为：

《归妹》曰：昔者恒（嫦）我（娥）窃毋死之药于西王母，服之以𡙸（奔）月。将往，而枚占于有黄。有黄占之曰："吉。翩翩归妹，独将西行。逢天晦芒，毋惊毋恐，后且大昌。"恒（嫦）我（娥）遂托身于月，是为蟾蜍。

兹将这则卦辞简要释读如下：

从秦简《归藏》的文例看，每卦均以筮数易卦开首。可知这则《归妹》简文开首的筮数易卦残失，故以“□”表示。《周易·归妹》的卦画为“䷵”，依张政烺“奇数是阳爻，偶数是阴爻”的原则[4]，可以推知《归妹》卦的筮数当是“六六一六一一”，可译为《兑》下、《震》上的《归妹》卦䷵。

“归妹”是卦名。《周易·杂卦传》说：“归妹，女之终也。”《广雅·释言》：“归，返也。”返，古作反。《汉书·杨王孙传》集注：“反，归也。”《周易·小畜》九三：“夫妻反目。”虞翻注：“震为反。”《周易·归妹》“反归以娣”虞翻注：“震为反。”“归妹”的卦名，今本《周易》和帛书《周易》均与传本《归藏》相同，东汉石经《周易》作“归昧”。昧，通作妹。《释名·释亲戚》云：“妹，昧也。”可以为证。《广雅·释训》：“昧，昧暗也。”郑玄《周易·困》卦注：“兑为暗昧。”而此卦《兑》下是少女，《震》上为长男，少女与长男结合，故称之为《归妹》，亦即嫁妹。这说明《归妹》卦名的含义，正与这则卦辞所反映的“嫦娥奔月”故事相符合。

“曰”：《说文·曰部》谓“词也”。甲骨金文多用作动词，相当于现代汉语中的“说”“讲”。

“昔者恒我窃毋死之药于西王母”：“恒我”，亦名姮娥。因汉文帝名恒，避讳改“恒”为姮。“恒”，通作常。《说文·心部》：“恒，常也。”《诗·小明》：“无恒安息。”《汉书·董仲舒传》作“无常安息”。可以为证。《周易·文言》“后得主而有常”虞翻注：“震为常也。”“常我”，用作女名时多写作嫦娥。故“恒我”即“嫦娥”。

“窃”即偷盗。此卦上互为《坎》，《周易·说卦传》：“坎为盗”。《周易·屯》六二“匪寇婚媾”虞翻注：“坎为寇盗”。这说明《归妹》卦象与“窃毋死之药”相合。

“毋死之药”，即长生不老药。《山海经·海内西经》载：“昆仑之虚在西北，帝之下都，……面有九门，门有开明兽守之，百神之所在。……开明东有巫彭、巫抵、巫阳、巫履、巫凡、巫相，夹窫窳之尸，皆操不死之药以距之。”郭璞注：“为距却死气，求更生。”这说明能“距却死气，求更生”的“不死之药”，就在天帝的“下都”昆仑山上。

“西王母”是我国古代著名的神话人物。《山海经·西次三经》载：“玉山是西王母所居也。西王母其状如人，豹尾、虎齿而善啸，蓬发戴胜，是司天之厉及五残。”郭璞注：“主知灾厉、五刑、残杀之气也。”“厉”，同疠。《一切经音义》卷十八引《字林》说：“疠，恶疾也。”“灾疠”指疽疠恶疮诸病。《大荒西经》说：“昆仑山之丘……有人戴胜，虎齿，有豹尾，穴处，名曰西王母。此山万物尽有。”因西王母是主管灾疠的“刑杀之神”，她居住的昆仑山上“万物尽有”，故得掌管“不死之药”。

“服之以奔月”：“服”，《说文·月部》谓“用也”。“服之”指吃下“不死之药”。“[illegible]”，乃“奔”字别体。“奔月”指奔往月宫。《周易·涣》九二“涣奔其机”虞翻注：“震为奔。”虞翻《周易·遁》六四注：“震为奔走。”此卦上互为《坎》，《周易·说卦传》：“坎为月”。

“将往而枚占于有黄”：“枚占”，用筮草占问。“有黄”，神巫名，不见于其他文献。张华《博物志·杂说上》引《归藏》：

昔舜筮登天为神，占之，有黄龙神曰：“不吉”。

故“有黄”可能是“有黄龙神”的简称。

“有黄占之曰吉”：“吉”为占断语，是说嫦娥筮占后，得到吉祥的占断。《归妹》卦为《兑》下、《震》上，《周易·说卦传》：“兑，说也”。“说”，通作悦。《周易·恒》“贞，妇人吉”郑玄注：“兑为和说。”是《兑》卦有和悦之义。虞翻《周易·说卦传》注：“震为大笑。”故占得此卦有“吉祥”之义。

“翩翩归妹”：“翩翩”，小鸟轻盈飞翔貌。《周易·泰》六四爻有“翩翩不富”语。该卦六五爻辞曰：“帝乙归妹，以祉元吉。”“帝乙”为商代帝王名，《子夏传》、京房、《白虎通》、郑康成、荀爽等以为即商汤，虞翻以为是“纣王之父”。当以“纣王之父”为是。“归”，嫁。《后汉书·荀爽传》说：“汤有娶礼，归其妹于诸侯也。”郑康成说：“五，爻辰在卯，春为阳中，万物以生。生育者，嫁娶之贵。仲春之月，嫁娶男女之礼，福禄大吉。”[5]秦简此卦“翩翩归妹”当是指即将飞往月宫的嫦娥而言。

“独将西行”：此句与《诗·击鼓》“我独南行”句例相似。“独”，孤单。“西行”，《礼记·祭义》说：“日出于东，月生于西。”《周易·小畜》上九“月几望”虞翻注：“兑为西。”《周易·益》六四“中行”虞翻曰：“震为行。”因月生于西方，故称“嫦娥奔月”为西行。

“逢天晦芒”：“逢”，遇到。“晦”，《释名·释天》谓“月尽之名也”。《说文·日部》说：“晦，月尽也。”“晦芒”指天色昏暗，不见光芒。这是说要在月尽不见光芒时奔月。

“毋惊毋恐”：此句干宝《搜神记》卷十四《嫦娥》作“毋恐毋惊”，有不要惊慌恐惧之义。

“后且大昌”：“后”，《诗·瞻仰》“式救尔后”郑玄笺：“后为子孙也。”《国语·国语上》“其君必无后”韦昭注：“后，后嗣也。”《周易·睽》：“后说之壶。”虞翻注：“震为后。”《周易·系辞传下》：“后世圣人易之以宫室。”虞翻注：“震为后世。”“且”，张衡《灵宪》作“其”，形近伪误。《吕氏春秋·音律》“岁且更起”高诱注：“且，将也。”《汉书·郊祀志上》集注：“且，犹将也。”“昌”，《诗·还》：“子之昌兮。”毛传：“昌，盛也。”《说文·日部》谓“昌，……一曰日光也。《诗》：‘东方昌矣’。”《诗·鸡鸣》作“东方明矣”。

图 11-3　马王堆一号西汉墓帛画

《广雅 · 释言》：“昌，光也。”这句是说你的子孙将会光明昌盛。

“恒我遂托身于月”：“托”，《说文 · 言部》“托，寄也”。这是说嫦娥于是就居住在月宫里。

“是为蟾蠩”：“蟾蠩”即蟾蜍，俗名癞蛤蟆。《淮南子 · 精神训》：“月中有蟾蜍。”《史记 · 龟策列传》：“月为刑而相佐，见食于虾蟆。”“虾蟆”即蛤蟆。《太平御览》卷四引《春秋孔演图》曰：“蟾蠩，月精也。”《艺文类聚》卷一引《淮南子》说：嫦娥“服药得仙，奔入月中为月精”。“月精”即月神。这是说嫦娥奔月后变为癞蛤蟆，成为主管月宫的神灵。湖南长沙马王堆一号西汉墓出土帛画（图11-3）、洛阳西汉墓壁画（图11-4）、南阳东汉画像石和山东肥城孝堂山石刻画像星象图所见的月亮里，都画有一个“蟾蜍”，就是这个传说的见证[6]。

由上所述，《归藏》卦辞的大意是说：筮遇“六六一六一一”，《归妹》说：昔日嫦娥从西王母那里偷来长生不老灵药，服食后准备奔

图 11-4　洛阳西汉墓壁画

往月宫。将要动身时，她到神巫有黄那里筮占。有黄筮占后说：“吉祥。美貌轻盈的嫦娥，将独自奔向西天的月宫。遇到月尽没有光芒时动身，不要惊慌，不要恐惧，您的子孙将会光明昌盛。”嫦娥于是就居住在月宫里，化为蟾蜍，成为主管月宫的神灵。

四、神话“嫦娥奔月”产生的思想基础

“嫦娥奔月”的神话是个富有传奇色彩的美妙传说。若能弄清它产生和形成的思想基础，是很有意义的。

中国古代盛行日月崇拜的社会习俗。月亮是地球的卫星，也是夜空中最明亮的星体。它不但有规律地运行出没，而且还映射出神奇的光辉。每当晴空月圆之际，人们仰望繁星簇拥的月宫，常会产生许多美妙的遐想。这就是中华先民对月亮产生崇拜心理的根本原因。《管子·形势篇》说：“日月昭察万物者也。”《淮南子·天文训》：“日者阳之主，月者阴之宗也。”《颜氏家训·归心》也说：“日为阳精，月为阴精。”考古发现河南陕县庙底沟、郑州大河村、汝州洪山庙仰韶文化遗址出土彩陶器上，常见有“日月纹”图案[7]。正如严文明先生所说：“可能是太阳神和月亮神的崇拜在彩陶纹上的体现。”[8]因此，到了商周时期，已普遍流行祭祀日月神的社会习俗。

殷墟卜辞有祭祀“东母、西母”的记录：

贞，燎于东母，三牛？　　（《合集》14339）

贞，燎于东母，三豕？　　（《合集》14340）

贞，于西母酒豕？　　（《合集》14345）

壬申卜，贞，侑于东母、西母，若？　　（《合集》14335）

这里的“燎”是指《尔雅·释天》“祭天燔柴”和《周礼·大宗伯》“以实柴祀日月星辰”所说的祭典。《礼记·祭义》说：“祭日于东，祭月于西。”因此，陈梦家先生指出“此东母、西母大约指日月之神”[9]，是正确的。

卜辞中把“日月之神”称为“东母、西母”，在《山海经》里可以找到线索。《山海经·大荒南经》载：

羲和之国，有女子名曰羲和，方日浴于渊。羲和者，帝俊之妻，生十日。

《大荒西经》载：

大荒之中，……有女子方浴月。帝俊妻常羲生月十有二，此始浴之。

这是说帝俊之妻羲和“生十日”“常羲生月十有二”。可见帝俊是十个太阳和十二个月亮的父亲，羲和管理她所生的十日便被称为“东母”，常羲管理她所生的十二个月亮便被称为“西母”。

这位声名显赫的帝俊，就是中华民族的人文始祖伏羲氏。太皞伏羲氏本为一人。《史记·殷本纪》载："殷契，母曰简狄，有娀氏女，为帝喾次妃。"《史记·五帝本纪·索隐》引皇甫谧云："喾，其名夋。""夋"，同俊。而帝喾名"夋"，与太皞本为一人。童树业《春秋左传考证》案："喾古或作佶（《管子·侈靡》《史记·三代世表》），太皞或作太皓（《楚辞·远游》）、太浩（《淮南子·览冥》）盖太皞即帝喾。"[10]可见，帝俊既是殷人的高祖，也是主宰上天的最高神灵。这是因为殷人心目中的上帝实际就是祖先神灵的缘故[11]。

后来，随着时间的演进，羲和与常羲的神职也发生了变化。《楚辞·离骚》载："吾令羲和弭节兮。"王逸注："羲和，御日也。"《天问》也说："羲和之未扬，若华何光？"这说明"羲和"已变成为天帝"扬鞭御日的女神"。而这位"生月十有二"的常羲，后来也"变成奔月的常娥"。因羲、娥古音同属歌部疑母，可以通假。《说文·我部》说："义"字"从我、从羊"。《兮部》谓"羲"字"从兮、义声"。《庄子·马蹄》陆德明《经典释文》："义，本作羲。"是"羲"通作义。《礼记·檀弓上》陆德明《经典释文》："蚁，又作蛾。"《文选·长杨赋》李善注："蛾，古蚁字。"可以为证。这样，早期神话中因"生月十有二"而被称为"西母"的常羲，后来就演变成服食从西王母那里窃来的"不死之药"，而逃奔月宫的嫦娥了[12]。

颇为有趣的是，秦简《归妹》与《周易·归妹》卦辞，也有着明显的联系。《周易·归妹》六五爻辞曰：

帝乙归妹，其君之袂，不如其娣之袂良。月几望，吉。

"月几望"，帛书《周易》作"月既望"。元吴澄《易纂言外翼》卷二《象例》说："'月既望'之几，孟、荀、一行作既。几字亦有既音，《左氏传》'庸可几乎，日月以几'是也。京作近，晁氏曰：近读为既。《诗》'徃近王舅'是也。澄按：此几当作既。"[13]这里的"帝乙归妹"的故事，与《周易·泰》卦六五爻辞相同，"君"指帝乙的妹妹，"袂"指衣饰。这是说帝乙出嫁妹妹时，主君的衣饰却不如侧室的衣饰美好。"月几望"语，亦见于《周易·小畜》上九和《中孚》六四爻辞。"月"指月亮，为阴之精，有后妃之象，在此喻帝乙之妹。"望"，月满。"既望"，金文习见。忽鼎铭"惟王元年六月既望乙亥"，庚嬴卣铭"惟王十月既望"，是指阴历每月十五、十六日月亮圆满之时。这里的"月既望"则是比喻婚嫁的帝乙之妹，犹如十五的月亮般貌美和成熟，故有吉祥之义。

由此可见，秦简《归妹》卦辞"嫦娥奔月"的故事，受到《周易·归妹》六五爻辞"帝乙归妹"和"月既望"的深刻影响，也是显而易见的。

《归妹》卦辞"嫦娥奔月"的故事，也受到战国时期升仙思想的深刻影响。我国古代的升仙思想，在战国初年已肇其端倪。《战国策·楚策四》载："有献不死之药于荆王者，谒者操以入。"《韩非子·说林上》也有相同的记载。这是战国中晚期游士的拟托之辞。《史记·封禅书》载："自齐威、宣、燕昭使人入海求蓬莱、方丈、瀛洲。此三神山者，其傅在渤海中，去人不远，……诸仙人及不死之药皆在焉。"这说明齐威王（前356～前320年在位）、齐宣王（前319～前310年在位）和燕昭王（前311～前279年在位）都曾派人入海寻找"不死之药"。这种长生信仰在《山海经》里屡见不鲜。例如，《大荒西经》说"颛顼死即复苏"，变化"为鱼妇"。《海外南经》郭璞注说："员丘山上有不死树，食之乃寿。亦有赤泉，饮之不老。"那里还有"黑色"的"不死民"。《大荒南经》说："有不死之国，阿姓，甘木是食。"郭璞注："甘木即不死树，食之不老。"《海内西经》说：昆仑之丘有"不死树"，天神窫窳因服用巫觋采集的"不死药"得以复活。《海内经》说："肇山有人名柏高。柏高上下于此，至于天。"郭璞注："柏子高，仙者也。"因此，所谓"恒娥窃西王母不死之药"，"食之得仙，奔入月中"的传说，应是受战国神仙家长生思想影响的结果。

五、"嫦娥奔月"的真正原因

我们认真品味秦简《归妹》卦辞的内容，不难发现通篇文辞对嫦娥奔月的行为，都充满懿美之辞。这与千百年来认为"嫦娥应悔偷灵药"的责难，判然不同。这使我们有必要对嫦娥奔月的真正原因及其相关的"不死之药"和月中"蟾蜍"诸问题，进行新的认识。

（一）"嫦娥奔月"的千古责难

嫦娥是古今同誉的美人。《方言》卷十三说："秦晋之间美貌谓之娥。"但她奔月后却化为形态丑恶的蟾蜍，遂使人们认为"必定是有谴责的意思存在其中"[14]。因而也引起后人的怜悯和微词。例如，诗人李白《把酒问月》说："白兔捣药秋复春，姮娥孤栖谁与怜?"杜甫《月》说："斟酌姮娥寡，天寒耐九秋。"李商隐《嫦娥》诗说："嫦娥应悔偷灵药，碧海青天夜夜心。"（《唐诗宋词全集》第10卷）须知产生这种认识的缘由，则是人们并没有弄清嫦娥奔月的真正原因。

（二）后羿"射日"与嫦娥无关

必须指出的是，后人谴责"嫦娥奔月"的主要原因，是因她背叛丈夫羿，偷食仙药，独自奔月，所以才受到惩罚，变为丑恶的蟾蜍，并被罚作夜夜捣药的苦工。然而，秦简《归妹》说："昔者恒娥窃毋死之［药服之以］奔月。"传本《归藏》说："昔嫦娥以西王母不死之药服之，遂奔月。"在这些早期文献里，都没有谈到嫦娥与"羿"的关系。这是需要澄清的重要问题。

"羿"是我国古代神话的英雄人物。战国秦汉关于"羿"的神话，主要记载有：

《山海经·海内经》载："帝俊赐羿彤弓素矰，以扶下国，羿是始去恤下地之百艰。"《海外南经》说："羿与凿齿战于寿华之野，羿射杀之。"

《楚辞·天问》载："羿焉彃日？……帝降夷羿，革孽夏民，胡射乎河伯而妻彼洛嫔？"《离骚》说："羿淫游以佚畋兮，又好射乎封狐。"

《淮南子·本经训》载："尧之时，十日并出，杀草木焦禾稼，而民无所食。猰貐、凿齿、九婴、大风、封豨、修蛇，皆为民害。尧乃使羿诛凿齿于畴华之野，杀九婴于凶水之上，缴大风于青丘之泽，上射十日而下杀猰貐，断修蛇于洞庭，禽封豨于桑林。万民皆喜，置尧以为天子。"《汜论篇》说："羿除天下之害，死而为宗布。"

由此可见，这些记录"羿"受命射日、为民除害的神话里，也都没有提及嫦娥。这说明在"嫦娥奔月"的早期神话里，并没有嫦娥与"羿"之间的瓜葛。所谓"羿请不死之药于西王母"和"嫦娥，羿妻也"的内容，完全是两汉时期好事之徒附会上去的。这样，我们就可以为嫦娥洗掉"为求长生而不择手段"去偷服灵药、背叛丈夫的千古罪名。

（三）嫦娥所偷的"不死之药"

要想知道嫦娥奔月的真正原因，必须先弄明白嫦娥所偷西王母的"不死之药"到底是什么？郭璞《山海经·大荒南经》注说："不死之国"有百姓所食的"甘木即不死树，食之不老"。他在《海外南经》注中还说："员丘山上有不死树，食之乃寿。"故袁珂认为"不死药当取自不死树"[15]。古人所说的"不死药"，主要有三种：

一是如《史记·封禅书》所说"蓬莱、方丈、瀛洲"三神山上的"不死之药"，属长生不死之灵药。二是高诱《淮南子·览冥训》注所说"姮娥盗食之，得仙"的"不死之药"，属升天成仙的灵药。三是《山海经·海内西经》所说"开明东有巫彭、巫抵、巫阳、巫履、巫凡、巫相"诸巫"所操不死之药"，属"却死气、求更生"的起死回生之药[16]。

那么，嫦娥所偷西王母的"不死之药"，究竟属于哪一种？虽然《归妹》卦辞和《淮南子》里都没有对嫦娥偷服的"不死之药"作出具体说明，但我们从嫦娥奔月后化为"蟾蜍"的情节可以看出，这里所说的"不死之药"不是别的，就是那个形象丑恶的“蟾蜍”。主要理由如下：

一是因为“蟾蜍”为两栖动物，身体短宽，体表长有许多肉疙瘩，内有毒腺，能分泌毒液。常捕食蜗牛、蚂蚁、蜈蚣等昆虫。因其形态丑恶，故通称“癞蛤蟆”。“癞”，同赖，通作厉。《史记·刺客列传》载：“豫让又漆身为厉。”《索隐》：“赖，恶疮病也。……然厉、赖声相近，古多假‘厉’为‘赖’，今之‘癞’字从‘疒’，故楚有赖乡，亦作‘厉’字。《战国策》说此亦作‘厉’字。”《集韵·泰部》：“疠，音癞，义同，今作癞。”《山海经·西次三经》说：西王母所“司天之厉”即是“灾厉”。《后汉书·顺帝纪》载：“上干和气，疫疠为灾。”《说文·广部》：“疠，恶疾也。”段玉裁注：“按古义谓恶病包内外言之，今义别制癞字，训为恶疮，训疠为疠疫，古多借厉为疠。”这说明“癞蛤蟆”的形体特征与西王母所掌“灾厉”的名义相合。

二是“蟾蜍”本是中医治疗“疽疠恶疮”的良药。李时珍《本草纲目》卷四十二说：“蟾蜍，土之精也。土应月魄而性灵异，穴土食虫，又伏山精，制蜈蚣，故能入阳明经，退虚热，杀虫，而为疳病、痈疽诸疮要药也。……大抵是物能攻毒、拔毒耳。”因为“蟾蜍”体内所分泌的毒液能以毒“攻毒”，正是它作为“不死之药”的药理基础。

三是“蟾蜍”本是神仙家“令人飞行长生”的良药。东晋葛洪《抱朴子内篇·仙药》载：“肉芝者，谓万岁蟾蜍，头上有角，颔下有丹书。”服之可“令人身安命延，升为天神，遨游上下，使疫万灵，体生毛羽，行厨立至”。《本草纲目》卷四十二也说：“蟾蜍千岁，头上有角，腹下丹书，名曰肉芝，能食山精。人得食之可仙。术家取用以起雾祈雨，辟兵解缚。”可见，古代神仙家认为“蟾蜍”能活千万岁，名曰肉芝，服食后“可令人飞行长生”，升为天神。

由此可见，嫦娥偷吃的“不死之药”，当是被称为“肉芝”的蟾蜍。

（四）“嫦娥奔月”的真正原因

那么，“嫦娥奔月”的真正原因是什么？她奔月后为什么又会变为形体丑恶的“蟾蜍”呢？这些问题，《归妹》卦辞和《淮南子》诸文献，都没有明确交待。但是，《归妹》卦辞说嫦娥奔月的日期为“逢天晦芒”，这为我们探索嫦娥奔月的原因提供了重要线索。

《楚辞·天问》说：“夜光何德，死而又育?”王逸注：“夜光，月亮也。育，生也。言月何德于天，死而复生也。”《释名·释天》说：“晦，灰也，月死为灰，月光尽似之也。朔，苏也，月死复苏也。”原来传为常羲所生的十二个月亮，每到月末就会死去。也就是说，它们的寿命只有不到一个月的时间。这就使做母亲的常羲极感痛心。如何能使她所生的月亮“死而复生”，便是做母亲的最大心愿。

因“蟾蜍”是一种冬眠动物，亦作“詹诸”。《淮南子·说林训》载：“月照天下，蚀于詹诸。”李白《古风》诗云：“蟾蜍薄太清，蚀此瑶台月。”《康熙字典》“蟾”字条引《本草》说：“蟾蜍在山石中藏蛰，似蛤蟆而大，黄色，能吞气，饮风露。”“蟾蜍”每年初冬入蛰冬眠，第二年春天便苏醒交配产卵，繁衍后代。

《山海经·南山经》载：“有鱼焉，其状如牛，陵居，蛇尾有翼……冬死而复生。”古代先民把动物这种蛰伏现象视为“死而复生”。这大概就是神仙家认为蟾蜍能活“万岁”而长生的缘故。

《太平御览》卷四引《抱朴子》曰：“黄帝医经有《虾蟆图》，言月生始二日，虾蟆始生。”这是古人把“月生”与蟾蜍“始生”相联系的例子。于是，蟾蜍这种“不死之药”，不但能使嫦娥“升为天神”，而且还能使月亮“死而复生”。嫦娥窃取西王母掌管的这种“不死之药服之以奔月”后即变为蟾蜍，目的就是要使月亮不断地“死而复生”。这样，“蟾蜍”便成为月亮延续生命的保障，也就成为月亮的灵魂和象征。所以后世常把月亮称为“蟾宫”，就是这个缘故。

由此可见，美丽的嫦娥为了能使月亮能“死而复生”，不惜把自己变为丑陋的“蟾蜍”而给世人带来光明，这就是她“奔月”的真正目的。嫦娥的这种忘我的献身精神，是可敬可佩的。这也是秦简《归妹》卦辞对嫦娥奔月的行为，充满懿美之辞的根本缘由。

六、嫦娥奔月与“玉兔捣药”神话

“白兔捣药”是嫦娥奔月神话故事的重要内容，千百年来广为流传，妇孺皆知。唐代诗人李白《把酒问月》诗说：“白兔捣药秋复春，姮娥孤棲谁与邻？”李商隐《寄远》诗云：“姮娥捣药无时已，玉女投壶未肯休。”这说明月中“捣药”的白兔，是“嫦娥奔月”后变化而成的，因而引起诗人的怜悯。但是，这个神话传说是什么时候发生的？它的思想内涵是什么？学术界尚有不同的认识。

（一）《楚辞》中“白兔捣药”的故事

最早记载“白兔捣药”故事的文献是《楚辞》。诗人屈原在《天问》里说：

夜光何德，死而又育？

厥利维何，而顾兔在腹？

王逸注：“夜光，月也。言月何德于天，死而复生也。”“顾兔”之兔，以往多以为就是“白兔”。“顾”，有学者解为照顾，“顾兔”可引申为畜养兔子。“顾兔在腹”就是把“兔子在腹中畜养”的意思[17]。这说明“白兔捣药”神话早在战国时期就已产生了。

然而，闻一多《天问释天》说："以语音讹变之理推之，盖因蟾蜍之蜍与兔音易混，蟾蜍变为蟾兔，于是一名析为二物，而两设蟾蜍与兔之说生焉。"故《天问》里的"顾兔"当即"蟾蜍"[18]。著名神话学家袁珂赞同闻氏的说法，认为"'白兔捣药'云者，盖已经是魏晋时代人们的拟想了。考之汉代石刻画像，月中捣药的乃是蟾蜍"[19]。这是把"白兔捣药"神话产生的年代，推定在"魏晋时代"。

（二）"白兔捣药"神话产生年代辨正

闻、袁两先生的解读，是值得商榷的。鉴于他们在学术界的广泛影响，有必要就相关问题略作讨论。

其实，汉代文献已屡见月中"白兔"的记载。《太平御览》卷四引《春秋元命苞》云：

> 月之为言阙也。而设以蟾蠩与兔者，阴阳双居，明阳之制阴，阴之倚阳。

张衡《灵宪》说："月者，阴精而成兽，象兔蛤焉。"许慎《五经通义》说：

> 月中有兔与蟾蜍何？兔，阴也。蟾蜍，阳也。而与兔并明，阴系于阳也[20]。

这是说月中"白兔捣药"神话，也是中国古代阴阳学说的反映。

特别重要的是，月中"白兔"还可以从汉代考古发现里得到佐证。1992年，在洛阳浅井头西汉中晚期之际壁画墓顶脊所绘"月宫图"里，所绘生动活泼的"蟾蜍"和"白兔"（图11-5）[21]，清晰可见。由此可见，月宫中"白兔捣药"的神话，早在西汉初年就已广为流传。也就是说，《天问》所说月宫有"顾兔"的记载，应是信而有征的。因此，西晋傅咸《拟天问》诗云："月中何有？白兔捣药，兴福降祉。"[22]就是很自然的事了。

图 11-5　西汉壁画墓"月宫图"中的"蟾蜍"和"白兔"

那么，《天问》里"顾兔"的含义是什么？东汉王逸《楚辞·天问》注说："顾菟，言月中有菟，何所贪利，居月之腹而顾望呼？菟，一作兔。"这是把"顾菟"训为兔"居月之腹而顾望"的意思。蒋骥《天问》注引《埤雅》云："天下兔皆雌，唯顾兔为雄，故皆望之以亶气，是以顾兔为月兔之名矣。"这是把"顾兔"解为月中雄兔之名。这些都是望文生义、不着边际的解说。

其实，“顾兔”就是指“蟾蜍”和“白兔”而言。《玉篇·页部》说：“顾，瞻也。”《诗·桧风·匪风》：“顾瞻周道。”顾、瞻的含义相通。瞻，通作蟾。《逸周书·度邑》：“顾瞻过于有河，宛瞻于伊洛。”《史记·周本纪》作“顾詹有河，粤詹伊洛”。《尔雅·释兽》的“蟾诸”，《说文·黾部》作“詹诸”。可以为证。《文选·佚名〈古诗十九首〉》说“四五詹兔缺”张铣注：“詹兔，月中精形。”因此，《天问》中的“顾兔”与《古诗》中的“詹兔”含义相同，都是指“蟾蜍”和“白兔”。

（三）“白兔捣药”神话产生的思想内涵

那么，月宫中为什么会出现“白兔捣药”的传说？换句话说，嫦娥奔月后为什么会变成夜夜捣药的“白兔”呢？这个问题的答案，还需要从月亮每月“死而复生”的神话和白兔的生育特征中去寻找。《山海经·大荒西经》载：“帝俊妻常羲生月十有二。”而月亮每到月末就会死去，月初才能再生。值得注意的是，嫦娥本是由常羲演变而来。也就是说，嫦娥就是月亮的母亲[23]。“美丽的嫦娥为了能使她的月亮宝贝‘死而复生’，不惜把自己变为丑恶的蟾蜍，而给世人带来光明。这才是她奔月化蟾”的真正原因。

“白兔捣药”的神话，实与兔子的生育特征密切相关。因为成年兔子每月可生育一窝小兔。这就是兔子交配后29天左右即生产小兔，生产后马上再进行交配，再过一月左右又能生产。白兔生子一月一胎的生育特征，在哺乳动物中是罕见的现象。中国古代有多子多福的观念，能多生子女、繁衍后代，自然是人们期盼的愿景。

中国文字反映妇女生孩子的“娩”字，本作娩。《说文·兔部》：“娩，兔子也。”“娩”，同嬎。《说文·女部》：“嬎，生子齐均也。从女、从生，免声。”《尔雅·释兽》谓“兔子，嬎”。《经典释文》云：“娩，本或作嬎。”所谓“生子齐均”就是指兔生子一月一胎的生育特征。这是中华先民对多生子女、繁衍后代的美好期盼。由此可见，兔子一月一胎的生育特征，正好与月亮每月“死而复生”的规律相吻合。

特别有趣的是，西晋张华《博物志》卷四《物性》说：“兔舐毫，望月而孕。”“兔舐毫”是指母兔将要分娩时大量舐掉身上的绒毛来铺垫产房，以便小兔安全降生的现象。“望月而孕”是指兔子每月生育一胎，且多在夜间分娩的现象。这就是我国民间“兔子拜月”传说，广为流行的根本原因[24]。

白兔的性情温顺活泼，惹人喜爱。再加上兔子一月一胎的生育特征，与月亮每月“死而复生”的规律正相吻合。因此，古人想象“白兔捣药”便能使月亮“死而复生”，正是这个神话产生的思想基础。

七、嫦娥奔月与“吴刚伐桂”神话

在嫦娥奔月的故事里，还有个“吴刚伐桂”的神话传说，也广为传播，脍炙人口。

（一）“吴刚伐桂”的神话传说

“吴刚伐桂”的神话传说，由来已久。《楚辞·九歌·东皇太一》载：“蕙肴蒸兮兰藉，奠桂酒兮椒浆。”王逸注：“桂酒，切桂置酒中也。”“桂酒”就是用桂花酿制的美酒。西汉《淮南子》载：“月中有桂树。”（《太平御览》卷九五七引）西晋虞喜《安天论》说：“俗传月中仙人桂树，今视其初生，见仙人之足，渐已成形，桂树后生焉。”（《太平御览》卷九五七引）

唐代段成式《酉阳杂俎·天咫》说：“旧传月中有桂，有蟾蜍，故异书言，月桂高五百丈，下有一人，常斫之，树创随合。人姓吴，名刚，西河人，学仙有过，谪令伐树。”从此，“吴刚伐桂”的神话，便家喻户晓，流传开来。

（二）毛主席诗词中的“吴刚”和“桂花酒”

毛泽东主席著名的《蝶恋花·答李淑一》词说：

我失骄杨君失柳，杨柳轻飏直上重霄九。

问讯吴刚何所有？吴刚捧出桂花酒。

寂寞嫦娥舒广袖，万里长空且为忠魂舞。

忽报人间曾伏虎，泪飞顿作倾盆雨。

这里的“吴刚捧出桂花酒”句，是在“吴刚伐桂”神话传说基础上，演绎而来的有趣故事。

（三）月桂与道家养生

一般的桂树多在农历八月开花，浓香扑鼻，惹人喜爱。但是，桂树的品种很多，有金桂、银桂、月桂等。据《山海经·南山经》记载，招摇之山“多桂”。《吕氏春秋·本味》“招摇之桂”高诱注：“招摇，山名，在桂阳。”“桂阳”在今湖南郴州地区。《楚辞·远游》载：“嘉南州之炎德兮，丽桂树之冬荣。”《说文·木部》说：“桂，江南木也。”南梁庾肩吾《咏桂》诗说：

新丛入望苑，旧干别层成。

请视今移处，何如月里生。

梁元帝《刻漏铭》亦有“宫槐晚合，月挂宵晖”句。明王象晋《群芳谱》说：桂树“有秋花、春花、四季花、逐月花者”。所说“逐月花”者，就是每月都开花的“月桂”。明代诗人李东阳《月桂》诗说：“一月一开花，花开应时节。”这里的“月桂”就是指月月都开花的优良品种。

我国古代的道家常把“桂叶”“桂花”“桂芝”，视为修炼成仙的“长生不死”药。《说文·木部》“桂”字条曰“百药之长”。据《列仙传》记载：“范蠡好食桂，饮水卖药，人世世见之。”（《艺文类聚》卷八十九引）左思《吴都赋》载：“桂父练形而易色，赤须蝉蜕而附丽。”李善注引《列仙传》曰：“桂父，象林人也。常服桂叶，以龟脑和之，颜色如春。”

东晋葛洪《抱朴子内篇·仙药》说：“桂可以葱涕合蒸作水，可以竹沥合饵之，亦可以先知君脑（或云龟脑）和服之。七年，能步行水上，长生不死也。”东晋干宝《搜神记》卷一也说：“彭祖者，殷时大夫也。姓钱，名铿。帝颛顼之孙，终陆氏之中子。历夏而至商末，号七百岁。常食桂芝。”

由此可见，“桂叶”“桂花”“桂芝”，在道家修炼过程中的重要地位。特别是月桂可以月月开花，老花枯落，新花重生，喻示着月亮每月都可以“死而复生”。这正是“吴刚伐桂”神话产生的思想基础[25]。

八、结　　语

我们通过对秦简《归妹》卦辞的缀合、补订和讨论，可以得出四点基本认识。

（1）秦简《归妹》卦辞虽然严重残损，但它所反映的“嫦娥奔月”神话，经与传本《归藏》特别是东汉张衡《灵宪》所引古本《归藏》的缀合，得以恢复原貌。可见，东汉时期尚存的古本《归藏》与秦简《归藏》的内容基本相同。这说明自孔颖达、欧阳修以来，诸儒怀疑桓谭、郑玄所见“《归藏》已非古经”、为“伪妄之书”的说法，是不可信的。这也为我们探索古本《归藏》的内容和产生年代诸问题提供了可靠依据，因而具有重要意义。

（2）以往因受传本《归藏》为“伪妄之书”的影响，记载“嫦娥奔月”神话的文献，最早只能数到成书于西汉中叶的《淮南子》。但是，《归藏易》也并非汉儒所说是“殷人”的著作。我们从秦简、传本和古本《归藏》的人物故事和思想内容来看，它当是战国早中期的作品。这样，“嫦娥奔月”神话产生的年代，可上推到战国早中期，比《淮南子》成书的年代要早300年左右。

（3）秦简《归妹》“嫦娥奔月”神话，源于殷墟卜辞的月神“西母”，是由《山海经》“帝俊妻常羲生月十有二”的月母“常羲”演变而来的。这个神话的原型并未涉及天神“羿”，所谓“羿请不死之药于西王母”和“嫦娥，羿妻也”的说法，都是后人附会上去的。嫦娥所窃的“不死之药”就是“可令人飞行长生”“升为天神”的蟾蜍。她“奔月”的真正目的，就是能使月亮不断地“死而复生”，这就是嫦娥奔月后变为“蟾蜍”的根本原因。而“玉兔捣药”和“吴刚伐桂”的神话传说，则是利用白兔“一月一胎”的生育特征和月桂“一月一开花”自然习性与月亮每月“死而复生”的自然规律相合，遂成为能使月亮光明永驻的“月中三宝”。

（4）秦简《归妹》“嫦娥奔月”神话，具有原始神话所表现的质朴和神奇的鲜明特征。这当是中华先民以原始思维的方式，来探索宇宙奥秘的产物。

综上所述，我们通过对秦简《归妹》卦辞的缀合、补订和讨论，并将“嫦娥奔月”故事原貌、思想内涵和产生年代进行澄清，对研究我国古代神话的起源和形成等问题都具有重要价值。

注　　释

[1] 荆州地区博物馆：《江陵王家台15号秦墓》，《文物》1995年第1期；王明钦：《王家台秦墓竹简概述》，新出简帛国际学术研讨会论文，2000年。

[2] 胡赍：《中国“嫦娥工程”诞生始末》，《作家文摘》2007年9月25日。

[3] 袁珂：《古神话选释》第281、283页，人民文学出版社，1979年。

[4] 张政烺：《试释周初青铜器铭文中的易卦》，《考古学报》1980年第4期。

[5] 王应麟辑：《周易郑注》卷二，丛书集成本，中华书局，1985年。

[6] 湖南省博物馆：《长沙马王堆一号汉墓》，文物出版社，1973年；洛阳市第二文物工作队：《洛阳浅井头西汉壁画墓发掘简报》，《文物》1993年第5期；《南阳汉代画像石》，文物出版社，1985年；罗哲文：《孝堂山郭氏墓石祠》，《文物》1961年第4、5期。

[7] 河南省文物考古研究所：《汝州洪山庙》第51页，中州古籍出版社，1995年；严文明：《甘肃彩陶的源流》，《文物》1978年第10期。

[8] 河南省文物考古研究所：《汝州洪山庙》第51页，中州古籍出版社，1995年；严文明：《甘

肃彩陶的源流》，《文物》1978年第10期。
[9] 陈梦家：《殷虚卜辞综述》第574页，科学出版社，1956年。
[10] 童树业：《春秋左传研究》（校订本）第4页，中华书局，2006年。
[11] 详见拙稿《殷墟卜辞四方神与伏羲、帝俊神话》，待刊稿。
[12] 王晖：《商周文化比较研究》第30页，人民出版社，2000年。
[13] 吴澄：《易纂言外翼》卷二，四库全书本，《易学精华》第1433页，齐鲁书社，1990年。
[14] 袁珂：《古神话选释》第281、283页，人民文学出版社，1979年。
[15] 袁珂：《中国神话传说词典》第54、87页，上海辞书出版社，1985年。
[16] 尹万荣：《神话求原》第121页，上海古籍出版社，2003年。
[17] 黄寿棋、梅桐生：《楚辞全译》第55页，贵州人民出版社，1990年。
[18] 袁珂：《中国神话传说词典》第54、87页，上海辞书出版社，1985年。
[19] 袁珂：《古神话选释》第281、283页，人民文学出版社，1979年。
[20] 徐坚等：《初学记》卷一，中华书局，1985年。
[21] 洛阳市第二文物工作队：《洛阳浅井头西汉壁画墓发掘简报》，《文物》1993年第5期。
[22] 欧阳询：《艺文类聚》卷一，上海古籍出版社，1985年。
[23] 郭沫若：《出土文物二三事》，《文物》1972年第3期；王晖：《商周文化比较研究》第30页，人民出版社，2000年。
[24] 尹万荣：《神话求原》第116~126页，上海古籍出版社，2003年。
[25] 尹万荣：《神话求原》第116~126页，上海古籍出版社，2003年。

（本文原刊于《史学月刊》2005年第9期，收入本书时做了较大的修订和增补）

第十二章　土圭测景与二十四节气

中国古代文明属于农业文明。华夏先民为了准确掌握一年四季的气候变化，促进农业生产的发展，创造了著名的“二十四节气”。2016年11月30日，联合国教科文组织批准将中国的“二十四节气”列入人类非物质文化遗产名录，这是值得高兴的大事。但是，这种科学实用的历法节令是怎样产生的？它与周公“土圭测景”以求“地中”的活动有什么联系？这些都是学术界关注的重要问题。

一、从“阴阳历”到“二十四节气”

天地运行，寒往暑来，产生了季节变化。中国古代是个农业国家。为了准确掌握一年四季气候的不断变化，早在黄帝时代，就派专人“考定星历，建立五行”（《史记·历书》）来观测气候变化，指导农业生产。

（一）中国古代的“阴阳历”

太阳和月亮是对人类影响最大的两个天体。地球围绕太阳运行一周，称作一个“回归年”，周期约为365.25天。月亮围绕地球运行一周，称为一个“朔望月”，时间约为29.53天。每月的初一称为“朔”，月圆时称为“望”。一年12个朔望月的天数是约354.36天，比一个回归年要少约11天。如果积累二三年，误差就会达到一个月。这种自然现象，若不在历法上进行适当调整，就会引起节气和月份的严重错乱，出现“春秋颠倒，冬夏不分”，严重影响农业耕作的混乱局面。因此，我国早在夏商时期，就采用设置“闰月”的方法，将每月分为大月30天，小月29天，来调整这种误差。这种历法被称为“阴阳历”，平年是12个月354（或355）天，闰年为13个月384（或385）天。这就是我们今天所说的“农历”。

以太阳纪年、以月亮纪月的历法制度，构成“阴阳历”的基本特征。早在春秋中期，我国已经掌握十九个“回归年”设置七个闰月的历法，叫作“十九年七闰法”。虽然这是当时世界上最为先进的历法制度，但是因其平年和闰年的日数相差较大，仍然不便于指导农业生产。

（二）中国古代的“二十四节气”

为了弥补阴阳历平、闰年日数相差较大的缺陷，更好地服务农业生产，中华先民创造了“二十四节气”：

> 立春、雨水、惊蛰、春分、清明、谷雨，立夏、小满、芒种、夏至、小暑、大暑，立秋、处暑、白露、秋分、寒露、霜降，立冬、小雪、大雪、冬至、小寒、大寒。

这些节气可分为四种类型：一是反映季节变化的“立春、春分、立夏、夏至、立秋、秋分、立冬、冬至”八个节气；二是反映气象变化的“雨水、谷雨、白露、寒露、霜降、小雪、大雪”七个节气；三是反映气温变化的“小暑、大暑、处暑、小寒、大寒”五个节气；四是反映物候变化的“惊蛰、清明、小满、芒种”四个节气。这样，便能较准确地反映一年四季阴阳生消变化的基本规律，更好地指导农业生产活动。

（三）二十四节气的历史渊源

“二十四节气”本是一部太阳历。据《黄帝内经·素问·六节藏象论》记载：“五日谓之候，三候谓之气，六气谓之时，四时谓之岁，而各从其主治焉。”《春秋繁路·循天之道》说：“节者，天之制也。”这里的“气”“候”“节”“时”“岁”，则是“二十四节气”历法的基本元素。这种节气依据地球绕太阳运行时，将全年太阳在黄道上的位置变化和地面气候演变次序，划分为二十四个时段，每个时段约为半个月，分置在12个月里，从而形成一种具有东方特色的历法节令。

这种历法节令的关键，在于测定每年“冬至、夏至”发生的准确时间。夏商时期，中华先民利用观测昏旦时刻恒星即“四中星”（张、心、虚、昴四宿）在天空的位置，来确定春分、夏至、秋分、冬至四时的季节变化[1]。这在殷墟甲骨文和《尚书·尧典》等文献里，都有明确记录。胡厚宣先生早已指出：卜辞“四方神”和“四方风”的含义，与《尚书·尧典》和《山海经·大荒经》中有关“四时”的记载相符合[2]。冯时先生也说：“殷代四方神实即分至之神，四方神名的本义即表示二分二至昼夜长度的均齐短长，而四方风则是分至之时的物候征象。这些重要内容在《尧典》与《山海经》中得到了近乎完整的存留。《尧典》将四方神与分至四节相配，并兼附物候，与卜辞十分吻合。”[3]但是，这种观测的最大缺点，是仍然不够精准。那么，这个问题是怎么解决的？

二、“土圭测景”与二十四节气

西周初年，周公在营建成周城时，利用圭表测影的科学方法，来寻找“地中”和确定“冬至、夏至”发生的准确时间。

（一）周公“正日景以求地中”

我国处于北半球，“冬至”那天白天最短，日影最长；“夏至”那天白天最长，日影最短。《周礼·地官·大司徒》载：

> 以土圭之法测土深，正日景，以求地中。日南则景短，多暑；日北则景长，多寒；日东则景夕，多风；日西则景朝，多阴。日至之景尺有五寸，谓之“地中”，天地之所合也，四时之所交也，风雨之所会也，阴阳之所和也。然则百物阜安，乃建王国焉。

郑玄引郑众注说：“土圭之长，尺有五寸。以夏至之日，立八尺之表，其景适与土圭等，谓之‘地中’。今颍川阳城地为然。”贾公彦疏：“周公摄政四年，欲求土中而营王城，故以土圭度日景之法测度也。度土之深，谓日景长短之深也。”《玉烛宝典》引《孝经说》云：“立八尺竿于中庭，日中度其日晷。冬至之日，日在牵牛之初，晷长丈三尺五寸。”孙诒让正义：“此经求地中，据建国言，则当指王城。”这里的“王城”实指西周成周城而言。

这里的“圭”是平卧的尺，“表”是直立的竿，“景”读如影，“晷”指日影，“地中”即国家的中央地区。周代一尺合今23.1厘米。这是用竖立八尺高的表竿，通过观测日影长度变化，来寻找“地中”实测方法（图12-1）。

图 12-1　古人圭表测景图

周公认为，夏至那天日影长“尺五寸”、冬至那天日影长“丈三尺五寸”的地方就是“地中”。因为这里“天地之所合也，四时之所交也，风雨之所会也，阴阳之所和也。然则百物阜安”，所以适合建立“王国”的都城。

周公“土圭测景”，以求“地中”的方法，与观测日影变化来确定“冬至”“夏至”具体时间的方法，可谓异曲同工。也就是说，周公的“土圭测景”活动，不但求得“地中”，找到营建东都成周城的最佳位置，而且还为“二十四节气”的测定奠定了科学基础。

欧阳修《洛阳牡丹记·花品序》说：“昔周公以尺寸考日出没，测知寒暑风雨乖与顺于此，此盖天地之中。”[4]这说明早在殷商西周时期，我国已经掌握了观测“冬至”“夏至”具体时间的科学方法。

（二）“夏至、冬至”日影的阴阳数理

为什么夏至那天日影长“尺五寸”、冬至那天日影长“丈三尺五寸”的地方就是“地中”。这个问题涉及《河图》《洛书》和《周易》哲学神秘魔数及其数理的解读问题。

“阴阳和合”的辩证法则是《周易》哲学的思想基础。《庄子·天下篇》载：“易以道阴阳。”《大戴礼记·本命》说：“一阴一阳，然后成道。”《周易·系辞传上》提出“一阴一阳之谓道”的命题，来说明“阴阳和合”的辩证法则，乃是宇宙万物发展变化的根本法则。特别是《洛书》图中“纵、横、斜”三数之“和”均为“十五”，恰与《周易》中《乾》卦“用九”、《坤》卦“用六”，九、六之和“十五”相合。《易纬·乾凿度》说：“《易》一阴一阳合而十五之谓道。”因此，“夏至”那天日影长“尺五寸”（即“十五”寸），正合“阴阳和合”的“十五”之数[5]。

据《周易·系辞传上》记载：“天一、地二，天三、地四，天五、地六，天七、地八，天九、地十。天数五，地数五，五位相得而各有合。天数二十有五，地数三十，凡天地之数，五十有五，此所以变化而行鬼神也。”这里的一、三、五、七、九是阳数，代表天；二、四、六、八、十是阴数，代表地。《河图》就是由“天地之数，五十有五”有机组合而形成的宇宙图式[6]。

我们注意到，观测日影的表竿高“八尺”即八十寸，再加上天地之数“五十有五”，即可得出“丈三尺五寸”的长度。因此，“冬至”那天日影长“一丈三尺五寸”的数值，与表竿高度和“天地之数”之“和”正相符合。

由此可见，“夏至”那天日影长“一尺五寸”（约合今35厘米），正与“阴阳和合”的“十五”数理相合。“冬至”那天日影长“一丈三尺五寸”（约合今3.12米），正与表竿高度和“天地之数”之和“五十五”的数值相合。“夏至、冬至”两天在西周成周城观测到的这两个日影数据，蕴含着神秘的阴阳数理。这就是西周成周城被测定为“地中”的缘由。也就是说，西周成周城乃是“天地之所合也，四时之所交也，风雨之所会也，阴阳之所和也”，而使“百物阜安”的风水宝地。所以适合在这里建

立“王国”的都城。

（三）“中”字构形与“土圭测景”

周公“土圭测景”的方法，可从“中”字的构形里得到启示。殷墟甲骨文的“中”字，作以下诸形：

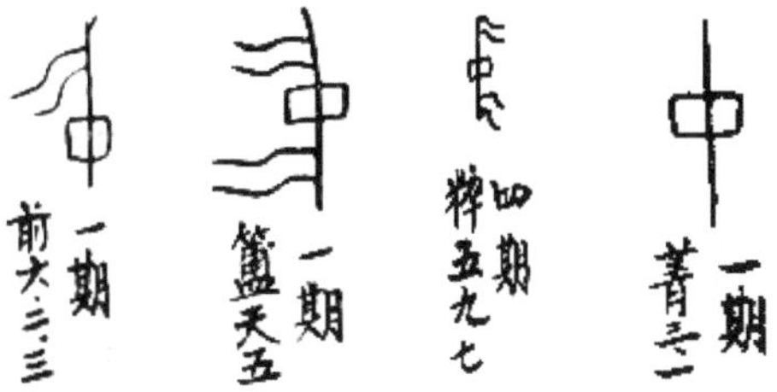

唐兰先生认为，甲骨文“中象旂之斿”，并具“中央”的意义。他指出：

> 余谓中者最初为氏族社会之徽识。《周礼·司常》所谓“皆画其象焉，官府各象其事，州里各象其名，家各象其号”，显为古图腾制度之孑遗。此其徽识，古时用以集众……盖古者有大事，聚众于旷地，先建中焉，群众望见中而趋赴，群众来自四方，则建中之地为中央矣[7]。

这是看到“中”字一侧有飘逸的曲线，便将其构形归于“旗斿”的说法。陈诚《甲骨文简明辞典》也认为“中”字构形“像建中之旗”，“中之本义为旗”[8]。这种说法，学者多从之。有学者认为：“如果说‘中’字字形本身饰于圭表中央旗斿由于定影为规的‘○’符所取代而使分别饰于上下的斿饰具有了某种对称意义的话，或许不失为体现着古人试图采用一种简单的对称形式而刻意表述‘中’字所具有的中央意义的思考。”[9]这是将“中”字一侧飘逸的曲线，归于“饰于圭表中央旗斿”的说法。

从甲骨文的构形看，我国至迟在商代晚期已开始利用圭表测影，测定“冬至”和“夏至”的具体日期，来判定一年四时的季节变化。殷墟卜辞有“日至”“日永”“日短”的专用名词，说明商代已知“冬至”和“夏至”日[10]。殷墟卜辞还常见“立中”一词：

> ……卜，争贞，王立中？　　（《人》九七二）
> 己亥卜，争贞，王勿立中？　　（《粹》一二一八）
> 丙子，其立中，亡风？八月。　　（《存》二·八八）

这里的“立中”即竖立表竿，观测“地中”之义，指的就是商代的圭表测景活动[11]。这说明“土圭测景”活动，早在殷商时期可能就已经产生。

因为观测日影的表竿，只是一根八尺高的木竿，根本无需“旗斿”般的飘逸物来进行装饰。所以上述两种推测均无依据。“中”字具有“中央”的意义，则是因殷商西周时期，都把当时在王都观测日影的地点，看作是天下中心的缘故。殷墟卜辞有“中商”语（《合集》20650），西周何尊铭文有成周为“中国”语[12]，二者语义“相同”，都“认为自己是居天下之中，以统治四周多方万邦的”王国都城[13]，即可证明。

我们认为，“中”字中间的竖画象征竖立的表竿，横在竖画中间的“口”形则象征四方的大地，而竖画两侧上下看似随风飘逸的曲线，当是表示随太阳转移而不断变化的日影。因此，“中”字的构形当是殷商西周时期圭表测景的真实写照。

（四）周公“土圭测景”的地点

周公“土圭测景”的具体地点，东汉郑众以为在“今颍川阳城”。唐儒李淳风《周髀算经》卷上注：“《周礼·大司徒》职曰：夏至之影，尺有五寸。马融以为洛阳，郑玄以为阳城。”“阳城”在今河南登封市东南的郜城镇。隋炀帝《冬至乾阳殿受朝》诗云：“新邑建嵩岳，双阙临洛阳。圭景正八表，道路均四方。”（《全汉三国南北朝诗·全隋诗》）唐开元十一年（723年）太史监南宫括在登封观星台立“周公测影台”石表（图12-2）。张家泰先生说：“很可能周代已经在阳城进行测影了。”[14]这说明自汉代以来，学者已对周公测影的具体地点，出现了不同的认识。

图 12-2　南宫括立“周公测影台”石表

当年周公“土圭测景”的缘由，是为寻找“天下之中”，以便建立“王城”。据《逸周书·作雒解》记载，周公“将致政，乃作大邑成周于土中，南系于洛水，北因于郏山，以为天下之大凑”。周公在营建东都成周城时说：“此天下之中，四方入贡道理均。”（《史记·周本纪》）皇甫谧《帝王世纪》载：“周公相成王，以酆镐偏处西方，职贡不均，乃使邵公卜居洛水之阳，以即地中。故《援神契》曰：‘八方之广，周洛为中。’”张衡《东京赋》说：“昔先王之经邑也，掩观九隩，靡地不营。土圭测景，不缩不盈。总风雨之所交，然后以建王城。”这说明西周时期的“地中”当位于“王城”即西周成周城，在今洛阳市老城东北的瀍河两岸[15]。

西周初年，营建成周城时测定的“天地之中”，何尊铭文里有明确的记载：

> 唯王初迁宅于成周，复禀武王礼，福自天。……唯武王既克大邑商，则廷告于天曰：“余其宅兹中或（国），自兹乂民”。……唯王五祀[16]。

这则铭文的大意是说，周成王开始迁都成周时，采用武王的典礼，从天室开始举行福祭。武王战胜了大国商，就向上天祈告说：“我要居住在国家的中央地区，由这里来治理民众。”这里的所说的“中国”，就是“天地之中”，其地实指西周成周城而言。这说明周公的测影活动，当是在西周成周城里进行的。

三、从“太庙”测影到“阳城”测影

我国古代测影的具体地点，存在从周代的“明堂”测影到秦汉时期“阳城”测影的变化过程。澄清这个变化的根本原因，具有重要意义。

（一）周代“明堂”测影的社会习俗

天文学是一门观测科学。据《尚书·召诰》记载，周公营建成周时“越三日丁巳，用牲于郊，牛二”。所谓“用牲于郊”就是在西周成周郊外的“明堂”里，举行隆重的祭天活动。《逸周书·作雒解》载：“乃设丘兆于南郊，以上帝，配［祀］后稷。日月星辰、先王皆与食。”“丘兆”就是明堂，位于成周的南郊，是祭祀天帝和日月星辰的殿堂。《礼记·明堂位》载：“周公践天子之位以治天下。六年朝诸侯于明堂，制礼作乐，颁度量，而天下大服。”卢植注：“明堂即太庙也。天子太庙，上可以望气，故谓之灵台；中可以序昭穆，故谓之太庙；圜之以水，似璧，故谓之辟雍。古法皆同一处，近世殊异分为三耳。”（孔颖达《诗·大雅·灵台》疏引）这是说明堂建在都城的南郊，本有“望气”即观测星象，以确定季节变化的职能。

据《左传·僖公五年》记载："春王正月辛亥朔，公既视朔，日南至，遂登观台以望，而书，礼也。"杨伯峻注："观乃楼类可登者也。然自来……以为在太庙中。以其可以望气，故谓之观台，亦谓之灵台。"《礼记·玉藻》："诸侯皮弁听朔于太庙。"春秋战国时期，诸侯国多在太庙里观测气候和季节变化。

《仪礼·聘礼》载："饔，饪一牢，鼎九，设于西阶前，陪鼎当内廉，东北面上，上当碑，南陈。"郑玄注："宫必有碑，所以识日影、引阴阳也。凡碑引物者，宗庙则丽牲焉，以取毛血。其材，宫庙以石，窆用木。"这里的"碑"即指竖立在庙堂里，用来观测日影变化的石表[17]。《礼记·杂记》说：明堂"成庙则衅之。……宰夫北面于碑南，东上"。孙希旦注："碑，以石为之，在庭之中，所以识阴阳，引日景也。北面于碑南，盖参分庭一在南也。"这是说宰夫面朝北站在石碑的南边，处于东边的上位。同书《祭仪》载：郊"祭之日，君牵牲，穆答君，卿大夫序从。既入庙门，丽于碑，卿大夫袒而毛牛，……敬之至也"。这是说举行郊庙祭祀那天，国君牵着牺牲进入庙门后，将牺牲拴在庭中的石碑上。由此推测，周代测影的具体地点，当是在东都成周城和王城的明堂里进行的。

（二）"阳城"测影的时间和原因

据《后汉书·律历志下》记载，洛阳"夏至"影长"尺五寸"，"冬至"长影"丈三尺"。这当是周代在洛阳观测日影的真实记录，所谓"丈三尺"与前言"丈三尺五寸"略有区别，盖是取其整数而言。清儒江永说："经文本为测影以建王国，则当时惟于东都王城测之。至汉儒乃谓颍川阳城为然。阳城今登封市，在洛之东南。此别有其故。盖黄赤道间之纬度，古阔而今渐矣。汉时王城夏至日稍偏南而影微长，必进至阳城，然后合土圭也。"孙诒让《周礼正义》："江说甚通，足以释诸书之纷矣。"这说明周代观测日影的地点当在洛阳城里，到西汉时期才移至阳城。唐开元十一年（723年）诏太史监南宫括在登封观星台立"周公测影台"石表，就是受郑众周公测影"阳城说"影响的结果。

必须指出的是，西周时期的"中岳"并非嵩山，而是今天的西岳华山。《尔雅·释山》开篇就说："河南，华；河西，岳；河东，岱；河北，恒；江南，衡。"郭璞注："华，华阴山。岳，吴岳。岱，岱宗泰山。恒，北岳恒山。"这说明西周时期是以河南的华山（在今陕西华县）为"中岳"。据《周礼·夏官·职方》记载："河南曰豫州，其山镇曰华山。"因为西周王朝以镐京（在今陕西西安市西南）为西京、以成周洛邑为东都。当时的"华山"不仅位于东西两京之间，而且还处于九州中心的豫州境内。这就是西周之世以“华山”为中岳的缘由。

春秋战国时期，镐京失去国都的地位，而嵩山地近京师洛邑，于是便以华山为西岳，以嵩山为中岳。直到这时，嵩山才提升为京师洛邑的镇山。

嵩山作为中岳的地位，在汉武帝时才得到确认。《汉书·武帝纪》载：“朕用事华山，至于中岳，获駮麃，见夏后启母石。翌日，亲登嵩高。”这是确定“嵩高为中岳”的最早文献[18]。因为这时洛阳已失去了都城的地位，当年在洛阳观测日影的周代明堂已不复存在。为了沿袭在“地中”测影的规制，人们就把观测日影的地点，从“洛阳”迁移到嵩山南麓的“阳城”。

（三）阳城观星台与洛阳

明嘉靖七年（1528年）陈宣《周公祠堂记》碑说：“观星台，甚高且宽，旧有挈壶漏刻以符日影，而求中之法尽矣。”保存至今的登封观星台，当是秦汉以来在登封观测日影的文物遗址。这是我国现存最早的天文台建筑，也是元代天文学家郭守敬“四海测验”的重要场所[19]。

自西周至宋代，测量日影的表高，多为八尺。据《元史·天文志》记载，元代天文学家郭守敬（1231～1316年）在主持历法改革时，为了求得观测的精密数据，将表高八尺扩大为四丈（40尺）。在元大都（今北京）建立司天台，置四丈高的铜表，并在“上都、洛阳等五处置仪表，各选监候官”。这里所说的“洛阳”，实指登封郜城的观星台（图12-3）。

据《元史·郭守敬传》记载，当时“四海测验凡二七所”。郭守敬在全国设立了南自“南海”（今越南中部沿海），北达北海（今俄罗斯西伯利亚中部通古斯卡河）的27个观测点。《元史·天文志》“四海测验”条有“河南洛阳城，北极出地三十四度太弱”（“太弱”为古代一度的十二分之八）的观测记录。经过连续四年的实际观测，到至元十七年（1280年）完成了《授时历》的制定工作。这是我国古代制定的最为科学精准的一部天文历法，在中国历史上一直沿用了400多年[20]。

由此可见，元代仍把登封观星台冠以“洛阳”之名，是因为这个观星台不但是从京师洛阳搬迁而来，而且尚处在洛阳近郊的“地中”范畴。苏轼《暴雨初晴楼上晚景》诗云：“洛邑从来天地中，嵩高苍翠北邙红。”[21]说明“洛邑”自古以来就是“天地之中”，“嵩高”与“北邙”则是其的南北屏障而已。

图 12-3　登封郜城观星台

四、“二十四节气”与罗马《儒略历》

“二十四节气”从西周初年周公“圭表测景”，到春秋战国时期逐渐形成。它是当时世界上最为先进的历法节令。

（一）“二十四节气”形成的时间和地域

“二十四节气”的若干名称，在春秋初年已经出现。“八节”是二十四节气中最关键的节气。《周易·复卦·象传》：“先王以至日闭关，商旅不行，后不省方。”这是说冬至那天，关闭边界的关隘，不使商旅通行，君王也不去巡视四方。《左传·恒公五年》（前707年）载：“凡祀，启蛰而郊。”杨伯峻注：“启蛰，犹今言惊蛰。”“启蛰”因避汉景帝刘启讳而改称“惊蛰”。

《左传·庄公二十九年》：“凡马，日中而出，日中而入。……日至而毕。”杨伯峻注：“日中者，春分、秋分也。其日之长短与夜、中分，故曰日中。日中而出者，春分百草始繁，牧于坰野也。日中而入者，秋分农事始藏，水寒草枯，则皆还厩也。日至，冬至。冬至以后不再施工。”《左传·僖公五年》：“春王正月辛亥朔，日南至。凡分、至、启、闭，必书云物，为备故也。”杨伯峻注：“分，春分、秋分；其日昼夜平分，故谓之分。至，夏至、冬至；其日昼极长或极短，其影极长或极短。至，极也，故谓之至。启，立春、立夏；春生夏长，古人谓之阳气用事。启，开也，故谓之启。闭，立秋、立冬；秋收冬藏，古人谓之阴气用事，故谓之闭。必书云物，盖古礼，国君于二分、二至及四立之日，必登台以望天象（或日旁云气之色），占其吉凶而书之。”据《左传·昭公十七年》（前525年）郯子说：“玄鸟氏司分者也，伯赵氏司至者也，青鸟氏司启者也，丹鸟氏司闭者也。”这说明至迟在春秋中期，“二十四节气”中最关键的“二分、二至及四立”的“八节”，已臻于成熟。

在《吕氏春秋·月令》里，已出现立春、始雨水（雨水）、蛰虫咸动（惊蛰）、日夜分（春分）、立夏、日长至（夏至）、小暑至（小暑）、立秋、白露降（白露）、日夜分（秋分）、霜始降（霜降）、立冬、日短至（冬至）十三个节气的名称。在公元前139年成书的《淮南子·天文训》里，“二十四节气”的名称，已有完整的记录（图12-4）。这说明“战国时期的阴阳家已经完成了24节气系统的总结工作”[22]。由此推测，至迟在战国中期，我国明显具有河洛地区物候特征的“二十四节气”，已经成熟并被广泛使用。

（二）“二十四节气”与罗马“儒略历”比较

目前，世界各国普遍使用的公历，采用岁实365.25日为一年，也是一部“太阳历”。因其是公元前46年罗马帝国统帅儒略·恺撒聘请天文学家创制的，故名“儒略历”。这种历法后经多次修订，才渐趋完善[23]。我国“二十四节气”测定的时令，与罗马帝国的“儒略历”基本相同，但却比它早300余年。虽然这种节令每年在我国农历里的日期变化颇大，而在西方的阳历中，差不多都有固定的日期，前后最多相差一两天。例如，二十四节气测定的“冬至”日多在阳历12月21日，“夏至”日则多在6月21

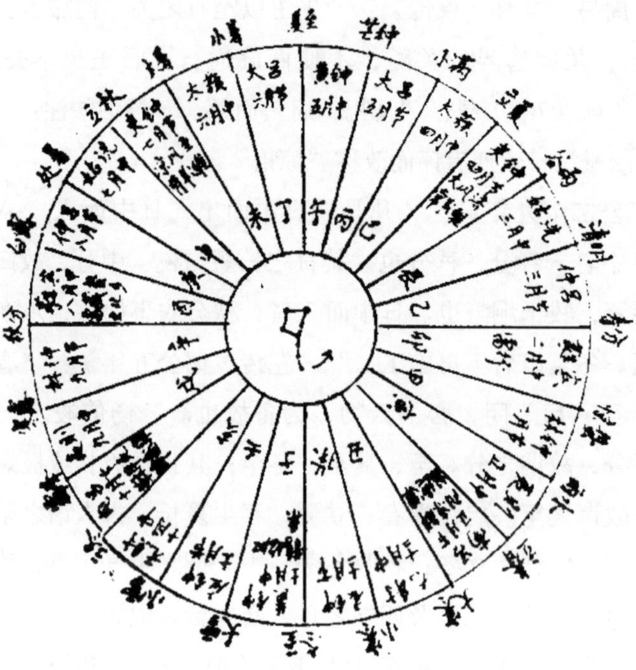

图 12-4 《淮南子 · 天文训》“二十四节气”图
采自陈广忠《淮南子注译》第 125 页

日，“立春”日则多在2月4日。

特别是西方的“儒略历”，只测定出“冬至”“夏至”“春分”“秋分”这四个节气，而没有“八节”和“二十四节气”的基本概念。因此，我国的“二十四节气”，比“儒略历”划分得更科学、更精细、更实用，所以具有更为重要的科学意义和实用价值。

综上所述，古都洛阳不但是西周初年周公“土圭测景”的具体地点，而且也是“二十四节气”的发源和形成地域。我国的“二十四节气”，比罗马“儒略历”划分得更科学、更精细、更实用。2000多年来，它为我国农业经济的发展，起到了巨大的促进作用。今后，这种科学、实用的历法节令，仍将发挥其重要的实用价值。

注 释

[1] 陈遵妫：《中国天文学史》第484页，上海人民出版社，2006年。

[2] 胡厚宣：《甲骨文四方风名考证》，《甲骨学商史论丛》初集第二册，成都齐鲁大学国学研究所，1944年；胡厚宣：《释殷代求年于四方和四方风的祭祀》，《复旦学报》（人文科学版）1956年第5期。

[3]　冯时：《殷卜辞四方风研究》，《考古学报》1994年第2期。
[4]　《欧阳修全集》卷二十二第526页，中国书店，1986年。
[5]　蔡运章：《论〈周易〉哲学的基本精神》，《湖南科技学院学报》（哲学社会科学版）2014年第3期。
[6]　蔡运章：《河图洛书之谜》，《文史知识》1994年第3期。
[7]　唐兰：《殷虚文字记》第53、54页，中华书局，1981年。
[8]　陈诚：《甲骨文简明辞典》第74、219页，中华书局，1988年。
[9]　冯时：《中国古代的天文与人文》（修订本）第25页，中国社会科学出版社，2009年。
[10]　陈美东：《中国科学技术史·天文学卷》第27页，科学出版社，2003年。
[11]　萧良琼：《卜辞中的"立中"与商代圭表测景》，《科技史文集》第10集，上海科学技术出版社，1983年。
[12]　中国社会科学院考古研究所编：《殷周金文集成》（修订增补本）06014，中华书局，2007年。
[13]　杨升南：《商代经济史》第99页，贵州人民出版社，1992年。
[14]　张家泰：《登封观星台和元初天文观测的成就》，《考古》1976年第2期。
[15]　蔡运章、俞凉亘：《西周成周城相关问题研究》，《中原文物》2016年第1期。
[16]　中国社会科学院考古研究所编：《殷周金文集成》（修订增补本）06014，中华书局，2007年。
[17]　蔡运章：《洛都碑刻，华夏表章》，《洛阳名碑集释》，朝华出版社，2003年。
[18]　顾颉刚：《州与岳的演变》，《史学年报》第5期，1933年。
[19]　陈美东：《中国科学技术史·天文学卷》第534～537页，科学出版社，2003年。
[20]　张家泰：《登封观星台和元初天文观测的成就》，《考古》1976年第2期。
[21]　《苏东坡全集》第115卷，北京燕山出版社，2009年。
[22]　陈美东：《中国科学技术史·天文学卷》第85页，科学出版社，2003年。
[23]　〔法〕保罗·库代克著、刘玉利译：《历法》第23～28页，商务印书馆，1996年。

（本章原刊于《洛阳考古》2018年第2期）

附：洛阳电视台"土圭测景"观测实验报告

西周初年，周公土圭测景"以求地中"的观测活动，见于《周礼·地官·大司徒》"以土圭之法测土深，正日景，以求地中"的记载。东汉郑玄引郑众注说："土圭之长，尺有五寸。以夏至之日，立八尺之表，其景适与土圭等，谓之'地中'。"贾公彦疏："周公摄政四年，欲求土中而营王城，故以土圭度日景之法测度也。度土之深，谓日景长短之深也。”《玉烛宝典》引《孝经说》云：“立八尺竿于中庭，日中度其日晷。冬至之日，日在牵牛之初，晷长丈三尺五寸。”孙诒证正义：“此经求地中，据建国言则当指王城。”这里的“王城”实即西周成周城。由此可见，当年周公在西周成周城“立八尺竿于中庭”，测得“夏至”时日影长为“尺有五寸”（约合今0.35米），“冬至”时日影长为“丈三尺五寸”（约合今3.12米）。那么，3000多年前“土圭测景”观测的数值可信吗？至今没有人作出正面回答。我们认为，要想回答这个问题，必须通过科学实测，才能得出正确判断。

有鉴于此，在蔡运章先生的倡导和主持下，2019年12月22日（农历己亥年十一月廿七）时值“冬至”，由洛阳电视总台贾洪涛台长、新闻部主任赵刚和洛阳日报社记者聂丽女士具体组织，特意邀请河南科技大学人文学院院长薛瑞泽教授、洛阳理工学院科研处副处长扈耕田教授、洛阳气象局原总工程师任炳潭等先生参加。共同在洛阳林业职业学院操场（即西周成周城宗庙遗址的西侧）里，用“八尺”（合今1.848米）高的表竿，来实测冬至时的日影长短。

当日冬至的时间为12时19分18秒。我们选择中午11时到13时（即子时）来进行观测。经过实测，得到如下5组重要数据：

11时，影长3.41米；

11时10分，影长3.27米；

11时38分，影长3.14米；

11时41分，影长3.12米；

12时19分，影长2.89米。

这些数据中，上午11时41分日影长3.12米，恰与“冬至”晷长“丈三尺五寸”的记载正相符相合。这次观测活动，洛阳电视台以《冬至！在洛阳，重现3000多年前“土圭测景”》的新闻进行了专题报道（在“百度网”亦可查阅），引起社会上的热烈反响。

2020年的“夏至”日（6月21日），因洛阳地区天气多云，原来准备的实测活动未能如期进行。

2021年6月21日（农历辛丑年五月十二日）“夏至”时间是中午11时32分。这次测影活动采取与2019年冬至测影相同的方法，地点放在洛阳电视台院内北部的人造假山上。这里位于东周王城南部偏东的洛河南岸，距东周王城的直线距离约1.8千米。这次观测，共有13次具体记录。其中，较为重要的6次记录如下：

11时07分，日影长72厘米；

11时12分，日影长68厘米；

11时22分，日影长62.5厘米；

11时58分，日影长46.8厘米；

12时20分，日影长46.3厘米；

12时46分，日影长36.6厘米（12时30分至12时45分云遮日无影）。

这些观测数据中，“12时46分，日影长36.6厘米”，与古史“夏至”日影长为“尺有五寸”（约合今0.35米）的记载比较接近。

这两次测影活动都是在媒体监视下做出的认真记录，并及时作了专题新闻报道。由此可见，3000多年前周公用“土圭测景”来寻找“地中”的观测数据，应是真实可信的科学实测活动。这种观测活动，在中国乃至人类天文观测史上都具有重大意义。

在此，特别要感谢洛阳电视总台贾洪涛台长、新闻部赵刚主任为这两次观测活动付出的辛勤劳动！

报告执笔人：聂丽

第十三章　王子乔升仙与王姓始祖

修炼升仙是中国古代追求长生不老的独特观念。战国时期，随着物质文化生活的不断提高，在统治阶层中便逐渐产生追求长生不老的升仙观念。王子乔升仙的故事，就是这种升仙思想的具体产物。

一、王子乔事迹述略

王子晋（字子乔）是周灵王（前571～前545年在位）的太子，自幼聪慧，熟知国家大事。当时，晋国称霸诸侯，一心要“挟天子以令诸侯”，还时常侵占周王室的土地。

（一）师旷赴周“求言”太子

晋平公（前557～前532年在位）派大臣叔向到周室访问，叔向拜见太子晋并与他交谈。叔向与他谈了五件事，有三件都答不上来，不好意思地退了出来。叔向回到晋国后，向晋平公报告说：“太子晋刚满十五岁，我就不能与他交谈。请您把以前侵占周王室的两个城邑还给周王吧。如果现在不还，等到将来太子登上王位，会因此惩罚我们。”晋平公听罢打算归还两邑的田地。晋国太师盲人师旷说：“请让我去与太子交谈，如果他能胜我，等我回来后再归还两邑。”晋平公答应了师旷的请求。

师旷见到太子，开言说：“我听说太子的话比泰山还高，所以晚上睡不着觉，白天坐卧不安，不嫌路途遥远而来求王子一言。”太子回答道：“我听说太师将要到来，非常高兴而又恐惧。我年纪幼小，见了您心里害怕，会失掉仪态，乱了方寸。”师旷说：“我听说王子好比古代君子，居高位而不骄傲，所以从晋国来到周都，行路也不觉劳累。”太子说：“古代君子的行为极其谨慎。他储备粮食，放松关禁，使道路上没有险阻。百姓们喜欢他，相互扶持着从远方赶来。远方的人前来欢聚，会把遥远的道路看作只有一尺的距离。”

师旷称赞太子讲得好，提出的许多问题，都得到圆满的回答。太子还请师旷入座弹琴。师旷弹奏《无射》曲，唱道：“国家真正安宁了，远方的客人就会来欢聚。修行仁义的时间长了，就会自在安乐而不会放纵。”师旷弹奏完毕把琴交给太子。太子弹奏《峤》曲，唱道："为什么从极远的北方，来到极远的南方？横穿国境，越过山川，而不觉得道路遥远？"师旷听罢，急忙站起来说："盲臣我请求回国了！"

师旷临行，太子送别，说道："我再过三年，就要到上帝那里作客了。请您不要讲出去！"师旷回国后不到三年，传告太子死讯的使者就来晋国报丧（《逸周书·太子晋解》）。

由此可见，太子晋聪慧博达、睿智温恭的少年风采。

（二）"谷、洛斗"太子晋谏灵王

据《国语·周语下》记载：

> 灵王二十二年，谷、洛斗，将毁王宫。王欲壅之，太子晋谏曰："不可。晋闻古之长民者，不坠山，不崇薮，不窦泽。夫山，土之聚也，薮物之归也，川气之导也，泽水之钟也。夫天地成而聚于高，归物于下。疏为川谷，以导其气。……"王卒壅之。

这是说周灵王二十二年（前550年），谷水（今名涧河）、洛水（今名洛河）暴涨，将冲毁王宫（在今洛阳市西工区瞿家屯村东）。周灵王欲采取壅堵的办法治理洪水，太子晋欲采用疏导的办法治理洪水。父子政见不同，灵王盛怒之下，把太子贬为庶人。

东汉王符《潜夫论·志氏姓》说：

> 周灵王之太子晋，幼有成德，聪明博达，温恭敦敏。谷、洛水斗，将毁王宫，王欲壅之。太子晋谏，以为不顺天心，不若修政。……其后三年，而太子晋死。孔子闻之，曰："惜夫，杀吾君也。"

这是说太子晋幼有成德，聪明博达，温恭敦敏。他被废为庶人三年后死去。孔子闻其死讯，深感悲痛。

二、王子乔升仙的传说

相传，太子晋因直言敢谏而被废为庶人。后来，他修炼成仙，成为我国古代圣贤人物的完美象征。王子乔升仙的故事，最早见于屈原的《楚辞·远游》：

> 轩辕不可攀援兮，吾将从王乔而娱戏。

朱熹注："王乔，周灵王太子晋也。"屈原因不得楚王重用，将追随"王乔而娱戏"。这说明早在战国中期，王子乔升仙的故事就已流传开来。

西汉大儒刘向撰著的《列仙传》记载：

王子乔者，周灵王太子晋也。好吹笙，作凤凰鸣。游伊、洛之间，道士浮丘公接以上嵩高山。三十余年后，求之于山上，见桓良曰："告我家，七月七日，待我于缑氏山颠。"至时，果乘白鹤驻山头。望之不得到，举手谢时人，数日而去。亦立祠于缑氏山下，及嵩高首焉。

"嵩高山"即嵩山，在洛阳市东南60千米。"缑氏山"位于嵩山北麓，在今洛阳市偃师区东南缑氏山顶的"升仙太子庙"遗址，就是后世"立祠"纪念王子晋升仙的地方。

王子乔升仙故事是中国古代最早由真实人物升化为仙人的典型范例，对秦汉以来的升仙文化产生了深刻的影响。

三、王子乔升仙的文物遗迹

王子乔升仙的文物遗迹，最著名的要数武则天撰文书丹的"升仙太子碑"。洛阳市偃师区东南缑氏山顶升仙太子庙的文物遗迹，至今尚存。

（一）汉武帝"缑氏城视仙迹"与武则天"升仙太子碑"

关于这通"升仙太子碑"，还得从汉武帝亲临缑氏城寻"视仙迹"的故事说起。据《史记·孝武本纪》记载：元鼎六年（前111年）"公孙卿侯神河南，见仙人迹缑氏城上，有物若雉，往来城上。天子亲幸缑氏城视仙迹"。这说明公元前111年，汉武帝刘彻曾亲临缑氏城上，寻视王子乔升仙的遗迹。

天授元年（690年），武则天在洛阳建立"大周"王朝，自称"大周皇帝"，改洛阳为"神都"。圣历二年（699年）二月初，武则天从神都洛阳赴嵩岳封禅的途中，临时驻跸缑山"升仙太子晋庙"。适逢该庙刚好重修竣工，武则天巡视庙内的文物遗迹，深有感触。她便乘兴亲自撰文、书丹"升仙太子碑并序"，借太子晋升仙故事，描绘缥缈瑰丽的仙境，来舒展她的政治意愿。

碑文描述"神仙世界"时说："春荣秋落，四时变寒暑之机；玉兔金乌，两曜递行藏之运。是知乾坤之大，不能无倾缺之形；日月至明，不能免盈亏之数。岂若混成为质，先二仪以开元；兆道标名，毋无物而为称。惟恍惟忽，窈冥超言象之端；无去无来，寥廓出寰区之外。骖鸾驭凤，升八景而戏仙庭；驾月乘云，驱百灵而朝上帝。玄都回辟，玉京为不死之乡；紫府傍开，金阙乃长生之地。吸朝霞而饮甘露，控白鹿而化青龙。"这里用道教的升仙观念，借赞美虚幻缥缈的神仙世界，来歌颂她亲手开拓的武周盛世。

碑文描述武周社会时说："我国家先天纂业，辟地裁基，正八柱于乾纲，纽四维于坤载”，是说武周社会承天祚命，开创基业。而今“廓堤封于百亿，声孝洽于无垠；被正朔于三千，文轨同于有载”。这是说国家人口众多，政令统一，江山稳固。“茫茫宇宙，掩沙界以疏疆；缈缈寰区，笼铁围以划境。”是说国家幅员辽阔，边防巩固。“乾坤交泰，阴阳和而风雨调；远肃迩安，兵戈戢而烽燧静。”是说国家风调雨顺，天下太平。

碑文描述太子庙及其地理环境时说：“近对缑山，遥邻嵩岭”，“梅梁瞰回，近架烟霞。桂栋临虚，上连日月，窗明云母，将曙景而同辉；户持琉璃，共晴天而同色。曲阁乘九霄之表，重檐驾八景之中”。“珠阙据缑峰之外，遥坛接嵩峤之限。”这说明太子庙的雄伟气势和建筑极其华美，由此可以窥见唐代建筑工匠和劳动人民高超的建筑艺术。

碑文无论是描述虚幻的神仙世界和当时的现实社会，都洋溢着无限赞美和充满着由衷自豪。进而说明在武则天执政的四五十年间，国家统一，社会安定，经济文化快速发展。这是她把“贞观之治”，推向开元盛世的历史贡献。

这则碑额题“升仙太子之碑”2行6字，系鸟篆飞白书。碑文行书，33行、行满66字。碑阴上部为武则天诗《游仙篇》和从臣题名，下部为相王李旦题记和时臣题名。另有宋代的题记及题名。同年六月十九日刻成，立于缑山升仙太子庙的大殿之前。通高8米，宽1.55米，厚0.55米。这是武则天留存至今的珍贵文物（图13-1）[1]。

由此可见，缑氏山顶的升仙太子碑及周围的文物遗迹，已成为后人追念王子乔升仙故事的文化圣地。

图 13-1　洛阳市缑山升仙太子碑

（二）西汉墓室壁画“王子乔升仙”图画

1976年，在洛阳西汉卜千秋墓的墓门墙北面，画有一位“人头鸟身人像”。人头上有髻，头顶两旁有长耳，面目清秀，状似美少年。从颈以下至足，皆为鸟形，两翼上举，作飞舞状。足下踏山岳，好像从山顶上起飞的样子。孙作云先生认为：“此怪人即仙人王子乔。”河南邓县（今邓州市）南朝画像砖墓画有王子乔、浮丘公的画像。吉林省辑安县通沟南北朝初期壁画墓，在墓顶画日、月、星辰、风伯、雨师之后，也画有一个与洛阳西汉卜千秋墓壁画相似的“人头鸟身”王子乔像[2]。

（三）唐代铜镜真人吹笙引凤图

考古发现的唐代铜镜图案里，常见有“王子乔吹笙引凤”的图案（图13-2）。

图 13-2　王子乔吹笙引凤铜镜

采自孔祥星、刘一曼：《中国铜镜图典》第 615、629 页，文物出版社，1997 年

由此可见，这些铜镜上的“王子乔吹笙引凤”图案，都是受王子乔升仙故事深刻影响的珍贵遗存。

四、齐侯宝盂与王子乔母后

中国古代实行“同姓不婚”的婚姻制度。西周春秋时期，姬姓的周王室与姜姓齐国是两个互为婚姻的政治集团。这就是历代周天子，大多都迎娶姜姓齐国公主为王后的重要缘由。

1957年，在今洛阳市孟津区平乐村北的邙山南坡修建中州渠时，发现一件形体硕大的青铜鉴。为敛口、侈沿、鼓腹、圈足，腹部附有四个对称的衔环兽耳，周围饰有上下两圈线条简约匀称的波纹环带。造型典雅厚重，通体布满土黄色锈斑。高43.5厘米，口径70.3厘米，腹深65.5厘米，足径48.5厘米，最大腹围207厘米，重75千克。在腹部内壁近口沿处，铸有铭文5行26字，其铭曰：

齐侯乍（作）朕（媵）子

中（仲）姜宝盂，其

眉寿万年，

永保其身，子子

孙孙，永保用之。

铜鉴是商周贵族洗浴的器具[3]。这件铜鉴自铭为“盂”，是齐侯为其女儿仲姜铸作的陪嫁品。它的形制、纹饰和铭文书体，都具有春秋晚期的基本特征（图13-3）。

图 13-3　齐侯铜鉴及其铭文

据《左传·襄公十二年》（前561年），周“灵王求后于齐，……齐侯许婚。王使阴里结之”。同书《襄公十五年》（前558年）载：“官师从单靖公逆王后于齐。”“齐侯”当指齐灵公（前581～前532年在位）。这件铜鉴的年代与周灵王迎娶齐灵公女儿的年代相当，有可能就是周灵王后妃使用的珍贵器皿。由此推测，这位齐仲姜可能就是周灵王的后妃，也就是王子乔的继任母后，因而具有重要价值。

值得注意的是，这件铜鉴的重量颇有意趣。《周礼·秋官·大司寇》“人钧金”郑氏注：“三十斤曰钧。”据《说苑·辨物》记载：“三十斤为一钧。”《汉书·律历志》说：“权者，铢、两、斤、钧、石也。二十四铢为两，十六两为一斤，三十斤为钧，四钧为石。”商周时期，一斤的重量合今250克，一钧的重量合今7.5千克。这件铜鉴重75千克，正合当时的10钧[4]。由此可见，这件齐侯铜鉴自身的重量，也为研究春秋时期周王室的度量衡制度，提供了重要的实物资料。

五、王子乔升仙的深远影响

王子乔升仙的故事，成为历代文人骚客讴歌赞颂的对象。刘向《列仙传·王子乔》云：

妙哉王子，神游气爽。
笙歌伊洛，拟音凤响。
浮邱感应，接手俱上。
挥策青崖，假翰独往。

西晋文学家何劭《游仙诗》云：

羡昔王子乔，友道发伊洛。
迢递陵峻岳，连翩御飞鹤。

唐代诗人白居易《王子晋庙》诗云：

子晋庙前山月明，人闻往往夜吹笙。
鸾吟凤唱听无拍，多似霓裳散序声。

特别有趣的是，唐太和二年（828年）戊申科进士考试，命题为《缑山月夜闻子晋吹笙赋》。该科及第三十三人，状元由韦筹夺魁，大诗人杜枚也是这次金榜题名的进士。

由此可见，王子乔升仙的故事，在古代士人心目中的重要地位。

六、王子乔与王姓始祖

中国人崇拜祖先，重视血脉的传承。每个人的姓氏，就是其血脉传承的标记。在以往所传中华民族“张王李赵”的四大姓中，王氏居于第二位。从近年全国人口普查的数据看，王姓也是排在李姓之后的第二大姓氏。由此可见其枝叶繁茂、人口众多的盛况。

那么，王姓的始祖是谁？《通志·氏族略》载：王姓的始祖有商“王子比干”，周“王子晋”“王子揭”（即王城“王氏”），淮阳妫姓，洛阳鲜卑“可频氏”等不同的说法。其中，影响最大的则是周灵王的“太子晋”。

据《潜夫论·志氏姓》记载：王子乔升“仙之后，其嗣避周难于晋，家于平阳，因氏王氏”。唐代大诗人刘禹锡《王质神道碑》说：王姓“始得姓自周灵王太子晋，宾而升仙，时人号曰王子，因去姬为姓氏”。《新唐书·宰相世系表》也说：“周灵王太子晋以直谏废为庶人，其子宗敬为司徒，时人号曰王家，因以为氏。”这说明“王子乔”当是王姓大家族的始祖人物。

由此可见，洛阳周山上的周灵王陵和偃师缑山王子乔升仙的地方，都当是全球王氏后裔寻根问祖祭拜的圣地。

注　释

[1]　《洛阳市志·文物志》第205、206、332页，中州古籍出版社，1995年。

[2]　孙作云：《洛阳西汉卜千秋墓壁画考释》，《文物》1977年第6期。

[3]　《洛阳市志·文物志》第205、206、332页，中州古籍出版社，1995年。

[4]　蔡运章：《论商周时期的金属称量货币》，《中原文物》1987年第3期。

第十四章　王子朝奔楚与中原文化南迁

春秋时期，诸侯争霸，世卿执政。周王室内乱频生，日益衰落。“王子朝奔楚”是春秋晚期东周王室发生的重大事件。然而，关于这个事件的性质及其相关问题，史家历来就有不同的认识。本文谨就“王子朝奔楚”事件真相与中原文化南迁的相关问题，略作考辨。

一、“王子朝奔楚”事件的原委始末

公元前527年，周景王的太子寿卒。公元前520年，周景王驾崩后，围绕着王位的继承问题，周王室内部的两大集团，展开了长期激烈的残酷斗争。

1. 第一阶段：太子寿卒与拥立太子的斗争

《左传·昭公十五年》载：“六月乙丑，王大子寿卒。秋八月戊寅，王穆后崩。”杜预注：“大子寿，周景王子。王穆后，大子寿之母也。”这说明周景王十八年（前527年），周景王的太子寿和穆后相继去世。

因周景王没有嫡子，王子朝为庶长子。按照当时礼制，景王与子朝的师傅宾起商议，准备立子朝为太子。然而，王室世卿单旗和刘蚠反对拥立子朝，欲立子朝异母弟子猛为太子。周景王为了维护王室的安定，只得杀掉子猛的师傅“下门子”（《国语·周语下》）。周景王二十五年（前520年）四月，景王想趁到北山（今河南巩义市北）田猎时，再杀掉单旗和刘蚠。不料，景王心疾突发，驾崩仙逝（《左传·昭公二十二年》）。

这说明从公元前527年“大子寿卒”，到前520年景王驾崩，围绕着拥立太子的问题，景王与世卿单旗和刘蚠之间，开展了长达七年的激烈斗争。然而，在事情进行的关键时刻，景王驾崩去世，使这场斗争发展到不可收拾的地步！

2. 第二阶段：王子猛篡立与王子朝奔楚

周景王二十五年“五月庚辰，见王，遂攻宾起，杀之，盟群王子于单氏”。《孟子·尽心上》：“修身见于世。”赵岐注：“见，立也。”这是说景王驾崩后，单旗和刘蚠抢先拥立王子猛为“王”，并攻杀宾起、盟会“群王子”，王子朝的生命受到威胁。

六月丁巳，葬景王。王子朝联络“旧官、百工之丧职秩者与灵、景之族”，率领“郊、要、饯”等地的兵甲，把王子猛赶出了王城（在今洛阳市王城公园一带）。接着，单旗率众攻杀王子还、王子姑、王子发、王子弱、王子鬷、王子延、王子定、王子稠等八位王子，并向晋国求助。晋国派兵护送王子猛回到王城。十一月十二日，王子猛病逝，其同母弟子匄即王位，是为周敬王（《左传·昭公二十二年》）。

周敬王元年（前519年）七月，王子朝攻入王城，敬王避居狄泉（在今洛阳市瀍河区东北翟泉村旁）。这时，尹文公拥立子朝为王。召伯奂、南宫极率王城民众戍守伊氏邑（在今宜阳县东北）。王子朝居王城，时称“西王”。王子匄居狄泉，时称“东王”。

敬王二年（前518年）三月，晋国派士景伯到王城乾祭门内，询问周室内乱的是非曲直。“晋人乃辞王子朝，不纳其使。”

敬王三年（前517年）夏，晋卿赵鞅在黄父（在今山西沁水县西北）会盟诸侯，令“同恤王室”，向周敬王输送粮食。这些要求，遭到宋国的拒绝。

敬王四年（前516年）“四月，单子入晋告急”。七月，敬王逃出狄泉，“次于滑”（在今洛阳市偃师区东南）。晋卿知跞、赵鞅率师纳敬王。十一月，晋师攻克巩邑（在今巩义市西）。“召伯盈逐王子朝。王子朝及召氏之族、毛伯得、尹氏固、南宫嚚奉周之典籍以奔楚。”召伯盈本是王子朝的支持者，看到王子朝即将败逃，便转而迎接敬王。周敬王入于成周（即王城）。王子朝派使者遍“告诸侯”，数说“单、刘立少，以间先王”“行乱于王室”的罪行。

3. 第三阶段：召伯盈、尹氏固被杀与王子赵车的反抗

敬王五年（前515年）秋，晋国召集诸侯在扈地（在今河南原阳县西）盟会，令诸侯派兵戍守周室。

敬王七年（前513年）三月，“京师杀召伯盈、尹氏固及原伯鲁之子”。召伯盈因曾支持王子朝举兵反抗，尹氏固在逃奔楚国的途中复返，两人均被杀害。单、刘集团的肆意屠杀，激起“王子赵车”举兵反抗。

4. 第四阶段：王子朝被杀与周儋翩的反抗

敬王十年（前510年）秋，敬王派使者到晋国请求帮助扩建“成周”城（在今洛阳市瀍河区东北）。敬王十一年（前509年）正月，晋合诸侯于狄泉，“城三旬而毕，乃

归诸侯之戍”。宋大夫仲几、齐大夫高张“不从诸侯”。

敬王十四年（前506年）三月，刘文公合诸侯于召陵（在今河南漯河市郾城区东），谋伐楚国。冬十一月，吴师伐楚，攻入郢都（在今湖北江陵纪南城）。

敬王十五年（前505年）“春，王人杀子朝于楚”。杜预注：“因楚乱也。”

敬王十六年（前504年）四月，周儋翩率王子朝余党，准备联合郑国，攻击敬王。郑国“于是乎伐冯（在今河南荥阳市西北）、滑、胥靡、负黍（在今河南登封市西南）、狐人（在今河南临颍县境）、阙外（在今河南伊川县北）”。冬十二月，敬王再次出逃，“处于姑蕕，辟儋翩之乱也”。

敬王十七年（前503年）二月，周儋翩从仪粟起兵反抗。“四月，单武公、刘桓公败尹氏于穷谷（在今宜阳县东北）。”“冬十一月戊午，单子、刘子逆王于庆氏。”晋国再次出兵护送敬王。“己巳，王入于王城。”周敬王乘楚乱之机，派人到楚地刺杀了王子朝。这使王子朝的支持者感到愤怒。周儋翩从仪粟起兵反抗，郑国也派兵侵袭周王室的边境城邑。

敬王十八年（前502年）二月，单子、刘子伐谷城（在今洛阳市西北）、仪粟、简城、盂（在今河南沁阳市西北），“以定王室”。

由此可见，东周王室的“王子朝奔楚”的历史事件，历时十八年方告平定。

二、“王子朝奔楚”事件的历史争讼

长期以来，关于“王子朝奔楚”事件的认识，古史学界存着两种截然不同的看法。兹略作梳理澄清。

（一）王子朝“作乱”诸说

王子朝“作乱”说。据《左传·昭公二十二年》记载：“王子朝因旧官、百工之丧职秩者，与灵、景之族以作乱。”这是最早把王子朝举兵反抗单、刘集团拥立王子猛为“王”的行为，定为“作乱”的史籍。

宾孟“佞臣”说。《荀子·解蔽》说：“昔宾孟之蔽者，乱家是也。”杨倞注：“宾孟，周景王之佞臣，欲立王子朝者。乱家，谓乱周之家事，使庶孽争位也。”战国大儒荀子把宾孟定为“使庶孽争位”的“佞臣”。

“国人立长子猛为王”说。《史记·周本纪》说：周景王“二十年，景王爱子朝，欲立之，会崩。子丐之党与争立，国人立长子猛为王，子朝攻杀猛”。这是最早提出王子猛为“长子”的说法。

王子猛为“世子”说。《汉书·五行志上》载：景王崩，王室乱，宋、卫、陈、郑四国“不救周，反从楚，废世子，立不正，以害王室，明同罪也’”。“世子”即嫡长子。

景王“既立子猛”说。《国语·周语下》载：“景王既杀下门子。宾孟适郊，见雄鸡自断其尾”云云。韦昭注：“下门子，周大夫，王子猛之傅也。景王无适子，既立子猛，又欲立王子朝，故先杀子猛傅下门子。宾孟有宠于王，欲立子朝，王将许之，故先杀下门子。”景王为阻挡单旗、刘蚠欲立子猛为太子的念头，杀死王子猛之傅“下门子”。三国时期的韦昭最先提出景王“既立子猛，又欲立王子朝”的说法。当代学者杨伯峻《春秋左传注》从其说。

“王子猛次正”说。杜预《左传·昭公二十二年》注：“王子猛次正，故单、刘立之。”《史记志疑》卷三说：“王猛次正，为太子寿之弟，故单穆公、刘文公立之。”清姚彦渠《春秋会要》卷一从其说。

这里提出王子猛为“长子”“世子”“次正”等不同说法，意在为单、刘拥立王子猛的“篡”逆行为，构建合法的伦理依据。这就是长期以来把王子朝判为“孽孽”，而把刘蚠、单旗尊为“忠臣”的原因[1]。

（二）王子猛“篡”位诸说

然而，《公羊传》《谷梁传》和《韩非子》诸家的认识，却与上述看法判然有别。

1. 王子猛“篡”位说

据《春秋·昭公二十二年》，“秋，刘子、单子以王猛入于王城。”《公羊传》说：“王城者何？西周也。其言入何？篡辞也。”何休注：“篡辞，言入猛其事也。”唐徐彦疏：“以《春秋》之义，立、纳、入皆为篡辞，故此谓入为篡辞矣。”这是把“王猛入于王城”训为“篡”夺朝政的叛逆行为。

《春秋·昭公二十二年》：“冬十月，王子猛卒。”《公羊传》：“其称王子猛卒何？不与当也。不与当者，不与当父死子继、兄死弟及之辞也。”何休注：“卒，明其为篡也。”“不与当也”指王子猛不应参加父死子继、兄死弟及的事情。换句话说，王子猛称“王”是不合礼制的篡逆行为。

2. 王子猛非正“当国”说

《春秋·昭公二十二年》：“秋，刘子、单子以王猛入于王城。”《谷梁传》：“王猛，嫌也。入者，内弗受也。”范宁集解：“直言王猛，不言王子，是有当国之嫌。猛，非正也。”杨士勋疏：“刘、单王之重卿，猛王之庶子。”“嫌”，《谷梁传·隐公四年》范宁注：“凡非正嫡，则谓之嫌。”杨倞《荀子·正名》注：“嫌，恶也。”这说明“王猛”本是景王庶少子，因其篡位当国，故有“嫌”恶的名声。明代学者李廉说：“《公》《谷》皆以子猛为篡，故卒。”[2]

《公羊传》《谷梁传》的这种记史笔法，还有许多案例可寻。例如：《左传·桓公十六年》（前696年）卫国发生内乱，周庄王支持“左公子洩、右公子职立公子黔牟”，卫“公子朔”逃奔齐国。

公元前698年，齐国率鲁、宋、陈、蔡诸国“伐卫，纳惠公也。”“惠公”即公子朔。《春秋·庄公六年》（前688年）载：“夏六月，卫侯朔入于卫。”《左传》说：“夏，卫侯入，放公子黔于周，……杀左公子洩、右公子职，乃即位。”这是说卫侯朔触犯“天王之命”，齐、鲁诸国却以兵纳“入”即位。《公羊传》便以“卫侯朔……犯命也。其言入何？篡辞也”；《谷梁传》也以“入者，内弗受也”来秉笔直书。

由此可见，《公年传》《谷梁传》对王子猛“篡”立的记录，符合其秉笔直书的一贯史德。

3. “单氏取周”说

据《韩非子·说疑》记载：

> 若夫齐田恒、宋子罕、鲁季孙如意、晋侨如、卫子南劲、郑太宰欣、楚白公、周单荼、燕子之，此九人者之为臣也，皆朋党比周以事其君，隐正道而行私曲，上逼君，下乱治，援外以挠内，亲下以谋上，不难为也。如此臣者，唯圣王智主能禁之，若夫昏乱之君，能见之乎？
>
> 以今时之所闻，田成子取齐，司城子罕取宋，太宰欣取郑，单氏取周，易牙之卫，韩、魏、赵三子分晋，此六人，臣之弑其君者也。

这里将“周单荼”与“齐田恒、宋子罕”并列，把“单氏取周”与“田成子取齐，司城子罕取宋”并举。“田恒”即田成子，公元前481年篡夺姜齐的政权。“宋子罕”即宋国的司城子罕，战国中期篡夺宋国的政权[3]。

“周单荼”与“单旗”当为一人。“荼”、旗含义相近。《周礼·考工记·弓人》载：“宽缓以荼。”郑玄注：“荼，古文舒，假借字。郑司农云：荼，读为舒。舒，徐也。”《尚书大传》卷二：“朕则侯王其荼。”郑玄注：“荼，缓也。”《说文·㫃部》说：“旗，熊旗五游，以象罚星，士卒以为期。”“旗”本是用布、纸或丝绸制作而成的标识物，随风舒展，有徐缓之义。单穆名“旗”，字“舒”，义相联锦。因此，《韩非子》所说的“周单荼”，《左传》的“单旗”（单穆公）当为一人。

因此，《韩非子》认为“单氏取周”事件，当属于“田恒”“宋子罕”那样篡权谋乱的反叛行为。

（三）“王子朝奔楚”事件辨正

自《左传》以降，不少史家为“王子猛”“王子匄”的“篡”逆行为进行掩饰，演绎出许多似是而非的错误说法，必须予以辨正。

1. 王“子朝攻杀猛”说辨正

《史记·周本纪》说：周景王“二十年，景王爱子朝，欲立之，会崩。子丐之党与争立，国人立长子猛为王，子朝攻杀猛”。清姚彦渠《春秋会要》卷一、顾德融、朱顺龙《春秋史》均从司马迁说。后者还认为“《左传》昭公二十二年：‘王子猛卒’，有误”[4]。

王子猛的死因，《春秋·昭公二十二年》谓“王子猛卒”。《左传》《公羊传》《谷梁传》均从其说。《春秋》及其三《传》无疑辞，这是有关王子猛死因最早、也是最为权威的记录。清儒梁玉绳《史记志疑》卷三说：“猛立七月而卒，虽未即位，周人谥曰悼王，非子朝杀也。”

因此，司马迁受《左传》“胜王败寇”观念的影响，杜撰出“子朝攻杀猛”的说法，不足为信也。

2. 王子猛为“长子”“世子”“次正”说辨正

《史记·周本纪》《春秋会要》卷一所谓王猛为“长子”说，《汉书·五行志上》所谓“废世子”说，杜预《左传·昭公二十二年》注、梁玉绳《史记志疑》卷三所谓“王猛次正”说，均无依据。

据《左传·襄公三十一年》：“大子死，有母弟则立之，无则立长。”王子朝《告诸侯书》已明确指出：“先王之命曰：‘王后无嫡，则择立长’。”而景王的“穆后及大子寿早夭即世。单、刘赞私立少，以间先王”（《左传·昭公二十六年》）。这是说“穆后及大子寿早夭即世”后，景王已“无适子”。“间”，犯也。因此“单刘”违犯了“先王”遗制。这些内容被《左传》记录下来，当属信史。

韦昭《国语·周语下》注说：“景王无适子。”《春秋·昭公二十二年》：“王室乱。”《公羊传》：“何言乎王室乱？言不及外也。”何休注：“刺周室之弱，邪庶并篡。”徐彦疏：“邪庶并篡者，谓以子猛、子朝皆非正适，故谓之并篡也。”《史记·集解》引贾逵曰：“子朝，景王之长庶子。”杜预《左传·昭公二十二年》

注：“子朝，景王之长庶子。”这些说法都与王子朝《告诸侯书》的记载相符合。因此，王子猛既非“长子”“世子”，亦非“次正”，而是王子朝的异母少弟。

3. 景王“既立子猛，又欲立王子朝”说辨正

如前所述，王子猛既非嫡子、世子，也非庶长子。因此，周景王根本不可能违犯祖制立其为太子。所谓景王“既立子猛，又欲立王子朝”的说法晚出，完全是韦昭的推测文辞，不足为据。

4. “国人立长子猛为王”说辨正

据《史记·周本纪》记载：“子丐之党与争立，国人立长子猛为王。”《史记志疑》卷三说：王猛乃“单穆公、刘文公立之，非国人所立也”。梁说甚是。

由上所述，王子猛为自然病死，并非“子朝攻杀”。他既非“长子”“世子”“次正”，亦非“国人所立”，更没有发生景王“既立子猛，又欲立王子朝”的事情。因“景王无适子”，依据“先王之命”，王子朝为“庶长子”，理应继承王位。正是由于“单、刘赞私立少，以间先王”，才酿成了“王子期奔楚”的重大事件。

三、“王子朝奔楚”与晋、楚争霸

在“王子朝奔楚”事件的过程里，晋国为何屡次出兵攻打王子朝？王子朝战败后为何会逃奔楚国？其实，这件事情与晋、楚两国争夺霸业的政治斗争，密切相关。

春秋中晚期，晋、楚两国形成南北对峙的两大霸主，都想“挟天子以令诸侯”。晋国称霸中原，周王室在其势范围之内，为其经常干涉王室事务提供了便利。楚国偏居南方，对周王室事务则鞭长莫及。因此，在周王室的多次内乱里，都难觅寻楚国的踪影。

据《汉书·五行志上》记载：“时周景王老，刘子、单子事王子猛，尹氏、召伯、毛伯事王子鼂。子鼂，楚之出也。及宋、卫、陈、郑亦皆外附于楚，亡尊周室之心。后三年，景王崩，王室乱，故天灾四国。天戒若曰：‘不救周，反从楚，废世子，立不正，以害王室，明同辠也。’”这是说周景王晚年，围绕着拥立太子的问题，周王室内分成两大派别。因王子朝是楚国的外甥，具有楚国的血统。刘子、单子与晋国的关系密切，绝不能容忍周王室出现一个亲近楚国的君王。这就是他们要与晋国联合，不惜冒犯先王规制，发动政变，大开杀戒，拼死也要拥立王子猛和王子匄的缘由。

王子朝在刘子、单子拥立王子猛后，得到周王室内多数贵族和民众的支持。宋国拒绝出兵攻打王子朝，齐国拒绝参加扩建“成周”城的活动，郑国也出兵对王子朝进行支持。当时楚国因鞭长莫及，且正遭受吴国的威胁。王子朝因“郑之出也”的缘故，在晋国强大军力的进攻下，兵败后只得逃奔楚国境内。

由此可见，若非“子鼂，楚之出也”，他完全有可能顺利地继承王位。王子朝的楚国血统，才是其“奔楚”事件发生的根本原因。换句话说，王子朝的不幸命运，应是晋、楚争霸的牺牲品。

四、“王子朝奔楚”地域的考古发现

随着人们对“王子朝奔楚”事件的日益关注，“王子朝奔楚”的具体地望及其文物遗迹，已逐渐进入世人的视野。

（一）“王子朝奔楚”地域的文献记录

据三国时成书的《皇览》记载：“王子朝冢在南阳西鄂县。今西鄂晁氏自谓子朝之后也。”（《史记·周本纪·集解》引）《史记·晁错列传·索隐》案：“朝氏出南阳，今西鄂晁氏，谓子朝之后也。”刘昭《后汉书·郡国志》南阳郡西鄂县下补注：“《皇览》曰：‘王子朝冢在县西’。”《皇览·冢墓记》曰：“王子黾（音猛）冢，南阳鄂县西。”（《太平御览》卷五六〇引）所谓“黾（音猛）”，音读有误。“黾”当是“鼂”字的省笔。“鼂”同晁，通作“朝”。故这里的“王子黾冢”，当是“王子朝冢”无疑。

从《皇览》的记载里，可以看三个重要信息：一是王子朝死后建有埋葬遗体的大“冢”墓，二是王子朝冢在“南阳西鄂县西”部，三是源于西鄂的“晁氏”，乃是王子朝的后裔。

王子朝冢的具体地望，据《汉书·地理志》南阳郡有“西鄂”县。《水经注·淯水》载：“淯水又东南迳西鄂故城东。应劭曰：江夏有鄂，故加西也。”“江夏”位于今湖北大冶市，其西有鄂王城。《中国古今地名大辞典》说：“西鄂县，汉置，南朝宋省。故治在今南阳县南［北］。”又说：“后魏置，北周废，故治在今河南南召县南。”

据考古调查，西周时期的“西鄂故城”在今南阳市石桥镇西南，“城址为正方形，边长300米。城墙夯筑，北墙和西南墙基尚有0.5米高。发现有房基、古井及大量瓦片，并采集有三棱形铜镞”等文物[5]。

由此推测，王子朝冢当在今南阳市石桥镇以西的地方。

（二）“王子朝奔楚”地域的文物遗存

自20世纪初以来，“王子朝奔楚”地域的文物调查，已取得可喜的初步成果。

1. “不见冢”被盗出土的铜甬钟

谈到“王子朝奔楚”文物遗存的考古发现，首先要感谢我国文物考古学界的一位老前辈。他就是20世纪30年代曾任河南省博物馆馆长、河南古迹研究会会长的南阳籍学者张嘉谋先生（1874～1941年）。他在1927年2月17日的《北仓日录》里写道：

> 王子黾（音猛）冢，在南阳鄂县西（当云西鄂县西），见《太平御览》卷五百六十引《皇览·冢墓记》。今按南阳县北五十里许石桥镇鄂城寺，西鄂故城也。其西有冢岗。旧曾于此地耕，得古编钟，色黝，有乳，无铭，疑即王子黾冢也。钟藏礼部郎中李星垣家[6]。

这里的“黾”当是“鼂”字的省笔，“王子猛冢”实即王子朝冢。“冢岗”即今南阳市鸭河工区冢岗庙旁的“不见冢”。这是有关“王子朝冢”具体位置的最早记录。

《北仓日录》中所说得于“王子朝冢”的古编钟，清末“礼部郎中李星垣”的后人，已于20世纪70年代捐献给南阳市文物部门，现藏南阳市博物馆。这件“古编钟”为青铜甬钟，属打击乐器，通体素面无纹，形制与河南新郑李家楼出土春秋时期的甲类甬钟和山西潞城潞河战国墓出土的M7：5号甬钟相似。前者的年代为春秋中期偏晚，后者的年代为战国早期[7]。因此，这件铜甬钟当是春秋战国之际的器物，与王子朝被刺杀的年代相符合。

2.”不见冢”形制规模和出土遗物

铜甬钟是周代的贵重礼器，只有贵族的墓葬才陪葬这类乐器。这件铜甬钟出土的大墓位于晁庄村西南的冢岗庙前。冢旁竖有清道光元年（1821年）的古碑一通，称该冢为“不见冢”。“不”为语词，“不见”者，见也。“见”读为现。“不见冢”是说这里现存有一座大冢的意思[8]。

经过文物部门的考古勘探发现，这里是一座东周时期的大型“甲”字形竖穴土坑墓葬。墓室长40米、宽38米、深18米，墓道长约26米，包括墓道总长66米。墓上有封土冢遗迹，周边有许多陪葬墓。据说在该墓的盗洞里，还发现有木炭和白膏泥的遗物。

当地村民说，这座古冢原有20多米高的封土堆，后被附近村民拉土垫地，现在地上已看不见大冢了。这就是此地被称为“冢岗”的原因。

3.“不见冢”旁的车马坑

值得注意的是，在“不见冢”的西边，发现一座长70米、宽7.5米的大型车马陪葬坑。在“不见冢”的周围，还发现有多座大型墓冢。春秋战国时期，“甲”字形大墓且有陪葬车马坑，只有王侯或封君级的贵族人物，才能享受这种礼遇。

4. 东周村落遗址的重要发现

近年来在南阳市鸭河工区理委员会的支持下，考古工作者对南阳市石桥镇西北晁庄村一带的春秋战国遗址和墓葬展开深入调查。

据南阳市文物考古研究所的调查报告，在2017年9月对鸭河工区进行文物调查时，发现的“晁庄遗址位于南阳市鸭河工区皇路店镇焦庄村晁庄东200米”。该“遗址呈西北东南走向，东西长约400米，南北长约120米，面积4万～5万平方米。文化层堆积厚0.2～1.5米，探孔包含物上部有汉代时期的灰陶片、瓦片、板瓦等，下部有鬲足、夹砂陶、灰陶片等”。因此，初步认定“该遗存为东周～汉代时期的古文化遗存”[9]。也就是说，这里是一处春秋战国到秦汉时期的古村落遗址。

（三）“王子朝奔楚”地域的基本认定

依据上述文献记录和冢岗、晁庄附近的文物遗存，我们大体可以认定，“王子朝奔楚”落脚的具体位置，当在今南阳市石桥镇西北的晁庄和冢岗地区。

这里正位于春秋战国时期京师王城通向楚国大道的西侧。南出宛邑，北望伏牛，西环泗水，东邻博望，既在楚国境内，又离京师不远，有进退可依之便利。

春秋战国时期，在南阳境内还有申、吕诸国。周代的申国为姜姓，春秋初年被楚国所灭。《汉书·地理志》南阳郡宛县注：“宛，故申伯国，有屈申城。”《水经注·淯水》说：淯水“南迳宛城东，其故城申伯之都，楚文王灭以为县也”。古宛城遗址位于今南阳市老城区东北蔡庄村一带。“吕”亦为姜姓封国。据《括地志》：“故吕城在邓州南阳县西三十里。”明嘉靖《南阳府志》载：“吕城在南阳县西三十里，今名董营。”董营位于今南阳市区西9千米王村乡沐后河左岸。因此，在今南阳市石桥镇西北晁庄和冢岗庙一带发现的春秋战国村落遗址和“甲”字形大墓，当可排除与申、吕、西鄂诸国的关系。

由此可见，上述重要文物遗存的地理位置和时代特征，都与“王子朝奔楚”的地望与身份地位相符合。它为我们探讨“王子朝奔楚”的具体位置和相关问题，提供了重要的历史和文物资料。

五、“王子朝奔楚”事件的重大影响

“王子朝奔楚”事件的发生和发展，对东周王室以及春秋战国时期的历史，都产生了深远的影响。

（一）“王子朝奔楚”与周王室的衰落

春秋时期，周王室相继发生“王子克”（《左传·桓公十八年》即前694年）、“王子颓”（《左传·庄公十九年》即前675年）和“王子带”（《左传·僖公七年》即前653年）的叛乱。这使诸侯各国不断插手王室事务，周天子“天下共主”的地位，日益走向衰落。

同时，长期在周王室执政的世家大族，也因王室内乱，逐渐退出历史舞台。自西周以来，周公、召公“以元子就封，而次子留周室”，世代辅佐王室（《史记·燕召公世家·索隐》）。在“王子克”叛乱时，周庄王“杀周公黑肩”，迫使周公家族退出了王室舞台。

因“王子朝奔楚”事件的影响，周王室的召氏、毛氏、尹氏和南宫氏四大家族，也被赶下历史舞台。《国语·周语下》说：“及定王，刘氏亡。”“定王”即贞定王（前468～前441年在位）。这说明到战国初年，随着周王室的日益衰落，单氏、刘氏也都湮没在历史的洪流里。

在“王子朝奔楚”事件的过程中，单氏、刘氏和周敬王失去京师王城多数民众的支持，只得避居“狄泉”。直到这个事件结束后，周敬王仍不敢迁回王城居住。这就是公元前510年，周敬王派使者到晋国请求帮助扩建“成周”城（在今洛阳市瀍河区东北）的缘由。因此，春秋初年营建的东周王城，到战国时期便沦为西周君的都城。直到周赧王时（前314～前256年）才又搬回王城居住。

（二）“王子朝奔楚”与周室典籍南迁

东周王室是春秋时期全国政治、经济和文化中心。公元前516年，王子朝“奉周之典籍以奔楚”（《左传·昭公二十六年》）。这是中原文化典籍首次大量南移的可靠记录。

据《说文·丌部》："典，五帝之书也。"《吕氏春秋·孟春季》："守典奉法。"高诱注："典，六典。"《尔雅·释言》："典，经也。"《说文·竹部》："籍，簿书也。"《荀子·儒效》："履天子之籍。"杨倞注："谓天下之图籍也。""典籍"指珍藏在周王朝"内史"和"外史"府里的图书经典和档案资料。东周王室珍藏的大量图书典籍，是华夏民族的文化结晶和命脉根基。

自20世纪70年代以来，在楚国境内多次出土先秦两汉时期的简帛文献，如在湖南长沙马王堆汉墓帛书、安徽阜阳汉墓楚策、湖北荆门郭店楚简、上海博物馆藏楚简、清华大学藏楚简等简帛文献，有许多就与周王室的图书典籍密切相关。例如：

楚简《周易》的考古发现。《周易》是西周初年成书的哲学经典，被誉为东方的"圣经"。《周易》书名最早见于《左传·庄公二十二年》（前672年）："周史有以《周易》见陈侯者，陈侯使筮之。"《周礼·春官·宗伯》载："筮人掌三易，以辨九筮之名，一曰《连山》，二曰《归藏》，三曰《周易》。"这说明《周易》是周王室珍藏的重要典籍。

1994年，上海博物馆从香港市场抢救购回由内地楚墓盗掘出土的大批竹简典籍。其中的楚简《周易》共58简，涉及34卦，共1806字。这批《易经》的内容，与今传本《易经》的内容不论是卦符、卦名和卦爻辞，都基本相同，约占今本《易经》全文的35%。简文有许多地方虽然用字不同，但却存在同义或通假的关系。这是目前所知年代最早的《周易》传本[10]。

楚简《老子》的考古发现。《老子》五千言撰成于老聃归隐前的京师王城。《孔子家语·观周篇》引用孔子的话说："吾闻老聃博古知今，通礼乐之原，明道德之归，则吾师也。今将往矣。"可见早在孔子"入周问礼"之前，老子就因"明道德之归"而声名远播。也就是说，早在那时，老子的《道德经》就已写就成书。1993年，湖北荆门市郭店出土的楚竹《老子》分为甲、乙、丙三种抄本，共存竹简71枚。全篇字数，约占今本《老子》五千言的五分之二。这是目前发现年代最早的《老子》摘抄本，时代约在战国中期[11]。

"王子朝奔楚"事件导致大批周室典籍南移楚国。楚简《周易》和《老子》传抄的年代，均为战国中期。传抄这两种经典的原本，可能就是来自"王子朝奔楚"时带到楚国的重要典籍。

（三）"王子朝奔楚"与周室"百工"南迁

春秋时期周王室管理的"百工"（即手工业工匠），掌握着全国最先进的手工业制造技术。他们也是王子朝的坚定支持者。“王子朝奔楚”事件，导致大批周室“百工”南迁楚国，促进了楚、韩两国冶铸业的快速发展。

据《荀子·议兵篇》，“楚人鲛革，犀兕以为甲，坚如金石；宛钜铁釶（即铁矛），惨如蠭蠆；轻利僄遬，卒如飘风”。这说明战国早中期，“宛”城（在今河南南阳市）已成为楚国最著名的冶铸业基地。

公元前301年，齐、韩、魏三国攻伐楚国，韩、魏两国夺取楚国宛（在今河南南阳市）、叶（在今河南叶县境）以北的地区。《战国策·韩策一》载：“天下之强弓劲弩，皆出自韩。……韩卒之剑，皆出冥山，棠谿、墨阳、合伯、邓师、宛冯、龙渊、大阿，皆陆断马牛、水击鹄雁，当敌立斩。”“冥山”即黾塞，在今河南信阳市南。“棠谿”在今河南西平县西。“邓师”，《史记·苏秦列传·索隐》：“邓国有工，铸剑而师名焉。”“邓国”在今河南邓州市。“宛冯”，《史记·苏秦列传·索隐》引徐广云：“荥阳有冯池，谓宛人于冯池铸剑，故号宛冯。”“冯池”在今河南荥阳市西北。韩国著名的 “邓师、宛冯”等剑戟，都是来自宛、邓两地工匠制作的名牌产品。

秦昭王十六年（前291年），秦国攻取楚国的宛、邓地区后，便把秦昭王的胞弟泾阳君（公子市）和高陵君（公子悝）分别改封到这两个经济富庶的城邑（《史记·秦本纪》）[12]。

西汉南阳冶铸商人孔仅，“致产累千金”。《汉书·地理志》南阳郡“宛”县，设有“工官、铁官”。《汉书·食货志下》说：汉武帝“以东郭咸阳、孔仅为大农丞，领盐铁事”。“咸阳，齐之大鬻盐；孔仅，南阳大冶，皆致产累千金。”这是汉武帝任用南阳冶铁商人孔仅为大农丞，管理全国冶铸产业的故事。

由此可见，战国时期宛、邓地区高度发达的冶铸制造业，当是“王子朝奔楚”时大量“百工”南迁后，技艺传授的结果。也就是说，“王子朝奔楚”事件，为战国秦汉时期“南阳”地区经济文化的快速崛起，奠定了坚实的科技文化基础。

（四）老子归隐与苌弘被杀

老子和苌弘都是孔子的师长。然而，他们在“王子朝事件”后的不同去向和结果，着实耐人寻味。

1. 老子归隐山林的明智之举

老子是春秋时期著名的思想家和哲学家，曾任周王室的史官，管理图书典籍。苌弘博学多闻，名显诸侯，是周王室的重臣。据《大戴礼记》，孔子青年时曾“访礼于老聃，学乐于苌弘”（司马贞《史记·乐书·索隐》引）。《史记·乐书》记录孔子与宾牟贾论乐时说：“唯丘之闻诸苌弘，亦若吾子之言是也。”《孔子家语·观周》说：孔子自鲁国来到东周王室，“问礼于老聃，访乐于苌弘”，深得教益。这说明孔子曾向老聃和苌弘学习礼乐制度。

自敬王四年（前516年）王子朝“奉周之典籍以奔楚”后，老子便离开周室，“莫知其所终”（《史记·老子韩非列传》）。《鬼谷子·抵巇》说：“世无可抵，则深隐而待时。时有可抵，则为之谋。”这说明老子在遭逢乱世时，毅然归隐山林，成为后世隐者“明哲保身”的楷模！

2. 苌弘追随敬王的悲惨结局

据《国语·周语下》记载，周“敬王十年，刘文公与苌弘欲城周，为之告晋。魏献子为政，说苌弘而与之”。公元前510年苌弘曾邀请晋国率领诸侯扩建成周城。《淮南子·氾论训》载：“昔者苌弘，周室之执数者也。天地之气，日月之行，风雨之变，律历之数，无所不通。”由此可见，苌弘在周王室重要地位。

《左传·哀公三年》（前492年）载：“刘氏、范氏世为婚姻，苌弘事刘文公，故周与范氏。赵鞅以为讨。六月癸卯，周人杀苌弘。”《国语·周语下》载：“及范、中行之难，苌弘与之，晋人以为讨，二十八年，杀苌弘。”韦昭注：“敬王二十八年，鲁哀公三年，晋人以让周，周为之杀苌弘。”公元前492年，苌弘因晋国贵族间的斗争，而被周敬王无辜杀害。《庄子·外物》说：“苌弘死于蜀，其血三年化为碧。”成玄英注：“苌弘放归蜀，自恨忠而遭谗，刳肠而死。蜀人感之，以椟盛其血，三年而化为碧。”苌弘是春秋时代著名的天文学家，却挟学术积极参与政治，因对周王室和刘氏的忠诚而招致杀身之祸。他的悲惨遭遇，引起世人的同情。因此，苌弘被杀“其血三年化为碧”的故事，至今广为流传。

据《皇览》记载：“苌弘冢在河南洛阳东北山上。”（《史记·封禅书·集解》引）今洛阳市偃师区山化乡的化碧村旁，就是先哲苌弘长眠的地方。

六、结　语

“王子朝奔楚”是东周时期的重大事件。春秋晚期，晋、楚两国争霸诸侯，这个事件正是晋、楚争霸的产物。

公元前527年，周景王的太子寿和穆后相继去世。景王没有嫡子，他依照礼制，准备立庶长子王子朝为太子。然而，因为王子朝是楚国的外甥，具有楚国的血统。在晋国的支持下，王室世卿单旗和刘蚠欲立王子朝异母弟王子猛为太子。

公元前520年四月，景王驾崩。五月，单旗、刘蚠发动政变，拥立王子猛为“王”，攻杀王子朝之傅宾起。六月，王子朝率众反击。十一月，王子猛卒，其弟子匄继位，是为敬王。最终，王子朝被晋师击败，“奉周之典籍奔楚”。直至公元前502年，这场王室内乱，方告平息。

综上所述，“王子朝奔楚”事件加速了周王室的衰落，却促进了中原文化向南方的迁移和传播。这个事件相关问题的澄清，对研究春秋时期的历史文化有重要意义。

附记：本章写作过程中，得到白振国、赵振华、晁会元诸先生的大力帮助，特致谢忱！

注　释

［1］（清）高士奇：《左传纪事本末》卷四。

［2］《春秋三传》第466页，上海古籍出版社，1989年。

［3］杨宽：《战国史》第142、150页，上海人民出版社，1991年。

［4］顾德融、朱顺龙：《春秋史》第148页，上海人民出版社，2001年。

［5］国家文物局主编：《中国文物地图集·河南分册》第531页，中国地图出版社，1991年；杨宝成：《鄂器与鄂国》，《洛阳考古四十年》，科学出版社，1996年。

［6］河南文史资料编委会：《河南文史资料》总第50辑，1994年第2辑。

［7］朱凤瀚：《中国青铜器综论》第364～366页，上海古籍出版社，2009年。

［8］蔡运章：《东汉帝陵封土考辨》，《中国文物报》2007年10月19日。

［9］南阳市文物考古研究所：《南阳市鸭河工区晁庄遗址文物调查简报》（内部资料），2017年11月2日。

［10］濮茅左：《楚竹书〈周易〉研究》，上海古籍出版社，2006年。

［11］荆门市博物馆：《郭店楚墓竹简》，文物出版社，1998年；唐明邦：《简本〈老子〉与通行本〈老子〉比较研究》，《郭店楚简国际学术研讨会论文集》，湖北人民出版社，2000年。

［12］杨宽：《战国史》第33、105页，上海人民出版社，1991年。

附：王子朝奔楚纪念碑

公元前770年，西周灭亡，平王东迁，建都王城。春秋之世，诸侯争霸，世卿秉政。王室衰落，内乱频生。景王晚年，穆后、太子早逝，欲立庶长子朝为太子，遭到世卿单旗、刘蚠的反对。为确保王室安定，景王欲杀单旗、刘蚠。不料，景王二十五年（前520年）四月，王到北山田猎，突发心疾驾崩。五月，单旗、刘蚠拥立王子猛为“王”，攻杀王子朝之傅宾起。六月，葬景王。王子朝得到灵、景之族、朝内老臣和百工的支持，率众反击。于是，双方展开内战。十一月，王子猛卒。其母弟王子匄继位，是为敬王。次年，王子朝被拥立为“王”。因其人多势众，敬王屡遭败绩，单旗赴晋国请师求救。敬王四年（前516年），王子朝被晋师击败，与“召氏之族、毛伯得、尹氏固、南宫嚚奉周之典籍以奔楚”。敬王十五年，刘蚠乘诸侯伐楚之机，派人袭杀王子朝。单、刘集团的残酷屠杀，王子朝从者不断反抗。致使这场内乱，直到敬王十八年（前502年）方告平息。

周王室这场内乱，史书颇有争议。《春秋》载：“王室乱”，《左传》云：王子朝“作乱”。《公羊传》曰：王子猛“篡”政，《韩非子》说：“单氏取周”。适逢中华振兴，天下太平，周山王陵森林公园文化提升工程的顺利开展。兹将这桩千载讼案，梳理辨正，昭示世人，以为鉴镜。今年是“王子朝奔楚”事件二千五百三十五周年，特于三王陵前刻立斯碑，以示纪念。是为之铭曰：

东周王朝，文王胄胤。平王东迁，建都王城。
诸侯争霸，世卿秉政。王室衰落，内乱频仍。
殆及景王，单刘执政。太子名寿，早夭丧命。
穆后仙逝，景无嫡胤。子朝猛匄，皆属庶生。
朝为庶长，自幼聪颖。师傅宾起，教授群经。
景王宠爱，欲立东宫。因其楚出，晋国忌惮。
单旗刘蚠，枝节横逞，愿除子朝，欲杀宾孟。
景王明察，将杀旗蚠。二十五年，王田北山，
突发心疾，四月驾崩。五月庚辰，单刘立猛，
攻杀宾起，内乱肇生。子朝无奈，被迫起兵。
灵景之族，旧官百工，郊要饯甲，群起响应。
刘子奔扬，单子逃命。子还取王，以如庄宫。

单子狂杀，八子殒命。刘子入城，子朝奔京。
单子告急，召来晋卿。籍谈帅师，纳猛王城。
王猛病卒，子匄继承。敬王元年，子朝入尹，
召伯南宫，迎入王城。敬王避难，徙居狄泉。
东西二王，分立朝庭。敬王二年，晋卿士伯，
乾祭问众，乃辞朝使。敬王三年，晋会诸侯，
宋不输粟，抗拒背盟。敬王四年，刘人败绩，
王入胥靡。单子如晋，告急请师。召伯逐朝，
迎王于尸。晋师克巩，召毛尹南，奉周典籍，
南奔楚境。子朝遣使，遍告诸侯：“今王室乱，
罪在单刘。先王之命：‘王后无适，则择立长。
年均以德，德均以卜。’穆后太子，早夭即世。
单刘立少，以间先王。”敬王七年，召伯尹固，
王子赵车，均遭诛杀。敬年十四，诸侯伐楚，
吴师入郢，以班处宫。次岁春季，王人行刺，
子朝殒命，天怨地惊。敬年十六，周室儋翩，
联络郑国，再度抗争。郑国兴兵，攻伐周境。
天王出逃，避居姑莸。敬年十七，晋师送王，
入于王城，朝于庄宫。敬年十八，单刘分兵，
攻伐仪栗，再伐简城。王室内乱，民不聊生，
历年十八，终告安定。千载讼案，今始察明。
昭示世人，以史为镜。子朝奔楚，徙居鄂西。
王室典籍，迁移楚地。百工南下，传播技艺。
东周遗址，贵族墓地，晁庄冢岗，见其遗迹。
其后晁氏，载于典籍，子孙繁衍，名贤代替，
追念先祖，瞻其遗绪！

中国先秦史学会顾问　洛阳　蔡运章　撰文

公元二〇一九年岁次己亥十月　吉日

附记：此碑已于2019年10月，刻立于南阳市鸭河工区王子朝奔楚纪念公园里。并于2021年4月刻立于洛阳周山王陵文化园区。

第十五章　苏秦与战国纵横家

苏秦（约340～前284年）是战国纵横家的代表人物，也是一位在中国历史上影响深远的传奇式人物。据《史记·苏秦列传》记载，“苏秦为纵约长，并相六国”，使“秦兵不敢窥函谷关十五年”。苏秦一生的主要功绩，是合纵“五国伐秦”和组织五国“破齐”，为燕昭王实现“以弱燕并强齐”的战略目标，鞠躬尽瘁，以身殉职。苏秦的伟大业绩，彪炳史册，被后世尊为“谋圣”。

然而，司马迁依据纵横家后学拟作的长篇游说辞，认为苏秦是与张仪同时搞合纵连横的敌对人物，致使后世人们对他活动的具体年代及其真实面目认识不清。值得庆幸的是，1973年马王堆汉墓出土的帛书《战国纵横家书》里，有十六章苏秦的书信和游说辞[1]。其中，有十四章是连司马迁也没有见过的珍贵史料，为我们研究苏秦的真实事迹及战国晚期的历史，提供了宝贵的新资料（图15-1）。我们以这些真实文献为标尺，在甄别传世苏秦资料和对《苏子辑校注释》的基础上，谨将苏秦的真实事迹，略作考述。

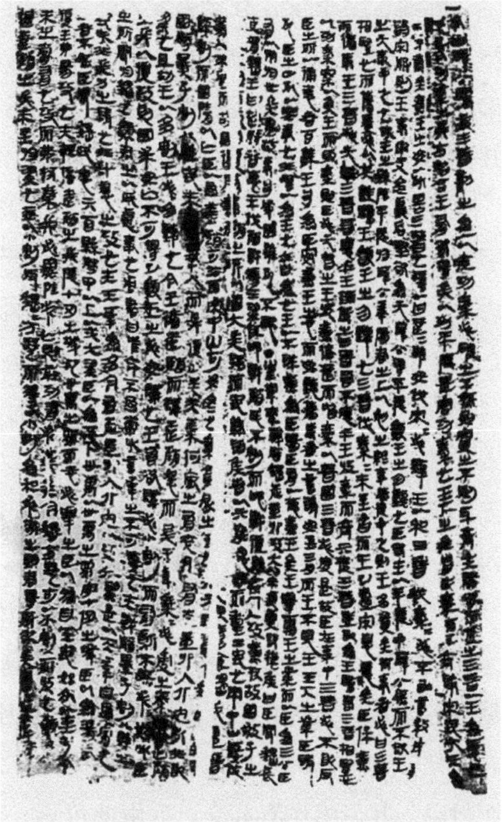

图 15-1　帛书《战国纵横家书》残卷照片

一、世居东周　师事鬼谷

苏秦是战国中期东周洛阳人，出身于农民家庭，青年时师事鬼谷子，学习纵横术。

（一）籍贯族属

苏秦为东周雒阳乘轩里人。《战国策·燕策一》“苏秦死”章记录苏秦的话说：

"臣东周之鄙人也，窃闻王义甚高甚顺，鄙人不敏，窃释鉏耨而干大王。"《史记·苏秦列传》也说："苏秦者，东周雒阳人也。"并说："且使我有雒阳负郭田二顷，吾岂能佩六国相印乎！"《正义》引《战国策》云："苏秦，雒阳乘轩里人也。""乘轩里"位于东周雒阳城外的西南郊，直到北魏时期，这里仍有"乘轩里"的名称[2]。《战国策·秦策一》载："且夫苏秦特穷巷掘门、桑户棬枢之士耳。"《淮南子·氾论训》说："苏秦，匹夫徒步之人也。"可见苏秦出身于东周雒阳郊外一个普通的农民家庭。相传，苏秦故里就在今洛阳市洛龙区李楼社区太平庄村。

苏秦，字季子，有兄弟五人。《史记·苏秦列传》说："苏秦之弟曰代，代弟苏厉"，"兄弟三人，皆游说诸侯以显名，其术长于权变"。这是说苏代、苏厉均为苏秦之弟。然而，《史记·索隐》引谯周云："秦兄弟五人，秦最少。兄代，代弟厉及辟、鹄，并为游说之士。"这是说苏秦兄弟五人皆为游说之士，因他年纪最小，故字"季子"。

苏秦本是西周初年司寇苏忿生的后裔。《史记·苏秦列传·索隐》说："苏秦字季子，盖苏忿生之后，己姓也。"有苏氏是商周时期的著名国族。据《国语·晋语一》记载："殷辛伐有苏，有苏氏以妲己女焉，妲己有宠，于是乎与胶鬲比而殷亡。"这说明商纣王的宠妃"妲已"，就是有苏氏之女。《左传·成公十一年》载："昔周克商，使诸侯抚封，苏忿生以温为司寇，与檀伯达封于河。苏氏即狄，又不能于狄而奔卫。"《左传·僖公十年》说："狄灭温，温子奔卫。"武王克商后，封有苏氏首领苏忿生为主管刑狱诉讼的最高长官。"温"是有苏氏的故居，在今河南温县西南。公元前650年，狄人灭有苏。因有苏氏都于"温"，故"温子"即有苏氏之君。

《左传·文公十年》载："及苏子盟于女栗。"杜预注："苏子，周卿士。"公元前617年，苏国之君曾担任周王室的最高执政长官，代表周王与鲁文公举行盟会。可见有苏国被狄人灭亡后，其君先是逃往卫国（在今河南辉县境），后又迁居周王室，并担任"卿士"的重要职务。《潜夫论·志氏姓》载："周武王时，有苏忿生为司寇而封温。其后洛邑有苏秦。"由此可见，苏秦本是周初司寇苏忿生的后裔。1984年，今洛阳市偃师区佃庄乡碑楼庄村西汉墓出土的苏氏陶罐（图15-2）[3]，就是春秋战国时期苏氏先祖居住在洛阳的文物佐证。

（二）列国形势

战国之世，诸侯称雄，列国纷争，社会动荡，民不聊生。然而，这个时期也是中国历史上学派林立，百家争鸣，思想文化空前活跃的黄金时代。

大约公元前340年，苏秦出生在东周雒阳乘轩里。战国初年，魏国是列国中最为强

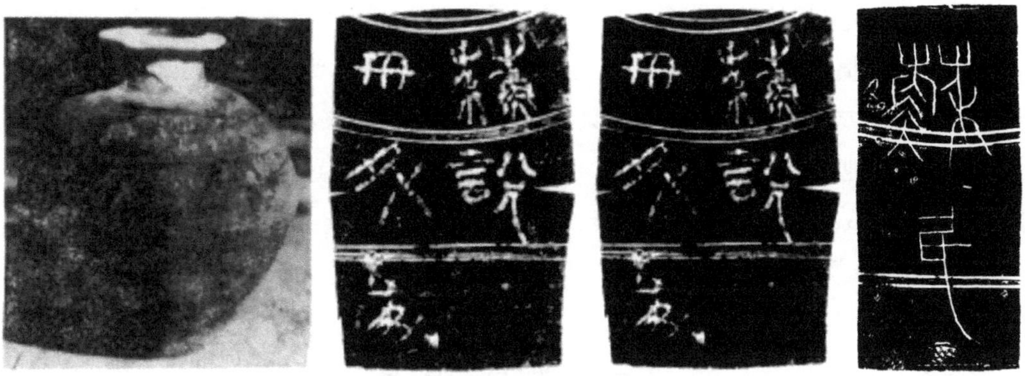

图 15-2　苏氏陶罐及其腹部铭文

盛的国家。就在苏秦出生的前一年，齐威王命田忌为大将、孙膑为军师，率军大败魏军于马陵（在今河南范县西南），虏魏太子申，魏将庞涓自杀。同年，秦、齐、赵三国联合攻魏。秦国大良造卫鞅用计擒魏公子卬，大破魏军。秦封卫鞅为列侯，号“商君”。从此秦国开启东略诸侯的兼并战争，诸侯各国间的合纵连横运动，也正式拉开了序幕。

战国初年，“田常杀简公而相齐国，诸侯晏然弗讨，海内争于战功矣。三国终之卒分晋，田和亦灭齐而有之，六国之盛自此始”。各国“务在强兵并敌，谋诈用而从横短长之说起”（《史记·六国年表序》）。当时“上无天子，下无方伯；力功争强，胜者为右；兵革不休，诈伪并起。当此之时，虽有道德，不得施谋；有设之强，负阻而恃固；连与交质，重约结誓，以守其国。故孟子、孙卿儒术之士，弃捐于世，而游说权谋之徒，见贵于俗。是以苏秦、张仪、公孙衍、陈珍、代、厉之属，生从横短长之说，左右倾侧。苏秦为从，张仪为横；横则秦帝，从则楚王；所在国重，所去国轻”（刘向《战国策书录》）。所谓“合纵”就是“合众弱以攻一强”，所谓“连横”就是“事一强以攻众弱”（《韩非子·五蠹》）。因而“世人多不言国法而言从横，诸侯言从者曰：‘从成必霸’，而言衡者曰‘横成必王’，山东之言从横者未尝一日而止也”（《韩非子·忠孝》）。在这种形势下应运而生的纵横家，就是企图通过合纵连横活动，以求达到匡济乱世、救倾扶危、择交安民的军事思想学派。

战国中期，秦孝公任用商鞅变法，奖励耕战，秦国走向富国强兵，迅速形成蚕食山东六国的战略形势。据赵蕤《长短经·臣行》记载：“商鞅起徒步，干孝公，挟三术之略，吞六国之纵，使秦业帝，可为霸者之佐乎？”同书《七雄略》说：“秦据势胜之地，骋狙诈之兵，蚕食山东，山东患之。苏秦，洛阳人也，合诸侯之以纵宾秦。张仪，魏人也，破诸侯之纵以连横。此纵横之所起也。”山东六国为了抗击强秦的侵略，图谋合纵而共同抗敌。

当时，纵横家已是个庞大的社会群体。他们多被称为“游士”“说士”“辨士”“智士”或“权变之士”等。只是这些“游士”都亲身参与合纵连横的伟大斗争，后人才将他们统称为“纵横家”。纵横家们的合纵连横谋略，当时多被称为“从横长短之说”或“长短术”。而苏秦、苏代、苏厉兄弟从事合纵连横活动，也被称为“两周辩知之士”（《东周策》）。

（三）师 事 鬼 谷

鬼谷子是战国中期的著名隐士，也是纵横家的鼻祖。《风俗通义》说：“鬼谷先生，六国时纵横家。”（《史记·集解》引）《仙传拾遗》云：“鬼谷先生晋平公时人，隐居鬼谷，因为其号。先生姓王名栩，亦居青溪山中。”（李昉《太平广记》卷四引）鬼谷子的真实姓名不详。现存有《鬼谷子》一书，是其理论思想的总结。

据《史记·苏秦列传》，苏秦“东事师于齐，而习之于鬼谷先生”。扬雄《法言·渊骞》载：“仪、秦学乎鬼谷术，而习乎纵横言，安中国者各十余年。”王充《论衡·答佞》载：“人自有知以诈人，及其说人主，须术以动上，犹上人自有勇威之人。及其战斗，须兵法以进众。术则从横，师则鬼谷也。”这说明苏秦青年时，曾师事鬼谷子，学习纵横之术。

据《史记·张仪列传》记载：“张仪者，魏人也。始尝与苏秦俱事鬼谷先生学术，苏秦自以不及张仪。”张仪开始游说诸侯时，曾随从楚相参加宴饮。不久，因楚相的玉璧丢失，张仪遭人陷害，被鞭笞“数百”。这时，苏秦已说服赵肃侯与山东六国相约，进行合纵抗秦活动。然而恐怕秦国攻赵败约，便暗中设计激怒张仪，使其西赴秦国，得到秦惠文王的重用。张仪为感激苏秦，说：“吾不及苏君明矣！吾又新用，安能谋赵乎？为吾谢苏君，苏君之时，仪何敢言。”《论衡·明雩》说：“苏秦、张仪悲说坑中，鬼谷先生泣下沾襟。或者傥可为雍门之声，出苏张之说，以感天下乎。”同书《答佞篇》也说：“苏秦、张仪从横习之鬼谷先生，掘地为坑，曰：‘下说令我泣，出则耐分人君之地。’苏秦下说，鬼谷先生泣下沾襟。张仪不若。”这些记载都说明，苏秦、张仪是同时师从鬼谷子学习纵横术的师兄弟，张仪在苏秦的激励资助下，才得到秦惠文王重用的。考古发现和传世的王四年相邦张义戈、十三年相邦义戈、王二年相邦义戈和十二年相邦张义铜鼎诸器（图15-3）[4]，都应是秦相张仪的遗物。

然而，据帛书《战国纵横家书》“苏秦谓陈珍章”，公元前312年苏秦到陈畛门

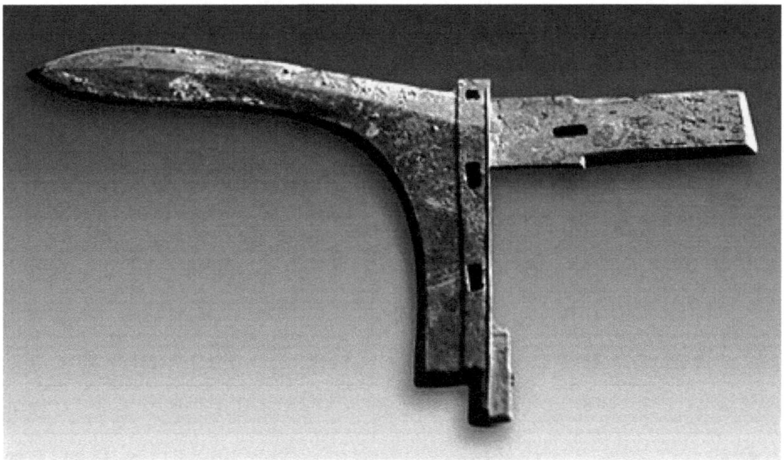

图 15-3　王二年相邦义铜戈
采自《文物》2012 年第 8 期

下游说时，还是个刚涉世事的年轻人。这时的张仪早已名冠诸侯，进入老年。据《史记·秦本纪》记载，秦惠文王“十年（前328年），张仪相秦”。秦武王二年（前309年）“张仪死于魏”。《史记·魏世家》说：魏襄王“十年（前309年），张仪死”。因此，苏秦、张义并非同时师事鬼谷子，更不是同时进行合纵连横的对手人物。苏秦大体应比张仪晚一代人。但不能排除的是，张仪有可能是鬼谷子早期的学生，而苏秦则是鬼谷子晚年的弟子。

苏秦师从鬼谷子学习的具体课程。刘勰《文心雕龙·论说》载：“战国争雄，辨士云涌，从横参谋，长短角势，《转丸》骋其辞巧，《飞箝》伏其精术。”刘知几《史通·言语》说：“战国虎争，驰说云涌，人持《弄丸》之辩，家挟《飞钳》之术。”《弄丸》即《转丸》。《转丸》《飞箝》是培训游说技巧的典籍，都是《鬼谷子》的重要篇章。南宋王应麟《玉海》卷五十三引《中兴书目》云：鬼谷子“周时高士，无乡里族姓名字，以其所稳自号鬼谷先生，苏秦、张仪事之，授以《捭阖》下至《符言》等十有二篇，及《转丸》《本经》《持枢》《中经》等篇，亦以告仪、秦者也”。可见《鬼谷子》的全部篇章，就是鬼谷先生教授苏秦、张仪的基本课程。

当然，苏秦、张仪除学习纵横家的基本理论外，还要兼习诸子百家的学问。《太平御览》卷四百六十三说：“苏秦初与张仪俱事鬼谷先生，十一年，皆通六艺，经营百家之言。”“六艺”有两种说法，一说是指儒家所说的《诗》《书》《礼》《乐》《易》《春秋》六经，一说是指礼、乐、射、御、书、数六种学问。“经营百家之言”就是学习儒、道、墨、法、名、阴阳等诸子百家的思想。这些学问，当是纵横家必须具备的基本知识。

（四）鬼 谷 地 望

鬼谷子隐居的地方，相传有多处，迄无定说。唐长孙无忌《鬼谷子序》说："鬼谷子，楚人也，周世隐于鬼谷。"相传，今河南汝阳、登封、淇县，陕西扶风、韩城、石泉，山东蒙阴，湖南大庸，湖北远安、当阳，四川广汉，浙江宁波等地，均有"鬼谷"的遗迹。

据《史记・甘茂列传》记载，苏代谓秦武王的话说："甘茂，非常士也。其居于秦，累世重矣。自殽塞及至鬼谷，其地形险易皆明之。彼以齐约韩魏，反以图秦，非秦之利也。……王不若重其贽、厚其录以迎之，使彼来则置之鬼谷，终身勿出。"《史记・苏秦列传・集解》引徐广曰："颍川阳城有鬼谷，盖是其人所居，因为号。""殽塞"在今洛阳市洛宁县西北，今洛阳市汝阳县南七里有鬼谷洞，地近京师洛阳，也在秦国统辖之内。这是最早记录"鬼谷"地名的文献。

据汝阳金至宁元年（1213年）《创修丹阳观碑记》记载："水帘洞为鬼谷子成道之处。"明《汝州全志》引《广舆志》说："鬼谷子尝隐此，俗传苏秦、张仪授书处。"明正德年间《汝州志》也说："云梦山在伊阳县南七里，相传鬼谷子修道处。"因此，陈昌远先生认为，"鬼谷"当在今河南洛阳市汝阳县南的云梦山[5]。

二、初游受挫　发奋读书

公元前312年，苏秦约28岁。他师从鬼谷子学习纵横术数年，期满下山，满怀热情地开始游说生涯。但是，世事难预料，人生多坎坷。这位初出茅庐的年轻人，开局并不顺利。他先后求说陈轸、秦惠文王和周赧王，均遭受挫折。

（一）初 说 陈 轸

苏秦离开鬼谷，南下楚国，企图投奔早已声名显赫的纵横家陈珍，以求得到提携。当时，陈珍在楚国从事合纵，张仪在秦国主持连横，两人针锋相对地开展斗争。据《战国纵横家书》"苏秦谓陈珍"章记载，苏秦曾为陈珍谋划，提出如何既有利于楚国，又有利于陈珍，且能动摇张仪在秦国地位的建议。这篇说辞在《史记・田敬仲完世家》里，被误作"苏代谓田珍"（田珍即陈珍）。这是公元前312年"齐宋攻魏，楚围雍氏，秦败屈匄"时发生的故事。

当时苏秦在陈珍门下，还是一位地位低微的年轻人。因此，他的游说并未受到重视。但是，这次游说可以看作苏秦初出茅庐，开始纵横生涯的时间坐标。

（二）游说秦惠

苏秦在楚国很不顺心，便北上来到秦国。他以连横术游说秦惠王，曰：秦“天下之雄国也。以大王之贤，士民之众，车骑之用，兵法之教，可以并诸侯，吞天下，称帝而治”。苏秦“书十上而说不行”，说明秦惠王没有采纳他的连横主张（《战国策·秦策一》）。左思《咏史诗》说：

苏秦北游说，李斯西上书。

俯仰生荣华，咄嗟复雕枯。

李善注：“《史记》曰：‘苏秦乃西至秦，说惠王。王方诛商鞅，疾辨士弗用。乃东至赵，遂说六国。”（《文选》卷二一）

（三）发奋苦读

苏秦出游数年，大困而归。这时，苏秦穿的黑貂皮袄破了，带的一百两黄金也用完了，只好离开秦国返回洛阳。他打着裹腿，穿着草鞋，背着书包，挑着行李，神情憔悴，面容黄黑，显现出失意落魄的样子。

当时，洛阳位居“天下之中”，工商业繁荣发达。苏秦回到家里时，兄弟嫂妹妻妾皆笑之曰：“周人之俗，治产业，力工商，逐什二以为务。今子释本而事口舌，困，不亦宜乎！”因此，妻子不下织机，嫂子不给他做饭，就连父母也不搭理他。苏秦自我叹息说：“妻不以我为夫，嫂不以我为叔，父母不以我为子，是皆秦之罪也！”（《史记·苏秦列传》）

面对家人的冷遇，苏秦并未灰心丧气。当夜，他就打开自己的数十个书籍，找出一部姜太公著的《阴符》来，乃闭门不出，伏案苦读。他认真感悟书中的要领，仔细揣摩列国形势和时局变化，每当读书困乏欲睡时，就“引锥自刺其股，血流至踵”。他坚信只要刻苦用功，“安有说人主不能出其金玉锦绣，取卿相之尊者乎”？一年多后，当他完成对诸侯各国形势的揣摩分析时，便自信地说：“此可以说当世之君矣。”（《战国策·秦策一》）

（四）游说赧王

洛阳是春秋战国时期的京师。然而，这时的周天子，早已失去号令天下的权威，沦为一般的小国诸侯。苏秦发奋苦读后，试图在家门口就近求说周赧王。《史记·苏秦列传》载："求说周显王。显王左右素习知苏秦，皆少之，弗信。"《潜夫论·实贡》说："周显拘时，故［疏］苏秦。"因周显王（前368～前321年在位）早在公元前321年就已死去，故这里所说的周"显王"，当为周赧王（前314～前256年在位）之误。因为年轻的周赧王刚刚登上王位，听到苏秦的说辞多不切合王室的实际情况。再加上赧王周围的臣僚们，素闻苏秦出身低微，知识浅薄。因此，没有人会相信他的游说。

周王室本是苏秦的故国。他屡次游说失败，引起后世诗人的哀叹。阮籍《咏怀诗十七首》说：

> 李公悲东门，苏子狭三河。
>
> 求仁自得仁，岂复叹咨嗟。

沈约注："河南、河东、河北，秦之三川郡，古人乎水皆为河耳。苏子以两周之狭小，不足逞其志力，故去佩六国相印也。"（《文选》卷二三）这位"苏子"，就是苏秦。

俗话说："天无绝人之路。"正在这时，苏秦听到燕昭王广求贤才的消息，便决心到燕国去施展才华。

三、北投燕昭　功存危燕

燕本是西周初年召公奭建立的姬姓封国，疆域有今辽宁西南部、河北北部和山西的东北部，全境东接胡貉，西有中山、赵国，南有齐国。燕昭王即位后，把国都从蓟（今北京市西南）迁到武阳（今河北易县南）。当时，燕国"东不如齐，西不如赵"（《战国策·燕策一》），是战国七雄里实力较弱的国家。诚如《史记·燕召公世家》所说："燕迫蛮貉，内措齐、晋，崎岖强国之间，最为弱小，几灭者数矣。"可见燕国周边的劲敌，就是近邻齐、赵两国。

（一）北投燕昭

公元前315年，燕王哙效法尧舜时期的禅让制度，毅然将王位禅让给相国之子，自己退居臣位。这种不合时宜的迂阔行动，"百姓不戴，诸侯弗与"。自然引起太子平和将军市被的不满，便"要党聚众，将军市被围公宫，攻子之"（《战国策·齐策二》）。面对"构难数月，死者数万，众人恫恐，百姓离志"的突发事件，之子被迫率众反攻，杀死将军市被和太子平（《史记·燕召公世家》）。

公元前314年，齐宣王听从孟轲的劝说，认为这是灭掉燕国的大好机会。他派大将军田章"率五都之兵"攻打燕国，短短五十天内，就攻占燕国首都，"毁其宗庙，迁其重器”（《孟子·梁惠王下》）。燕王哙和子之都被齐军杀死。传世和考古发现的陈璋壶铭文说：齐宣王“五年”（前314年）十月，“陈璋内（入）伐匽（燕）亳邦之获”。是说陈璋（即田章）率军攻入燕国京城和国土时，获得这件铜壶（图15-4）[6]。这是田章率军“伐燕”的有力证据。

图 15-4　陈璋圆壶

采自姚迁：《江苏盱眙南窑庄楚汉文物窖藏》，《文物》1982 年第 11 期

这时，就连弱小的中山国，也乘机攻入燕国境内，攻城略地。考古发现的中山王方壶铭文说：“燕君子哙，不顾大义，不旧诸侯，而臣主易位，以内绝邵公之业，乏其先王之祭祀；外之则将使上勤于天子之庙，而退与诸侯齿长于会同，则上逆于天，下不顺于人旃，寡人非之。”中山王圆壶铭文说：“逢燕无道炀上，子之大辟不义，反臣其主。唯司马赒战怒，不能宁处。率师征燕，大启邦宇，方数百里。”[7]可以得到证明。齐军攻入燕国都城，“杀其父兄，系累其子弟”，激起燕国民众的强烈反抗（《孟子·公子丑下》）。因此，诸侯各国“将谋救燕”的呼声日益高涨。齐宣王无奈，只得被迫撤兵（《孟子·梁惠王下》）。

当时，燕公子职正在韩国充当人质。赵国经赵武灵王实行“胡服骑射”的军事改革，国力空前强盛，在诸侯各国间，有着举足轻重的影响。公元前311年，赵武灵王“召公子职于韩”，派兵护送回国“立以为燕王”，是为燕昭王（《史记·赵世家》）。

燕昭王（前311～前279年在位）即位后，把齐国“破燕”看作奇耻大辱，立志要报仇雪恨。他“卑身厚币，以招贤者，欲将以报雠”（《史记·燕召公世家》）。于是向谋士郭隗求教招纳贤士的良策。郭隗向燕昭王讲述古代君王“求千里马”的故事，说：“今王诚欲致士，先从隗始。隗且见事，况贤于隗者，岂远千里哉！”（《战国策·燕策一》）于是，燕昭王为郭隗筑宫而师之，广揽四方贤士。传世和考古发现的燕王职铜戈、燕王职矛、燕王职剑诸器（图15-5）[8]，都是燕昭王的遗物。

燕昭王招贤纳士的真诚决心，得到社会的强烈反响。《说苑·君道》载：

燕王常置郭隗上坐，南面。居三年，苏子闻之，从周归燕；邹衍闻之，从齐归燕；乐毅闻之，从赵归燕；屈景闻之，从楚归燕。四子毕至，果以弱

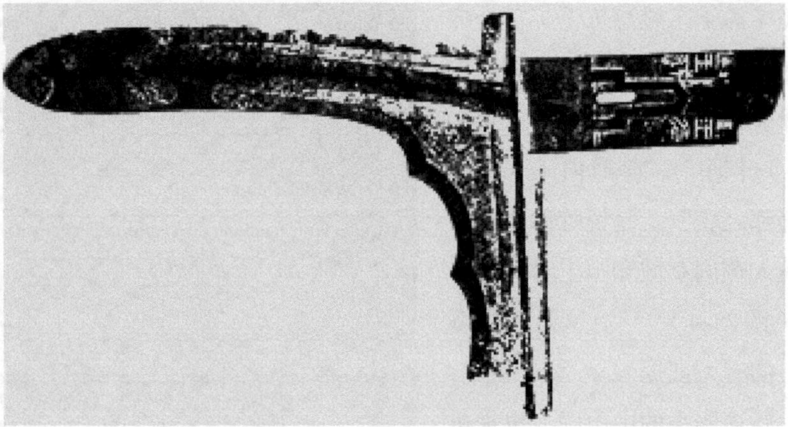

图 15-5　燕王职铜戈
采自《集成》11190

燕并强齐。夫燕、齐非均权敌战之国也，所以然者，四子之力也。

同书《尊贤》篇说：

燕昭王得郭隗而邹衍、乐毅以齐、赵至，苏子、屈景以周、楚至，于是举兵而攻齐，栖闵王于莒。燕较地计众，非与齐均也，然所以能信意于此者，由得士也。

这里所说的“苏子”，就是苏秦。燕昭王对苏秦的到来非常重视，亲自到郊外去迎接，并设盛宴款待，给予他很高的礼遇，时间当在公元前308年。就在这年，苏代受其兄苏秦的影响，也到东周国从事纵横活动。

（二）初赴齐国

苏秦一生的主要事迹，是作为燕昭王的心腹大臣，出使齐国，“以死之围（圉），治齐燕之交”（《战国纵横家书》第四章）。《孙子兵法》说：“知彼知己，百战不殆。”苏秦深知，为了帮助燕昭王制定“以弱燕并强齐”的战略措施，必须深入齐国了解其虚实情况。于是，苏秦在燕昭王的支持下，就在赴燕的第二年（前307年），便以讨还齐宣王“破燕”时，夺取的燕国“十城”为名，出使齐国。

苏秦来到齐国，以“燕虽弱小，强秦之少婿也。王利其十城而深与强秦为仇”的利害关系，劝说齐宣王不要与强秦为敌，而归还“燕城”。齐宣王考虑到齐国“破燕”的军事活动，已激起诸侯各国的不满，便顺水推舟，立刻答应苏秦“归燕之十城”的要求（《燕策一·燕文公时章》）。这是齐国“破燕”后，燕、齐关系的重大转折，也是苏秦游说生涯的初次收获，因而具有重要意义。

（三）燕 王 不 馆

谁知苏秦离开燕国后，燕昭王听信谗言，认为他是个不讲“忠信”的小人。当苏秦从齐国满载外交成果归来时，燕昭王竟不再准备馆舍来招待他。苏秦面对这个意外的打击，显得非常冷静。他为了表示对燕昭王的“忠信”，决心耐着性子，来说服这位年轻的君王。

武安君从齐国归来，而“燕王不馆”。苏秦晋见燕昭王，说：“臣东周之鄙人也！见足下身无咫尺之功，而足下迎臣于郊，显臣于廷。今臣为足下使，利得十城，功存危燕。”却不以馆舍相款待，必定有人在大王面前讲坏话。苏秦接着说，我有老母在东周家里，之所以离开老母再来侍奉君王，正是对君王的忠信。我是个“进取之臣，不事无为之君”。由于我对君王的“忠信”，才引起别人的猜忌。苏秦的据理辩说，使燕昭王解除了怀疑，请他“复就故馆”（《燕策一·有人恶苏秦于燕王者章》）。

（四）拜 为 上 卿

苏秦自来到燕国后，看到燕昭王“磨戟砥剑，登丘东向而叹”，知其有“东向伐齐之心”。当燕昭王请他“复就故馆”时，便借机指出：“凡天下之战国七，而燕处弱焉。独战则不能，有所附则无不重。南附楚则楚重，西附秦则秦重，中附韩、魏则韩、魏重。且苟所附之国重，此必使王重矣。”从单个国力看，燕国在七国间国力最弱，不能单独与强敌对抗。但从列国合纵的形势看，若燕国“有所附则无不重”。这就是燕国能在列国间游刃的最大政治资本，这个判断和定位，充分体现苏秦如何把燕国“处弱”的不利局面，转变为有利形势的政治谋略（《战国策·燕策一》“苏秦北见燕王”章）。燕昭王听到苏秦的建议，非常高兴，说：“好！”便任命苏秦为“上卿”。

苏秦分析当时的列国形势，齐宣王与赵国结盟，企图抗衡秦国，欺凌燕国。他便对燕昭王说，齐国虽然强大，若能“恶齐、赵之交”，使其“西劳于宋，南罢于楚，则齐军可败”，以“便王之大事”。这个策略的核心就是破坏齐、赵关系，引诱齐国向西攻宋，向南攻楚，使齐国放松对燕国的军事压力和警惕，给燕国的振兴和复仇创造有利环境（《燕策一》）。就是这次谈话，苏秦为燕昭王制定了“以弱燕并强齐”的复仇战略。

但是，苏秦知道，齐宣王是一位礼贤下士、颇知进退的贤明君王。在他的治理下，齐国局势稳定，燕国并无机会可乘。因此，苏秦劝燕昭王休养生息，隐忍观察，等待时机，以便图谋大略。

四、合纵伐秦　三覆宋国

公元前300年，苏厉为周相国游说周君（《东周策》）。这年，齐宣王谢世，其子闵王即位。齐闵王任用孟尝君田文为相，齐国的政治形势发生了重要变化。苏秦认为，这是赴齐反间的好机会。

（一）游说孟尝

当时，诸侯各国为了表示亲善，常派子弟到对方作“质子”。燕昭王就派其弟襄安君到齐国作质子，苏秦以侍从的名义陪同前往。苏秦对燕昭王说：“齐国必定会成为燕国的大祸患。我到齐国如能得到重用，大者可以使齐国不再图谋燕国，次者可以离间齐、赵的关系，以利君王的大业。”苏秦来到齐国后，向齐闵王表明愿意为齐国奔走效劳，于是“委质”作了齐臣。他冒着死亡的威胁，来处理齐、燕间的邦交，因此要尽力与孟尝君搞好关系（《战国纵横家书》第四章）。

公元前301年，齐将田章率楚、韩、魏联军在“垂沙之役”中战胜楚军，杀楚将唐蔑。楚国向齐屈服，派太子横为质，表示求和。前299年，秦昭王为了拉拢齐国，也派其弟泾阳君公子市到齐国作质子，并邀请孟尝君到秦国担任丞相。

面对秦国的盛情，孟尝君准备前往秦国，有成千的人来劝阻，他都听不进去。苏秦用“泥偶与木偶”对话的寓言，提醒孟尝君若落入秦国的“虎口”，则不知从何处逃生。孟尝君暂时打消了去秦国的想法（《战国策·齐策三》）。因此，苏秦受到孟尝君的赏识。

同年，楚怀王受秦昭王的诓骗，被囚禁在秦国。楚国急需楚太子横回继位。苏秦建议阻止楚太子横回国即位，意在破坏齐、楚关系（《战国策·齐策三》）。这时，齐国大权掌握在孟尝君手里。苏秦支持孟尝君南面“攻楚”的方针（《战国策·燕策一》），并取得齐闵王的信任，两人也结下了深厚的友情。

公元前296年，因燕昭王急于报仇雪恨，听信田伐、参去疾的话，盲目出兵攻击齐国。结果“燕不胜，十万之众尽”（《战国策·齐策五》），使齐国“覆三军，获二将”（《战国策·燕策一》）。这次战役使燕、齐关系急剧恶化，严重破坏了苏秦的外交战略。因此，苏秦只得返回燕国。

苏秦这次赴齐前后五年时间，虽然达到使齐国“南罢于楚”的愿望。但是，由于孟尝君的外交方针是联络赵国，攻击楚、秦。因此，苏秦这次赴齐，未能实现“恶齐、赵之交”的初衷。

在这期间，齐、赵两国的邦交，时好时坏。燕国不是与齐国合谋赵国，就是与赵国合谋齐国。由于苏秦的努力，齐国对燕国很是信任，“齐兵数出，未尝谋燕”，并撤销在燕国边界的守兵。应该说，苏秦取得了理想的外交成果。

（二）合纵伐秦

公元前294年，在孟尝君的支持下，发生“田甲劫王”的事件。孟尝君由于叛乱失败，被迫出走，担任魏国的丞相，从此怨恨齐闵王。公元前289年末，齐国的政局发生重大变化。因孟尝君在齐国专权，“南攻楚五年，畜积散；西困秦三年，民憔悴，士罢弊”，引起齐闵王的怀疑。齐闵王赶走孟尝君后，亲自主持国政。在外交上，他转而与秦国友善，任命秦昭王的好友韩珉为相，因而使齐国与韩、赵、魏的关系产生了裂痕。

当时的诸侯各国都已称王，齐、秦两国分居东、西，称雄诸侯。公元前288年初，秦昭王为了实施“远交近攻”的连横战略，派他的舅父穰侯魏冉到齐国（图15-6）[9]，约秦、齐两国同时称帝，秦为“西帝”，齐作“东帝”。也就是说，要使秦、齐两国凌驾于诸侯各国之上，类似于当今世界的超级大国。这时，苏秦认为有机可乘，在燕昭王的支持下，第三次赶赴齐国。

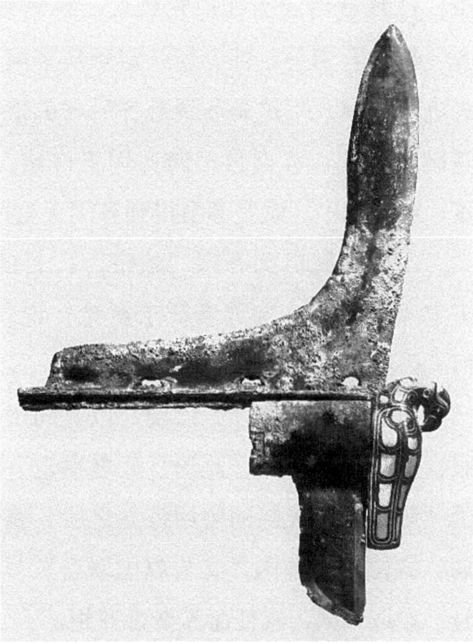

图 15-6　卅二年相邦冉戈
采自《珍秦斋藏金·秦铜器篇》

苏秦这次赴齐，燕昭王为他准备的礼物，整整装了150辆马车，随行的队伍浩浩荡荡。这些丰厚的物资，为苏秦游说齐国，广结人脉，奠定了物质基础。这时，齐闵王正在准备称帝的兴头上，听说苏秦携带大量物资来到齐国，自然非常高兴，赶忙派齐相韩珉到国都高闾门外迎接。韩珉亲自为苏秦驾车，迎接苏秦入城。

公元前296年，赵国乘齐国伐楚及齐、燕两国战争的机会，经过五年的进攻，灭掉中山国（《齐策五》），国力空前强盛。当时，赵惠文王年幼，奉阳君李兑已围杀赵武灵王，执掌赵国大权。韩、魏两国在秦国的进攻下，失去大片土地，不得已而投靠赵国。魏昭王亲自入赵朝见赵惠文王，把葛孽（在今河北邯郸市肥乡区西南）、阴城（即陶邑，在今山东定陶）两地献给赵惠文王作为“养邑”，并把河阳（即河雍，在今河南孟县西）、姑密（在河阳附近）两邑献给奉阳君，作为奉阳君儿子的封地（《战国策·魏策三》）。

赵国的悄然崛起，使秦国如鲠在喉，必欲除之而后快。秦国拉拢齐国“称帝”的用心，就是要约齐、韩、魏、燕“五国之王，尝合横而谋伐赵，三分赵国壤地”。当时五国订立的盟约已“著之盘盂”，并约定共同出兵的日期（《战国策·赵策一》）。这为后来苏秦利用赵国来牵制秦国，创造了有利条件。

韩珉见到苏秦，说：“能够伤害齐国的，必定是赵国。秦国虽强，终不敢出塞溯河，隔着韩、魏来攻击齐国。楚、越偏远，宋、鲁国弱，燕国恭顺，韩、魏有秦患。因此，能够威胁齐国的，必定是赵国。而赵国始终不肯顺从，你看怎么办？”苏秦说：“那就用武力强迫它顺从。你若能让齐国重用我，我可以使燕国服事齐国。若齐、燕联合为一，韩、魏一定顺从齐国。赵国若不顺服就用兵讨伐，若顺服就拉着它去进攻宋国。”这是苏秦赴齐后与韩珉商定互相支持的密约，为苏秦立足齐国奠定了基础。因此，苏秦再三向齐闵王许诺，要“以燕重事齐”（《战国纵横家书》第八章、第十章）。这是苏秦得到齐闵王重用的最大政治资本。

秦国派魏冉到齐国“致帝”，目的是要约“五国”而“谋伐赵”。这时，齐闵王拿不定主意，向苏秦征求意见，说：“嘻！子之来也。秦使魏冉致帝，子以为如何？”苏秦借机劝齐闵王取消帝号“以收天下”，认为“伐赵不如伐宋之利”，使“天下爱齐而憎秦”，以便“以其间举宋”。这样，就会“国重而名尊，燕、楚以形服，天下不敢不听，此汤、武之举也”（《战国策·齐策四》）。唐兰先生指出：秦国“等到五国攻赵的盟约订立之后，穰侯魏冉就亲自到齐国去致帝。而由于苏秦的策划，齐国出卖秦国，又与赵国联合”[10]。所以齐闵王听从苏秦的建议，决定取消帝号，攻取宋国，遂任命苏秦为齐相。

马雍指出：苏秦“怂恿湣王攻宋。齐攻宋大有利于燕。燕在齐北，宋在齐南，齐攻宋则兵力困于南方而北部的边防将减弱，此其利一。楚、梁均与宋接壤，齐攻宋则楚、梁都要来争地，势必与齐发生矛盾，此其利二。此时秦国极力保护宋国，齐攻宋则必与秦冲突，此其利三。所以苏秦始终引诱齐王攻宋，以造成齐国四面树敌的孤立地位。但韩珉是反对攻宋的，因为韩珉是秦昭王的亲信，他的主张要受秦国政策支配。齐湣王终于听信了苏秦的话，韩珉大概由此而被罢免”，而离开齐国[11]。

其实，齐闵王早就想吞并宋国。苏秦曾说：“薛公相齐也，伐楚九岁（当作五岁），攻秦三年，欲以残宋，取淮北。”（《战国纵横家书》第八章）孟尝君联合韩、魏两国，不断地向楚国和秦国发动进攻，目的在于迫使强国不要干涉它兼并宋国的军事活动。但是，结果没有取得成功。这时，苏秦保证“以燕事齐”，有了燕国的支持，使齐闵王信心倍增。面对苏秦“以其间举宋”的建议，齐闵王自然乐于接受。

齐国将要攻打宋国，很快引起秦国的不满。秦昭王派起贾到齐国来阻止。苏秦知道攻宋必定得罪秦国，便建议齐闵王联合赵国，来共同对抗秦国。苏秦对齐闵王说：“臣之所以坚三晋以攻秦也，非以为齐得利秦之毁也，欲以使攻宋也。”（《战国策·赵策四》）还说：“三晋与燕为王攻秦，以便王攻宋也，王何不利焉。”（《战国纵横家书》第十二章）齐闵王听从苏秦的建议，与赵国联合发动合纵攻秦，目的是“企图防止秦、赵等国对它的扩张领土进行干涉，造成攻灭宋国的有利形势”[12]。诚如唐兰先生所说：“苏秦原来为燕反间，是要使齐赵大恶，由于齐秦称帝，却一转而为‘齐赵遇于阿’，为李兑来约五国攻秦了。当然，从齐闵王说来，攻秦是假的，目的在灭宋。而苏秦助齐灭宋，目的又是使‘弱燕敌强齐’。这一切计谋，本都很隐秘，如果不是看到这些苏秦自己写的书信和谈话，也还是难于想象的。”[13]

苏秦利用齐闵王好大喜功的心态，怂恿齐国出兵灭掉宋国，并合纵五国“伐秦”，深层的用意仍在于削弱齐国，是其“以弱燕并强齐”战略的重要举措。因此，苏秦与燕昭王原来制定的使齐国“西劳于宋，南罢于楚，则齐军可败”的战略，便调整为齐国“西劳于秦，南罢于宋，则齐军可败”的具体实施方案。

（三）联合赵魏

赵、魏两国是齐国合纵伐秦的关键盟友。因为此前秦国拉拢齐国“称帝”的用心，就是要约齐、韩、魏、燕五国“伐赵”，而“三分赵国”。赵国最担心的是，若“齐、秦复合，必为两帝以攻赵”（战国纵横家书》第十一章）。因此，赵国为摆脱秦、齐两国联合攻赵的被动局面，自然会接受齐国合纵伐秦的主张。魏国因长期遭受秦国向东扩张的祸害，这时在魏国当政的孟尝君，早就组织过合纵攻秦的活动。因此，这两个国家支持合纵抗秦，自然不成问题。

奉阳君为政贪婪专横。当时，宋国的陶邑是各国间进行商业贸易的大都市，奉阳君和秦相魏冉都想得到这个繁华都市。苏秦为了坚定奉阳君伐秦的决心，便对奉阳君说：“君之身老矣，封不可不早定也。为君虑封莫若于宋，他国莫可。夫秦人贪，韩、魏危，燕、楚辟，中山之地薄，莫如于陶。失今之时，不可复得已！宋之罪重，齐之怒深，残乱宋，得大齐，定身封，此百代之一时也。”（《战国策·赵策四》）奉阳君想得到宋国陶邑，自然会更加积极地参加“五国攻伐秦”的活动。于是，公元前288年，齐闵王与赵惠文王在赵国阿地（在今河北保定市东）相会，“约攻秦去帝”（《战国纵横家书》第四章）。而苏秦劝说齐闵王“攻秦”“举宋”的真正意图，就是要形成“以弱燕并强齐”的有利形势。

这次攻秦的主要活动者有三人：一是赵相李兑，攻秦名义上是由他出面组织的。苏秦说：“今之攻秦也，为赵也。五国伐赵，赵必亡矣。秦逐李兑，李兑必死，今之攻秦也，以救李子之死也。”（见《齐策四》）二是魏相薛公。齐闵王说：“寡人之所为攻秦者，为梁为多”，梁即是魏（见帛书第十二章）。薛公曾组织三国攻秦，所以苏秦说：“非薛公之信，莫能合三晋以攻秦。”（帛书第十四章）三是齐相苏秦。他在游说魏昭王时说：

> 燕齐雠国也，秦兄弟之交也，合雠国以伐婚姻，臣为之苦矣。以燕伐秦，黄帝之所难也，而臣已致燕甲而起齐兵矣。臣又遍事三晋之吏，奉阳君、孟尝君，韩珉、周最、周韩徐为，徒从而下之。恐其伐秦之疑也，又身自丑于秦，扮之。请焚天下之秦符者臣也，次传焚符之约者臣也，欲使五国闭秦关者臣也（见《魏策二》）。

这次五国合纵伐秦的活动，名义上是赵国奉阳君“李兑约五国以伐秦”（《赵策四》），实际上则是由苏秦具体组织的。因此，赵国封苏秦为“武安君”。后来所说苏秦“并相六国”合纵攻秦，指的就是这回事。

公元前287年，五国伐秦的联军集结在荥阳（在今河南荥阳市东北）、成皋（在今河南荥阳市西北）地区，声势浩大。秦国感到惊恐，被迫取消“帝号”，并把先前夺取的温（今河南温县西南）、轵（今河南济源市南）、高平（今河南济源市西南）归还魏国，把王公、符逾归还于赵（《战国纵横家书》）第二一章）。苏秦率领五国合纵伐秦的行动，是秦国连横战略的重大挫折，也使苏秦的声名显赫诸侯各国。

（四）坚持伐秦

当时，五国合纵伐秦，各有各的打算。齐国一面参加五国合纵攻秦国，一面率领燕军攻取宋国。然而，赵、魏两国得到秦国的好处后，伐秦的决心便产生动摇。两国都想单独与秦国议和，致使五国伐秦的联军徘徊不前。这时齐国尚未攻下宋国，绝不能接受赵、魏两国与秦国议和的举动。于是，苏奉前往晋见奉阳君说：“天下散而事秦，秦必据宋。魏冉必妒君之有陶。秦王贪，魏冉妒，则陶不可得已矣。君无讲，齐必攻宋。齐攻宋，则楚必攻宋，魏必攻宋，燕、赵助之。五国据宋，不至一二月，陶必得矣。得陶而讲，秦虽有变，则君无患矣。”也就是说，只要奉阳君坚定伐秦的盟约，则“陶必得矣”。于是奉阳君“乃绝和于秦”（《战国策·赵策四》）。

同时，当时孟尝君正任魏相。他是支持五国伐秦的重要人物。因为不久前，齐国使臣曾在五国联军中散布齐闵王“不信薛公”的言论，使薛公感到恐惧。这严重影响到孟尝君攻秦的决心。苏秦写信劝说齐闵王要尽快改善与孟尝君的信任关系。因为孟尝君曾组织齐、韩、魏三国攻秦，在诸侯各国间颇有威望。苏秦在信中说：“非薛公之信，莫能合三晋以攻秦，愿王之甘也。”他劝齐闵王将宋国的“平陵”许给薛公作封邑，以便成就“霸王之业”。然而，给奉阳君、孟尝君的封邑，并不是“先事与之”，而是“悬陶、平陵于薛公、奉阳君之上以勉之”，等待“举宋”事成“然后予之”。这对齐闵王来说，“陶、平陵”就是悬挂在奉阳君和薛公的头上的两个大饼，当然乐于接受（《战国纵横家书》第十四章）。

苏秦在齐闵王面前，并不掩饰他替燕谋划的用心。苏秦在信中强调，燕国派“二万甲自食以攻宋，二万甲自食以攻秦，韩、梁岂能得此于燕哉”（《战国纵横家书》第十一章）！并说“臣保燕而循事王，三晋必无变”，希望齐闵王“毋听伤事者之言。”他坦诚地说，我“出死以要事也，非独以为王也，亦自为也。王以不谋燕为臣赐，臣有以德燕王矣。王举霸王之业而以臣为三公，臣有以矜于世矣。是故事苟成，臣虽死不丑”（《战国纵横家书》第十四章）。“臣虽死不丑”，是说我死了也不感到后悔。苏秦以这种恳切有力的言辞，来劝说齐闵王改善与薛公的信任关系，坚定其“举宋”“攻秦”的信心。此番用意，就是要解除齐闵王对他的猜忌，由此可见其用心之良苦!

由于苏秦的努力协调，重新坚定了五国伐秦的决心。以便五国伐秦的联军，长期驻扎在荥阳、成皋前线，保持着对秦国的军事压力。

（五）齐 杀 张 魁

在五国合纵伐秦期间，燕国竭尽心力服侍齐国。先是为齐国与秦国断交，同时“武装二万士兵自备粮食进攻宋国，二万士兵自备粮食进攻秦国”（《战国纵横家书》第一一章）。

大约就在公元前287年初，到齐国做“质子”的襄安君病死。齐国没有准许将襄安君的遗体运回燕国安葬，燕昭王感到很伤心。接着，齐闵王杀死燕国跟随齐军伐宋的将领张魁，燕昭王“闻之，泣数行而下。召有司告之曰：‘余兴事而齐杀我使，请令举兵以攻齐也”。当时，在贤臣凡繇的劝说下，燕昭王只得忍辱抑怒，反而派使者到齐国“请罪”，说：“此尽寡人之罪也。大王贤主也，岂尽杀诸侯之使者哉？然而燕之使者独死，此弊邑择人之不谨也。愿得变更请罪。”（《吕氏春秋·行论》）这使齐闵王感到燕国的忠诚可信，遂答应让襄安君的遗体归国“改葬”。于是苏秦得以护送襄安君的灵柩归国安葬。

这时，苏秦曾向燕王表示，他不愿再回齐国侍奉齐王。而燕昭王却勉强让他继续原来的活动，说“不之齐危国”（《战国纵横家书》第四章）。诚如马雍所说：“苏秦之所以想‘辞为臣于齐’，盖亦为自身安全着眼；齐湣王既可以杀张魁，又何尝不可以杀苏秦。”[14]为了实现燕昭王报仇雪恨的大业，加上齐闵王的“召请”，苏秦便又回到齐国“任事”，即继续执行“以弱燕并强齐”的战略。

（六）三覆宋国

宋国本是西周初年分封的子姓封国，春秋战国时期属中等强国，国都彭城（在今江苏徐州市南）。约在公元前353年，戴氏司城子罕夺取了宋国的政权[15]。齐国攻伐的宋国，当是戴氏宋国政权。

公元前331年，宋王偃自立为王，为政暴虐，征讨诸侯，急于称霸天下。当时，有只雀生鹯（鹞属）于城隅。史官占之曰：“小而生巨，必霸天下。”宋康王大喜，起兵灭薛、伐滕，东败齐，取五城；南败楚，取他三百里；西败魏军，乃与齐、魏为敌国。他从此更加自信，欲使霸业亟成，“故射天笞地，斩社稷而焚灭之，曰：‘威严服天地鬼神’。骂国老谏臣，为无颜之冠，以示勇。剖伛者之背，锲朝涉之胫，而国人大骇”（《战国策·宋卫·策》）。他还用牛皮囊盛满鲜血，“县而射之，命曰‘射天’。淫于酒妇人。群臣谏者辄射之。于是诸侯皆曰‘桀宋’。‘宋其复。为纣所为，不可不诛’”（《史记·宋微子世家》）。宋康王偃的狂妄残暴的行为，真可谓天怒人怨，史称“桀宋”。这为齐闵王灭宋提供了重要借口和机会。

苏秦对齐闵王说：“臣闻当世之兴王，必诛暴正乱，举无道，攻不义。今宋王射天笞地，铸诸侯之象，使侍屏匽，展其臂，弹其鼻，此天下之无道不义，而王不伐，王名终不成。且夫宋，中国膏腴之地，邻民之所处也。与其得百里于燕，不如得十里于宋。伐之，名则义，实则利，王何为弗为？”齐闵王听从苏秦的建议，遂兴兵伐宋。齐闵王兴兵伐宋，共经历三次战役。

第一次伐宋，夺取宋国的淮北地区。帛书《战国纵横家书》第八章说：齐国“欲以残宋取淮北”。第十四章说：“宋以淮北与齐讲。”这是齐国第一次伐宋取得的战果。这次攻宋，燕昭王“使张魁将燕兵以从焉，齐王杀之”（《吕氏春秋·行论》）。时间当在公元前288年。

第二次伐宋，虽然得到燕、赵两国的支持，但因燕昭王与群臣议论，想在齐国攻宋时出兵伐齐。齐闵王得到燕国想乘机伐齐的情报后，派人对苏秦说："寡人与子谋攻宋，寡人恃燕、赵也。今燕王与群臣谋破齐于宋而攻齐，甚急，兵率有子循而不知。寡人将地于宋，以八月归兵，不得地，亦以八月归兵。"（《战国纵横家书》第六章）这个突发事件，迫使齐闵王与宋国媾和撤军。其时当在公元前287年。

公元前286年，齐闵王启起用韩珉为相，发动第三次伐宋战役。秦昭王因此发怒，说："吾爱宋，与新城、阳晋同也。韩氓与我交，而攻我甚所爱，何也？"经过苏秦的游说，秦昭王被说服了（《战国策·韩策三》）。当齐国大军进攻宋国都城时，"民散，城不守。王乃逃倪侯之馆，遂得而死"（《战国策·宋卫策》）。宋康王逃到魏国，死于温（在今河南温县西南）地（《吕氏春秋·禁塞》）。

由此可见，齐国经过三次攻伐，终于灭掉宋国。即所谓"三覆宋，宋遂举"（《燕策二》）的历史情况。

（七）荣归故里

苏秦率领五国伐秦的联军滞留在汜水一带，离东周洛阳不远，顺便返回家乡省亲。当苏秦乘车行至洛阳时，诸侯各国护送的车队，就像以往周天子时出行那样排场，很快就惊动了洛阳城的父老乡亲。

周赧王听到苏秦返乡，想到当年曾怠慢他的往事，甚是恐惧。他忙派人洒扫道路，让使者带着礼物，"郊迎三十里"。父母听说后，陈列乐器，备置酒筵。妻子站在家门口，"侧目而视，倾耳而听"。嫂子更是吓得伏地掩面，一再叩头谢罪。苏秦看到嫂子那狼狈的样子，问道："嫂子为何以前那样傲慢，现在又这样谦恭？"嫂子说："因为你现在位尊而钱多的缘故。"苏秦听罢，不觉叹息，说："唉！一个人若穷困落魄，连父母都不把他当儿子看待；然而一旦富贵，所有亲戚都感到畏惧。可见人生在世，权势富贵，岂能忽视啊！"（《战国策·秦策一》）

于是，苏秦"散千金以赐宗族朋友"。当初，苏秦为了筹措到燕国去的路费，向邻居借贷一百个铜钱，这时就以百两黄金偿还。对那些曾经帮助过他的有"德者"，也都给予丰厚的报答。

五、分化齐赵　五国伐齐

苏秦统帅攻伐秦国的五国联军，由于貌合神离，因大雨停留在荥阳（今河南荥阳市东北）、成皋（今荥阳市西北）地区，不能继续前进。齐闵王攻取宋国，引起诸侯各国的恐惧。这为苏秦策划五国伐齐创造了有利条件。

（一）谋划伐齐

早在公元前287年初，在齐闵王第二次举兵攻宋时，魏相孟尝君和赵将韩徐为就在谋划伐齐（《战国纵横家书》三）。秦相魏冉也想将宋国的商业城市陶邑，作为自己的封地。他们都在暗中活动，谋划合纵伐齐。燕昭王也“与群臣谋破齐于宋而攻齐”（《战国纵横家书》六）。齐闵王得知这些消息，感到吃惊，急忙派人通报苏秦，让他回燕国了解虚实，稳定燕昭王。同时派亲信大臣公王丹到赵国去，把齐国的蒙邑（今河南商丘市东北）献给奉阳君作封邑。

公元前286年，齐国乘五国伐秦之机，经过三次进攻，终于灭掉宋国。齐闵王“举五千乘之劲宋”（《 战国策·燕策一》），“南割楚之淮北，西侵三晋，欲以并周室，为天子。泗上诸侯邹鲁之君皆称臣，诸侯恐惧”（《史记·田敬仲完世家》）。齐国广地千余里，实力倍增，引起诸侯列国的不安。“诸侯害齐湣王之骄暴，皆争合从与燕伐齐。”（《史记·乐毅列传》）因此，在苏秦的暗地推动下，诸侯间谋划讨伐齐国的联合行动，便在紧锣密鼓地谋划之中。

（二）被拘赵魏

这时，苏秦到赵国暗中联络诸侯伐齐的事宜，被奉阳君察觉而遭到拘留。苏秦不甘“止于赵而待其鱼肉”，急忙写信给燕昭王说：“奉阳君、徐为不信臣，甚不欲臣之之齐也，又不欲臣之之韩、梁也。燕事大小之争，必且美矣。臣甚患赵之不出臣也。智能免国，未能免身。”（《战国纵横家书》第一章）希望燕昭王派人前来疏通。

赵将韩徐为本是主张伐齐的，因对苏秦的真实身份和意图认识不清，而对他的态度非常严厉。韩徐为对苏秦说：“人告奉阳君曰：‘使齐不信赵者，苏子也；今齐王召蜀子使不伐宋者，苏子也；与齐王谋道取秦以谋赵者，苏子也；今齐守赵之质子以甲者，又苏子也。请告子以请齐，果以守赵之质子以甲，吾必守子以甲。’”（《战国策·燕策二》）因此，苏秦希望燕昭王“使人反复言臣，必不使臣久留于赵也”（《战国纵横家书》第一章）。

奉阳君还将苏秦在赵国的活动告诉齐闵王，苏秦的处境十分危险。因齐闵王与苏秦的多年交往，对其深信不疑，根本不相信他会图谋齐国。因此忙派人送信告诉苏秦说：“奉阳君使周纳言之，曰‘欲谋齐’，寡人弗信也。”并对赵国拘留苏秦的行动表示不满。这使奉阳君非常恼怒。

燕昭王得知苏秦被赵国拘留的消息，赶忙派使者到赵国调解。燕昭王派使者对韩徐为说：若指责苏秦不讲道德，“犹免寡人之冠也”（《战国纵横家书》第三、四章）。齐闵王和燕昭王都对赵国拘留苏秦深表不满，才使奉阳君和韩徐为的态度发生了变化。

正所谓“祸不单行”。当苏秦离开赵国路过魏国时，魏昭王因恼怒齐国灭宋而将苏秦拘留。齐国忙派苏厉到魏国说和，苏厉告诉魏昭王说：“夫齐、秦不合，天下无变，伐齐成，则地广矣。”（《战国策·魏策一》）魏昭王得知苏秦正暗中联络诸侯合纵伐齐，才使苏秦脱身。这是苏厉从事纵横活动的最后记录。

（三）分化齐赵

齐、赵是燕国周边两个强大的邻国。苏秦写信对燕昭王说：“齐、赵循善，燕之大祸。”“齐、赵不恶，国不可得而安，功不可得而成也。齐、赵之恶从已，愿王之定虑而羽赞臣也。”（《战国纵横家书》第三章）因此，“恶齐、赵之交”就成为实现合纵伐齐的关键环节。

齐国灭掉宋国，齐闵王就派使者到赵国将宋国的蒙邑献给奉相君。《战国纵横家书》第四章说“公玉丹之赵致蒙，奉阳君受之”，讲的就是这件事。奉阳君为“以定其封于齐”，自然会死心塌地为齐国效力。这使燕昭王感到非常担忧。“王忧之，故强臣之齐。臣之齐，恶齐、赵之交，使毋予蒙而通宋使，故王能裁之”（《战国纵横家书》第四章）。苏秦回到齐国，立即阻止齐闵王把蒙邑赏给奉阳君的行动。这使奉阳君极为恼怒，有被齐闵王愚弄的感觉。因此，苏秦巧妙地使齐、赵两国反目成仇。

公元前285年，当苏秦已“令齐绝于赵”时，便写信向燕昭王报告说：

> 故齐、赵之合苟可循也，死不足以为臣患，逃不足以为臣耻，为诸侯不足以为臣荣，被发自漆为厉不足以为臣辱。然而臣有患也，臣死而齐、赵不循，恶交分于臣也，而后相效是臣之患也。若臣死必相攻也，臣必勉之而求死焉。尧、舜之贤而死，禹、汤之知而死，孟贲之勇而死，乌获之力而死，生之物固有不死者乎？在必然之物以成所欲，王何疑焉！

苏秦向燕昭王表明，如果齐、赵的结合能够顺应燕国，他即使死也不足以成为遗憾。如果他死而齐、赵就能相互攻伐，那他必然努力要求去死。有生命的东西哪有不死的，用必死的生命来完成自己的志向，难道大王还会怀疑他的忠诚吗？他在这封信里特别强调：“臣死而齐大恶于赵，臣犹生也。”（《战国策·燕策二》）由此可见苏秦“以死任事”的忠贞情怀！

（四）五 国 破 齐

自齐国灭掉宋国后，诸侯各国图谋合纵伐齐的活动频繁开展起来。当时苏秦的真实身份尚未暴露，不便公开行事。魏相孟尝君素与苏秦友善，因“田甲劫王”事件被齐闵王赶出齐国，早就想与燕国联合出兵攻齐。他“轻忘其薛，不顾先君之丘墓”（《战国策·东周策》），便积极进说秦相魏冉曰：“齐免于天下之兵，其雠君必深。君不如劝秦王令弊邑卒攻齐之事，齐破，文请以所得封君。”（《战国策·秦策三》）同时，赵国的亲秦大臣金投也积极奔走，努力促成秦、赵联合伐齐。亲齐的周最当面劝说金投说：公不必“负全秦与强齐战”，也无济于事（《战国策·东周策》）。秦相魏冉为了取得陶邑作为自己的封地，自然乐于参加伐齐的军事行动。因此，从公元前385年到次年初，秦昭王先后与赵惠王、魏昭王、韩厘王和楚襄王相会，燕昭王也与赵惠王相会（《史记·秦本纪》《赵世家》）。于是，“五国合纵伐齐”的准备已基本就绪。

燕国本是战国七雄中较弱的国家。燕昭王即位后，为了报仇雪恨，发奋图强，“卑身厚币以待贤者”，“吊死问生，与百姓同其甘苦”。经过二十八年的休养生息，使得“燕国殷富，士卒乐佚轻战”（《战国策·燕策一》）。他为战败齐国，招揽贤才，“诸天下之士其欲破齐者”，“知齐之险阻要塞、君臣之际者”，“善用兵者”，悉“尽养之”（《吕氏春秋·应言篇》）。

乐毅本是魏将乐羊的后裔，有贤才，好用兵。他到燕国后被封为“亚卿”，帮助燕昭王进行政治改革，主张“察能而授官”，“循法令，顺庶孽者，施及萌隶”，颇受燕昭王的信任。公元前285年，燕昭王派乐毅使赵，约赵惠王共伐齐。赵王以相印授乐毅。燕昭王悉起兵，使乐毅为上将军，将赵、秦、魏、韩、燕“五国之兵”以伐齐（《史记·赵世家》）。这样，原本是苏秦组织的齐、赵、韩、魏、燕“五国伐秦”联军，悄然间就变成了赵、秦、魏、韩、燕“五国合纵伐齐”的联军。

燕国因长期跟随齐国攻宋、伐秦，“齐之信燕也，至于虚北地行其甲”（《战国纵横家书》第四章）。致使燕将乐毅统率的五国联军，能迅速攻破齐国的济西防线。乐毅便率师长驱直入，攻入齐都临淄（今山东淄博市西），“尽取齐宝财物祭器输之燕”。燕昭王大悦，亲自到济上慰劳军队，行赏飨士，“封乐毅于昌国”（今山东淄博市东南），号为“昌国君”。迫使齐闵王仓皇逃出临淄，到莒地（今山东莒县）避难，遂被楚军杀死（《史记·乐毅列传》）。《荀子·王制》说：“闵王毁于五国”，指的就是这回事。

齐闵王执政以来，连年对外战争，“民憔悴，士罢弊”，怨声载道。乐毅攻破临淄后乘胜追击，齐军望风崩溃。他历时半年连续攻“下七十余城，尽郡县之以属燕。唯独莒、即墨（在今山东平度市东南）未服”，遂“整修燕军，禁止侵掠，求齐之逸民，显而礼之，宽其赋敛，除其暴令，修其旧政，齐民喜悦。”他还封赏齐国贤者，“食邑于燕者二十余君，有爵位于蓟者百有余人”。燕昭王感激乐毅的功劳，欲“立乐毅为齐王，乐毅惶恐不受，拜书，以死自誓。由是齐人服其义，诸侯畏其信，莫敢复有谋者”（《资治通鉴》卷四《周纪四》）。这样，乐毅很快便稳定了齐国的局势。20世纪90年代末上海博物馆征集的燕王职铜壶（图15-7）[16]，便是燕军攻入齐都临淄后获得的战利品。

图 15-7　燕王职壶
采自《上海博物馆馆刊》第八期

（五）以身殉职

苏秦辅佐燕昭王实现“以弱燕并强齐”的战略目标，太过艰巨。它所经历的路程，也太过漫长。从公元前308年赴燕，到乐毅率领“五国联军”攻破齐都临淄，时间长达24年。这使燕昭王时常耐不住性子，曾对苏秦产生怀疑，甚至对苏秦失去信任。遇到这种局面，苏秦只得忍辱负重，从容化解。

公元前285年，苏秦从魏国脱身回到齐国，正在说服齐闵王断绝与奉阳君的联系时。燕昭王急于出兵伐齐，听信流言，认为苏秦工作不力，派人到齐国表示要撤换他。正当苏秦组织“天下攻齐”的局面即将形成时，燕昭王却要临阵换将，使苏秦非常生气。

苏秦在书信里指出，“燕齐之恶”由来已久。他“治齐燕之交”，本来就知道“必将有口，故献御书而行。曰：‘臣贵于齐，燕大夫将不信臣。臣贱，将轻臣。臣用，将多望于臣。齐有不善，将归罪于臣。天下不攻齐，将曰：善为齐谋。天下攻齐，将与齐兼弃臣。臣所处者重卵也’”。当时燕昭王曾保证“吾必不听众口与造言”，现“今王以众口与造言罪臣，臣甚惧”。纵然他对燕昭王的知遇之恩，深入骨髓。甘愿以“死、辱”来报答。然而，如果燕昭王派真能胜任的人来替换他，他请愿侍奉新来的人；如果燕昭王擅自舍弃他而任用自己亲近的人，他则请求返回燕国说清这件事，“苟得时见，盈愿矣”。从这封信里，可以看出苏秦“以死之围，治齐燕之交”的苦衷。正是苏秦坚持要“以死任事”，才成就了一年后“五国伐齐”的巨大胜利（《战国纵横家书》第四章）！

公元前284年春末，燕将乐毅正率“五国之兵”准备攻齐，秦国派起贾正在魏国协调“五国伐齐”之事。苏秦派人游说起贾，希望允许齐国求和，这自然是为遮挡齐闵王耳目的表面文章。游说者认为“天下剂齐不待夏”，是说五国攻齐不需要等到夏天。还说，他来游说是“武安君之弃祸存身之诀也”。可见当时武安君苏秦的身份尚未暴露。

这年夏初，当燕将乐毅率“五国之兵”攻破齐国北部防线时，苏秦派人对燕昭王说：五国“攻齐，臣请为王弱之”。他利用齐闵王的信任，请求率兵抵御燕军。结果使齐军连吃败仗，遭受重大损失，为燕将“乐毅大起兵伐齐，破之”创造了有利条件（《燕策二》）。

当乐毅率“五国之兵”攻破齐都临淄时，齐闵王才如梦初醒，知道上了苏秦的大当。他恼怒万分，遂以“阴与燕谋齐”的“反间”罪名，将苏秦车裂处死（《史记·苏秦列传》）。苏秦惨死在燕军取得胜利的前夕，实现了他“以弱燕并强齐”的庄重诺言。那年，他约56岁。

苏秦死后埋葬的冢墓，有不同的传说。今河南洛阳市洛龙区李楼社区太平庄村和山东淄博市淄川区苏相桥村的苏秦冢，分别为河南省和山东省的重点文物保护单位。这两个地点，一是苏秦故里，一是苏秦殉难的地方，都可能是苏秦的冢墓。特别是1999年9月，洛阳太平庄村民在苏秦冢南修水渠时，发现的“大唐武德八年（625年）中书令宋国公尚书右仆射萧瑀奉旨省亲洛邑”时，刻立的“武安君六国丞相苏公墓”碑（现已树立在苏秦冢前）[17]，是苏秦墓冢的重要佐证。唐代诗人贾岛在路过“苏秦墓”时，赋有《经苏秦墓》诗一首（《全唐诗》卷五七四）：

沙埋古篆折碑文，
六国兴亡事系君。
今日凄凉无处说，
乱山秋尽有寒云。

这是唐代诗人对苏秦墓冢凄凉境况的诉说。

（六）代、厉皆名显诸侯

苏秦弟苏代、苏厉均为“名显诸侯”的纵横家。公元前307年，秦攻伐韩国，苏代为韩相公仲游说秦将向寿。他直言韩“公仲躬率其私徒以斗于秦”，摆出公仲要与向寿鱼死网破的决斗架势，并以“今秦、楚争强，而公党于楚，是与公孙郝、甘茂同道也”，直逼向寿的致命弱点，迫使向寿退让。

公元前259年，白起在长平战胜赵国后，欲乘势围攻赵都邯郸，灭掉赵国。苏代利用秦相范雎防范白起的心理，以“赵亡”武安君将“为三公”，不如让韩、赵割地求和“无以为武安功也”。范雎听从苏代的建议，终使“割韩垣雍、赵六城以和”（《战国策·秦策三》）。因而引起白起与范雎“有隙”，致使三年后白起被迫“自杀”（《史记·白起列传》）。苏代游“说应侯”时，年已70余岁。这次游说当是苏秦兄弟合纵活动的收官之作。

苏厉常跟随苏秦，为实现“以弱燕并强齐”的战略奔走。因此，“代、厉皆以寿死，名显诸侯”（《战国策·燕策二》）。

（七）田单破燕

五国合纵破齐后，秦国攻占齐国所得宋国的陶邑，不久便成为魏冉的封邑。魏国夺取大部分原来宋国的土地（《荀子·议兵篇》），赵国攻取许多齐国济西的土地，楚国收复了以前被宋国夺取的淮北地区。甚至连弱小的鲁国，也攻取了齐国的徐州（即薛邑。《吕氏春秋·首时》）。原来强大的齐国，几乎到了亡国的境地。

田单本属齐国的远系宗族，是曾担任临淄市掾的低级官吏。燕军破齐后，他辗转逃到即墨。即墨大夫战死，田单被推选为将军。公元前279年，燕昭王死，子惠王即位。因惠王为太子时，与乐毅有隙。田单施用反间计，燕惠王猜忌乐毅，遂使骑劫代乐毅为齐军统帅。燕国将士因此愤懑不和。乐毅恐遭大祸，逃奔赵国，被赵国封为“望诸君”。

骑劫改变乐毅的作战方针，对齐国的降兵滥用酷刑，并使燕军大肆盗掘齐国先祖的陵墓，激起齐国人民的强烈反抗。田单为了迷惑燕军，派老弱妇女登城守望，并暗中派人用黄金千镒去贿赂燕军将领。燕军因此麻痹大意。接着，田单命士卒把城墙凿开几十个大洞，用一千多头壮牛，披上画有五彩龙纹的缯衣，角上绑着兵刃，尾上捆着灌有油脂的芦苇，在夜间点燃牛尾上的芦苇，使火牛狂奔冲向燕军。在“火牛阵”的猛攻下，骑劫被杀，燕军大败溃逃。田单率军乘胜追击，很快收复齐国丧失的七十余城。田单因此被封为“安平君”（《史记·田单列传》）。齐国虽然收复了失地，但从此国力大损，再也不是秦国的对手了。

六、丰功伟业　彪炳史册

苏秦为促使燕国的振兴，赴齐国从事反间活动。他鼓动齐闵王三覆“举宋”，组织五国合纵“伐秦”，谋划乐毅率领五国联军“破齐”，实现“以弱燕并强齐”的历史壮举，最终“以身殉燕”。苏秦的丰功伟业，银雀山汉简《孙子兵法·用间篇》用“燕之兴也，苏秦在齐”，进行了高度总结。

（一）丰功伟业

约纵散横，以抑强秦。据《战国策·秦策一》记载：“当此之时，天下之大，万民之众，王侯之威，谋臣之权，皆欲决苏秦之策。不费斗粮，未烦一兵，未战一士，未绝一弦，未折一矢，诸侯相亲，贤于兄弟。夫贤人在而天下服，一人用而天下从。”苏秦从事合纵抗秦的伟大业绩，备受后世敬仰。

智足强国，勇足威敌。陆贾《新语·怀虑》说：“苏秦、张仪，身尊于位，名显于世，相六国，事六君，威振山东。”《盐铁论·褒贤》也说：“苏秦、张仪，智足以强国，勇足以威敌，一怒而天下惧，安居而天下息。万乘之主莫不屈礼卑辞，重币请交，此所谓天下名士也。”在这里苏秦、张仪被誉为“智足以强国，勇足以威敌”的天下名士。

扶急持倾，运亡为存。刘向《战国策书录》说：“战国之时，君德浅薄，为之谋策者，不得不因势而为资，据时而为。故其谋，扶急持倾，为一切之权，虽不可以临国教化，兵革救急之势也。皆高才秀士，度时君之所能行，出奇策异智，转危为安，运亡为存，亦可喜，皆可观。”纵横家虽然没有“临国教化”的政治方略和思想理论，但其“扶急持倾”“兵革救急”的“权谋”之计，则成为当时“扶急持倾”“运亡为存”的济世良药。

苏秦行说，六国以安。《文心雕龙·论说》：苏秦“三寸之舌，强于百万之师”。纵横家的游说，使许多迫在眉睫的战争顷刻化解。《说苑·善说》所说“苏秦行其说，而六国以安”，讲的也是这个意思。《论衡·答佞篇》说：

> 苏秦约六国为纵，强秦不敢窥兵于关外。张仪为横，六国不敢同攻于关内。六国约纵，则秦畏而六国强，三秦称横，则秦强而天下弱。功著效明，载纪竹帛，虽贤何以加之。太史公叙言众贤，仪、秦有篇，无疾恶之文，功钧名敌，不异于贤。夫功之不可以效贤，犹名之不可实也。仪、秦排难之人

> 也，处扰攘之世，行揣摩之术，当此之时，稷、契不能与之争计，禹、皋陶不能与之比效。……太史公记功，故高来祀，记录成则著效明验，揽载高卓，以仪、秦功美，故列其状。

这是说太史公在《史记》里“叙言众贤”时，专门为苏秦、张仪撰写长篇《列传》，丝毫没有“嫉恶”的文句。苏秦、张仪的功绩和显赫声名，与众贤一样受到称赞。他们是处于“扰攘之世”里，行施“揣摩之术”，来为百姓排忧解难。处在那个纷乱年代，就是连后稷、商契都不能与他们争献计谋，连大禹、皋陶也不能与他们比试功效。苏秦的合纵活动，在一定程度上阻止了诸侯间频繁的兼并战争，减轻了百姓的苦难，为广大百姓创造了和平安定的生活环境。因此，苏秦被称为“排难之人”。

（二）燕之尾生

长期以来，纵横家受到儒、法诸家的排挤和贬斥，而令其“独蒙恶声”。《孟子·离娄》说：“善战者服上刑，连诸侯者次之。”朱熹注：“结连诸侯，如苏秦、张仪之类。”《荀子·王霸》则视纵横家为“上诈其下，下诈其上”，“不务张其义，齐其信，唯利之求”的“功利”之徒。《韩非子·五蠹》贬纵横家为“从横之党”。

《淮南子·泰族训》说：“张仪、苏秦家无常居，身无定君，约纵横之事，为倾覆之谋，浊乱天下，挠滑诸侯，使百姓不遑启居，或纵或横，或和众弱，或辅富强，此异行而归于丑者也。”又说：“今商鞅之言塞，申子之三符，韩非之孤愤，张仪、苏秦之纵横，皆掇取之，一切之术也，非治之大本，事之恒常，可博闻而传世也。”明儒宋濂《诸子辨》也说：纵横家“是皆小夫蛇鼠之智。家用之则家亡，国用之则国偾，天下用之则失天下”[18]。儒、法诸家对纵横家的贬斥态度，对后世产生了深刻影响。

《荀子·臣道篇》把“苏秦”列为善于媚上取宠的“态臣”，并说“用态臣者亡”。《吕氏春秋·知度篇》载：“齐用苏秦而天下知其亡。”《淮南子·诠言篇》说：“苏秦善说而亡国。”《说苑·尊贤篇》也说：“宋用唐鞅，齐用苏秦，秦用赵高，而天下知其亡。”这里所说的“亡国”，是指齐闵王任用苏秦而国破身死的事。这些都是站在齐国立场上来审视苏秦的结果。

然而，若是站在燕国的立场，对苏秦的看法就截然不同。《淮南子·说林训》载：“苏秦以百诞而成一诚。”《史记·邹阳列传》说：“苏秦不信于天下，而为燕之尾生。”《新序·杂事》也说：“是以苏秦不信于天下，为燕尾生。”又说：“苏秦相燕，燕人恶之于燕王。燕王按剑而怒，食之以駃騠。”苏秦虽然没有对诸侯各国讲出真话，但他冒着死亡的威胁，来治理“齐、燕之交”，故被誉“为燕之尾生”。

必须指出的是，“用间”乃是古今兵家常用的基本手段。《孙子兵法·用间》说：“微哉！微哉！无所不用间也。”并说：“昔殷之兴也，伊挚在夏；周之兴也，吕牙在殷。故惟明君贤将，能以上智为间者，必成大功。此兵之要，三军之所恃而动也。”银雀山汉简《孙子兵法·用间篇》说：“燕之兴也，苏秦在齐。”由此可见，苏秦到齐国进行反间活动的重要意义。

（三）《苏子》垂典

苏秦是纵横家的代表人物。纵横家是诸子百家中的重要学派。据《汉书·主父偃传》记载，主父偃“学长短从横术”。《集注》引服虔曰：“苏秦法百家书说也。”这里用“苏秦法百家书说”来概括纵横家的思想学说。《汉书·艺文志》列“纵横十二家”，《苏子》排在首位。其所载“《苏子》三十一篇”“《张子》十篇”，说明两书的篇数，差别巨大。《苏子》一书的篇章众多，丰富内容，当是研究纵横家思想学说最珍贵的资料。《战国策》共计460余篇，是战国时期二百多位策士书信和游说辞的总集。目前，我们已辑得《苏子》佚文78章，约占《战国策》全文的六分之一。可见《苏子》在纵横家著作里所占的首要地位。

苏秦、张仪所代表的纵横家，大都是当时叱咤风云的重要人物。《苏子》里记录的那些鲜活、生动的人生画卷，正是研究战国历史的珍贵资料。

（四）千 古 谋 圣

纵横家本属军事外交学派，军事谋略是其思想的根本体现。西汉末年，任宏校定的《兵书略》中，列有“《苏子》《蒯通》”两书（《汉书·艺文志》）。可见纵横家具有浓厚的兵家性质。

军事谋略本是兵家的灵魂。《孙子兵法》说：“兵者，诡道也”，“故兵以诈立”[19]。足以说明“兵不厌诈”，乃中国兵法之精髓。《汉书·艺文志》说：“权谋者，以正守国，以奇用兵，先计而后战。”所谓“兵权谋”就是以外交谋略和军事手段相结合的政治斗争。只有奇谋异策和强大的军事实力，才能实现《孙子兵法》所说“不战而屈人之兵”的效果。

纵横家既是列国兼并战争的产物，也是为列国兼并战争服务的。这就决定着合纵连横活动的本身，就具有浓厚的兵家性质。也就是说，合纵连横活动必然要施展“兵不厌诈”的基本诀窍。因此，苏秦、张仪在合纵连横活动时，屡屡施展“谋诈”权术，那是很正常的事情。非如此，不足以成其大事！

苏秦“以死之围（圉），治齐燕之交”。他在给燕昭王的信中说：“智能免国，未能免身”（《战国纵横家书》第一章）。战国纵横家蔡泽说：“苏秦、智伯之智，非不足以辟辱远死也，而所以死者，惑于贪利不止也。”（《史记·范雎蔡泽列传》）其实，苏秦“未能免身”，并非“惑于贪利”，而是为了实现他向燕昭王“以弱燕并强齐”的庄重诺言，定要“以死任事”的必然结果。唐武德八年（625年）宰相萧瑀在苏秦冢前刻立的“武安君六国丞相苏公墓”碑文说：“夫勒石以铭谋圣苏子，千载可称也。”就是对苏秦谋略智慧的最高褒扬。

（五）彪炳史册

战国中期后段，秦、齐两国势均力敌，都有统一全国的欲望和资格。秦昭王使魏冉致齐闵王，使“齐、秦立”为东西“两帝”（《战国策·齐策四》）。苏秦对燕昭王说：“齐南破楚，西屈秦，用韩、魏之兵，燕、赵之众，犹鞭策也。”（《战国策·燕策二》）《荀子·王霸》也说，齐国“故强，南足以破楚，西足以诎秦，北足以败燕，中足以举宋，及以燕、赵起而攻之若振槁然，而身死国亡为天下大戮”。这些都足以显示当时齐国的雄厚实力。到了战国末年，由秦国来统一全国的趋势已经形成，六国时常图谋“约诸侯从亲如苏秦时”，来抵抗秦国。因此，“天下由此宗苏氏之从约”（《战国策·燕策二》）。这就是苏秦在纵横家中具有崇高地位的重要原因。

唐兰先生指出：“苏秦在公元前三世纪初的重要历史事件中所处的地位极其重要。当时，齐秦作为东西两帝，几乎是势均力敌的。由于燕昭王使苏秦治齐燕之交，最后乐毅伐齐，取得胜利，齐国由此削弱，这在客观上为秦国能够控制六国，统一全中国，造成有利条件。”[20]正是战国之世剧烈的合纵连横活动，才催生了大秦王朝，为中华民族的统一、稳定和发展奠定了坚实的基础。因此，我们应该正确评价苏秦与纵横家的历史贡献。特别是苏秦困难时“引锥自刺其骨，血流至足”发奋苦读的进取精神，被写在《三字经》里，成为后世青年励志奋进的楷模。

苏秦的伟大功绩，将永彪史册，受人景仰！

注　释

[1]　马王堆汉墓帛书整理小组：《战国纵横家书》，文物出版社，1976年；裘锡圭主编：《长沙

马王堆汉墓简帛集成》（叁），中华书局，2014年。

［2］ 北魏元怀墓志：广平王元怀“河南洛阳乘轩里人”。洛阳市文物局编：《洛阳出土北魏墓志选编》，科学出版社，2001年。

［3］ 蔡运章：《甲骨金文与古史研究》第219页，中州古籍出版社，1993年。

［4］ 《集成》11394。广州市文物管理委员会等：《西汉南越王墓》第316页，图版二二，文物出版社，1991年；刘余力：《王二年相帮义戈铭考》，《文物》2012年第8期；彭适凡：《新见秦十二年相邦张仪附耳鼎考》，《中国文物报》2017年1月10日第7版。

［5］ 陈昌远：《有关鬼谷子研究中的几个问题》，《鬼谷子学术研讨会论文集》，书目文献出版社，2001年；李佩今：《鬼谷其地和鬼谷其人考辨》，《鬼谷子文化研究文集》，陕西旅游出版社，2004年。

［6］ 姚迁：《江苏盱眙南窑庄楚汉文物窖藏》，《文物》1982年第11期；中国社会科学院考古研究所：《殷周金文集成》（修订增补本）09975，中华书局，2007年（以下简称《集成》）。

［7］ 《集成》09735、《集成》09734号。

［8］ 《集成》11003、11190、11480、11634号。

［9］ 《集成》11342号。《珍秦斋藏金 · 秦铜器篇》第62、78页，澳门基金会出版，2006年。

［10］ 唐兰：《司马迁所没有见过的珍贵史料》，《战国纵横家书》第138页，文物出版社，1976年。

［11］ 马雍：《帛书〈战国纵横家书〉各篇年代和历史背景》，《战国纵横家书》第180页，文物出版社，1976年。

［12］ 杨宽：《战国史》第344页，上海人民出版社，1991年。

［13］ 唐兰：《司马迁所没有见过的珍贵史料》，《战国纵横家书》第138页，文物出版社，1976年。

［14］ 马雍：《帛书〈战国纵横家书〉各篇年代和历史背景》，《战国纵横家书》第180页，文物出版社，1976年。

［15］ 《韩非子 · 说疑篇》载：“司城子罕取宋。”同书《忠孝》说：“戴氏夺子氏于宋。”戴氏夺取宋国政权，与田氏代齐一样，都是战国时期的重要事件。

［16］ 周亚：《郾王职壶铭文初释》，《上海博物馆馆刊》第八期，上海书画出版社，2000年。

［17］ 相传，在今河南洛阳市偃师区张苏寨、巩义市苏家庄、新安县铁门镇、洛阳市太平庄和山东淄博市淄川区苏相桥村，均有苏秦冢。

［18］ 宋濂：《宋学士全集》，文渊阁四库全书本。

［19］ 《孙子兵法 · 计篇》《孙子兵法 · 军争篇》。

［20］ 唐兰：《司马迁所没有见过的珍贵史料》，《战国纵横家书》第138页，文物出版社，1976年。

附录　周代洛阳大事记

西周和春秋战国时期，洛阳是周王朝的都城。依古本《竹书纪年》《史记·周本纪》等相关史料，参照《夏商周断代年表》，兹将与周代洛阳相关的重大事件，简要列举如下。

一、西周大事记

前1046年，周武王元年，二月甲子，武王克商，建立周朝。武王决定迁都洛邑，则廷告于天曰："余其宅兹中国，自兹乂民"，乃营周居于雒邑而后去。

前1045年，周武王二年，武王访于箕子，箕子乃叙禹得《雒书》之事。

前1044年，周武王三年，武王有疾，周公祷于坛，作《金縢》。

前1043年，周成王元年，葬武王于毕。成王幼，周公摄行政当国。

前1042年，周成王二年，管叔、蔡叔疑周公，与武庚作乱，畔周。周公东居洛邑，奉成王命兴兵平叛，杀管叔，囚蔡叔，禄父北奔。

前1041年，周成王三年，杀武庚禄父，迁殷遗民于洛邑。

前1040年，周成王四年，践奄，灭薄姑，平定叛乱。

前1039年，周成王五年，营建洛邑，取名成周。成王举行迁宅典礼，朝诸侯于明堂。

前1038年，周成王六年，周公制礼作乐。

前1037年，周成王七年，周公还政成王。

前1020年，周康王元年，康王命作册毕公分居里，定成周郊境，作《毕命》。

前959年，周穆王十七年，西征昆仑邱，见西王母。

前875年，周厉王三年，淮夷侵洛，王命虢公长父伐之，不克。

前862年，周厉王十三年，王征南夷。

前819年，周宣王九年，王会诸侯于东都，遂狩于甫。

前780年，周幽王二年，泾、渭、洛竭，岐山崩。

前774年，周幽王八年，郑桓公为司徒。王立褒姒之子伯服为太子。

前771年，周幽王十一年，申侯及犬戎入宗周，杀幽王，西周灭亡。

二、春秋大事记

前770年，周平王元年，平王在秦襄公、晋文公、郑武公的护送下，东迁洛邑。

前722年，周平王四十九年，《春秋》纪事开始。郑庄公会同周及虢师伐卫，郑国霸权发端。

前717年，周桓王三年，郑庄公朝，王不礼焉。

前714年，周桓王六年，宋国不朝周王，郑庄公以周王名义伐宋。

前707年，周桓王十三年，王夺郑伯政，郑伯不朝。桓王以诸侯伐郑，郑射伤桓王。郑庄公的霸权形成。

前693年，周庄王四年，周公黑肩欲弑庄王而立王子克。辛伯告王，王杀周公，王子克奔燕。

前679年，周僖王三年，齐桓公会宋、陈、卫、郑之师于鄄。齐桓公始霸。

前675年，周惠王二年，王子颓反叛。五大夫奉子颓伐王。冬，苏子、卫师、燕师伐周，拥立子颓。

前674年，周惠王三年，王处于栎。

前673年，周惠王四年，郑伯、虢叔率兵杀王子颓。

前667年，周惠王十年，王使召伯廖赐齐桓公为伯。

前651年，周襄王元年，狄灭温，苏子奔卫。

前649年，周襄王三年，叔带召杨拒、泉皋、伊雒之戎同伐京师，入王城，焚东门。秦、晋伐戎以救周。

前648年，周襄王四年，王欲诛叔带，叔带奔齐。

前640年，周襄王十二年，叔带复归于周。

前639年，周襄王十三年，郑伐滑，王使游孙、伯服请滑，郑人囚之。

前637年，周襄王十五年，王降狄师以伐郑。王德狄人，娶其女为后。

前636年，周襄王十六年，甘昭公通于隗氏，王绌翟后，翟人来诛，杀谭伯。王出奔郑。太叔取翟后居温。

前635年，周襄王十七年，襄王告急于晋。晋文公纳王而诛叔带。王乃赐晋文公为伯，以河内地与晋。

前632年，周襄王二十年，晋文公召襄王，襄王会之河阳，诸侯毕朝。

前606年，周定王元年，楚庄王伐陆浑戎，次洛，问九鼎之大小轻重。

前590年，周定王十七年，刘康公伐茅戎，败绩于徐吾氏。

前561年，周灵王十一年，灵王求后于齐。齐侯许婚。

前558年，周灵王十四年，官师从单靖公迎王后于齐。

前550年，周灵王二十二年，谷、洛斗，将毁王宫。王欲壅之，太子晋谏曰："不可。"王卒壅之。

前527年，周景王十八年，六月，王太子寿卒。八月，王穆后崩。

前522年，周景王二十三年，孔子自鲁适周，问礼于老聃，访乐于苌弘，观先王之遗制。

前520年，周景王二十五年，景王欲立庶长子朝为太子，会崩，子猛之党立猛为王。子猛卒，是为悼王。晋人攻子朝而立子丐，是为敬王。

前519年，周敬王元年，子朝居王城，自立为王。敬王不得入，居泽。

前516年，周敬王四年，晋人率师入敬王。王子朝奔楚。

前510年，周敬王十年，晋人率诸侯城成周。

前505年，周敬王十五年，王人杀子朝于楚。

前504年，周敬王十六年，周儋翩率王子朝余众，准备联合郑国，攻击敬王。冬，敬王奔于晋。

前503年，周敬王十七年，周儋翩从仪栗起兵反抗。晋国再次出兵，护送敬王入于王城。

前492年，周敬王二十八年，周人杀苌弘。

三、战国大事记

前475年，周元王元年，司马迁《六国年表》始叙战国大事。

前453年，周贞定王十六年，韩、赵、魏三家灭知伯，分其地。

前441年，周贞定王二十八年，贞定王崩。贞定王子嵬自立，是为考王。考王立，封其弟于河南，是为桓公。

前403年，周威烈王二十三年，周天子命韩、赵、魏为诸侯。

前368年，周显王元年，赵、韩联合攻周。

前367年，周显王二年，西周惠公封少子班于巩，以奉王室，为东周惠公也。

前364年，周显王五年，周天子贺秦献公，献公称伯。

前344年，周显王二十五年，魏与十二诸侯会逢泽，朝天子。

前315年，周慎靓王六年，燕王哙将王位禅让给相国子之，引起燕国内乱。

前314年，周赧王元年，齐宣王派大将军田章率五都之兵伐燕，毁其宗庙，迁其重器。

前311年，周赧王四年，燕昭王即位后，把齐宣王破燕看作奇耻大辱，决定报仇雪恨。

前308年，周赧王七年，燕昭王招贤纳士，苏秦闻之，从周归燕。

前307年，周赧王八年，秦拔韩宜阳城，斩首六万。秦武王到周室太庙举九鼎，绝膑而死。

前293年，周赧王二十二年，秦将白起击韩、魏、周于伊阙，斩首二十四万。

前288年，周赧王二十七年，苏秦合纵率齐、燕、三晋大军攻秦。

前284年，周赧王三十一年，苏秦合纵攻陷齐都临淄。苏秦死。

前256年，周赧王五十九年，西周文公合纵伐秦。秦灭西周，西周君尽献其地。周赧王卒。

前249年，秦庄襄王元年，秦灭东周国。秦庄襄王以吕不韦为承相，封为文信侯，食河南、洛阳十万户。秦拔荥阳，初置三川郡。

前221年，秦始皇二十六年，秦王政统一全国，自称始皇帝。

主要参考书目

一、典　　籍

[1]《国语》，上海古籍出版社，1978年。

[2]（汉）司马迁：《史记》，中华书局，1982年。

[3]（汉）班固：《汉书》，中华书局，1962年。

[4]（汉）高诱：《战国策注》，上海书店，1987年。

[5]（宋）范晔：《后汉书》，中华书局，1982年。

[6]（梁）萧统：《文选》，中华书局，1990年。

[7]（唐）徐坚等：《初学记》卷一，中华书局，1985年。

[8]（唐）欧阳询：《艺文类聚》卷一，上海古籍出版社，1985年。

[9]（唐）杨倞：《荀子注》，上海古籍出版社，1996年。

[10]（宋）欧阳修：《欧阳修全集》，中国书店，1986年。

[11]（宋）司马光：《资治通鉴》，中华书局，1995年。

[12]（宋）司马光：《太玄集注》，中华书局，2003年。

[13]（宋）洪兴祖：《楚辞补注》，中华书局，1983年。

[14]（宋）朱熹：《诗经集传》，中华书局，1987年。

[15]（宋）邵雍：《皇极经世书》，中州古籍出版社，1993年。

[16]（宋）王应麟辑：《周易郑注》卷二，丛书集成本，中华书局，1985年。

[17]（宋）朱熹：《晦庵集》卷八四，《四部丛刊》本。

[18]（明）宋濂：《宋学士全集》，文渊阁四库全书本。

[19]（清）阮元校刊：《十三经注疏》，中华书局影印本，1980年。

[20]（清）王聘珍：《大戴礼记解诂》，中华书局，1983年。

[21]（清）李道平：《周易集解纂疏》，中华书局，1994年。

[22]（清）王先谦：《释名疏证补》，中华书局，2008年。

[23]（清）王先谦：《庄子集解》，商务印书馆，1953年。

[24]（清）汪继培：《潜夫论笺》，中华书局，1979年。

[25]（清）王念孙：《读书杂志》，上海古籍出版社，2014年。
[26]（清）顾祖禹：《读史方舆纪要》，上海书店出版社，1998年。
[27]周秉钧：《尚书易解》，岳麓书社，1984年。
[28]孙振声：《易经入门》，文化艺术出版社，1991年。
[29]钱玄、钱继兴、王玉华、谢秉洪：《周礼》，岳麓书社，2001年。
[30]彭林：《仪礼全译》，贵州人民出版社，1997年。
[31]杨天宇：《礼记注译》，上海古籍出版社，2004年。
[32]杨伯峻：《春秋左传注》，中华书局，1981年。
[33]杨伯峻：《孟子注译》，中华书局，1984年。
[34]杨树达：《论语疏证》，江西人民出版社，2007年。
[35]郭化若：《孙子译注》，上海古籍出版社，1984年。
[36]陈奇猷：《吕氏春秋校释》，学林出版社，1984年。
[37]陈奇猷：《韩非子集释》，上海人民出版社，1974年。
[38]黄寿祺、梅桐生：《楚辞全译》，贵州人民出版社，1980年。
[39]诸祖耿：《战国策集注彙考》，江苏古籍出版社，1985年。
[40]何建章：《战国策注译》，中华书局，1990年。
[41]范祥雍：《战国策笺证》，上海古籍出版社，2006年。
[42]缪文远：《战国策考辨》，中华书局，1984年。
[43]张彦修：《战国策》，河南大学出版社，2010年。
[44]方诗铭、王修龄：《古本竹书纪年辑证》（修订本），上海古籍出版社，2005年。
[45]张玉春：《竹书纪年译注》，贵州人民出版社，2003年。
[46]王恒杰：《春秋后语辑考》，齐鲁书社，1993年。
[47]高亨：《周易大传今注》，齐鲁书社，1987年。
[48]何清谷：《三辅黄图校注》，三秦出版社，1995年。

二、考古学专刊、发掘报告与简报

[1]河南省文物考古研究所：《舞阳贾湖》，科学出版社，1999年。
[2]北京大学历史系考古教研室：《元君庙仰韶墓地》，文物出版社，1983年。
[3]河南省文物考古研究所：《汝州洪山庙》，中州古籍出版社，1995年。
[4]河南省文物考古研究所、中国历史博物馆考古部：《登封王城岗与阳城》，文物出版社，1992年。

［5］中国社会科学院考古研究所：《偃师商城》第一卷，科学出版社，2013年。
［6］中国科学院考古研究所：《沣西发掘报告——1955—1957年陕西北安县沣西乡考古发掘资料》，文物出版社，1963年。
［7］洛阳市文物工作队：《洛阳北窑西周墓》，文物出版社，1999年。
［8］中国社会科学院考古研究所：《洛阳发掘报告》，北京燕山出版社，1989年。
［9］洛阳市文物工作队：《洛阳瞿家屯发掘报告》，文物出版社，2010年。
［10］中国社会科学院考古研究所：《新中国考古发现与研究》，文物出版社，1984年。
［11］河南省文物考古研究所：《新郑郑国祭祀遗址》，大象出版社，2006年。
［12］湖北博物馆：《曾侯乙墓》，文物出版社，1989年。
［13］湖北省荆沙铁路考古队：《包山楚简》，文物出版社，1991年。
［14］李学勤主编：《清华大学藏战国竹简》（贰），中西书局，2011年。
［15］河北省文物考古研究所：《战国中山国灵寿城——1975～1993年考古发掘报告》，文物出版社，2005年。
［16］中国科学院考古研究所：《洛阳中州路》，科学出版社，1959年。
［17］马王堆汉墓帛书整理小组：《战国纵横家书》，文物出版社，1976年。
［18］李建伟、牛瑞红：《中国青铜器图录》，中国商业出版社，2000年。
［19］裘锡圭主编：《长沙马王堆汉墓简帛集成》（叁），中华书局，2014年。
［20］洛阳考古发掘队：《洛阳烧沟汉墓》，科学出版社，1959年。
［21］湖南省博物馆：《长沙马王堆一号汉墓》，文物出版社，1973年。
［22］《南阳汉代画像石》，文物出版社，1985年。
［23］洛阳市文物考古研究院：《洛阳大遗址航空摄影考古》，文物出版社，2017年。
［24］安徽省文物考古研究所：《安徽含山凌家滩新石器时代墓地发掘简报》，《文物》1989年第4期。
［25］中国社会科学院考古研究所二里头工作队：《河南偃师二里头遗址发现新的铜器》，《考古》1991年第12期。
［26］中国社会科学院考古研究所河南第二工作队：《河南偃师商城小城发掘简报》，《考古》1999年第2期。
［27］中国科学院考古研究所洛阳发掘队：《洛阳涧滨东周城址发掘报告》，《考古学报》1959年第2期。
［28］中国社会科学院考古研究所洛阳汉魏城队：《汉魏洛阳故城城垣试掘》，《考古学报》1998年第3期。

[29] 中国社会科学院考古研究所洛阳唐城队：《洛阳老城发现四座西周车马坑》，《考古》1988年第1期。
[30] 河南省文化局文物工作队二队：《洛阳的两个西周墓》，《考古通讯》1956年第1期。
[31] 洛阳博物馆：《洛阳北窑西周遗址1974年度发掘简报》，《文物》1981年第7期。
[32] 洛阳市文物工作队：《洛阳市唐城花园C3M417西周墓发掘简报》，《文物》2004年第7期。
[33] 洛阳市文物工作队：《1975～1979年洛阳北窑西周铸铜遗址的发掘》，《考古》1983年第5期。
[34] 洛阳市文物工作队：《洛阳林校西周车马坑》，《文物》1999年第3期。
[35] 郭宝钧、林寿晋：《一九五二年秋洛阳东郊发掘报告》，《考古学报》第九册，科学出版社，1955年。
[36] 张剑、蔡运章：《洛阳东郊13号西周墓的发掘》，《文物》1998年第10期。
[37] 洛阳市文物工作队：《洛阳东关五座西周墓的发掘》，《中原文物》1984年第3期。
[38] 洛阳市文物工作队：《洛阳西周早期大规模祭祀遗存的发掘》，《中国文物报》2011年6月17日第4版。
[39] 陕西周原考古队：《陕西岐山凤雏村西周建筑基址发掘简报》，《文物》1979年第10期。
[40] 陕西省雍城考古队：《秦都雍城钻探试掘简报》，《考古与文物》1985年第2期。
[41] 陕西省雍城考古队：《凤翔马家庄一号建筑群遗址发掘简报》，《文物》1985年第2期。
[42] 河南省博物馆新郑工作站、新郑县文化馆：《河南新郑郑韩故城的钻探和试掘》，《文物资料丛刊》（3），文物出版社，1980年。
[43] 洛阳市文物工作队：《洛阳市东郊发现的两座西周墓》，《文物》1992年第3期。
[44] 洛阳市文物工作队：《洛阳瀍河东岸西周墓的发掘》，《文物》2006年第3期。
[45] 杨育彬等：《近年来在郑州新发现的商代青铜器》，《中原文物》1981年第2期。
[46] 周原考古队：《周原庄李西周铸铜遗址2003与2004年春季发掘报告》，《考古学报》2011年第2期。
[47] 中国社会科学院考古研究所洛阳汉魏城队：《汉魏洛阳故城城垣试掘》，《考古学报》1998年第3期。
[48] 叶万松、朱亮：《洛阳东关两座西周墓》，《中国考古学年鉴·1991》，文物

出版社，1992年。
[49] 杨洪钧：《洛阳瀍河东岸西周窑址清理简报》，《中原文物》1988年第2期。
[50] 刘富良：《洛阳市西周夯土基址》，《中国考古学年鉴·2000》，文物出版社，2002年。
[51] 洛阳市文物工作队：《洛阳东周王城战国陶窑遗址发掘报告》，《考古学报》2003年第4期。
[52] 洛阳博物馆：《洛阳战国粮仓试掘纪略》，《文物》1981年第11期。
[53] 洛阳市文物工作队：《洛阳东周王城遗址发现烧造坩埚古窑址》，《文物》1995年第8期。
[54] 洛阳市文物工作队：《洛阳体育场路东周墓发掘简报》，《文物》2011年第5期。
[55] 洛阳市文物工作队：《河南洛阳市润物广场C1M9950东周墓葬的发掘》，《考古》2009年第12期。
[56] 洛阳市文物工作队：《洛阳体育场路西东周墓发掘报告》，文物出版社，2011年。
[57] 洛阳市文物工作队：《洛阳西郊四号墓发掘简报》，《文物资料丛刊》（9），文物出版社，1985年。
[58] 洛阳市文物工作队：《洛阳解放路战国陪葬坑发掘报告》，《考古学报》2002年第3期。
[59] 郑州大学历史学院、洛阳市文物工作队：《洛阳东周王城东城墙遗址2004年度发掘简报》，《文物》2008年第8期。
[60] 洛阳市第二文物工作队：《洛阳西郊周山东周王陵调查记》，《中原文物》2005年第6期。
[61] 固始侯古堆一号墓发掘组：《河南固始侯古堆一号墓发掘简报》，《文物》1981年第1期。
[62] 新疆文物考古研究所：《新疆民丰县尼雅遗址95MNⅠ号墓地M8发掘简报》，《文物》2000年第1期。
[63] 山西省考古研究所等：《太原金胜村251号春秋大墓及车马坑发掘简报》，《文物》1989年第9期。
[64] 山西省文物工作委员会晋东南工作组等：《山西长治分水岭269、270号东周墓》，《考古学报》1974年第2期。
[65] 高至喜：《论我国春秋战国时的玻璃器及有关问题》，《文物》1985年第12期。
[66] 洛阳市文物工作队：《洛阳市西工区C1M3943战国墓》，《文物》1999年第8期。

[67] 洛阳市文物工作队：《洛阳中州中路东周墓发掘简报》，《文物》2006年第3期。
[68] 安徽省文物工作队等：《阜阳双古堆西汉汝阴侯墓发掘简报》，《文物》1978年第8期。
[69] 河南省文化局文物队：《洛阳西汉壁画墓发掘报告》，《考古学报》1964年第2期。
[70] 洛阳市第二文物工作队：《洛阳浅井头西汉壁画墓发掘简报》，《文物》1993年第5期。
[71] 荆州地区博物馆：《江陵王家台15号秦墓》，《文物》1995年第1期。
[72] 王明钦：《王家台秦墓竹简概述》，新出简帛国际学术研讨会论文，2000年。

三、研究专著

[1]《马克思恩格斯全集》，人民出版社，1972年。
[2] 恩格斯：《家庭、私有制和国家的起源》，人民出版社，1972年。
[3]《毛泽东选集》，人民出版社，1991年。
[4] 徐旭生：《中国古史的传说时代》（增订本），文物出版社，1985年。
[5] 阿诺德·汤恩比著，刘北成、郭小陵译：《历史研究》（修订插图本），上海人民出版社，2000年。
[6] 中国社会科学院考古研究所：《殷墟的发现与研究》，科学出版社，1994年。
[7] 唐兰：《殷虚文字记》，中华书局，1981年。
[8] 陈梦家：《殷虚卜辞综述》，科学出版社，1956年。
[9] 陈美东：《中国科学技术史·天文学卷》，科学出版社，2003年。
[10] 杨升南：《商代经济史》，贵州人民出版社，1992年。
[11] 陈诚：《甲骨文简明辞典》，中华书局，1988年。
[12] 郭沫若：《两周金文辞大系图录考释》，科学出版社，1957年。
[13] 中国社会科学院考古研究所编：《殷周金文集成》（修订增补本），中华书局，2007年。
[14] 唐兰：《西周青铜器铭文分代史征》，中华书局，1986年。
[15] 郭宝钧：《中国青铜时代》，生活·读书·新知三联书店，1963年。
[16] 杨宽：《西周史》，上海人民出版社，1999年。
[17] 陈梦家：《西周铜器断代》，中华书局，2004年。
[18] 杨宽：《中国古代都城制度史》，上海人民出版社，2006年。
[19] 李学勤：《东周与秦代文明》，上海人民出版社，2007年。

［20］郭沫若：《金文丛考》，人民出版社，1954年。
［21］杜迺松：《中国青铜器发展史》，紫禁城出版社，1995年。
［22］马承源主编：《中国青铜器》（修订本），上海古籍出版社，2003年。
［23］吴镇烽：《金文人名汇编》（修订本），中华书局，2006年。
［24］胡留远、冯卓慧：《夏商西周法制史》，商务印书馆，2006年。
［25］吕振羽：《中国政治思想史》，生活·读书·新知三联书店，1956年。
［26］顾实：《穆天子传西征讲疏》，商务印书馆，1934年。
［27］〔美〕J.M.肯尼迪著，董平译：《东方宗教与哲学》，浙江人民出版社，1988年。
［28］郭沫若：《中国古代社会研究》，科学出版社，1964年。
［29］钱穆：《先秦诸子系年考辨》，中华书局，1985年。
［30］钱穆：《国学概论》，商务印书馆，1997年。
［31］王晖：《商周文化比较研究》，人民出版社，2000年。
［32］顾德融、朱顺龙：《春秋史》，上海人民出版社，2001年。
［33］杨宽：《战国史》，上海人民出版社，1991年。
［34］胡适：《中国哲学史大纲》卷上，东方出版社，2004年。
［35］肖萐父、李锦全主编：《中国哲学史》，人民出版社，1985年。
［36］陈遵妫：《中国天文学史》，上海人民出版社，2006年。
［37］翦伯赞：《中国史纲要》，人民出版社，2005年。
［38］张智彦：《老子与中国文化》，贵州人民出版社，2001年。
［39］童树业：《春秋左传研究》（校订本），中华书局，2006年。
［40］袁珂：《古神话选释》，人民文学出版社，1982年。
［41］余敦康：《汉宋易学解读》，华夏出版社，2006年。
［42］刘庆柱：《中国古代都城考古发现与研究》，社会科学文献出版社，2016年。
［43］刘余力：《西周成周研究》，文物出版社，2020年。
［44］张亚初、刘雨：《西周金文官制研究》，中华书局，1986年。
［45］荆门市博物馆：《郭店楚墓竹简》，文物出版社，1998年。
［46］冯时：《中国古代的天文与人文》（修订本），中国社会科学出版社，2009年。
［47］蔡运章：《甲骨金文与古史研究》，中州古籍出版社，1993年。
［48］蔡运章：《甲骨金文与古史新探》（增订本），科学出版社，2012年。
［49］蔡运章：《洛阳考古与古代文明》，三秦出版社，2021年。
［50］濮茅左：《楚竹书〈周易〉研究》，上海古籍出版社，2006年。

[51] 贺业钜：《考工记营国制度研究》，中国建筑工业出版社，1985年。
[52] 林梅村：《丝绸之路考古十五讲》，北京大学出版社，2007年。
[53] 沈福伟：《中西文化交流史》，上海人民出版社，2006年。
[54] 王小甫等：《古代中外文化交流史》，高等教育出版社，2006年。
[55] 〔法〕G. 伏古勒尔著，李珩译：《天文学简史》，广西师范大学出版社，2003年。
[56] 袁珂：《中国神话传说词典》，上海辞书出版社，1985年。
[57] 尹万荣：《神话求原》，上海古籍出版社，2003年。
[58] 国家文物局主编：《中国文物地图集·河南分册》，中国地图出版社，1991年。
[59] 河南文史资料编委会：《洛阳市志·文物志》，中州古籍出版社，1995年。
[60] 河南省文物研究所：《河南考古四十年（1952—1992）》，河南人民出版社，1994年。
[61] 《珍秦斋藏金·秦铜器篇》，澳门基金会出版，2006年。
[62] 霍宏伟、史家珍主编：《洛镜铜华——洛阳铜镜发现与研究》，科学出版社，2013年。
[63] 余扶危、余黎星：《中国古代储粮史》，中州古籍出版社，2015年。
[64] 洛阳市文物工作队：《历程——洛阳市文物工作队三十年》，文物出版社，2011年。
[65] 方孝廉：《方孝廉考古文集》，中州古籍出版社，2014年。

四、研究论文

[1] 温家宝：《尊重不同文明　共建和谐世界》，《人民日报》2005年12月27日第3版。
[2] 严文明：《甘肃彩陶的源流》，《文物》1978年第10期。
[3] 胡厚宣：《甲骨文四方风名考证》，《甲骨学商史论丛》初集第二册，成都齐鲁大学国学研究所，1944年。
[4] 胡厚宣：《释殷代求年于四方和四方风的祭祀》，《复旦学报》（人文科学版）1956年第5期。
[5] 冯时：《殷卜辞四方风研究》，《考古学报》1994年第2期。
[6] 郭沫若：《出土文物二三事》，《文物》1972年第3期。
[7] 朱凤瀚：《由伯𢦏父簋铭再论周厉王征淮夷》，《古文字研究》第二十七辑，中华书局，2008年。
[8] 朱凤瀚：《柞伯鼎与周公南征》，《文物》2006年第5期。

［9］唐兰：《洛阳金村古墓为东周墓而非韩墓考》，上海《大公报》1946年10月23日。
［10］钱穆：《中国文化对人类未来可有的贡献》，《中国文化》1991第4期。
［11］张岱年：《文化传统与民族精神》，《学术月刊》1986第12期。
［12］马承源：《关于翏生盨和者減钟的几点意见》，《考古》1979年第1期。
［13］黄盛璋：《淮夷新考》，《文物研究》第五辑，黄山书社，1989年。
［14］蔡运章：《论河洛八卦对中国古代都城制度的影响》，《大易集成》，齐鲁书社，1994年。
［15］蔡运章：《商周筮数易卦释例》，《考古学报》2004年2期。
［16］蔡运章：《洛阳新获西周卜骨文字略论》，《文物》2008年第11期。
［17］梁晓景：《西周建都洛邑浅论》，《中国古都研究》第四辑，浙江人民出版社，1989年。
［18］蔡运章：《洛阳汉魏故城早期城址的营建及其数理意义》，《河洛文化与闽台文化》，河南人民出版社，2008年。
［19］叶万松、余扶危：《关于西周洛邑城址的探索》，《西周史研究》（人文杂志丛刊第二辑），1984年。
［20］高明：《略论汲县山彪镇一号墓的年代》，《考古》1962年第4期。
［21］王军：《“自强不息”、“厚德载物”的现实意义》，《光明日报》2004年3月26日。
［22］蔡运章：《论洛书的真伪及其产生年代》，《河洛文化论丛》，河南大学出版社，1990年。
［23］蔡运章：《〈周易〉哲学的基本精神》，《湖南科技学院学报》（哲学社会科学版），2014年第3期。
［24］蔡运章：《河图洛书之谜》，《文史知识》1994年第3期。
［25］蔡运章：《河图洛书与古都洛阳》，《河南科技大学学报》（哲学社会科学版）2007年第3期。
［26］蔡运章：《清华简〈卦位图〉哲学思想考辨》，《易学考古论集》，中华书局，2016年。
［27］杨宝成：《鄂器与鄂国》，《洛阳考古四十年》，科学出版社，1996年。
［28］唐兰：《司马迁所没有见过的珍贵史料》，《战国纵横家书》，文物出版社，1976年。
［29］马雍：《帛书〈战国纵横家书〉各篇年代和历史背景》，《战国纵横家书》，

文物出版社，1976年。
[30] 周亚：《郾王职壶铭文初释》，《上海博物馆馆刊》第八期，上海书画出版社，2000年。
[31] 潘付生、李惠君：《洛阳西周君陵墓位置探析》，《中原文物》2011年第6期。
[32] 张家泰：《登封观星台和元初天文观测的成就》，《考古》1976年第2期。

后　　记

1964年5月，我开始到洛阳博物馆从事文物考古工作，转眼已走过58个年头。我自从事考古工作伊始，就被派到洛阳北窑西周贵族墓地从事田野考古发掘工作。为了弄清这个墓地与西周成周城和东周王城的关系，特别是这个墓地出土的50多件商周有铭青铜器，内容涉及鼓母、王妊、王母、召公、太保、康伯、毛伯、丰伯、荣仲、白懋父等商周时期的高级贵族，使我对西周和春秋战国时期历史文化的探索，产生了浓厚的兴趣。这就是我经过多年努力，终于撰成本书的缘由。

50多年来，我在古都洛阳这块风水宝地里，不断地坚守耕耘。承蒙洛阳市文物局郭引强、余杰局长和洛阳市考古研究院赵晓军院长的大力支持，吾儿蔡梦珂、外孙蔡奉哲、孙子蔡易廷帮助整理稿件，才使这些成果能汇集成册，奉献给广大读者。

特别重要的是，本书有幸得到“郑州中华之源与嵩山文明研究会出版基金”的大力资助，并得到王文超、李伯谦、王巍、张国硕、张松林、顾万发、赵海军和柴小羽等先生的热情支持。郑杰祥先生还对本书提出一些有益的修订意见。同时，本书还得到科学出版社郝莎莎女士的认真编校，才使其能够顺利地出版发行。因此，特对上述各位先生的大力支持和帮助，一并表示衷心的感谢！

因本人水平所限，书中的错误和不足之处，敬祈读者批评指正。

蔡运章

2022年11月29日

后 记

[illegible]